hänssler

Johanna-Ruth Dobschiner

Zum Leben erwählt

Die Deutsche Bibliothek – CIP-Einheitsaufnahme

Dobschiner, Johanna-Ruth:
Zum Leben erwählt / Johanna-Ruth Dobschiner. [Dt. Übers. von Inge Bürklin]. – 12. Aufl. – Neuhausen-Stuttgart : Hänssler, 1996
ISBN 3-7751-1684-2

12. Auflage 1996
hänssler-Taschenbuch
Bestell-Nr. 391.684

Die englische Ausgabe dieses Buches erschien unter dem Titel »Selected to live« im Verlag Pickering & Inglis Ltd. London

Deutsche Übersetzung von Inge Bürklin
Umschlaggestaltung: Heide Schnorr v. Carolsfeld
Titelbild: Archiv für Kunst und Geschichte, Berlin
Printed in Germany

Inhalt

Einleitung

Jahrelang lagen die Ruinen der Erinnerung unberührt da. Von immer neuen Ereignissen zugedeckt, wehrten sie sich, einfach zu sterben. Der Hauch des Lebens war noch in ihnen, bis in die untersten Schichten hinein.

Die Ruinen der Erinnerung atmeten und seufzten und waren einfach ein Teil der modernen neuen Gesellschaft, und werden es auch immer bleiben. Sie sind ein Teil der Gegenwart mit all ihren Freuden und Sorgen. Und sie werden ein Teil der Zukunft sein mit ihren noch verschleierten und verborgenen Ereignissen.

Die Ruinen der Erinnerung wollen immer ein Teil des Lebens sein und bleiben, gehört, geschätzt und anerkannt werden und ewig leben!

Aber warum wollen sie Teil der Gegenwart sein? Warum verschwinden sie nicht in der Versenkung und werden überwuchert von Disteln und Dornen?

Weil ich lebe und immer leben werde. In mir sind die unzähligen Millionen, deren Seelen nie sterben werden; die lebten, liebten, hofften, Angst hatten und wie ich selber zitterten . . . für mich selbst und für meine Familie und meine Verwandten. Ihre Leiber waren wertlos, ihr Blut wie billiges Wasser, und ihre Gefühle und Schmerzen wie Rauch und Asche.

Sie kommen jetzt und helfen mir beim Durchwühlen dieser Ruinen, um den Grund ihres Lebenshauches und ihr Recht zu leben zu erforschen und zu finden.

Laßt uns dann unsere Entdeckungen aus diesen Ruinen gebrauchen.

Johanna-Ruth Dobschiner

Kapitel 1

Der Geburtstag Adolf Hitlers war ein großes Ereignis. Es war im April 1933, und alle Schulen Berlins wurden zur Teilnahme an der großen Parade eingeladen. Unsere Schule brachte ebenfalls das Zeichen ihrer Ehrerbietung dar, aus Dankbarkeit einem solchen Führer gegenüber.

Wir hatten seit Herbst vergangenen Jahres ein Geschenk vorbereitet. Die älteren Jungen hatten einen großen Rahmen angefertigt mit einem Bild des Führers darin. Das Bild war voller kleiner Löcher wie ein Anschlagbrett. Wir sollten alle 10 Pfennig in die Schule mitbringen für jeweils einen schwarzen, weißen oder roten Nagel. Ja, man ermutigte uns sogar, immer wieder einen Groschen in die Schule mitzubringen, denn es machte Spaß, Nägel auf dieses Brett mit dem Bild zu hämmern und mit anzusehen, wie es Gestalt annahm, bis schließlich ein vollständiges farbiges Porträt des Führers daraus entstanden war. Das ganze Geld würde der Feier zukommen als unser Beitrag für all das, was der Führer für das Vaterland und — für die Welt tat!

Die Unter- und Oberklassen versammelten sich in der Turnhalle. Dort stand auf dem Podium, zwischen Fahnen und Hakenkreuzen, das Porträt. Wir sahen es uns noch einmal an, als wir stehend die Nationalhymne und das Horst-Wessel-Lied sangen. Schweigend marschierten wir auf den Schulhof und wurden ordentlich in Reih und Glied aufgestellt. Die Fahnen sollten gleich verteilt werden, kleine, mittlere und große, je nach Altersgruppe. An der Spitze jeder Klasse stand ein Fahnenträger. Während die Fahnenträger über den Lautsprecher aufgerufen wurden, konnte man hier und da freudige Ooo- und Aaa-Rufe hören. Ich war damals sechs Jahre alt, und ich muß sagen, mir klopfte das Herz bis zum Halse, als ich meinen Namen hörte. Man hatte mich ausgesucht, um meine Klasse zu führen.

Da wir ja gründlich geschult worden waren, in der Schule keinerlei Gefühlsregungen in bezug auf Religion oder Politik zu zeigen, trat ich schnell aus meiner Reihe heraus und erhielt eine Stange und eine große Fahne. Ob ich wohl dieses Gewicht würdevoll tragen konnte? Meine Mitschüler und Mitschülerinnen warfen mir beifällige oder neidische Blicke zu. Ich war ihre Heldin geworden. Doch irgendwie konnte ich mir das Gesicht meiner Lehrerin nicht erklären. Sie wußte, wer ich war. Ich muß ihr wohl leid getan haben, und sie muß gewußt haben, wie schwer es war zu gehorchen.

Der Umzug war aufsehenerregend, farbenprächtig und von Musik und Liedern begleitet. Am Reichstagsgebäude trafen wir den Führer. Jede rechte Hand erhob sich mit dem leidenschaftlichen Ausruf: „Heil Hitler" in die Luft. Er grüßte uns mit seinem „Heil" und einem breiten Lächeln. Das Porträt wurde von den älteren Jungen überreicht, und der Zug bewegte sich weiter. Stundenlang umgaben uns Kapellen und Musik.

Die Unterhaltung an jenem Abend kreiste hauptsächlich um die Ereignisse des Tages. Was ging im Herzen all der Eltern jener Kinder vor? Ich erinnere mich an die Stimmung in unserer Familie. Man stelle sich vor, unsere einzige Tochter wurde ausgewählt, die Flagge zu tragen! Das Komitee hatte sicher nicht gewußt, wer sie war, oder war die Entscheidung vielleicht von bösgemeinten Absichten beeinflußt worden. Das würden wir nie erfahren.

An den darauffolgenden Tagen wurden alle Dekorationen und Fahnen von Straßen und Gebäuden entfernt. Die Häuser und Straßen sahen wieder kahl und leer aus. Die hohen Häuser, die breiten Straßen der Stadt, die sauberen Steinfassaden von Wohnungen und Büros, sie alle gaben unserer Stadt ein stolzes und elegantes Aussehen. Ich liebte meine Heimatstadt!

Am Sonntag sahen die Straßen noch breiter und die Gebäude heller aus. Wenn die Sonne dann noch mit ihren Strahlen dem Ganzen einen magischen Anstrich gab, staunte man über die feine Baukunst.

Unsere Wohnung und unser Geschäft befanden sich im Ullsteinhaus, dem Besitz eines großen Zeitungsverlages und einer Drukkerei. Neben dem Geschäft war ein riesiger Bogen mit zwei hohen doppelten Glastüren. Wenn man hindurchging, war man in einem Marmorflur, von wo aus man in die verschiedenen Stockwerke und Wohnungen gelangen konnte. Wir aber durchquerten den Marmorflur und kamen durch eine weitere Drehtür in den Hinterhof. Wenn man dann noch einen Flur passierte, konnte man in die Wohnhäuser gelangen.

Wir Kinder spielten gerne in dem riesengroßen Labyrinth dieser Gänge, die wir immer dazu benutzten, in unsere Wohnung zu kommen. Dann liefen wir durch unseren Flur und unsere Zimmer, gingen ruhig und gelassen durch das Geschäft und auf die Straße hinaus, und dieses Hin und Her setzten wir solange fort, bis unsere Eltern merkten, daß wir wieder einmal bei unserem Lieblingsspiel waren. Derjenige, der zurechtgewiesen wurde, wurde von uns als Verlierer bezeichnet, und der Spaß war bis zum nächsten Mal vorbei.

Obwohl wir Kinder glücklich und zufrieden waren, waren wir doch schon über unser Alter hinaus. Verantwortung kannten wir schon, soweit ich mich zurückerinnern kann. Wir sollten unsere Meinung über die neue Regierung im Lande nicht in aller Öffentlichkeit sagen, nicht mit Heiden verkehren, außer in den Schulstunden, und die Unterhaltungen von zu Hause nicht weitertragen. Das unschuldige Geplapper eines Kindes hatte schon so manche Eltern ins Gefängnis gebracht, oder sogar dem Tod ausgeliefert. Nicht einmal den Lehrern in der Schule konnte man mehr ihtrauen. Sie wurden gezwungen, ihre Schüler über die Haltung ihrer Familie gegenüber dem Führer und seiner Partei auszufragen.

Das Leben wurde mit der Zeit immer schwieriger. Ich bewundere es, wie meine Eltern es fertigbrachten, Sorgen und Angst solange wie möglich von uns fernzuhalten.

Eines Sonntagmorgens versetzte ich die ganze Familie in Angst und Schrecken. Meine Gewohnheit war es, meine Puppe am Sonntag spazierenzufahren, bevor sie ihr Mittagessen bekam. Sie wurde sehr geliebt und umsorgt, und wenn meine Mutter mir ein Kleid nähte, bekam meine Puppe dazu passend immer ein neues Kleid und ein Hütchen. An eben diesem Sonntag kamen zwei Polizisten auf mich zu. Sie erkundigten sich nach dem Namen „meines Kindes", bemerkten, daß es sehr gesund aussähe und sehr artig sei. Sie beglückwünschten mich und meinten, ich müsse die beste Puppenmutti in der Stadt sein! Das machte mich stolz, und ich war meinen Bewunderern sehr dankbar und bat sie, mich doch bis nach Hause zu begleiten, da meine Eltern meiner Meinung nach solch nette Polizisten unbedingt einmal kennenlernen mußten. Unterwegs beförderte ich sie zu „Pappi Schutzmann" und „Onkel Schutzmann" und war sehr eifrig darauf bedacht, sie den „Puppen-Großeltern" vorzustellen. Ich ließ ihnen nicht die geringste Möglichkeit, mir meinen Wunsch abzuschlagen, sondern führte sie zu dem großen Ullsteinhaus. Den armen Polizisten muß es wohl sehr peinlich gewesen sein, aber ich, keck wie ich war, gab ihnen keine Möglichkeit, sich zu drücken. Ich preßte die Puppe in den Arm des Polizisten, stellte mich zwischen beide, faßte sie bei der Hand und führte sie zu unserer Hintertür. Dort stellte ich sie mit strahlender Miene meiner erschrockenen Mutter vor. Da sie ihre Tochter nur zu gut kannte, faßte sie sich schnell und entschuldigte sich bei den belustigten Polizisten wegen der impulsiven Art ihrer Jüngsten. Meine neuen Freunde dankten mir für das herrliche Vergnügen und versprachen mir, mich wieder zu besuchen. Diese letzte Bemerkung ängstigte meine Eltern noch lange Zeit, und immer wenn Briefe für die „Puppenmutti“ kamen, schlug meinem Vater im wahrsten Sinne des Wortes das Herz bis zum Hals. Ich sollte diese Briefe eigentlich beantworten, aber das ließen meine Eltern nicht zu. Sehr enttäuscht nahm ich meine kostbaren Briefe mit zur Schule und bat meine Lehrerin, mir bei der Rechtschreibung in den Antwortbriefen zu helfen. Auf irgendeine geheimnisvolle Art und Weise stand unser Briefwechsel auf einmal in einer bekannten Illustrierten. Der Redakteur schickte mir per Postanweisung einen Geldbetrag, was mich zwar begeisterte, meine Eltern aber sehr böse machte.

Nach diesem Zwischenfall erklärten sie mir genauer, welchen Gefahren unsere Familie und unser Volk ausgesetzt waren. Wir standen noch immer unter dem Schutz der holländischen Regierung und ihrem Konsul in Berlin, aber welcher Schurke oder Rowdy konnte denn das schon wissen, daß wir holländische Juden waren! In der ganzen Stadt wurden die Schaufenster der jüdischen Geschäftsleute eingeschlagen und Hetzparolen an Mauern und Wohnhäuser gemalt. Als nächstes könnte es uns an den Kragen gehen. Warum sollte ich die Schwierigkeiten für uns jetzt schon heraufbeschwören, wenn sie eines Tages sicherlich doch auf uns zukommen würden? Diese Unterhaltung machte uns allen klar, daß unbeschwerte Freundschaften nicht mehr geschlossen werden konnten.

Ein neues Zeitalter war mit dem Jahr 1933 angebrochen.

Die Familienbande wurden stärker und die Beziehungen unter der angeheirateten Verwandtschaft gefestigt. Wir sahen uns öfters und schätzten den Wert der Familie und der Freunde.

Bei einem Kind jedoch triumphiert am Ende jede erwiesene Freundlichkeit, ohne Rücksicht auf Glaube, Hautfarbe oder Volk. Ich mochte z. B. den freundlichen Herrn, der eines Nachmittags in unseren Laden kam. Er wollte eine Handtasche für seine Frau zum Geburtstag kaufen. Die Tasche sollte aus feinem Leder, von guter Qualität und elegant sein, um mit ihren übrigen Accessoires zusammenzupassen. Er besprach mit meiner Mutter ganz ausführlich die Einzelheiten und bat sie, ihm viele Muster und Farben vorzulegen. Der Ladentisch wurde bald zu einem Berg von Taschen. Das mußte meine entgegenkommende Mutter wohl verärgert haben, denn es gefiel ihm immer noch nichts. Er wollte unbedingt „die im Schaufenster"! Dieser Wunsch war schwer zu erfüllen, da mein Vater gerade nicht da war, um sie aus dem Schaufenster zu holen. Aber meine Mutter wollte es versuchen.

Sobald meine Mutter weg war, unterhielt sich der freundliche Herr mit mir und fragte, ob ich ein kleines Spiel machen wollte, bis meine Mutter zurückkäme. Mir gefiel dieser Gedanke. Er schlug vor, man solle alle Handtaschen auf dem Ladentisch in einem der großen ausgestellten Koffer verstecken. Dann würde er den Koffer verstecken, und ich sollte versuchen, ihn zu finden. Ich war mir nicht ganz sicher, ob ich auf so ein Spiel eingehen sollte; es könnten ja einige Waren dabei beschädigt werden. Jedoch brachte ich es nicht übers Herz, ihn zu enttäuschen. Zögernd erklärte ich mich einverstanden . . . Ich wollte kein Spielverderber sein!

Wieder einmal hatte ein Gauner die Hilfe eines unschuldigen Kindes ausgenützt. Diesmal aber brachte meine Unschuld meinen Eltern einen großen Verlust.

Meine älteren Brüder verhöhnten und verlachten ihre kleine Schwester. Sie würden nie so etwas Dummes anstellen. Wann würde ich endlich erwachsen werden? Der Altersunterschied war sehr groß. Werner war sechs Jahre älter als ich. Seine Zwillingsschwester war schon mit drei Monaten am 30. August gestorben. Ich bin am 30. August, sechs Jahre später, geboren. Ein „schlechter Ersatz" meinte er immer in seinen jungenhaften Hänseleien. Ein „wertvolles Geschenk" in den Augen meiner Eltern.

Werner war blond und in seiner äußeren Erscheinung größer und schlanker als Manfred; er schien auch zarter, aber seine Kraft war auf dem Schulhof und beim Sport bekannt. In ihrem Wesen waren sich die beiden Jungen sehr ähnlich. Sie waren gute Freunde, hatten viele gemeinsame Interessen, waren ruhig und blieben gern zu Hause. Schach- und Damespielen war die regelmäßige Wochenendbeschäftigung daheim. Wenn das Wetter gut war, konnte man uns immer im Park finden. Die Jungen gingen gerne dort spazieren und schlossen sich uns so oft wie möglich an.

Manfred war ein Jahr jünger, ein dunklerer Typ und überhaupt etwas ruhiger als Werner. Wenn Werner, der immer die Technik im Sinn hatte, sein Vergnügen beim Experimentieren suchte, zog sich Manfred zu seiner Musik und seinem Studium zurück. Er war besonders begabt. Die Musik war tief in seinem jungenhaften Wesen verwurzelt. Er konnte irgendein Instrument zur Hand nehmen, und, wenn er eine kleine Weile darauf geübt hatte, konnte er eine Melodie nach seiner Wahl spielen. Als er mit zwölf Jahren zum erstenmal an einem Konzert in der Oberschule teilnahm, stand auf dem Programm „Manfred, der Wunderknabe".

Aufgrund seiner Begabung bekam er viele Angebote für Stipendien für eine zukünftige Musikerlaufbahn. Die Antwort meiner Eltern war entschieden und immer gleichbleibend: „Unser Sohn muß einen anständigen Beruf erlernen. Er soll etwas mit seinen Händen arbeiten. Praktische Kenntnisse und Fingerfertigkeit werden ihn durch jede Krise hindurchbringen, in die er vielleicht einmal in seinem zukünftigen Leben gerät."

Manfred gehorchte. Ich kann mich nicht erinnern, daß er nach außen hin widerstrebt hätte. Er studierte fleißig, und in der ihm zur Verfügung stehenden Freizeit beschäftigte er sich intensiv mit seinen Instrumenten und spielte darauf. Die Musikabteilung in unserem Geschäft war sein besonderes Hobby. Er lief dort immer herum und stimmte Instrumente, wischte auf den Ausstellungsregalen Staub, räumte auf, ordnete die Instrumente darauf neu an und komponierte kleine Melodien, wenn er innerlich sehr bewegt war.

Am Wochenende verbrachten die Jungen ihre Zeit zusammen, sie zeigten gegenseitiges Interesse für ihre Hobbies und Talente oder machten gemeinsam Experimente. Die elektrische Eisenbahn mußte immer modernisiert werden, und das beschäftigte sie oft bis spät in den Sonntagabend hinein.

Ich spielte sehr gern im Freien. Der Park, die vielen Kinder, die Freiheit, die frische Luft, der Sonnenschein und das Lachen waren meine ganze Freude. Dort gab es lange Alleen und viel hügeliges Gelände. Im Winter nahmen wir unseren Schlitten und hatten dabei ungeheuren Spaß. Auch Enten und Schwäne waren dort; altes Brot oder Brotkanten wurden für sie reserviert. Mein Vater führte mich in dieses Paradies, sooft seine Zeit es zuließ. Er war ein wunderbarer Mann. Ich achtete ihn, liebte ihn und bewunderte ihn auch.

Meine Mutter war ein Jahr älter als mein Vater. Es gab nur wenig, was sie nicht konnte. Wenn wir etwas wollten, konnte sie uns immer helfen. Wenn sie nicht sofort dazu kam, konnten wir sicher sein, daß sie unseren Wunsch etwas später erfüllen würde.

Ich bin froh, daß ich geboren wurde, und ich erinnere mich mit Freude an meine Kindheit. Die Erinnerungen an mein Zuhause und an mein Familienleben hege ich und bin dankbar, daß ich schon in frühester Kindheit strenge Erziehung und Disziplin kennenlernte. Mit Bestürzung denke ich noch heute an die Erlebnisse, die der Krieg mit seiner Verderbtheit uns allen aufgezwungen hat; jedoch habe ich gelernt, daß eine liebende, unsichtbare Hand meine Hand durch all das gehalten hat, und ich bin fest davon überzeugt, daß weder Tod noch Leben, weder Engel noch Fürstentümer noch Gewalten, weder Gegenwärtiges noch Zukünftiges mich von der Liebe Gottes scheiden kann, die in Jesus Christus offenbart ist.

Kapitel 2

Der Antisemitismus nahm in Deutschland immer mehr zu. Razzien und andere höchst unangenehme Ereignisse wurden aus allen Großstädten gemeldet. Männer in führenden Stellungen wurden entlassen, und man teilte ihnen mit, daß ihre Dienste nicht mehr benötigt wurden. Die gebildete Oberschicht aus Medizin, Musik, Kunst und Wissenschaft verschwand aus dem Blickfeld der Öffentlichkeit. Viele wanderten aus oder versuchten es zumindest. Aktionen gegen die Juden spitzten sich ständig zu. Es war eine alltägliche Erscheinung, ganze Familien tot in ihren gaserfüllten Wohnungen zu finden. Das schien ihnen der beste Ausweg.

Unser Heim und unser Familienleben waren noch relativ sicher. Unsere holländische Staatsangehörigkeit war unsere einzige Sicherheit. Wiederholt teilte der holländische Konsul in Berlin meinem Vater mit, daß er keine Verantworung mehr für unsere Sicherheit übernehmen könnte. Begeisterte Jugendliche fragten nicht nach der Staatsangehörigkeit ihrer Opfer. Selbst in der Oberschule waren meine Brüder schon angepöbelt worden. Die Schuldirektoren hatten jegliche Kontrolle verloren. Die Politik der Partei fegte durch sämtliche Klassenräume und Schulen. Der normale Unterricht hatte nun ein gewisses Fluidum, für viele einen bitteren Beigeschmack. Die Kinder wurden aufgefordert, der Hitlerjugend beizutreten und somit Parteimitglied zu werden. Man wurde ermutigt, sich besondere Verdienste und Vergünstigungen zu erwerben. Der Wettlauf nach Macht und Ansehen, koste es was es wolle, begann!

Jetzt galt es, sich zu entscheiden. Der hollandische Konsul gab uns den Rat, so bald wie möglich nach Holland zu emigrieren und in der Heimatstadt meines Vaters, in Amsterdam, nochmals von vorn anzufangen. In den darauffolgenden Monaten überstürzten sich die Ereignisse. Das seit 1884 in Familienbesitz befindliche Geschäft mußte aufgelöst werden. Da uns nur wenig Zeit blieb, wurde alle Ware fast verschleudert. Unser Hab und Gut wurde in einem Möbelwagen abtransportiert, und bald war unsere Wohnung leer. Ein Taxi brachte uns von zu Hause, dem einzigen Zuhause, das ich je gekannt hatte, zum Bahnhof, dem Tor zu einer ungewissen Zukunft für uns alle.

Auf dem Bahnsteig trafen wir alle unsere Verwandten mit ihren Kindern. Es war ein rührseliges Grüßen und ein ebensolcher Abschied. Ich war jedoch damals noch zu klein, um das Schmerzliche eines solchen Augenblicks verstehen zu können. Mir versprach die abenteuerliche und noch im Dunkel liegende Zukunft ein aufregendes und spannendes Leben. Ich freute mich auf die Reise und auf die neue Heimat.

Am 10. April 1935 kamen wir in Amsterdam an. Es war schon spät, und wir waren sehr müde. Ach wäre ich doch damals schon älter gewesen und hätte mehr von der ganzen Sache verstanden. Da waren wir also in unserem Vaterland an einem dunklen Aprilabend, doch keiner von uns konnte ein Wort holländisch, und keine Verwandten oder Freunde holten uns ab. Meine Eltern waren so abgespannt, daß sie sich sehr verlassen und einsam vorkamen. Schweigend nahmen wir unsere Koffer und warteten auf einen Vertreter der jüdischen Gemeinde. Wir kamen uns wie Flüchtlinge vor, nicht aber wie holländische Staatsbürger. Ich hatte mich niemals damit befaßt, wo wir wohl wohnen würden. Wir hatten nie darüber gesprochen. Höchstwahrscheinlich ging es meinen Eltern ebenso. Niemand schnitt das Thema an. Aber ganz gleich, was auch geschehen würde, wir würden jedes Dach über dem Kopf dankbar annehmen. Eine Tür hatte sich geschlossen — die Tür der Sicherheit; eine andere Tür hatte sich geöffnet — die Tür, hinter der das Ungewisse lag. Jetzt blieb uns nur noch das Vertrauen auf den Gott unserer Väter.

Ein jüdisch aussehender Herr trat an uns heran und besprach in gebrochenem Deutsch mit meinen Eltern das Nächstliegende. Dann bestellte er ein Taxi, das uns nach kurzer Fahrt zum Hauptportal unseres neuen ‚Zuhause' brachte.

Die Einzelheiten der darauffolgenden Stunden und Tage sind mir noch ziemlich lebhaft in Erinnerung. Es war kein Traum, sondern harte Wirklichkeit. Man hatte uns in einem ‚Obdachlosenasyl' untergebracht. Es war kalt, und ein feiner Sprühregen mischte sich noch in das allgemeine Gefühl des Unbehagens, das uns jetzt alle ergriffen hatte. Wir waren todmüde, hungrig und dem Zusammenbruch nahe.

Das hölzerne Pförtnerhaus wurde nur von einer einzigen Lampe mit einem grünen Bakelitschirm erleuchtet. Wir mußten unsere Ausweise vorlegen. Nachdem unser Begleiter einige Worte mit dem Pförtner gewechselt hatte, verabschiedete er sich, zufrieden, wieder eine Aufgabe erfüllt zu haben, während wir einer anderen Person anvertraut wurden. Man führte uns nun durch einen spärlich möblierten Flur mit hohen Wänden und langen schmalen Fenstern. Die Wände waren eintönig beige getüncht. Die langen Fenster waren mit dunkelgrünen Vorhängen versehen, die gerade noch ihren Zweck erfüllten. Wären sie nämlich noch drei Zentimeter länger gewesen, dann wäre wohl der Besucher von der übertriebenen Großzügigkeit der zuständigen Behörden beeindruckt gewesen. Die Beleuchtung war nur spärlich. Die ganze Atmosphäre paßte gut in unsere Stimmung an jenem Abend.

Im Speisesaal deutete uns jemand an, an einem der Tische Platz zu nehmen. Die Holzbänke waren hart, die Tische lang und kahl. Eine Wachstuchdecke bedeckte das helle Holz, was zwar praktisch, aber wenig einladend war. Es dauerte nicht lange, so wurde uns ein einfaches, doch sehr willkommenes Essen vorgesetzt. Die großen Becher mit Tee und das mit Marmelade bestrichene Weißbrot waren ein wahrer Luxus.

Wieder ein wenig zu Kräften gekommen, harrten wir der Dinge, die da kommen sollten. Mutter und ich sollten von Vater und den Brüdern getrennt werden, die in der Männerabteilung des Gebäudes schlafen sollten. Meine Mutter blieb ruhig, ich aber weinte nach unseren Männern ... Tränen traten ihr in die Augen, als sie mich anlächelte, und da schämte ich mich, daß ich nicht mutiger gewesen war. Plötzlich kam eine Krankenschwester und wollte mich mitnehmen. Ich konnte sie nicht verstehen und widersetzte mich mit allen Kräften. Schließlich ließ sie Mutter mitkommen. Wir wurden in ein großes Badezimmer mit Duschen und Badewannen geführt. Die Schwester zeigte mir, wo meine Mutter sich baden würde, und versuchte mir zu erklären, daß sie mich in der Badewanne nebenan baden würde. Ich wollte meine abgespannte Mutter nicht durch weitere Einwände noch mehr belasten, und so ging ich widerwillig, aber still, mit. Die Krankenschwester badete mich und trocknete mich ab und inspizierte dann meine Haare. Eine halbe Stunde später folgte ein gedemütigtes, todmüdes, sauberes Mädchen seiner Mutter in den bereits verdunkelten Schlafsaal. Ich sah viele Betten. Einige Frauen richteten sich auf, als wir uns auf Zehenspitzen hineinschlichen, blickten uns neugierig an und machten sich über die Neuankömmlinge ihre Gedanken. Unsere Betten standen nebeneinander in einer Mittelreihe. Es war ein Trost, daß wir beieinander sein durften. Mutter sprach noch ein Weilchen mit mir und versicherte mir, daß es unseren Männern gut ginge und daß wir sie am Morgen wieder bei uns haben würden. Bald darauf schliefen wir ein.

Am nächsten Morgen beim Frühstück sah alles viel freundlicher aus. Wir konnten sogar über unsere Erlebnisse des vergangenen Abends lachen und Witze machen und verglichen diesen Speisesaal mit dem Speisesaal aus „Oliver Twist“. Wir waren uns einig, daß es wohl der gleiche gewesen sein muß, mit dem einzigen Unterschied, daß es bei uns eine zweite Portion gab. Nach so einem reichlichen und nahrhaften Frühstück fühlten wir uns wieder in der Lage, einem neuen Tag zu begegnen. Es war ausgemacht worden, daß wir so lange im „Obdachlosenasyl“ mit Bett und Frühstück wohnen sollten, bis eine passende Wohnung für uns gefunden war.

An jenem Tag wollten wir uns Amsterdam ein bißchen ansehen und die Gebäude und Büros der jüdischen Gemeinde suchen. In vierzehn Tagen war das alljährliche jüdische Passahfest, und wir wollten zu diesem Fest mit seinen Zeremonien und strikten Eßgesetzen bereits ein festes Dach über dem Kopf haben. Die Beamten rieten uns, uns nicht unnötig Sorgen zu machen, denn bis dahin würde alles geregelt sein.

Auf unseren Spaziergängen aßen wir Heringe mit Gurken und Zwiebeln von den populären holländischen Heringskarren, und in den Straßenkaffees tranken wir Tee mit Zitrone. Wir waren frei von Verfolgung, und obgleich wir in unserem Heimatland Fremde waren, waren wir doch dankbar und zufrieden. Bald würde ein ordentliches Zuhause die Familie wieder vereinen.

Häuser waren schon zu vermieten, aber konnten wir uns auch eins leisten? Wie stand es überhaupt mit unseren Mitteln? Das werde ich nie erfahren. Mein Vater war arbeitslos, meine Brüder suchten immer noch eine Lehrstelle. Ich mußte zur Schule gehen. Da kam uns das jüdische Wohlfahrtsamt zu Hilfe. Besuche beim Wohlfahrtsamt und beim Arbeitsamt wurden zur täglichen Routine. Ich gewöhnte mich allmählich an dieses Herumwandern in der Stadt, aber taten meine Eltern das auch? Die Demütigung und die Anstrengung dieser Zeit in ihrem Leben hatte sie erheblich älter werden lassen — selbst ich bemerkte das. Sie waren oft ungeduldig und oft sehr ernst. Wir waren zwar der Judenverfolgung in Deutschland entgangen, aber würden wir je wieder in Sicherheit leben können? Es schien, als wenn wir unser Hab und Gut erst erhalten würden, wenn wir eine Wohnung gefunden hatten. Solange mußten wir uns eben behelfen! Auch das war eine Belastung für uns, denn wir waren gewöhnt, oft unsere Kleider zu wechseln. Wir versuchten das Beste aus allem zu machen.

Nach einigen Monaten wurde der Mietvertrag für unser erstes Zuhause unterzeichnet. Das Haus lag in einer schönen hellen Straße im Osten von Amsterdam, bei einem herrlichen Park, in der Nähe des Zuider Sees und bei den Freibädern. Alle Häuser in diesem Bezirk hatten verhältnismäßig neue Wohnungen. In jedem Haus war Platz für vier Familien. Jedes Haus hatte eine verschließbare Haustür mit den Namensschildern der Bewohner und einer Privatklingel. Das gab jeder Wohnung eine gewisse private Note. Wenn man die Familie im obersten Stock besuchen wollte, drückte man auf ihre Klingel. Sofort öffnete sich die Haustür wie von Geisterhand. Dies geschah jedoch mittels einer Schnur, die am Türschloß und am oberen Geländer befestigt war. In den modernen Häusern war die Schnur durch einen elektrischen Summer und eine Lautsprecheranlage ersetzt. Wir mußten noch „Wer ist da?" hinterher rufen und dann auf Antwort warten.

Ein anderes interessantes Merkmal fiel uns auf: ganz oben befanden sich die Mansarden. Jeder Mieter besaß eine dieser Mansarden als Abstellraum. Gegebenenfalls konnten sie als Gästezimmer benutzt werden. Außerhalb des vorderen Bodenfensters befand sich eine starke Eisenstange mit einem Haken am Ende. Sämtliche Häuser und Fabriken hatten eine solche Eisenstange. Es war eine clevere Einrichtung, die beim Möbeltransport ungemein praktisch war. Es wurde nichts die Treppe hinaufgetragen. Alle Möbel und Gepäckstücke wurden im Möbelwagen „eingehakt" und in die jeweilige Wohnung hinaufgezogen.

Umzüge sind für Kinder aller Altersklassen etwas besonders Schönes. Selbst ihre Eltern lugen gern verstohlen hinter den Gardinen hervor, um die Möbel ihrer neuzugezogenen Nachbarn zu bewundern oder zu kritisieren. Ihre Neugierde war auch nicht verwunderlich, da unser Vermieter selbst den Möbelwagen öffnete. Diese Ausländer hatten so eigenartige Möbel . . . ihre Augen folgten jedem Gegenstand, der durch die Luft in das Fenster im ersten Stock flog. Diese Größe des Schrankes, der Anrichte, der Stühle und der Betten! Gewiß, für diese kleinen Zimmer sah alles viel zu mächtig aus, aber angesichts unserer Umstände wäre es unklug gewesen, die Möbel zu verkaufen, um wieder neue zu kaufen.

Bald fühlten wir uns in unserem neuen holländischen Zuhause richtig heimisch. „Masselltoff" hieß der gute Wunsch von Freunden und Verwandten, jedoch sollte unser Weg noch steinig und steil werden.

Meine Brüder waren bei Handwerkern am Ort in die Lehre gekommen. Manfred bei einem Optiker und Werner bei einem Schneider. Soweit ich mich erinnern kann, haben sie deshalb nie gemurrt. Sie waren meinen Eltern wirklich gute, rücksichtsvolle und immer hilfsbereite Jungen. Überall waren sie wegen ihrer guten Manieren und ihrer Höflichkeit der älteren Generation gegenüber gern gesehen.

Ich wurde bei der zuständigen Schule angemeldet, einem schmukken Gebäude, das in den modernen Bezirk hineinpaßte. Hier begann ich im Herbst 1935 mit meiner holländischen Ausbildung. Es war schon merkwürdig, in einer Klasse mit lauter holländischen Kindern zu sein und einen holländischen Lehrer zu haben. Zuerst konnte ich kein Wort verstehen. Doch irgendwie wird die Sprache ein Teil unseres Lebens, und bald plapperte und scherzte ich in holländisch mit all den andern Kindern. Die Spiele vor unserem Hause am Nachmittag nach der Schule lehrten mich viel. Das „holländisch-ausländische Mädchen" hatte sich eingelebt. Die Schiefertafel mit dem quietschenden Griffel, der Schwamm und der Tafellappen waren meine täglichen Begleiter. Alle gebrauchten sie in der Schule. Mir gefiel diese Methode. In Deutschland hatten wir nur Hefte und Bleistifte benutzt; das hatte weit weniger Spaß gemacht. Beim Unterstreichen eines Wortes konnte man den Griffel laut quietschen lassen, und denen, die es nicht vertrugen, die Gänsehaut über den Rücken jagen. Am Samstag brauchte ich nicht zur Schule zu gehen, und in den Wintermonaten durfte ich am Freitagnachmittag früher gehen, denn dann bereiteten wir jüdischen Kinder uns auf den Sabbat vor. Meine Brüder kamen früher als gewöhnlich von der Arbeit zurück. Jede Einzelheit war bedeutsam. Die Holztreppe zu unserer Wohnung schrubben, saubere Kleidung für den Sabbat hinlegen, Schuhe putzen, Einkaufen, Essen herrichten und den Tisch mit dem gestärkten weißen Tischtuch decken. Das Silber mußte geputzt werden, und die Kerzenleuchter mußten besonders blank aussehen. Die Mohnbrote gehörten zur regelmäßigen Ordnung. Sie lagen am oberen Ende des Tisches, zusammen mit dem Brotmesser. Dann bedeckte ein rotes Samttuch diese Brote schützend bis nach dem zeremoniellen Segen in der Synagoge. Dieses wunderschöne Tuch mit Goldrand war ebenfalls bestickt, und zwar zeigte es die zwei Steintafeln mit den zehn Geboten. Diese besondere Art den Tisch zu decken wurde am Samstagmorgen wiederholt, wenn frische Brote angeschnitten und neuer Wein eingeschenkt wurde. Dieses Brotbrechen und Weintrinken, nachdem sie gesegnet waren, war von jeher die eindrucksvollste Art des Gottesdienstes in einer jüdischen Familie. Jedes Familienmitglied nahm von diesem Brot und Wein streng der Reihe nach, angefangen beim Vater des Hauses, über die Mutter und die Kinder, einer nach dem anderen. Wenn diese feierliche Handlung vorüber war, legte mein Vater seine lieben Hände auf unser aller Köpfe. Sein Segenswunsch für die Jungen enthielt eine Bitte an den allmächtigen Gott, sie zu segnen und sie in Weisheit wachsen zu lassen wie Abraham, Isaak und Jakob. Der Segen der Mädchen enthielt die Bitte, so zu werden wie Sara und Rahel, fruchtbar zu sein und sich zu vermehren.

Die Männer setzten sich schließlich, während wir Frauen, Mutter und ich, das Essen servierten. Häufig begannen wir das Mahl mit dem traditionellen kalten, gefüllten und sehr schmackhaften Fisch. Dann kam die heiße Hühnersuppe, die wir mit Mohnbrotstückchen aßen. Die Mahlzeiten wurden gemütlich eingenommen, was noch zur Harmonie und der allgemeinen angenehmen Unterhaltung beitrug. Wir machten unserer Mutter für ein wieder einmal gut gelungenes Sabbatessen Komplimente. Mit einem glücklichen Lächeln verließ sie das Zimmer, um den nächsten Gang hereinzubringen. Nach dem Hähnchen, den Kartoffeln und dem Gemüse blieben wir noch bei einem großen Glas Tee mit Zitrone sitzen. Jeder bediente sich zwanglos mit Keksen, Erdnüssen und anderen herrlichen Leckereien.

Am Sonntagmorgen und zweimal wöchentlich nach der Schule ging ich zum jüdischen Unterricht, um auch meine religiöse Ausbildung weiterzuführen. Ich liebte jede Minute des Unterrichts und war in allen Fächern die Beste. Den Rabbinern tat es immer wieder leid, daß ich kein Junge geworden war! Ich schien die Lektionen leichter zu lernen als die meisten meiner Mitschüler. Das lag wohl daran, daß ich in einem gut orthodoxen Zuhause aufwuchs. Das Beispiel dort war der beste Lehrer der Fächer, die die anderen aus einem Buch lernten. Ich konnte fließend hebräisch lesen und schreiben, wußte meine Gebete auswendig und konnte Abschnitte aufsagen, die sonst nur Jungen aufsagten, denn ich hörte sie jeden Morgen beim Beten zu Hause. Diese stille

Zeit wurde von meinem Vater und von meinen Brüdern redlich eingehalten, nachdem sie gewaschen waren und ehe sie zum Frühstück kamen.

Nach dem Brauch und Gebot unserer Väter entblößten sie ihren rechten Arm und befestigten schwarze Streifen von Tefillin. Um ihre Stirnen legten sie die schwarze Schachtel mit Gottes Worten. Sie beteten ihn an und dankten ihm und beteten die Worte aus dem Gebetsbuch und aus 5. Mose 6, 4—9. Mutter und ich als Frauen hatten unsere eigenen Pflichtübungen und Gebete, aber die Worte aus 5. Mose 6, 4—9 wiederholten wir alle zweimal täglich in unseren Gebeten.

Am Samstagmorgen gingen wir zu der kleinen örtlichen Synagoge. Der Samstag ist der schönste Tag in meinen Erinnerungen. Wärme, Liebe, Einmütigkeit, Behaglichkeit und Heiligkeit durchdrangen und verbanden uns alle. Ich halte diesen Tag und alle jüdischen Festtage hoch in Ehren. Die Wochentage mit ihren Anspannungen und Sorgen wurden beiseite gedrängt und vergessen. Am Wochenende wurden wir erfrischt und konnten der nächsten Woche, mit allem, was sie bringen würde, unerschrocken entgegenblicken.

Mein Vater suchte immer noch nach einer festen Arbeit. Die Hindernisse waren sein Alter und die Sprachschwierigkeiten. Da er Holland im Alter von vier Jahren verlassen hatte, erkannten ihn nur wenige als Holländer an und lächelten nur über seinen hochgeschätzten Reisepaß. Es machte mich oft traurig, ihn abends das Haus betreten zu sehen, ein müdes, geschlagenes, menschliches Wesen. Ich hatte ihn in den vergangenen Jahren so anders gekannt. Oft arbeitete er vorübergehend als Vertreter, aber das konnte uns auch nicht über Wasser halten. Mutter nahm Näharbeit an. Unsere Nähmaschine war noch nie zuvor soviel benutzt worden. Wir halfen ihr alle bei den letzten Handgriffen ihrer Stöße von Brieftaschen. Sie wurden aus dünnem Kunstleder gefertigt, und wir arbeiteten gerne daran.

Ganz selbstverständlich gaben meine Brüder ihren Wochenlohn meinen Eltern, die ihnen wiederum ein kleines Taschengeld aushändigten. Wenn ich es auch niemals offen zugab, so bewunderte ich doch insgeheim die Selbstlosigkeit und Rücksicht meiner Brüder meinen Eltern gegenüber.

Einmal im Jahr erhielten wir vom Wohlfahrtsamt einen Gutschein. Dann ging meine Mutter mit mir zur Kleiderabteilung des Sozialamtes, wo ich mit einem schwarz-rot-karierten Wollkleid, braunen Wollstrümpfen, schwarzen Schnallenschuhen, weißer Flanellunterwäsche und einem marineblauen Regencape aus glattem Filz ausgestattet wurde. Alle diese Sachen hatten Standardmuster und -farben, aber es machte mir nichts aus, sie zu tragen. Ich war noch zu jung, um zu erkennen, daß sie immer auf den Träger schließen ließen. Sie waren neu und warm, und ich mochte sie gern. Es muß jedoch meine Eltern geschmerzt haben, mich vom Staat einkleiden zu lassen, wo doch in Deutschland nur die beste Qualität für mich gut genug war. In Deutschland waren mehrere meiner Onkel in der Bekleidungsindustrie tätig, und da ich das einzige Mädchen in der Familie war, hatten sie mir immer Modellkleider geschenkt. Aber diese Erinnerungen gehörten der Vergangenheit an.

Man hörte uns jedoch nie klagen. Wie konnten wir auch, wo uns doch so schlechte und besorgniserregende Nachrichten von unseren Verwandten erreichten, die in Deutschland geblieben waren! Die Razzien gingen weiter, und das Geschäft ging immer schlechter. Einschränkungen waren auf allen Lebensgebieten zu verzeichnen. Die gleiche Nachricht erreichte uns von Vaters Verwandten aus Polen. Verfolgung, wo man auch hinhörte, nichts als Verfolgung. Hilferufe kamen aus allen Richtungen. Wie konnten wir nur helfen? Wir, die wir doch selbst Ausländer und Fremde waren! Wir waren wohl frei, doch hatten wir keine Freiheit, andere ins Land einzuladen. Wir hätten für ihren Lebensunterhalt aufkommen müssen, und das konnten wir nicht. Der Bruder meines Vaters war in das Konzentrationslager Buchenwald gekommen, und seine Frau und seine Kinder flehten uns an, alles zu tun, was in unserer Macht stand, um ihn dort herauszuholen und nach England zu bringen. Konnte die holländische Königin denn nicht ein gutes Wort für ihn einlegen? Sicherlich hatte auch er etwas holländisches Blut in den Adern.

Wie und was geschah, ist mir nicht bekannt, aber Königin Wilhelmina erreichte irgendwie, daß er aus Buchenwald herauskam und nach England kam. Doch von seiner Frau und seinen Kindern fehlte jede Spur, und soweit wir wissen, überlebten sie jene Jahre nicht. Jetzt lebt er, besser gesagt vegetiert er dahin als geschlagener, zerbrochener und völlig entmutigter Mensch und lebt nur noch von der Vergangenheit.

Weitere Hilferufe erreichten uns von den Schwestern meines Vaters aus Polen. Konnten wir nicht etwas für seine alte Mutter tun?

Selbstverständlich konnten wir nicht einfach dastehen und mitansehen, wie sie in ihrem hohen Alter noch belästigt wurde. Nein, das konnten wir nicht. Unser Familienleben wurde reorganisiert. Zuerst beschafften wir ihr eine Transportmöglichkeit. Die holländische Regierung gab ihre Genehmigung, solange wir ihren Unterhalt garantierten. Das taten wir gerne, auch wenn das für uns eine Einschränkung war. Während die Bürokratie in der Richtung hin arbeitete, machten wir uns wieder einmal auf Wohnungssuche, da wir für Oma unbedingt ein Extrazimmer brauchten. Es war uns wirklich gelungen, dem Wunsch der Schwester in Ludwigshafen am Rhein nachzukommen und der alten und einsamen Frau ein herzliches Willkommen zu bereiten.

Bald nachdem wir in die größere Wohnung, in der Nähe unserer alten Wohnung, umgezogen waren, kam Oma an. Wir konnten nicht begreifen, wie sie diese Reise als Zweiundachtzigjährige überstanden hatte. Sie war ganz ausgemergelt und nicht bei bester Gesundheit. Wir liebten sie, pflegten sie und verwöhnten sie. Mein Vater war ein äußerst liebevoller Sohn. Kein Wunder also, daß meine Brüder auch diese Eigenschaften besaßen. Es war wunderbar, meinen Vater und seine Mutter zusammen zu sehen. Ihre Wiedervereinigung sollte jedoch nicht lange währen. Sie starb zwei Monate nach ihrem zweiundachtzigsten Geburtstag, drei Monate nach dem Einzug in unser Haus. Friedlich entschlief sie in den Armen ihres Sohnes, und das in einem freien Land, wo sie mit aller Würde und Ehre auf freiem Grund und Boden auf einem jüdischen Friedhof begraben werden konnte.

Noch einmal wurde unser Familienleben zur gewohnten Routine, die es uns ermöglichte, zwei normale Jahre zu genießen. Ich betone normale Jahre — so merkwürdig das auch klingen mag, so ist es doch wahr. In dieser Zeit machte ich das letzte Jahr der Volksschule und das erste Jahr der Oberschule durch, die einzig wirkliche Lernzeit, die ich je gekannt habe, obgleich ich mich heute praktisch an nichts mehr erinnern kann.

Während dieser „normalen" Jahre hatte ich das Vorrecht, die einzig wirklichen Ferien meiner Kindheit zu genießen. Für mich waren es mehr als Ferien. Was ich in jenen drei Wochen lernte, sollte ein Teil meines Lebens als heranwachsendes Mädchen werden. Die Unabhängigkeit wurde geboren!

Meine Eltern hatten diese Ferien gebucht, damit ich die Belastungen und Schwierigkeiten der vergangenen Jahre und den Tod meiner Großmutter vergessen sollte. Sie hielten es für wichtig, daß ich Kinder meiner Altersgruppe und Religion traf und mit ihnen herumtollte.

Am Ende einer dunkelgrünen Allee oben auf einem Hügel lag die Friedmannstiftung. Es war ein großes, weißes Gebäude, umgeben von einem herrlichen Park. Ganze Felder und weite Flächen standen für Spiele zur Verfügung, und es gab Spielplätze für die Kleineren. Die ganz Kleinen hatten alles, was das Herz begehrt: Sandkästen, Schaukeln, Rutschbahnen usw. Am liebsten spielte ich Fußball. Der Titel „bester Torwart der Saison", den die Jungen mir verliehen hatten, machte mich ungemein stolz. Das waren glückliche Wochen. Dort wurde auch der echte Freundschaftsgeist geboren und die Liebe zu vielen Menschen. Ich begegnete der Krankenschwester, die während einer schweren Zeit in meinem Leben meine Heldin werden sollte. Zum erstenmal kam der Wunsch in mir auf, selbst Krankenschwester zu werden. Ich wurde reifer, selbstsicherer und selbständiger. Und all das ereignete sich innerhalb ganzer drei Wochen! Es mußte lange, lange vorhalten, und auch noch heute erinnere ich mich gerne daran.

„Ihr werdet hören Kriege und Geschrei von Kriegen" lautete eine mir damals noch völlig unbekannte Prophezeiung. Und doch war das Kriegsgeschrei immerzu um uns.

Bittbriefe von Verwandten erreichten uns fast täglich. Was konnten wir denn nur tun? Sie waren keine Holländer, und die Regierung konnte Emigranten in großen Zahlen nicht aufnehmen, wenn ihre Verwandten nicht die volle Garantie für ihren gesamten Unterhalt übernahmen.

Die Ereignisse jedoch änderten diese Regelung. Aus bloßer Verzweiflung verließen Verwandte meiner Mutter all ihr Hab und Gut, um nur einen Platz auf einem Schiff nach Havanna auf Kuba zu bekommen. Tausende von Menschen waren an Bord, Leute von verschiedener Herkunft. Sie konnten aber diese Reise bezahlen, weil die meisten von ihnen ihr gesamtes Hab und Gut verkauft hatten, um nur genug Geld für diese Reise in die Freiheit zu beschaffen und ein neues Leben zu beginnen. Diese Hoffnung gab ihnen Kraft und Freude in den vielen Wochen auf See. Diese Hoffnung half ihnen die Seekrankheit und den Sturm zu ertragen. Dadurch blieben sie stark, wenn die geistigen und körperlichen Kräfte nachließen. Schließlich näherten sie sich ihrem Adoptivland. Der Zufluchtsort, der hell in der Sonne glänzte, schien sie herzlich willkommen zu heißen.

Dann traf sie völlig unvorbereitet der Schlag — Kuba hatte beschlossen, den Flüchtlingen keinen Einlaß zu gewähren. Dem Kapitän wurde verboten, den Hafen anzulaufen. Obwohl man per Funk Nachrichten ans Land schickte und die verzweifelte Lage erklärte — den Mangel an frischen Nahrungsmitteln, die moralische Verfassung, die Unmöglichkeit einer Rückkehr, da der sichere Tod alle erwartete — es half nichts. Die Regierung hatte ihre Entscheidung getroffen. Das Schiff mußte umkehren! Einige sprangen ins Meer, um sich das Leben zu nehmen, wurden aber rasch von ihren ebenso verzweifelten Verwandten gerettet. Nachdem sie schon tagelang vor dem Hafen vor Anker gelegen hatten, mußte unbedingt schnellstens gehandelt werden.

„Wohin geht die Pilgerfahrt?" Ja, wohin? Der Kapitän versuchte unterwegs andere Häfen anzulaufen, aber niemand wollte dieses Schiff voll Juden haben. Es durchfuhr die Meere. Die Vorräte gingen rasch zur Neige, der Lebensmittelmangel erreichte einen kritischen Punkt. Mehrere europäische Regierungen besprachen die Lage vom menschlichen Standpunkt aus. Schließlich schlossen sich Frankreich, Belgien, Holland und Großbritanien zusammen und wollten jeweils einen Teil dieser verzweifelten Flüchtlinge aufnehmen. Wer Verwandte in einem dieser Länder hatte, gab vorzugsweise dieses Land an. Unter den Passagieren befanden sich auch unsere sieben Verwandten.

Sie sollten jedoch noch lange nicht frei mit der übrigen Bevölkerung verkehren dürfen. Sie wurden so lange interniert, bis sich eine passende Unterkunft für sie fand. Ein Heim für Seeleute wurde geräumt und für diese ausgemergelten Leute hergerichtet, während die holländische Regierung und die jüdische Gemeinde sie herzlich willkommen hießen. Sie konnten sich jetzt wenigstens satt essen, nach Herzenslust schlafen oder ausspannen und ihre unmittelbare Zukunft ihren Wohltätern überlassen.

Wir besuchten sie, sobald das „alles klar" gegeben worden war. Gemischte Gefühle beschlichen uns. Es war wirklich ein trauriger Anblick, diese Leute zu sehen, die in verhältnismäßig großem Wohlstand und Komfort gelebt hatten, und jetzt nur mit den kärglichsten Lebensnotwendigkeiten auskommen mußten. Und doch waren sie noch zusammen und hatten das Geschenk des Lebens.

Das Lloyd Hotel war ziemlich groß. Jeder Familie wurde dort eine abgetrennte Nische mit Betten und einigen Stühlen zugewiesen. Die Wände gingen nicht bis zur Decke, und man kann sich wohl vorstellen, wie ihnen das Stimmengewirr und das Geplärr der Kinder manchmal unerträglich wurde und auf die Nerven ging.

Ich mochte diese wöchentlichen Besuche bei meinen Cousins und Cousinen gern. Es war ein vortrefflicher Platz zum Versteck spielen. Das Labyrinth der Korridore und Flure war das Entzücken aller Kinder, die sich natürlich reichlich dieses geräumigen Spielplatzes bedienten. Die Behörden gaben sich große Mühe, diese Familien wieder ins normale Leben zurückzuführen.

Schließlich war es auch für unsere Verwandten soweit, daß sie das Lloyd Hotel verlassen konnten. Zwei kleine Häuschen wurden ihnen zugeteilt, und die jüdische Gemeinde stiftete ihnen Möbel und was sonst noch am nötigsten zum Haushalt gehört.

Doch ihre und unsere Freiheit sollte nur von kurzer Dauer sein.

Kapitel 3

Holland ist wegen seiner Sauberkeit in den Häusern und auf den Straßen weltbekannt. Jeder kennt die Art der holländischen Hausfrau. Ihr Tag beginnt zeitig. Die Wäsche flattert schon im Morgenwind, lange bevor sich ihre Familie zum Frühstück erhebt. Die Nachbarinnen klopfen ihre Teppiche um die Wette, und wenn die Schlafdecken mit einer besonderen Handbewegung ausgeklopft werden, verursacht das ein lautes Schlagen. Besonders im Frühling ist dieses Geklopfe ein vertrautes Geräusch in den meisten Gärten.

Am 10. Mai 1940 wachte ich früh von diesem vertrauten Geklopfe auf, wie ich dachte . . . Ich hatte ausgeschlafen, und so horchte ich auf die beinahe rhythmischen Geräusche, die sich jedoch mit immer lauter werdendem Stimmengewirr zu vermischen schienen. Ich stieg aus dem Bett, zog den Vorhang beiseite und bemerkte dabei, daß andere Nachbarn das gleiche getan hatten. Alle schauten zum Himmel empor. Welch ein unglaublicher Anblick! Der Himmel war voll von schwarzen Punkten. Das „Geklopfe" waren weiße Dunststreifen, die aus einigen schwarzen Punkten herausschossen. Der gepunktete Himmel hing innerhalb weniger Minuten voller Fallschirme. Einige wurden von unserem Maschinengewehrfeuer getroffen und fielen lautlos zur Erde. Aber die meisten kamen unverletzt herunter. Ein Heer deutscher Soldaten war in unser Land eingefallen — buchstäblich wie der Blitz aus heiterem Himmel.

Holland war von Deutschland ohne Kriegserklärung eingenommen worden . . . Wir waren einfach überrannt worden.

Alle zogen sich so rasch wie möglich an. Niemand ging an diesem Morgen in die Schule oder zur Arbeit. Der Krieg hatte begonnen! Es war ein erbitterter Kampf. Die holländischen Streitkräfte kämpften tapfer, aber es nützte nichts. Innerhalb von wenigen Tagen mußten wir uns ergeben. Der Feind hatte seinen Angriff geschickt geplant, und der Sieg gehörte ihm. Es dauerte nicht lange, da sah man überall deutsche Soldaten. Es herrschte eine merkwürdige Stimmung. Die Holländer gaben die Hoffnung auf. Das sollte jedoch nicht von Dauer sein. Fast sofort bildeten die loyalen Holländer Widerstandsgruppen. Furchtlos kämpften sie ihren eigenen kalten Krieg. Viele, im ganzen Land mit Erfolg durchgeführte Sabotageakte, wurden nie aufgedeckt. Die Mitglieder der Widerstandsbewegung unterstanden einem Hauptquartier, das ständig seinen Standort wechselte.

Wahrscheinlich begrüßte der Feind diese Sabotage. Es war nämlich eine gute Entschuldigung, seinen Erzfeind, den Juden, weiter zu verfolgen.

Die Reklame der Eindringlinge war überall zu finden — auf Plakaten, in Zeitungen und im Rundfunk. „Die Sabotageakte waren das Werk von Juden und ihrer Helfershelfer. Sie mußten gezügelt werden." Das holländische Volk wurde aufgerufen zu kooperieren, und somit die Invasion und die vorübergehende Besetzung so angenehm wie möglich zu gestalten. „Laßt euch nicht von der jüdischen Propaganda beeinflussen. Deutschland verfolgt mit Holland nur gute Absichten!"

Fünf Jahre lang waren wir den Klauen des Tigers entgangen. Jetzt hatte er uns eingeholt. Wir wußten, daß wir in einer Falle saßen. Von jetzt an brachte jeder Tag unangenehme Überraschungen. Fast täglich änderten sich die Verhaltungsmaßregeln und Verordnungen in den Schlagzeilen von Presse und Rundfunk. Die meisten von ihnen waren gegen die holländischen Juden gerichtet. Wir mußten uns von vielen persönlichen Dingen trennen und wurden sehr in unserer Freiheit und in unserem gesellschaftlichen Leben eingeschränkt. Die Juden mußten ihre Fahrräder, Autos, Radiogeräte usw. abliefern. In der Industrie mußten jüdische Geschäftsleute ihren nichtjüdischen Kollegen ihre Arbeit überlassen. Auf Schildern und Plakaten vor manchen Geschäften hieß es „Für Juden verboten". Von der Besatzungsmacht gezwungen, hatten Theater, Kinos und Hotels jetzt ihre Türen für uns geschlossen.

Eine Welle des Antisemitismus erfaßte ganz Holland. Wenn holländische Staatsbürger den Gehorsam verweigerten, wurden sie selbst wie Juden behandelt. Es gab keinen Ausweg, wir mußten damit leben.

Noch weitere Satzungen und Verordnungen wurden in Kraft gesetzt. Es wurde uns verboten, öffentliche Verkehrsmittel zu benutzen. Jüdische Kinder wurden gezwungen, ihre jetzige Schule zu verlassen. Sie wurden alle in einer jüdischen Tagesschule untergebracht. Das bedeutete für mich und meine Freunde jeden Tag einen langen Weg, der bei jedem Wetter gemacht werden mußte. Und nach der Schule die gleiche Entfernung zurück. Manchmal frage ich mich, ob diese aufgezwungene tägliche Leibesübung und die seltsame Art der Schule uns Kinder in irgendeiner Weise deprimiert hat. Ich kann mich nicht daran erinnern. Wir waren immer glücklich und zufrieden und lernten es Tag für Tag „klug wie die Schlangen und ohne Falsch wie die Tauben" zu werden.

Der Winter des Jahres 1940/41 war kälter als in vorigen Jahren. Stimmte das wirklich, oder war es vielleicht nur Einbildung? War es vielleicht deshalb, weil uns der aufgezwungene Weg die Kälte mehr spüren ließ? Ganz gleich warum, meine Eltern fanden es an der Zeit, noch einmal umzuziehen — jetzt und für immer in das Judenviertel der Stadt. Hier hatten wir freien Zutritt zu den Geschäften. Hier waren wir nahe bei der Synagoge, bei der Schule, bei Freunden und einem jüdischen Arzt. Wieder einmal suchten wir nach einer passenden Wohnung. Wir fanden bald eine nach unserer Zufriedenheit und zogen noch in den kalten Wintermonaten um.

Als um Mitternacht die Glocken in der ganzen Stadt das Jahr 1941 einläuteten, riefen sich die Leute ihr „Frohes Neujahr" zu. Wir hörten zu, fragten uns, was werden würde, und warteten ab. Was würde das neue Jahr uns Juden bringen? Niemand wußte es.

Laufend mußten wir schwere Entscheidungen treffen. Die erste im Jahre 1941 war, daß ich die Schule verlassen und einen Beruf erlernen sollte, damit ich bald auf eigenen Füßen stehen konnte. Man mußte wissen, wie man sich seinen Lebensunterhalt verdienen konnte. Davon waren meine Eltern fest überzeugt.

Mit gemischten Gefühlen trat ich in diesen neuen Lebensabschnitt ein. Ich war nicht im geringsten an dem Beruf interessiert, den meine Eltern für mich ausgesucht hatten. Schneiderin — was konnte uninteressanter und langweiliger sein! Ich stellte mir vor, wie ich eine Nadel in der Hand hielt und einen Fingerhut am Mittelfinger der rechten Hand trug! Es schien ein Muß, obwohl es für mich eher wie ein Faschingsscherz erschien, der mich auf ironische Weise zu einem Narren machte. Das konnte doch nicht *mein* Leben sein! Wie absurd! Ich konnte mir einfach nicht vorstellen, wie ich die Zimmer kehrte, Stoffreste in Lumpenbeutel einsammelte, endlose Säume mit der

Hand nähte, zahllose Tassen Tee kochte und Botengänge zu den reichen und weniger reichen Amsterdamer Bürgern machte.

Mit diesem Bild, das ich mir seit jener Vorstellung und während der ersten Arbeitstage in meinen Gedanken gemacht hatte, mußte ich lernen zu leben. Ich haßte jeden Tag, aber irgendwie lernte ich dabei trotzdem gut. Ich muß gestehen, es war eine unheimliche Freude, jeden Freitagabend eine Lohntüte mit heimzubringen, insbesondere wenn ich einen kleinen Betrag davon als Taschengeld erhielt. Es gab mir das Gefühl, daß ich ja dafür gearbeitet hatte und daß das meine angemessene Belohnung war. Der Rest des Geldes ging in die Haushaltskasse für Essen und Kleidung. Das war ganz selbstverständlich für mich. Meine Brüder waren hierin ein Beispiel gewesen. Sie gaben immer noch ihren Lohn ab und erhielten dann ihr jeweiliges Taschengeld zurück.

Bald hatte ich mich an diese neue Routine gewöhnt. Ich wußte, wie meine tägliche Aufgabe aussehen würde, und lernte allmählich, sie auszuführen. Natürlich waren meine ersten Stiche nicht sehr sauber, aber mein Arbeitgeber war mit meinen Fortschritten zufrieden. Wenn Waren abgeliefert werden mußten, begrüßte ich das jedesmal als Abwechslung von der ständigen Konzentration. Es machte mir viel Freude, neue Kunden kennenzulernen und auch die alten immer wieder zu besuchen. Ich lernte viele verschiedene Näharten. Ja, ich durfte sogar Pelze zusammennähen. Es wurde uns auch beigebracht, Socken und Strümpfe mit neuen Füßlingen zu versehen. Das machte aus Alt wieder Neu. Herr und Frau Ding-Dong, wie wir sie nannten, führten ihr Geschäft gemeinsam. Sie machte die feinere Arbeit und Herrn Ding-Dong blieb es überlassen, die Strümpfe mit neuen Füßlingen zu versehen und die finanzielle Seite des Geschäftes zu führen.

Er war sehr nervös und immer in Bewegung und sah sich ruhelos nach zusammenpassenden Stoffen um. Dann neigte er das blasse, sommersprossige Gesicht, rückte seine goldumrandete Brille zurecht, bevor er tüchtig in die Nähmaschine trat. Er war einfach ein Experte im Füßlinge anfertigen.

Es war immer etwas ganz Besonderes, wenn ich ein Kleidungsstück, an dem ich selbst gearbeitet hatte, ausliefern konnte.

Wenn ich Gelegenheit hatte, erst spät am Nachmittag Botengänge zu machen, durfte ich danach gleich heimgehen und brauchte für die letzte Stunde nicht mehr zur Arbeit zurückzukommen. Das war die schönste Belohnung für einen harten Werktag. Ich überquerte verschiedene Kanalbrücken und steuerte geradewegs auf das Krankenhaus an der Nieuwe Keizersgracht zu. Es war das größte jüdische Krankenhaus und hatte ein hohes Niveau. Diese Spaziergänge am Kanalufer waren mir als Kind die größte Freude. Hier konnte ich ein bißchen vor dem Haupteingang verweilen und den Geruch einatmen, der allein Hospitälern und Kliniken eigen ist. Wie beneidete ich damals die Mädchen in Schwesterntracht, die verhüllten Ordensschwestern und die weißgekleideten Ärzte. Sie hatten ihr Ziel erreicht, und ich mußte noch immer tagein, tagaus langweilige Säume nähen, leblose Stoffetzen in Lumpensäcke fegen und das Leben abgetragener Socken verlängern.

Jedesmal, wenn ich an meinem geliebten Krankenhaus vorbeikam, war ich entschlossener denn je, eines Tages mit zum Pflegepersonal zu gehören; ich würde mich selbst heimlich darauf vorbereiten. An jenem Wochenende kaufte ich mir für mein Taschengeld eine Flasche Methylalkohol. Ich versteckte sie in meinem Zimmer, und jedesmal, wenn ich sehr deprimiert war, belebte mich der Geruch neu. Ein kleines Schnüffeln an jener Flasche erinnerte mich an meine Zukunftsträume und ermutigte mein verzagendes Herz, das Ziel doch weiter im Auge zu behalten.

Mit der Zeit sammelte ich verschiedene medizinische Instrumente; nicht um sie zu gebrauchen, einfach, um sie zu haben und zu liebkosen. Auch machte ich mir einen Sanitätskasten fertig und hatte alle meine Schätze schön in einem schwarzen Lederetui geordnet, das ich übrigens bis zum heutigen Tage noch habe.

Wann würden es meine Eltern endlich erlauben, mich als Krankenschwester ausbilden zu lassen? Sie weigerten sich, auch nur über diese Angelegenheit zu sprechen. Die Zeiten waren zu ernst, um an solchen Unsinn auch nur zu denken. Es wäre eine zu schwere Arbeit und würde mich im Leben nicht voranbringen. Ein vernünftiges Handwerk würde mich eher durchbringen. Das war ihre Entscheidung.

Abends bei Kerzenlicht las ich gebrauchte medizinische Bücher. Themen, die viel zu schwierig für mich waren, erregten meine Aufmerksamkeit. Während ich versuchte, sie zu begreifen, fiel ich oft in Schlaf und wachte manchmal erst weit nach Mitternacht mit der immer noch brennenden Kerze in meiner Hand auf.

Das Verlangen, unter kranken Menschen zu sein, wurde mit jedem Tag stärker. Ich wollte so gern an ihrem Bett sitzen, lernen, wie man sie pflegt und ihre Wunden behandelt, die Furchtsamen trösten und kleine Kinder liebhaben. Wann würde ich das je tun können?

Wir durften an unseren Arbeitstischen nicht singen. Zuviel Geschwätz wurde ebenfalls nicht gern gesehen. Ich mochte beides und wurde folglich oft von dem sommersprossigen Herrn Ding-Dong zurechtgewiesen. Ich meinte, wenn ich nur öfter an meiner Flasche Alkohol riechen könnte, würde mich das überzeugen, daß Schneidern nicht meine ganze Zukunft war.

Schwester Henny, mit der ich mich in den Ferien im Hilversumer Kinderheim angefreundet hatte, hatte ihr Ziel erreicht. Sie hatte die Kinderpflege aufgegeben und arbeitete jetzt unter den Kranken in unserem großen Stadtkrankenhaus. Sie war meine Heldin, mein Vorbild. Ich wollte so eine Krankenschwester werden wie sie. Manchmal, wenn sie frei hatte, traf sie sich mit mir. Es gab mir das Gefühl, erwachsen zu sein und gebraucht zu werden. Das waren kostbare Augenblicke. Sie erlaubte mir, Dutzende von Fragen zu stellen, und jedesmal ergriff ich diese Gelegenheit. Sie konnte mir auch manchmal den Kopf waschen, und von ihr nahm ich es unbeleidigt hin. Schließlich war es Schwester Henny, die das sagte.

Kein Wunder also, daß ich mich an sie wandte, wenn ich unsicher war oder Angst hatte.

Kapitel 4

Das Gerücht eines neuen Gesetzes und einer neuen Verordnung wurde über Nacht Wahrheit — alle Juden wurden gezwungen, einen hellgelben Stern zu kaufen, fünfzehn Zentimenter im Durchmesser, schwarz umrandet und versehen mit dem Wort Jude in großen Buchstaben. Diese Sterne mußten fest an Mäntel, Kleider und Anzüge genäht werden. Kein Jude durfte sein Zuhause verlassen, ohne dieses sichtbare Zeichen auf der linken Brust.

Jetzt waren wir wirklich Ausgestoßene — allen Menschen sichtbar und bekannt, besonders denjenigen, die darauf aus waren, uns zu zerstören. Tag für Tag, wie vor Jahren in Deutschland, verschwanden Menschen auf geheimnisvolle Art. Ständige Verhaftungen waren an der Tagesordnung. Diejenigen, die Geld und Verbindungen hatten, gingen in den Untergrund. Es war aber riskant und ein gefährlicher Schritt. Hatte man einmal diesen Weg eingeschlagen, dann mußte man im Untergrund bleiben und bis zum Kriegsende illegal sein . . . im günstigsten Falle!

Ganze Familien verschwanden auf andere Art und Weise. Sie wollten in Ehren sterben, um nicht einer Zukunft des langsamen aber sicheren Verderbens entgegenzugehen. Die Gashähne waren der einfachste Ausweg. Die Kinder hatten keine Angst davor. Sie würden es nie wissen und niemals leiden. Nur Gott wußte, welche Todesqualen manche Eltern ausstanden, bevor sie diesen Entschluß faßten.

Leid bringt Menschen zusammen. Es schafft ein falsches Sicherheitsgefühl, doch der Trost der Einheit macht stark. Vaters Bruder, ein Witwer, und seine beiden Teenager-Töchter schrieben aus Belgien und fragten an, ob sie nicht vorübergehend zu uns kommen könnten, bis die Lage in Belgien sich etwas beruhigt hatte. Dort hatte sich der unerbittliche Zugriff des Feindes ebenfalls verstärkt, und das tägliche Leben wurde zur Qual. Natürlich war die Antwort meiner Eltern: „Kommt, sobald ihr könnt!"

Onkel Michael war ein lustiger Mann und fröhlich in jeder Situation. Unsere Kusinen Edith und Ruth waren uns fast wie

Fremde. Wir waren uns seit Kindheitstagen nicht mehr begegnet. Es würde sehr nett sein, diese richtigen Kusinen bei uns zu haben.

Anfang Februar 1941 kamen Vaters Verwandte in Amsterdam an, und wir nahmen sie in unserem Haus auf. Es tat richtig gut, zusammen zu sein und die Gemeinschaft zu genießen, die wir solange entbehrt hatten. Meine Brüder und Kusinen waren im gleichen Alter. Sie hatten manches gemeinsam und liebten lange Spaziergänge und Gespräche. Da ich sechs Jahre jünger war, nahmen sie mich eben so als notwendiges Übel mit.

Samstag, der 21. Februar 1941, war ein schöner, aber doch noch sehr kalter Tag. Ein schöner Spaziergang nach dem Essen würde uns allen guttun — das war jedenfalls meines Vaters Vorschlag. Wollte ich den Mädchen nicht ein Stück von Amsterdams historischer Schönheit zeigen? Es paßte mir nicht. Ich hatte mich mit meiner Freundin aus dem Waisenhaus um die Ecke verabredet, denn wir liebten unseren Schaufensterbummel am Samstagnachmittag. Nach einer geflüsterten Unterhaltung mit meinem Vater, nahmen meine Brüder den Vorschlag an und boten sich an, die Mädchen durch Amsterdam zu führen.

Als das Geschirr wieder sauber im Schrank stand, und der Tisch zum Tee gedeckt war, teilten wir uns für unser Nachmittagsprogramm auf. Meine Eltern und der Onkel hatten sich einen Besuch beim Rabbi vorgenommen, der ein persönlicher Freund der Familie war. Meine Kusinen machten sich unter der Führung ihrer männlichen Begleiter auf den Weg in die Stadt, und ich machte mich auf zum Waisenhaus. Mit Vergnügen ging ich dorthin. Die wohlerzogenen Mädchen gefielen mir. Alles an ihnen, selbst ihre Kleidung, war so sauber. Aber konnten sie sich in diesen Kleidern überhaupt glücklich fühlen?

Ja, ich hatte meine Freunde dort gern. Selbst jetzt waren meine Gedanken bei ihnen, als ich mit meinen Eltern und meinem Onkel bis zur Ecke mitging. Mit einem fröhlichen „bis bald" trennten wir uns. „Bis bald"! diese Worte folgten mir. „Bis bald!" Wir gebrauchten diese Worte nur noch zögernd. Wer konnte für ihre Wahrheit garantieren? Unser Schicksal lag in anderen Händen.

Rita wartete auf mich in der Halle. Nachdem wir uns die letzten Tagesneuigkeiten erzählt hatten, beschlossen wir, uns auf unseren gewohnten Schaufensterbummel zu begeben. Fröhlich bestaunten wir die neuen Frühjahrsmodelle für Teenager, die in den Geschäften schon ausgestellt waren. Allmählich jedoch bemerkten wir immer mehr erschreckte und düstere Mienen um uns herum. Einige Menschen begannen zu laufen. Wir schauten einander fragend an. Was hatte das zu bedeuten? War wieder etwas geschehn? Abgerissene Wortfetzen drangen an unser Ohr und machten uns noch neugieriger. Schließlich fand sich jemand, der unsere Frage beantwortete. Die Antwort ließ mich erstarren. „Sie ziehen die Brücken hoch und durchkämmen die ganze Innenstadt."

Das traf uns wie ein Schlag.

Überall hörte man Frauen angstvoll schreien. Brutale, harte Soldatenstimmen gaben sich alle Mühe, die angstvollen Schreie zu übertönen. Kleine Kinder, bestürzt durch die plötzliche Panik, rannten aus ihren Häusern und liefen weinend die Straßen entlang. Plötzlich, auf der anderen Seite der Brücke, sahen wir die Ursache dieses entsetzlichen Geschehens. Dutzende von Gestapoleuten hatten sich von ihren Fahrzeugen aus auf alle Männer und Jungen in ihrer Reichweite gestürzt. Alle, die den gelben Stern trugen, wurden ergriffen und weggerissen. Es war ein furchtbarer Anblick. Wir bekamen schreckliche Angst und begannen ebenfalls zu laufen. Wir liefen und liefen, bis von den hilflosen Opfern nichts mehr zu sehen und zu hören war.

Selbst hier spürte man noch etwas von der menschlichen Explosion von jenseits der Brücken. Die Straßen waren leer mit einigen Ausnahmen, die sich wie wir nach einem Unterschlupf umschauten.

Wir standen unter einem Schock, und unsere Stimmen zitterten. Wo sollten wir hin? Keine von uns wußte es. Wir gingen einfach immer weiter weg von dem Ort des Grauens und kamen schließlich zur Weesperplein. Die Menschen dort waren sich scheinbar über die Ereignisse hinter den Brücken im unklaren. Als ich ein großes, aufstrebendes Gebäude vor mir sah, hatte ich einen Gedanken: Die Oberin dieses jüdischen Altersheims war meine frühere Oberin aus dem Hilversumer Kinderheim. Dort konnten wir hingehen. Sie würde uns einlassen und uns richtig beraten.

Der Pförtner ließ uns gleich ein, weil er mich so gut kannte. Es verging kaum ein Samstag, ohne daß ich diesem Gebäude nicht einen Besuch abstattete. Heute schien jedoch alles anders zu sein.

Der Pförtner muß ebenfalls von der Razzia gewußt haben. Angstvoll schaute er vor sich hin und nahm sich auch für unsere gewöhnliche kleine Unterhaltung keine Zeit. Er bedeutete uns nur, gleich zur Wohnung der Oberin hinaufzugehen und dort im Wohnzimmer auf sie zu warten, wenn sie nicht da war. Wir versprachen es.

Sie war nicht da. Das gab uns genug Zeit, uns auszuruhen und nachzudenken. Wir wagten nicht, unsere Gefühle in Worten auszudrücken. Nur manchmal sahen wir einander an. Verzweifelt versuchte ich, nicht mehr an das Schreckliche zu denken, und so konzentrierte ich mich auf die ruhige Art meiner Oberin. Sie war der mütterlichste Mensch, den man sich vorstellen konnte. Sie hatte einen schönen Teint, hellblaue Augen, und die roten Wangen vervollständigten die Schönheit dieses fröhlichen Menschenkindes. Viele Menschen machten Bemerkungen über ihr früh ergrautes und nun silbrig glänzendes Haar. Ich vergötterte sie. Ihr weißer Kittel war immer makellos; wahrscheinlich wechselte sie ihn täglich mehrere Male. Sie war sehr beliebt und geschätzt. Wie gut, daß ich ihr so nahestand. Es machte mich glücklich und stolz, daß ich wußte, die Oberin hat mich gern.

Es schien uns wie eine Ewigkeit, aber schließlich erschien sie. Sie stand erst wie festgewurzelt da, dann kam sie langsam auf uns zu. Ihr Gesicht war ausdruckslos, das unsrige wahrscheinlich voller Angst. Ich hatte fast ein schlechtes Gewissen, daß ich hierher gekommen war, aber was hätte ich sonst tun sollen? Niemand sprach ein Wort, aber unsere Augen begegneten sich, und da begann ich zu weinen, und Rita ebenfalls. Auf dem Weg in ihre kleine Küche, legte die Oberin einen Augenblick ihre Hand auf meine Schulter, dann begann sie Tee zu kochen und ließ uns weinen. Das erleichterte uns ein bißchen, und als sie mit dem Tablett zurückkam, fragte ich sie: „Können wir hier bei dir bleiben, wenigstens bis die Soldaten wieder fort sind?“

Die Oberin versicherte uns, daß wir gern im Heim bleiben konnten, solange wir Schutz brauchten.

Während sie sich wieder an ihre Arbeit begab, saßen wir am Fenster und sprachen kein Wort. Jedoch dachten wir das gleiche. Unsere Augen suchten die Straßen entlang nach einem vertrauten Gesicht. Wann würde das Leben dort unten wieder normal werden?

Um 6 Uhr nach einer weiteren Stärkung mit Tee, Schnittchen

und Obst, schlug die Oberin vor, daß wir versuchen sollten, nach Hause zu gelangen. Sie hatte sich erkundigt, und alles schien sich wieder beruhigt zu haben. Wir bedankten uns bei ihr, aber gingen nur zögernd und mit schwerem Herzen. Wie konnten junge Mädchen so plötzlich eingeschüchtert und um Jahre gealtert sein? Nie wieder würden wir die leichtherzigen Kinder von einst sein, wie vor diesem Erlebnis.

Der fünfzehn Minuten lange Weg nach Hause war eine unheimliche und ekelhafte Angelegenheit. Die Straßen waren still und verlassen, jedoch hörten wir aus den anliegenden Häusern Schluchzen, Weinen und hysterisches Schreien. Mütter trauerten um ihre Söhne und Männer. Viele mußten verhaftet worden sein, denn die Trauer war groß.

Nachdem wir die Brücke über unseren Kanal überquert hatten, trennten wir uns. Rita ging zurück zum Waisenhaus, und ich ging am Wasser entlang unserem Hause zu. Von Ferne sah ich zwei Gestalten auf den Stufen vor unserem Hause sitzen. Als ich näher kam, erkannte ich meine Kusinen. Die letzten Meter nahm ich im Laufschritt, denn ich sah, daß etwas Schlimmes geschehen war. Ihre rotgeschwollenen Gesichter, ihre nassen Augen und ihr Schluchzen sagten mir genug. „Wo sind unsere Jungen?“ fragte ich. „Wo sind Werner und Manfred?“ Sie weinten nur noch lauter und legten ihre Arme um mich. Ich riß mich los und wiederholte meine Frage noch eindringlicher. Heftig schluchzend erzählten sie mir, was ich die ganze Zeit schon vermutet hatte: unsere Jungen waren unter den 8000 Männern zwischen 18 und 40 gewesen, die man verhaftet hatte. Man hatte sie von Edith und Ruth weggerissen und sie in Richtung Jonas Daniel Meyer Plein getrieben und gestoßen. Dort hatte man Tausende von Männern zusammengetrieben und ihnen befohlen, auf dem harten Kopfsteinpflaster mit erhobenen Händen niederzuknien. In der Haltung mußten sie verharren, bis der Befehl aufgehoben wurde. Diejenigen, die zu schwach waren, oder dem Befehl nicht nachkommen konnten, wurden mit Gummiknüppeln gefügig gemacht.

Meine Kusinen schluchzten immer noch. Vor einigen Stunden hatte ich meine Tour gehabt, jetzt war ich still und kalt. Dagegen arbeitete es in mir stark. Der liebe Werner und Manfred, jung schon mußten sie eines so grausamen Todes sterben! Sie waren verhaftet und wie Verbrecher behandelt worden, nur weil sie Juden waren — Gottes erwähltes Volk, das alle Zeitalter hindurch verfolgt worden war. Gott, sei uns gnädig und rette uns!

Wir schlossen die Haustür auf und stiegen müde die Treppen zu unserer Wohnung hinauf. Das Feuer im Ofen brannte noch warm. Und doch zitterte ich am ganzen Körper entsetzlich. Erst jetzt faßten sich Edith und Ruth. Schnell machten sie drei Becher russischen Tee. Ich hielt den Becher mit beiden Händen umklammert und versuchte verzweifelt, nachzudenken. Es war einfach unglaublich. Meine Brüder waren fort. Wie würden sie das harte Gefangenenleben ertragen? Wo würde man sie hinbringen? Würden sie je wieder nach Hause kommen dürfen? Ich stöhnte innerlich auf — wieder nach Hause! Wer würde je wieder nach Hause kommen? Einmal in der Höhle des Löwen, gab es kein Entkommen mehr. Nein, die Zukunft sah nur dunkel, furchtbar dunkel aus. Insgeheim hoffte ich, daß sie sehr bald sterben würden; besser tot, dachte ich mir, als gefoltert und ausgehungert zu werden. Sie waren solch ruhige und behütete Jungen gewesen; nie hatten sie Gelegenheit gehabt, ihren Mann zu stehen.

Die Stimmen meiner Kusinen schreckten mich aus meinen furchtbaren Gedanken auf. Wie würden wir es meinen Eltern beibringen, wenn sie heimkamen? Würde Vater überhaupt da sein? In eisigem Schweigen verharrten wir, warteten, dachten nach und tranken Tee.

Eine Stunde später kamen meine Eltern. Wer würde es ihnen sagen? Niemand brauchte es zu tun. Mein Vater rannte als erster in die Wohnung. „Wo sind die Jungen?" Die Gerüchte über die Razzia hatten sich wie ein Buschfeuer über die ganze Stadt verbreitet. „Wo sind die Jungen?" schrie er wieder. Seine Augen starrten uns angstvoll an. Inzwischen war meine Mutter eingetreten. Sie war schmerzerfüllt. Mein Onkel stand neben ihr und versuchte, sie ein bißchen zu trösten. Er versicherte ihr, daß wir herausfinden würden, was wir konnten, ehe die Polizeistunde begann. Meine Kusinen hatten wieder zu schluchzen begonnen, und mein Vater lief völlig außer sich hin und her und rief immer wieder: „Ach, unsere Jungen, unsere Söhne, die armen Jungen, ach Werner, Manfred, unsere armen, armen Jungen!"

Ich weinte immer noch nicht, war aber von all den Geschehnissen wie betäubt. Auch erfüllte mich der Tumult im Zimmer mit

Angst — das Weinen, das Fragen und der Schmerz meines Vaters. Onkel Michael war der einzige, der sich beherrschte.

Dann, nach einer kurzen Stille, fuhr der Vater mich an. „Natürlich ist es alles deine Schuld, du unnützes, ungehorsames Kind. Hättest du deinen Kusinen Amsterdam gezeigt, anstatt mit deiner Freundin auszugehen, würden deine Brüder heute abend noch zu Hause sein! Sie waren immer gern zu Hause. Sie wollten ja gar nicht ausgehen, aber sie taten es uns zuliebe. Sie waren ja immer so hilfsbereit. Du hast deine Brüder ins Verderben getrieben. Ach, meine lieben Söhne, meine Söhne, wo seid ihr nur?"

Je mehr mein Onkel versuchte, meinen Vater von seinen herzzerreißenden Anschuldigungen abzubringen, desto heftiger wurde der. Dies, zusammen mit dem Schmerz meiner Mutter, löste schließlich die Spannung und den Schock in mir, und indem ich neben meiner Mutter niederkniete, begann ich heftig zu weinen und suchte ihren Trost. Ich kann mich nicht mehr daran erinnern, wann wir endlich zu Bett gingen. Wir warteten, weinten und überlegten, was zu tun sei, mit wem wir Kontakt aufnehmen könnten, um eventuell die Jungen wieder freizubekommen.

Niemand schlief viel in jener Nacht. Man nickte nur ein und wachte wieder und wieder mit einem schrecklichen Schockgefühl auf. Wir hörten von draußen noch Schreie und das Aufheulen von Motoren. Alle wußten, was das hieß — weitere Verhaftungen. Unsere Gedanken waren bei unseren Jungen. Was hatten sie schon ausgehalten, und was lag noch alles vor ihnen? Sie würden so viel Heimweh haben, und so allein sein. Die harte, so plötzlich verordnete Arbeit würde sich bestimmt auf ihre Gesundheit auswirken. Wie lange konnten sie das wohl aushalten? Würden sie schlecht behandelt, geschlagen oder sogar ausgehungert werden? Würden sie es warm genug haben? Sie hatten keine Kleider zum Wechseln mit. Die Verhaftungen waren so plötzlich gekommen. Unsere Gedanken waren ständig bei ihnen. „Arme, arme Jungen, wenn wir doch nur mit euch Kontakt aufnehmen könnten! Wenn ihr doch nur wüßtet, wie hoffnungslos wir sind! Im Geist sind wir bei euch. Seid tapfer! Bleibt zusammen, wenn ihr's könnt, und ermutigt einander!"

Wie konnten sie nur zusammenbleiben? Ihr Schicksal lag ja nicht in ihrer Hand. Werner, der immer der schwächere gewesen war, wurde sofort in ein anderes Arbeitslager geschickt. Das erfuhren wir jedoch erst viel später. Wochen des Wartens und der

Sorgen waren vergangen, ehe wir diesen offiziellen Bescheid in unserem Briefkasten fanden.

„Buchenwald", dieser gefürchtete und bekannte Name wurde in unserer Familie wieder genannt. Vaters Bruder Jakob hatte nach seiner Verhaftung dort einige Monate zugebracht. Seitdem hatte er seine Gesundheit auf Lebenszeit ruiniert. Während er sich dort befand, wurde auch seine Frau verhaftet und ermordet. Als er schließlich mit Hilfe der holländischen Regierung freigelassen wurde, die sich mit einigen britischen Organisationen sehr um ihn bemühte, war sein Lebenswerk zerstört, seine Wohnung geplündert, und die Menschen, die ihm am nächsten standen, tot und in Massengräbern begraben.

Jetzt befand sich unser Werner in den Klauen dieser Sadisten. Meine Eltern wurden fast wahnsinnig. Sie weinten und jammerten und stellten sich in Gedanken schmerzlich vor, wie wohl so ein Tag und eine Nacht im Konzentrationslager aussehen würden. Nun waren die Jungen doch getrennt. Sie hatten nichts, woran sie sich klammern konnten. Sie waren allein unter vielen Männern aller Altersgruppen und Schichten.

Unser Familienleben änderte sich völlig. Selbst meinem fröhlichen Onkel gelang es nicht mehr, meine Eltern zu ermutigen. Die Stille im Haus war noch mehr zu verspüren, als unsere Verwandten eine Wohnung gefunden hatten und uns mit unserem Schmerz allein ließen, obwohl wir uns immer noch an den Wochenenden trafen, um uns auszutauschen. Alles, was wir wußten, wußten wir aus Gerüchten und vom Hörensagen. Aus dem Lager selbst gab es keine direkten Nachrichten. Wenn auf irgendeine illegale Art und Weise doch Nachrichten durchsickerten, waren sie furchtbar und schreckenerregend, und wir bemühten uns sehr, sie nicht zu glauben. Zweifellos war ein Körnchen Wahrheit in all diesen Gerüchten, und so legten wir uns dann wie ein Puzzlespiel ein Lebensbild vom Leben dort draußen im dunklen Unbekannten zusammen.

Die Verhaftungen gingen Tag und Nacht weiter, und wir alle hatten uns innerlich mit der Tatsache abgefunden, daß wir als Geächtete galten und ebenfalls jederzeit verhaftet werden konnten. Gewöhnten wir uns eigentlich daran und an all die geistigen und körperlichen Belastungen, die solch eine Atmosphäre mit sich brachten? Ich weiß es nicht genau. Die Gefahr war ein Bestandteil unseres täglichen Lebens geworden. Wir berieten vom praktischen Standpunkt aus, was in dieser Lage zu tun sei: der Kampf zu überleben begann — wir würden auf alle Fälle versuchen, am Leben zu bleiben, selbst wenn es Trennung bedeutete. Es war besser, nach dem Krieg wieder vereint zu sein, als zusammen den Tod zu erleiden. Natürlich würden wir versuchen, solange wie möglich zusammenzubleiben. Das war unsere Abmachung. Inzwischen bereiteten wir uns auf andere Art und Weise vor. Jeder besorgte sich einen Rucksack und packte das Nötigste ein: Papiere, einige Nahrungsmittel in Dosen und Toilettenartikel. Mit Wäschetinte wurden Name, Adresse und Geburtsdatum auf jeden Rucksack geschrieben. Bald hatten die meisten jüdischen Bürger ein solches Bündel im Korridor ihrer Wohnung stehen. Jeder war vorbereitet!

Drei Monate nach der Verhaftung meiner Brüder erhielten wir die Nachricht, daß Onkel Michael, Edith und Ruth nachts verhaftet worden waren und ebenfalls auf dem Weg ins Unbekannte waren. Wieder einmal konnten wir nichts tun. Wir waren in den Klauen der Eindringlinge völlig hilflos.

Viele Kinder waren plötzlich Waisen geworden. Wenn sie von der Schule nach Hause kamen, fanden sie keine Eltern mehr vor, die sie willkommen hießen. Manchmal wurden die Familien auseinandergerissen. Die Eltern wurden verhaftet, die Kinder blieben zurück. Das jüdische Wohlfahrtsamt nahm sich dieser Kinder an und übergab sie willigen Pflegeeltern. Niemand konnte für ihre Sicherheit garantieren, aber jedenfalls waren sie versorgt.

Jeden Abend, wenn ich von der Arbeit nach Hause kam, erfüllte mich Besorgnis für diese Waisen, diese verangstigten Kinder, diese verwirrten, bestürzten, kleinen menschlichen Wesen. Täglich wuchs der Wunsch in mir, einige von ihnen in Obhut zu nehmen. Ich besprach es mit meinen Eltern, die zuerst viele Einwände hatten. Doch das Zimmer meiner Brüder blieb leer. Die schmerzliche Leere war ständig um sie, und zuletzt erkannten sie, daß dies wohl das beste unter diesen Umständen war. Jedoch die letzte Entscheidung wurde hinausgeschoben, bis uns die schreckliche Nachricht erreichte, daß Werner, mein ältester Bruder, gestorben war! Wir wurden von offizieller Stelle aufgefordert, eine angegebene Geldsumme für das Verpacken seiner Asche und einiger persönlicher Sachen zu überweisen.

Ach, wie hart und grausam kann das geschriebene Wort doch sein!

Die Kleider und die Asche kamen und damit all die Trauer und das Leid. Wie würden wir je wirklich wissen, ob das auch seine Asche war? Wir hatten große Zweifel, und doch begruben wir die Asche als die seine mit allen Ehren.

Obgleich Manfred den Berichten zufolge noch in Mauthausen leben sollte, hatten wir unsere Zweifel. Wir hörten monatelang nichts von ihm. Als uns schließlich die Nachricht von seinem Tod erreichte, wußten wir, daß es wahr sein mußte. Wir hatten unsere beiden Jungen verloren. Das Leben hatte uns und ihnen lange grausam mitgespielt, jedoch hatten sie am schwersten mitgemacht. Jetzt wußten wir, daß sie von ihrer Angst und ihren körperlichen Leiden erlöst waren. Hätten wir es um ihretwillen anders gewünscht?

Mit sechzehneinhalb Jahren war ich alt genug, um zu erkennen, daß meine Eltern etwas brauchten, das sie ausfüllte. Mit dem Tod meiner Brüder, den fortwährenden Verhaftungen um uns herum und der Ungewißheit um andere Verwandte, wurden sie von Tag zu Tag mutloser und hoffnungsloser. Sie waren ganz andere Menschen geworden. Das Leid hatte sie innerlich zerbrochen. Ständig machte ich mir Sorgen, wenn ich sie allein zu Hause lassen mußte und zur Arbeit ging. Ich sah einfach nicht ein, warum ich bei Ding-Dongs noch weiter für zehn Mark die Woche nähen sollte, während ich daheim einige Waisenkinder betreuen konnte. Ich durchdachte alles sorgfältig und erklärte es dann meinen Eltern. Nach vielem Zureden fanden wir schließlich alle, daß es ein guter Gedanke war.

Mein Vater setzte sich mit dem Wohlfahrtsamt in Verbindung. Sie überprüften unsere Wohnung und versprachen, sich bald bei uns zu melden. Vater würde alle Einkäufe erledigen, Mutter den Haushalt führen, und ich würde die Kinder morgens und abends versorgen. Meine Eltern bestanden darauf, daß ich meine Schneiderlehre fortsetzte, während die Kinder zur Schule gingen. Ich fand mich damit ab.

Man schickte uns zwei extra Betten, und so war es uns möglich, vier Kinder aufzunehmen. Von jetzt ab hieß das Zimmer meiner Brüder „Kinderzimmer".

Es war ein großer Tag, als sich statt drei Personen, sieben zum Abendessen an den Tisch setzten. Plötzlich schienen die Lebensmittelrationen nicht mehr ganz so klein.

Die Kinder brauchten Zeit, um sich einzugewöhnen. Sie waren

voller Angst, eingeschüchtert und unendlich traurig. Können wir je nachfühlen, wie einem kleinen Kind zumute ist, das so plötzlich aller Liebe und Sicherheit beraubt ist? Was kann man da sagen oder tun, um auch nur annähernd ein Ersatz zu sein? Man will nicht, daß sie ihre Eltern vergessen. Wir litten mit ihnen, hatten wir doch den gleichen Verlust zu beklagen. Sie wußten von unseren Jungen. Es war ein Bindeglied zwischen uns und trug dazu bei, uns zu einer neuen Familie zu machen. Es waren keine Blutsbande, aber Bande der Rasse, der gemeinsamen Umstände und des persönlichen Verlusts. Sie begannen wieder ein Zugehörigkeitsgefühl zu verspüren.

Zuerst waren da Susan und Mirli, im Alter von zwölf und neun Jahren, dann kam Hermann mit zehn Jahren. Eva, Mirlis Schwester wurde auch noch aufgenommen, als sie eine Unterkunft brauchte. Margaret, im Alter von drei Jahren, kam zuletzt zu uns, und wurde von ihren älteren „Brüdern und Schwestern" ziemlich verwöhnt. Wir waren so stolz auf unsere neue Familie. Jetzt, nachdem neues Leben in unser Haus gekommen war, fiel es mir doppelt schwer, die langen Nähte zu nähen und mechanisch den langweiligen Arbeiten nachzukommen, die mir mein Lehrherr auftrug. Einige Wochen, nachdem wir die Kinder aufgenommen hatten, war es mit meiner Geduld zu Ende. Ohne die Kosten zu überschlagen oder mir die Folgen klarzumachen, steckte ich die Nadel in die Bluse, die ich gerade nähte, ein für allemal. Dann bat ich schüchtern, doch fest entschlossen, um meine Papiere. Niemand konnte mich davon überzeugen, auch nur einen Tag länger zu bleiben.

So gab ich meine erste Arbeitsstelle auf und machte mich auf den langen Heimweg. Bald aber erkannte ich das Ausmaß meiner ungeheuerlichen Handlungsweise. Wie konnte ich nur vor meine Eltern treten? Wie konnte ich sie so plötzlich meines wöchentlichen Lohns berauben? Statt nach Hause zu gehen, begab ich mich zum Krankenhaus.

Beim Empfang fragte ich nach Schwester Henny. Sie war beschäftigt und würde vor einer Stunde nicht zu erreichen sein. Ich erhielt die Erlaubnis zu warten. Eine unvorstellbar lange Wartezeit! Wieder einmal lernte ich den Wert dieser Freundschaft schätzen. Erst vor zwei Jahren hatte ich sie als „Schwester" Henny im Kinderheim bewundert, jetzt schien sie als Oberschwester soviel bedeutsamer. Jeder liebte sie, die Patienten und auch das übrige Personal. Sie war geradeheraus, ehrlich und doch freundlich, verständnisvoll und sanftmütig. Ich sah es als großes Vorrecht an, zu ihren Freunden zu gehören. Mit jugendlicher Leichtfüßigkeit und doch gemessen kam sie jetzt von einer Treppe auf mich zu. Wie immer lächelnd, begrüßte sie mich fröhlich.

„Was tust denn du hier zu dieser Tageszeit?“ Sie forschte in meinem Gesicht und wiederholte ihre Frage. Irgendwie hatte sie wohl gemerkt, daß nicht alles so in Ordnung war. Nachdem ich ihr alle meine Probleme erzählt hatte, auch von der bevorstehenden Sorge, nach Hause gehen zu müssen, um meinen Eltern die Situation zu erklären, wurde sie sehr ernst. „Warte hier“, befahl sie, „ich werde meinen Mantel holen, und dann machen wir einen Spaziergang. Ich muß mit dir reden.“ Wir machten einen langen Spaziergang. Während dieses Spaziergangs lernte ich eine Lektion, die ich zeit meines Lebens nie vergessen sollte. Nun, da ich den Stein ins Rollen gebracht hatte, bekam ich es mit der Angst zu tun. Und doch war es unabwendbar. Wie sollte ich nun damit fertigwerden? Dieser Spaziergang und diese Aussprache waren für mich eine Gott-gegebene Lektion für diesen und andere Fehler.

War viel Verkehr auf den Straßen, regnete es oder schien die Sonne? Keine dieser Einzelheiten wurden mir bewußt. Ich mußte die Wahrheit auf den Kopf zugesagt bekommen und endlich erwachsen werden.

Als ich Schwester Henny anderthalb Stunden später an der Krankenhauspforte verließ, war ich weiser und reifer geworden. Ich hatte einen großen Schritt vorwärts in der Schule des Lebens getan. „Achte auf die Gefühle anderer, nimm Rücksicht auf andere!“

„Hansie“, hatte Schwester Henny gesagt, „du willst also Krankenschwester werden, wenn du erwachsen bist . . . du willst für Menschen sorgen und ihnen helfen . . . du kannst es kaum erwarten, bis du eine Schwesterntracht trägst und ‚Schwester‘ genannt wirst. Wenn du eine echte Krankenschwester werden willst, mußt du jetzt schon mit deiner Ausbildung beginnen. Geh nach Hause und sieh deine Eltern an. Schaue ihnen lange und tief in die Augen, denke an sie und mache dir klar, daß sie zerbrochen und krank sind. Ihr eigen Fleisch und Blut ist ihnen genommen worden. Die Söhne, die sie liebten, für die sie in der Kindheit und Jugendzeit sorgten, in Krankheiten und Jugendproblemen, ihr ganzer Stolz und ihre ganze Hoffnung, diese

Söhne sind nun plötzlich von ihnen genommen worden. Versuche den Schmerz und das Leid, das sie durchgemacht haben, nachzufühlen, die entsetzliche Ungewißheit und Einsamkeit und schließlich die Endgültigkeit des Todes. Hansie, sei nicht beleidigt, wenn deine Eltern dir auch unfair und ungerecht erscheinen. Vergiß alles scheinbar zugefügte Unrecht und lerne es *jetzt*, eine Krankenschwester zu sein! Geh nach Hause und sei den zwei zerbrochenen Menschen eine gute und freundliche Krankenschwester. Sage ihnen, daß du nach Hause gekommen bist, um bei ihnen zu bleiben und zu helfen. Gleichzeitig versuche, für einige Stunden vormittags und nachmittags irgendeine Stelle bei euch in der Nähe zu bekommen, um finanziell irgendwie mitzuhelfen. Geh nach Hause, Hansie! Sei eine gute Krankenschwester!"

Ich betrat das Haus zur gewöhnlichen Stunde. So konnte ich mir die Zeit aussuchen, wann ich die Bombe platzen lassen würde, und mich auf die unweigerliche Explosion vorbereiten. Nach dem Essen wagte ich endlich eine Erklärung. Ich wurde von einem Bombardement von Worten von beiden Eltern getroffen. Ich versuchte verständnisvoll und ruhig zu bleiben, denn ich wollte so gern eine Krankenschwester sein. Ich weinte noch nicht einmal, als schließlich auch in unserem Hause Ruhe einkehrte. Der Kampf war vorüber. Es gab keine Schneiderei mehr für mich. Ich war frei!

Neuigkeiten verbreiten sich schnell, und so hörte ich bald von einem Lehrer und seiner Frau, die ein junges Mädchen brauchten, das sich um ihre zwei kleinen Söhne kümmerte, während sie unterrichteten. Es gab keine Zeit zu verlieren. Schon am nächsten Tag stellte ich mich bei ihnen vor. Das Haus war nur ein kurzes Stück Weg von uns entfernt. Ich wurde von einem sehr netten jungen Ehepaar willkommen geheißen.

Das rückhaltlose Vertrauen, das sie einer völlig Fremden wie mir entgegenbrachten, war mir ein unvergleichliches Erlebnis. Erfahrung mit Kindern? Darüber hatte ich nie nachgedacht. Meine Liebe zu diesen kleinen Jungen und der Wunsch, sie zu versorgen, waren riesengroß. Die Eltern merkten das wohl und fragten mich, wann ich anfangen könne. Frühestens am nächsten Tag, und ich weiß auch noch, daß ich lange vor der festgesetzten Zeit auf die Klingel drückte. Die ganze Pflege und das Füttern der Kleinen, die Kleiderwahl für den jeweiligen Tag, die Entscheidung, wann man zum Friseur und wann man spazieren gehen sollte, alle diese Dinge blieben mir überlassen. Jeden Tag kam ich mit ihnen bei uns zu Hause vorbei und holte Mutters Einkaufsliste ab. Die Jungen mochten sie bald sehr gern, und sie begrüßte diese willkommene tägliche Unterbrechung ihrer häuslichen Pflichten und Sorgen.

Das waren wundervolle Wochen und Monate für mich. Das Wissen, daß man gebraucht und geliebt wurde, gab dem Leben einen ungemeinen Aufschwung. Es ließ einen innerlich wachsen und gab einem äußerlich Zufriedenheit, Freude und Glück. Wurde das wiederum an andere weitergegeben, so brachte es ebenfalls Glück. Nichts kann so ansteckend sein wie „glücklich sein". Doch wieder hatte uns das Leben an eine Kreuzung gebracht. Eine scharfe Kurve, weitab vom Weg des Glücks und der Zufriedenheit, war in Sicht.

Als das erste Herbstlaub fiel, verschwanden immer mehr Menschen aus unserer Nachbarschaft auf geheimnisvolle Weise. Ganze Familien sah man nicht mehr. Wir wußten alle, wohin sie gegangen waren, aber niemand sprach das Wort „Untergrund" aus.

Die holländische Widerstandsbewegung war sehr aktiv und ihre „Tag-und-Nacht Aktionen" können nie überschätzt werden. Vieles ist bekannt geworden, doch viel mehr ist unbekannt geblieben, denn diese Helden starben für die Hilfe an Verfolgten.

Jeder hätte wohl gern die Chance wahrgenommen, in den „Untergrund" zu gehen, aber nicht jeder konnte sich solche Sicherheit leisten. Es war eine teure Angelegenheit, Monate, ja vielleicht Jahre von der Gesellschaft, Familie und Freunden getrennt zu leben — zu leben, und doch für Leben und Sicherheit auf die Liebe und Freundlichkeit anderer Mitmenschen angewiesen zu sein, die ihr eigenes Leben gefährdeten, um deines zu retten.

So etwas mußte sorgfältig geplant und durchdacht werden. Man mußte sich an Familien wenden und sie ausfragen. Würden sie willig sein, ein menschliches Wesen aufzunehmen? Einen Mann, eine Frau oder gar ein kleines Baby? Familien wurden so oft auseinandergerissen. Über ihren Verbleib erfuhr man nichts, nur die Widerstandsbewegung hatte Informationen über sie. Im Sommer 1942 erlebte ich zum erstenmal von ferne eine solche Situation mit.

Nachdem ich einige Male vergeblich an dem hübschen Kanalhaus geklingelt hatte, zu dem ich jeden Morgen hinging, um meine kleinen Schützlinge zu versorgen, begriff ich sofort, was dieses plötzliche „wir sind nicht zu Hause“ bedeutete. Verhaftung oder Untergrund? Die Nachbarn klärten mich auf. Während der letzten Nacht hatte keine Razzia stattgefunden. So bedeutete dies nur eins, Untergrund. Als ich mich von dem Haus abwandte, wo ich soviel Glück gefunden hatte, hoffte ich inständig, daß diese nette Familie überleben würde.

Wieder ohne Arbeitsstelle, beschlossen wir nun doch, daß es vernünftiger wäre, wenn ich zu Hause bliebe, um meinen Eltern zu helfen. Dies tat ich gern . . . jedoch nicht lange.

Die Tage und Nächte waren eine ungeheure Belastung, manchmal erschienen sie einem fast unerträglich. Die ständige Furcht vor dem Hämmern an der Tür und dem anhaltenden Klingeln begleitete uns. Man lernte es, auf das Anhalten von schweren Lastwagen draußen vor dem Hause zu horchen, auf das Öffnen und Zuschlagen von Wagentüren, auf die rohen Stimmen und auf all die bekannten, entsetzlichen Geräusche, an die man sich gewöhnt hatte und die immer diese furchtbaren Ergebnisse einbrachten.

Jeder Jude überlegte sich ständig verzweifelt, in welcher Situation er wenigstens einigermaßen sicher war. Oft geriet man dabei in die Falle, die die Eindringlinge zum Ziel der Massendeportation gestellt hatten. Man mußte weise wie die Schlangen und unschuldig wie die Tauben sein.

Täglich verschwanden weitere Menschen. Tag und Nacht waren nun für Mann, Frau und Kind gleichermaßen gefährlich. Viele Familien entgingen durch die Mithilfe illegaler Organisationen dem Schicksal von Millionen und überlebten. Sie verbargen sich in Bodenräumen, Kellern oder auf Bauernhöfen. Andere Familien bauten Geheimfächer und -Eingänge für ihre Schützlinge oder doppelwändige Räume. Endlos schien die Zahl der Ideen, die unsere Wohltäter hatten. Manchmal war es auch möglich, die Behörden durch „legale“ Machenschaften an der Nase herumzuführen.

Als ich von der ziemlichen Sicherheit des Hospitalpersonals und seiner Patienten hörte, war ich sehr darauf bedacht, bei ihnen unterzukommen. Doch meine Eltern weigerten sich immer noch, mir dazu die Erlaubnis zu geben. Wenn ich schon keine Krankenschwester werden konnte, dann wollte ich wenigstens Patient sein. Wenn ich doch nur irgendwie in den begehrten Schutz des Krankenhauses gelangen könnte, würden meine Lieben daheim wenigstens während meiner Abwesenheit sicher sein. Es war einen Versuch wert.

Schwester Henny mußte unterrichtet werden. Sicherlich würde sie ihr Bestes tun, um zu helfen. Ich verließ mich auf den erfolgreichen Ausgang meines Geheimplanes. Sofort machte ich mich auf den Weg zur Nieuwe Keizers Gracht in Amsterdam. Ja, Schwester Henny war da und würde sogleich kommen. „Aber meine Liebe", sagte sie immer wieder, „wir können dich doch nicht aufnehmen, wenn dir nichts fehlt. Es würde das Leben der Oberin und unser aller Leben gefährden, wenn man herausfindet, daß wir betrügen." Ich bat sie inständig, daß sie alle möglichen Einflüsse geltend machte, um mich noch vor der Polizeistunde an jenem Abend aufzunehmen. Widerstrebend befahl sie mir, genau um 19.45 am Hauptportal zu sein. Dankbar sagte ich zu und ging.

Der Tag verlief ziemlich normal. Es war Freitag, und Mutter bereitete das Essen der Woche vor. Wir hatten immer viele kleine extra Dinge am Freitagabend und dazu noch eine schöne gemütliche Atmosphäre. Ich griff tüchtig zu, damit meine Eltern nichts merkten. Beim Tee erzählte ich ihnen dann von meinem Plan.

„Mutter, Schwester Henny hat mir erlaubt, heute nacht im Krankenhaus zu schlafen. Vater, sollten sie heute nacht klingeln, dann sage ihnen, deine Tochter liegt schwerkrank im Krankenhaus und muß sich einer Operation unterziehen."

„Große Güte, Kind, hast du denn den Verstand verloren? Wir wollen dich nicht auch noch verlieren." Meine Mutter wandte ein: „Du kannst doch nicht ins Krankenhaus gehen, wenn du gesund und wohlauf bist. Was hast du bloß vor?" Irgendwie mußte der Wortschwall unterbrochen werden.

Ruhig entgegnete ich: „Es wird schon alles gut gehen, Vater. Ich schlafe einfach dort und hier, und so haben wir den Todesengel noch einmal abgewendet. Mach dir keine Sorgen, Mutter. Es geht sicher gut!"

Ich packte meinen Kamm, Handtuch und Waschlappen ein und verließ das Haus mit einem fröhlichen „Wiedersehen, ihr alle. Macht euch keine Sorgen."

Ich hatte gewonnen! Sie hatten die Sache nicht durchschaut. Ich war auf dem Weg zum Krankenhaus; das ‚Spiel‘ hatte begonnen.

An der verabredeten Stelle wartete Schwester Henny auf mich. Ein breitschultriger Riese mit buschigem, rotem Haar begleitete sie. Obwohl er einen weißen Arztkittel trug, wußte ich, daß es der Radioingenieur war. Er würde die Sache einfädeln und mich illegal aufnehmen. Ich hatte die Brücke hinter mir abgebrochen und konnte nicht mehr zurück. Es war 20.00 Uhr!

Die nächsten fünfzehn Minuten vergingen wie im Traum. Ich wurde in einem Lift nach oben gefahren und sorgfältig für die Operation vorbereitet, während Schwester Henny einmal wie ein Wasserfall redete. „Hast du dich nun entschlossen? Was sollen wir bei dir machen? Einen Zeh amputieren, oder einen Finger oder ein Bein brechen und es wieder schienen? Dir eine Wunde beibringen und sie wieder nähen?“ Wir sprachen schnell über einige Möglichkeiten. Dann war der Handel abgeschlossen — mein Blinddarm — für vierzehn Tage Sicherheit!

Es gab jedoch ein fast unüberwindliches Hindernis — das schwere Abendessen in meinem Magen. Das Risiko mußte eingegangen werden. Wir würden mit einer örtlichen Betäubung und einem extra langen Schnitt wegen möglicher Inspektion beginnen. Aber es lief nicht wie geplant. Bald wurde ich kurzatmig und unruhig, und der Chirurg befahl eine Vollnarkose. Glücklich schwebte ich über grüne Felder und verbrachte eine Stunde ohne irgendeine Sorge in der Welt.

Es muß schon weit nach Mitternacht gewesen sein, als ich auf Station aus der Narkose erwachte. Eine freundliche Krankenschwester im mittleren Alter wachte bei mir und tröstete mich. Es tat so weh, und das wiederholte Erbrechen riß noch mehr an meiner Wunde. „Lege deine Hände auf deinen Bauch, wenn du brechen mußt, dann tut es nicht so weh“, riet sie mir. „Da jetzt, drücke ganz fest drauf!“ Erst als sie mit Sicherheit wußte, daß ich den Brechreiz überwunden hatte, ließ sie mich allein. Ich werde jenen helfenden Engel wie seine tröstenden Worte in jener ersten Nacht nie vergessen. In den darauffolgenden Jahren gebrauchte ich die gleichen Worte oft bei meinen eigenen Patienten.

Glücklicherweise hatte auch die Nacht einmal ein Ende, und als der Morgen dämmerte, war mein Magen leer und zur Ruhe gekommen . . . und ich ebenfalls. Diese paar Stunden hatten ein Wunder vollbracht, und als die Tagesschwester ihren Dienst begann, fühlte ich mich viel besser.

Eine Qual hatte ich überstanden, die nächste war jedoch nicht weit . . . die Besuchszeit um 3 Uhr nachmittags. Würden meine Eltern kommen? Oder hatten sie mich vielleicht schon zum Frühstück zurückerwartet? War der Plan gelungen? Waren sie überhaupt noch zu Hause? Wenn sie mich hier besuchen kamen, mußte ich mit der Wahrheit herausrücken.

Da kam mein Vater. Fröhlich betrat er das Zimmer und sah mich sofort. Höflich hierhin und dorthin grüßend, kam er auf mein Bett zu. Als er sich hinsetzte, stieß sein Stuhl gegen mein Bett. Ich zuckte ein wenig zusammen. Schnell versuchte ich, meinen Fehler wiedergutzumachen, indem ich nach Mutter und den Kindern fragte. Er plauderte wohlgemut einige Minuten lang mit mir, dann meinte er, ich sollte mich so schnell wie möglich fertigmachen, um ihm bei einigen Einkäufen zu helfen. Niemand war in jener Nacht in unserer Straße gewesen, aber aus den Nachbarhäusern waren Gebrüll und Hilfeschreie zu hören gewesen. Niemand wußte, wann sie endlich unsere Tür erreichen würden. Ach, diese Ungewißheit, diese schreckliche Ungewißheit!

Ich konnte mich jetzt nicht mehr herausreden. Indem ich all meinen noch vorhandenen Mut zusammennahm, erzählte ich ihm die Wahrheit. „Vater, ich habe mir den Blinddarm herausnehmen lassen. Ich kann vierzehn Tage hierbleiben. Bis dahin brauchen wir keine Angst mehr zu haben.“ Zuerst war er sprachlos; die Stille war bedrückend. Dann ergoß sich ein Wortschwall über mich. Es war empörend und rücksichtslos, sich so zu benehmen. Es war einfach unmöglich und wohl typisch für die Jugend von heute. Er sagte, daß er sprachlos sei; wie wünschte ich mir, daß er es wirklich wäre. Nicht einmal dachte er über den wahren Grund meiner Handlungsweise nach. Er würde jetzt nach Hause gehen und es meiner Mutter sagen. Da weinte ich bitterlich. Ich wollte ihr doch nicht wehtun oder meinen Eltern in irgendeiner Weise etwas Schlechtes antun. Ich wollte doch nur leben, mit ihnen zusammen leben, und dies war doch nur ein Mittel zum Zweck.

Er ließ mir eine Tüte Mirabellen da und verabschiedete sich dann sehr unglücklich. An der Tür wechselte er einige Worte mit der Stationsschwester. Da sie die wahren Hintergründe nicht kannte, war sie über die Vorwürfe und den Zorn meines Vaters überrascht. Dann war er fort.

Um mich herum drehte sich alles. Ich wollte schlafen, mit einem lieben Menschen sprechen, etwas trinken, nur irgend etwas tun, damit ich hier nicht so daliegen mußte. Ach, wie verlassen und einsam kam ich mir vor!

Es schien mir eine Ewigkeit, bevor mich Schwester Henny an jenem Abend besuchen kam. Wie gut tat es, sie einfach bei mir zu haben. Sie hörte einfach zu, während ich ihr alles erzählte. Sie nickte nur, lächelte mich an, streichelte mir über den Kopf und hielt meine Hand. Ihr Trost war wie Balsam auf eine Wunde.

Bald wurde es Abend auf der Station. Die Krankenschwestern versahen wie gewöhnlich ihren Dienst, legten neue Verbände an, teilten Medizin aus, machten Betten und servierten das Abendessen, als plötzlich zwei Schwestern mit einer anderen Dame das Zimmer betraten. Sie sprachen mit der Nachtschwester, die sich gerade anschickte, den Dienst zu übernehmen. Sie schaute sehr verstört aus, als die zwei Schwestern gingen und die Dame zurückließen. Niemand sah in jenen Tagen gern unglückliche Gesichter. Sie machten einen immer unruhig. Aus irgendeinem Grunde jedoch schien ich die Ursache der Beunruhigung zu sein. Die Nachtschwester kam nämlich zu mir herüber und erklärte, daß ich in eine andere, kleinere Station verlegt werden müsse. Das beunruhigte mich nicht weiter, denn ich hatte mich noch mit niemand recht angefreundet und gab meinen Platz im Zimmer gern einem neuen Patienten. Es lag kein Grund vor, argwöhnisch zu sein.

Man schob mein Bett viele Korridore entlang, fuhr mit einem Lift hinauf und wieder durch viele Korridore, bis wir die Drehtür einer kleinen Station erreichten. Das Nachtlicht brannte schon, und ich erkannte in seinem schwachen Schein nur ein Fenster hinten in dem langen schmalen Zimmer. Mein Bett stand der Tür am nächsten. Es standen noch drei weitere Betten drin. Die Patienten mußten schon schlafen, denn niemand sagte „Guten Abend". Eine Dame saß am Schreibtisch, kam jedoch nicht einmal herüber, um mich zu begrüßen. Sofort hatte ich eine Antipathie gegen sie. In diesem Zimmer herrschte eine eigenartige, ungesunde Atmosphäre. Es amüsierte mich, als die Helfer mich mit einem „Viel Glück“ schließlich allein ließen. Nachdem ich meine neue Umgebung ein wenig betrachtet hatte, schlief ich ein.

Ganz früh am nächsten Morgen bekam ich gleich den Vorgeschmack der nächsten Katastrophe. Als ich ganz wach war, richtete ich mich ein wenig auf, um ein wenig zu trinken. Da stand, wie aus dem Boden gewachsen, die Dame neben mir. Wo war sie so plötzlich hergekommen? Ich blickte sie gutgelaunt an und lächelte. „Guten Morgen!“ Ihre Antwort war kurz und scharf. Ich verstand das nicht. Was machte sie eigentlich hier? Bald kam eine Schwester mit einem fröhlichen „Guten Morgen, meine Damen“ herein. Sie war mit noch einer Person hereingekommen, die die „Fremde der Nacht“ ablöste. Die anderen Patienten hatten bis jetzt keinen Versuch gemacht, sich zu unterhalten. Verstohlen schaute ich sie an. Das bekümmerte mich. Sie sahen alle sehr deprimiert aus, und so nahm ich an, daß sie sehr ernsthaft krank sein mußten. Sie taten mir leid. Wie sollte ich auch wissen, daß sie nur sprechen durften, wenn es unbedingt erforderlich war. Während die Krankenschwester das Frühstück servierte, konnte ich meine Neugier nicht mehr länger zügeln. Ich fragte sie über dieses seltsame Zimmer mit den sich abwechselnden „Damen“ aus. Ihre Antwort ließ mich erstarren. „Weißt du denn nicht, mein Kind, daß dies hier die offizielle Krankenstation des Sammellagers ist? Wenn es dir wieder besser geht, mußt du wieder dorthin zurück. Diese Damen sind Wärterinnen und sind für dich verantwortlich, bis du dich wieder den Deportationen anschließen kannst. Wir dürfen euch nur gesund pflegen.“

Meine Wunde war vergessen. Mit einem Ruck setzte ich mich auf. „Schwester, aber das ist ein Fehler.“ Ich wurde erregter. „Ich bin niemals im Sammellager gewesen und komme nicht daher. Bitte sehen Sie zu, daß ich hier herauskomme.“ Ich begann zu weinen, und die neue Dame kam zu mir herüber. Sie war freundlicher als ihre Vorgängerin.

„Bitte, leg dich hin, und mache uns keinen Kummer. Tue, was man dir sagt, und dann wirst du hier bald wieder herauskommen.“

„Ja, ich weiß“, unterbrach ich sie, „herauskommen schon, aber ich gehöre doch nicht ins Sammellager, ich gehöre nicht dorthin.

Ich habe nichts mit dem Sammellager zu tun. Ich will nach Hause."

Meine Verzweiflung kannte keine Grenzen, und es regte mich so auf, daß die Krankenschwester mir eine Beruhigungsspritze geben mußte, damit ich mich ein wenig beruhigte. Noch immer schluchzend, versuchte ich mir klarzumachen, was eigentlich geschehen war.

Nicht weit von unserer Wohnung entfernt war ein großes ehemaliges Theater von der Besatzungsmacht beschlagnahmt worden. Nachdem man alle Sitzplätze und das andere Mobiliar entfernt hatte, wurden die verhafteten Menschen in diesem großen Saal zusammengetrieben. Männer und Frauen, Alte und Junge. Alte Matratzen und Decken lagen überall auf dem Fußboden. Ihr einziger Besitz, die Rucksäcke, waren ihre einzige Begleitung, während sie auf den schrecklichen Augenblick ihrer Deportation warteten. Scheinbar wurden einige Menschen krank und verursachten Schwierigkeiten. Um eine Panik zu vermeiden, schickte man sie in dieses Krankenhaus, pflegte sie unter Bewachung gesund, bis sie ihre „Reise ohne Wiederkehr" richtig antreten konnten.

Aber wie hatte ich mich in diesem Netz verfangen? Ich war doch nie verhaftet worden. Oder konnte es sein, daß meine Eltern über Nacht doch abgeholt worden waren? Hatten sie erklärt, daß ich hier lag, und erlaubte man ihnen, im Sammellager zu bleiben, bis ich mich ihnen wieder anschließen konnte? Das konnte doch nicht sein! Wenn mich doch nur jemand aufklären könnte, wenn doch nur jemand sprechen würde! Wer hätte noch vor zwei Tagen voraussehen können, daß ich in dem gleichen Gebäude verhaftet werden würde, in dem ich Schutz gesucht hatte für uns alle!

Der Tag schien wie ein böser Traum. Ich konnte weder essen noch trinken. Ich verweigerte jegliche Behandlung und Medizin. Ich weinte und fragte nach dem Arzt. Niemand kam mir nahe, außer der diensthabenden Krankenschwester. Ihre einzige Information war immer gleichbleibend deprimierend: der Arzt war zu beschäftigt, Schwester Henny hatte ihren freien Tag und war nicht im Hause und schließlich war keine Besuchszeit. Niemand, an den ich mich wenden konnte, absolut niemand. Und dazu noch die ständige Gegenwart der schweigsamen „Dame", und die noch traurigeren Frauen in ihren Betten. Jetzt verstand ich alles. Sie hatten nichts, wofür es sich lohnte zu leben, wir waren alle auf dem gleichen Weg.

Am Spätnachmittag war ich völlig außer mir. Ich hatte nicht aufgehört, nach dem Arzt zu verlangen, zu weinen und zu protestieren, daß man einen Fehler gemacht hatte. Was würde geschehen, wenn sie mich nun deportierten und meine Eltern gar nicht verhaftet worden waren? Ich war in diese Falle geraten und würde uns alle ins Verderben stürzen! Nahe an Hysterie, stieg ich einfach aus dem Bett. Meine Stiche waren vergessen, ich wollte einfach heraus und weg von hier. Sofort stand die Dame neben mir. Sie bewahrte mich vor dem Hinfallen. Erschöpft, schwindlig und sprachlos legte man mich wieder aufs Bett. Jemand klingelte nach der Krankenschwester. „Mein Arzt, ich will meinen Arzt", war alles, was ich noch hervorbringen konnte. Eine Injektion tat das übrige . . . Als ich wieder zu mir kam, stand mein Arzt lächelnd vor mir. Seine Hand ruhte auf meiner Schulter, während er beruhigend auf mich einsprach: „So, jetzt lege mal deine Habseligkeiten aufs Bett, und dann bringen wir dich zurück, wo du hingehörst!" Ich begann wieder zu schluchzen, aber diesmal vor Freude und Erleichterung. Ein stechender Schmerz ging jedoch durch mich, als ich meine schweigsamen, stillen Mitdulder verließ. Ich wußte, ich würde sie nie wiedersehen.

Innerhalb von zehn Minuten befand ich mich wieder auf meiner früheren Station. Die Verwechslung hatte sich herumgesprochen. Die eigenartige und plötzliche Art meiner Aufnahme war mit anderen eigenartigen und plötzlichen Aufnahmen verwechselt worden. Wir würden nie erfahren, wer dafür verantwortlich gewesen war. Wichtig war, daß ich wieder dort war, wo ich hergekommen war. Als Fremde hatte ich diese Station verlassen, warmherzig willkommen geheißen, kehrte ich nun zurück. Mein Bett war von Blumen umgeben, und alle klatschten Beifall, als ich an meinen früheren Platz am Fenster zurückgeschoben wurde.

Wie sehr brauchte ich die folgenden zwölf Tage zur Genesung auf meiner Station und in der Obhut meines Arztes!

Als ich schließlich am 31. Oktober 1942 aus dem Krankenhaus entlassen wurde, schritt ich in ein neues Leben und in eine neue Freiheit. Meine Eltern erfuhren erst sehr viel später, was der kleine Blinddarm eigentlich gekostet hatte.

Meine Ankunft zu Hause glich dem Erscheinen einer Fee. Es war Mirlis Geburtstag, und ich brachte ihr und den anderen viele kleine wahre Luxusgegenstände mit, die Abschiedsgeschenke meiner Wohltäter auf der Station. Ich hatte Obst, Schokolade, Rosinen und eine halbe Flasche Orangensaft. Außerdem würde ich ihr vor dem Abendessen noch das Kleid fertigmachen, das ich ihr versprochen hatte. Es war fast fertig, nur ein wenig Stickerei am Hals sollte noch jenes gewisse „Etwas“ hinzufügen.

Wir verbrachten gemeinsam einen sehr frohen Abend. An jenem Abend sank ich mit übervollem Herzen ins Bett. Frei und daheim! Nein, heute nacht würde ich nicht horchen. Sicher konnte heute nacht nichts passieren. „Laß bitte nichts an diesem frohen Abend des Wiedersehens geschehen“, betete ich. „Laß uns alle sorglos schlafen, nur ein einziges Mal.“ Wir schliefen alle in jener Nacht, und nichts geschah.

Kapitel 5

Am nächsten Morgen erwachte ich ziemlich früh und blieb still unter meinen Decken liegen.

Ja, ich war wieder daheim! In den letzten Wochen hatte ich viel erlebt und kam mir viel älter vor. Ich hatte soviel gesehen und gehört und dabei gelernt, auf andere Menschen ein wenig mehr einzugehen. Nie wieder würde ich mich wie ein Kind benehmen! Wie wenig wußte ich doch, daß ich dazu nie mehr Gelegenheit haben würde! Der vor uns liegende Weg erforderte viel Überlegung und Planung. Ich mußte auf alles gefaßt sein.

Nach dem Frühstück half ich den älteren Kindern, sich für die Schule fertigzumachen. Nichts durfte vergessen werden, denn der Weg war zu lang, um noch einmal umzukehren und das Vergessene zu holen. Wenn ein Frühstücksbrot vergessen wurde, mußte der Unglückliche bis zum Abendbrot hungrig bleiben.

Bald war das Haus still, und Mutter machte uns eine zweite Tasse Kaffee, die wir schweigend tranken. Irgendwie sprachen wir in diesen Tagen wenig. Wir genossen einfach den Luxus, zusammen zu sein. Ich kam mir sehr hilflos vor, eine vernünftige Unterhaltung zu beginnen. Wie immer mußten die Taten lauter reden als die Worte. Ich begann meinen Eltern in hingebungsvoller Weise zu helfen, so wie sie es wahrscheinlich unter anderen Umständen nie erlebt hätten. Versuchte ich damit unbewußt mein Leben und meine Freiheit zu rechtfertigen? Welches Recht hatte ich zu leben und nicht zu geben? Was zu geben und wem? Ich mußte mich selbst jedem geben, bis mein Ende ebenfalls kommen würde. Im Augenblick waren es meine Eltern und die Waisenkinder.

Marijke, von nebenan, die von unseren Kindern wußte, gab mir ihre große vielgeliebte Puppe. Sie sah sehr traurig und gedankenvoll aus, als sie die Puppe in meine Arme legte. „Hab sie für mich lieb, bis wir wieder zurückkommen, ja?“ bat sie fast inständig. Sollte ich irgendwelche Fragen stellen? Es war doch klar, daß sie mit der Morgenpost einen Meldebefehl erhalten hatten. „Natürlich werden wir sie auf Händen tragen“, versicherte ich Marijke. „Grüße deine Eltern, und bis bald . . .“ Das klang so leichthin, und doch wußten wir alle, was zu erwarten war. Gute Wünsche würden fehl am Platze sein, so war es besser, weniges zu sagen.

Oft machte ich mir über unsere anderen Nachbarn im Kloster Gedanken. Sie schienen in einer ganz anderen Welt zu leben. Was bedeutete ihnen schon unser Leben? Sie lebten nach einer Routine. Die tödliche Stille im Gebäude nach dem Gong stand in so krassem Gegensatz zum schwatzenden Gelächter im Hof während ihrer Freizeit. Sie liefen und rannten, spielten Ball und erzählten sich Geschichten. Sie waren immer glücklich und fröhlich, wenn ich hinunterschaute. Man sagte mir, daß sie viel und lange beteten. Na ja, jeder mußte ja wissen, was er tat. Aber ihre bloße Gegenwart war eine Zerstreuung von unseren trüben Gedanken und Aussichten.

Allmählich wurden die Tage kürzer. Überall gab es Anzeichen des Herbstes. Die Bäume im Park über dem Kanal waren fast kahl. Die Wintersachen wurden früher als in vergangenen Jahren hervorgeholt. Die Winterwinde waren gekommen und damit Erkältungen, Halsschmerzen und die Grippe. Da wir seit langem keine vernünftige Ernährung gehabt hatten, nahm unsere Widerstandskraft schnell ab. Ich selber hatte mich seit meiner Operation nie richtig wohl gefühlt. Hatte mich die ganze Sache mehr mitgenommen, als ich normalerweise erwartet hatte? Innerlich war ich praktisch ruiniert. Ich hatte gemeint, daß unser aller Ende gekommen war, als ich in jener Gefängnisstation lag. Ja, jetzt hatte ich mich schon seit Wochen recht schwach gefühlt. Meine Augen brannten, und meine Kehle war so trokken. Von Tag zu Tag tat mein Hals mehr weh. Eines Tages bemerkte ich einen herrlichen roten Ausschlag auf meiner Haut. Während ich meine Arztbücher durchblätterte, machte mein Herz einen Freundensprung. Konnte es denn wahr sein? Ja, es war Scharlach!

Da ich nicht wollte, daß meine Eltern zu große Hoffnungen hegten, erzählte ich nichts von meiner Entdeckung. Ich sagte ihnen nur, daß ich mich sehr krank fühle und einen Arzt brauche. Sie wußten sofort, daß ich die Wahrheit sprach. Der Arzt kam später am Vormittag, und die Stimmung in unserem Haus schlug in wahre Freude um: er bestätigte, daß es Scharlach war!

Sechs Wochen absoluter Freiheit, keine Sorgen und keine Angst! Wir mußten draußen an der Tür ein Schild anbringen: Vorsicht! Kein Eintritt! Scharlach! Dies und nur dies würde uns die Eindringlinge vom Leibe halten. Völlige Sicherheit, welche Wonne!

Unser Familienleben verfiel in eine neue Routine. Den Kindern war es verboten, die Schule zu besuchen. So erhielt jeder kleine Pflichten daheim. Wir konnten uns wirklich nicht beklagen. Wir saßen sicher hinter geschlossenen Türen. Das bewegte uns, Vorbereitungen für ein fröhliches *Channuka*-Fest zu treffen. Dieses Weihefest wird in jüdischen Häusern um die gleiche Zeit wie Weihnachten gefeiert. Wir machen auch Geschenke, singen Lieder und zünden Kerzen an. Wir feiern den Sieg der Juden nach einer erneuten Schlacht, und die Wiederweihe des heiligen Tempels nach dem Auffinden der berühmten Ölbehälter. Judas Makkabäus suchte mit seinem Diener verzweifelt nach Öl, um dem Gebot Gottes nachzukommen, den Leuchter allezeit brennen zu lassen. Alles war jedoch zerstört worden. Man fand kein Öl. Große Freude herrschte im ganzen Feldlager, als sich schließlich doch ein Tropfen fand. Und Wunder über Wunder, dieser Tropfen brannte acht Tage lang, Tag und Nacht, bis neues Öl herangeschafft werden konnte.

Seither wurde jedes Jahr, acht Tage lang, dieses schöne Fest der Befreiung, Weihe und des Sieges gefeiert. Jeden Tag wird eine weitere Kerze angezündet, bis schließlich am achten Tag acht Kerzen zusammen mit der Anbrennerkerze alle fröhlich stimmen, die den zeremoniellen Segen und das Dankgebet sprechen. Lieder werden gesungen, Geschenke ausgeteilt, und es gibt Obst, Nüsse und Süßigkeiten während des ganzen Festes.

In jenem Jahr feierten wir das Fest mit dankbarem Herzen, denn wir hatten wenigstens einander noch und dazu noch die Sicherheit des Scharlachs.

Wir machten einander Geschenke im Rahmen unserer begrenzten Möglichkeiten, die diese Jahre der Einschränkungen und der Not mit sich brachten. Unsere Geschenke waren zumeist praktisch mit dem gelegentlichen Luxus einer selbstgebackenen Köstlichkeit.

Da ich meistens allein und still im Bett lag, machte ich mir über vieles Gedanken. Die letzten fünf Jahre waren wie ein Wirbelwind dahingebraust. So vieles war geschehen, doch was lag noch alles vor uns? Das war ein ernüchternder Gedanke.

Zur Zeit waren wir sicher, aber wie lange noch würden wir zusammenbleiben können. Mit dieser Tatsache mußten wir uns auseinandersetzen. Wie würden wir auf die Trennung reagieren? Ich konnte mir das Los meiner Eltern nicht vorstellen; sie waren so voneinander abhängig ... und wo würde ich enden?

Mein Zimmer war oben. Vom Fenster aus konnte ich ständig das Geschehen unten im Klostergarten beobachten. Es war alles so friedlich. Die einzigen störenden Geräusche kamen von vorn, von der Straße, und rührten vom Tuten der Schlepper oder anderer Boote her. Ich genoß meine Krankheit richtig wegen der Sicherheit und Ruhe, die sie uns allen brachte. Sie war ein Segen, für den man dankbar sein konnte.

In dieser Zeit wurde ich mir zum ersten Mal in meinem Leben „Gott bewußt".

Wenn man in einer glücklichen jüdischen Familie aufwächst, ist das religiöse Leben eine Freude und verbindet alle Familienmitglieder mit dem Band gegenseitigen Vertrauens und Verstehens. Traditionelle religiöse Bräuche, die einem Außenstehenden lästig erscheinen mögen, sind ganz natürlich und bergen für die jüdische Familie manche Freude und Privilegien. Wir waren orthodox und lebten streng nach unserer Religion. Wir versäumten die Gottesdienste in der Synagoge nie, obwohl wir einen weiten Weg dorthin hatten. Aber inwieweit war der allmächtige Gott Teil unseres täglichen Lebens?

Die Erkenntnis, daß er völlig ignoriert wurde, bedrückte mich plötzlich stark. Er wurde ja nie erwähnt oder in Betracht gezogen, außer vielleicht in Gebeten während privater oder öffentlicher Gottesdienste. War er eigentlich Realität oder nur ein Erinnerungsstück aus den alten Zeiten unserer Patriarchen? War er an uns interessiert oder nur ein negativer, vager Geist? Konnte er und würde er Gebete erhören, wenn man ihn anrief? Diese und ähnliche Fragen bewegten mich. Wenn er wahrhaftig war, wenn man mit ihm in Verbindung treten konnte, und wenn er hören konnte ... ja, das würde doch eine enorme Hilfe in dieser Zeit sein. Aber warum schien er uns so weit entfernt? Wessen Fehler war das? Er war Mose und anderen großen Männern unserer Geschichte doch so nahe gewesen.

Dort, in meinem Zimmer, während meiner Scharlacherkrankung durchdrang mich plötzlich eine ungeheuerliche Wahrheit. Es war wie eine Botschaft von oben, eine wahrhaft seltsame Erfahrung. Ich war erschüttert und doch voller Freude und Dankbarkeit. Diese Erfahrung drückte sich in drei Worten aus.

Diese gaben mir Kraft und meinem Leben eine Tiefe und Entschlossenheit, die für die nächsten zwei Jahre reichen mußte. Durch die entsetzlichsten und schrecklichsten Erlebnisse würden diese drei Worte für mich Realität und Zuversicht sein. In Gedanken wiederholte ich sie immer wieder, ja flüsterte sie sogar vor mich hin. Im Dezember 1942 hatte dieses entfernte Wesen, der allmächtige Gott, mir erlaubt, einen flüchtigen Blick auf ihn zu werfen . . . ich wußte jetzt, daß Er war und ist. Drei Worte standen jetzt felsenfest in meinem Leben: „Gott — mit — uns!“

Wo waren sie so plötzlich hergekommen? Das kümmerte mich wenig. Ich fühlte mich bereichert und erfüllt und wollte nur so überfließen, um allen diese große Wahrheit weiterzugeben. Aber wo sollte ich beginnen? Natürlich doch erst einmal hier zu Hause. Jetzt oder nie mußte ich es meinen Eltern mitteilen. Ich mußte es ihnen sagen, bevor es zu spät war. Wußten sie es erst einmal, dann würden sie der Zukunft ebenfalls mutig entgegenschauen können, was auch immer sie für uns bereithielt.

Ich machte mich also an die Arbeit und bat die Familie, mich nicht zu stören, da die *Channuka*-Geschenke noch fertiggemacht werden mußten. Auf diese Art konnte ich allein bleiben, und es entsprach ja auch unbedingt der Wahrheit. Von diesem Augenblick an arbeitete ich ausdauernd und sehr eifrig an den schönsten und praktischsten Geschenken.

Aber zuerst mußte mein Zimmer dekoriert werden. Da ich ja im Bett bleiben mußte, würde man die Kerzen hier anzünden und auch den Abend hier verbringen. Meine drei Worte sollten auf drei große Bogen Schreibpapier geschrieben werden und die Wand über meinem Bett schmücken. Dort konnte sie jeder sogleich sehen. Ich malte die Worte mit den schönsten und schwungvollsten Buchstaben, die ich zuwegebringen konnte, auf das Papier. Eine hübsche Umrandung umgab jedes Wort, und alles wurde mit herrlichen Farben bunt gemalt. Bewundernd hängte ich mein Werk an seinen Ort.

Danach arbeitete ich an den Geschenken. Ich suchte in meiner Schublade nach den weißesten Taschentüchern, die ich besaß. Auf jedes Tuch stickte ich die Worte „Gott mit uns“. Während ich arbeitete und den Abend plante, dachte ich viel darüber nach, was ich meinen Lieben eigentlich sagen konnte. Was konnte ich denn sagen? Nein, besser gesagt, was mußte ich ihnen sagen? Seit dem Augenblick der Offenbarung war ich gezwungen, es ihnen zu sagen. Ich konnte und durfte diese Wahrheit keinem vorenthalten. Sie war ein Geschenk, ein Geschenk, das es umsonst gab. Sie mußte weitergesagt werden. Als ob ich einer unsichtbaren Macht unterstellt wäre, handelte ich wie auf Befehl. Ich war stolz, diese Verantwortung zu haben, und begab mich an die Arbeit. Bald hatte ich mir eine kleine Rede zurechtgelegt.

Der Nachmittag war so schnell vergangen, daß der Abend hereinbrach, ehe ich mich versah. Nach dem Mittagessen mußte ich die Geschenke noch einpacken. Die Taschentücher wurden in Seidenpapier eingewickelt, und das ebenfalls bestickte Buchzeichen für meinen Vater lag oben drauf. Während ich auf das Kommen meiner „Gäste" wartete, lag ich sehr still da, schaute auf die drei Worte an der Wand und ließ deren Wahrheit ganz auf mich einwirken: „Gott mit uns." Jedes Wort einzeln und dann alle drei zusammen, das war ein großer, hocheinzuschätzender Reichtum!

Gleichzeitig war es ein Befehl. Ich mußte diese Botschaft der Zuversicht meinen Eltern und den Kindern weitergeben. Es kam mir wirklich komisch vor, mit meinen Eltern über solch ein Thema zu sprechen. Ich fühlte mich jedoch an jenem Abend Gott sehr nahe und wußte, daß er von mir verlangte, daß ich es weitersagte. Seinem Befehl mußte ich gehorchen. Wie gewöhnlich hatte Mutter den ganzen Nachmittag über das Essen vorgerichtet, damit sie an jenem Abend zur Feier des Festes frei hatte. Innerlich fürchtete ich den Augenblick, wenn sie die Tür öffnen und das Abendessen hereinbringen würde. Aber der unvermeidliche Augenblick kam und . . . „Hoffentlich magst du dein E . . ., was ist denn das? Hast du das gemacht?" Mutter zeigte auf mein Werk an der Wand. „Ja", nickte ich, „gefällt es dir?" „Sehr hübsch gemacht", erwiderte sie. „Wie in aller Welt hast du dir das nur ausgedacht?" Ich sagte, daß ich es ihr später erzählen würde und hoffte, daß sie nun wenigstens ein wenig neugierig werden würde. Soweit jedenfalls hatte ich Erfolg gehabt. Wie dem auch sei, sie mußte erkannt haben, daß ich irgend etwas im Schilde führte, denn ich hörte abgerissene Wortfetzen unten aus der Küche.

Während die Familie ihr Abendessen zu sich nahm, den Tisch

abdeckte und das Geschirr abwusch, wurde diese neue Offenbarung immer mehr ein Teil meines Wesens. „GOTT MIT UNS."

Bald war es an der Zeit, um mit den Feierlichkeiten zu beginnen. Ich nahm die ‚Ohs' und ‚Ahs', die beim Anblick meiner Zeichnungen zu hören waren, mit Freude auf. Wenigstens gefielen sie ihnen. Was konnte ich denn jetzt sonst noch tun? Einfach lächeln und ihr anerkennendes Staunen mit einem dankbaren „Dankeschön" annehmen.

Auf dem Tisch lag ein schön besticktes Tischtuch. Der blankgeputzte Messing. *Menorah* (ein neunarmiger Kerzenständer) war nur mit einer weißen Kerze und der Anbrennerkerze geschmückt, mit der man jeden Tag eine neue Kerze anzünden würde, bis zuletzt am achten Tage acht Kerzen hell brannten. Am letzten Tag würde dann diese Anbrennerkerze mit den anderen gemeinsam brennen. Wir teilten die Gebetsbücher aus und schlugen das Kapitel über *Channuka* auf. Vater begann den Segen zu sagen, dann das Dankgebet und zündete schließlich mit der *Shammos*, der Anbrennerkerze, die einzige weiße Kerze auf dem Leuchter an. Dann stimmten wir das *Moautzur*, das Lied für *Channuka*, an. Ein wunderschönes Lied. Eine herrliche Melodie. Ein Andenken und Tradition seit vielen tausend Jahren. Es war ein großer Reichtum, Teil des Volkes Gottes, des Volkes Israel zu sein.

Unsere Augen begegneten sich, während wir dieses Siegeslied sangen, und meine Stimme zitterte. Wir wußten alle, daß wir das gleiche dachten. Ach, unsere Jungen, unsere armen Jungen! Warum nur all dies Leid? Dieses unnötige Leid! Verlangend schaute ich auf meinen mir von Gott gegebenen Vers, während wir den letzten Vers unseres Siegesliedes sangen. „Ach, himmlischer Vater", seufzte ich innerlich, „bitte halte dein Versprechen! Vergiß uns nicht, verlaß uns nicht!" Meine Seufzer waren inbrünstige Gebete, und verzweifelt hing ich an diesen Worten. Der unsichtbare Allmächtige würde uns sicher nicht verlassen und uns zusammen umkommen lassen!

Das Lied war zu Ende. Wir schüttelten uns alle die Hände und küßten einander mit Tränen in den Augen. Die Kinder lächelten scheu, und wir versuchten durch unsere Tränen zu lächeln. Ich strich meinem Vater wieder und wieder über das Haar. Worte konnten unsere Gefühle nicht ausdrücken. Er schüttelte nur seinen Kopf, während ihm die Tränen die Wangen herunterliefen. Er blieb bewegungslos sitzen. Armer Vater, er litt soviel mehr als Mutter. Sie konnte weinen und damit die Spannung lösen, aber Vater konnte das nicht.

Ich räusperte mich und atmete tief, denn ich erkannte, daß der größte Augenblick meines Lebens gekommen war — nämlich meine Eltern zu ermutigen, weil der Schöpfer es so wollte. „Vater und Mutter und auch ihr Kinder, ich möchte euch einige Worte weitergeben, die mir aufgegangen sind, während ich krank im Bett lag. Wir sollten an *Channuka* nicht traurig und ernst sein, sondern wir sollten die Realität sehen und nicht nur die Befreiung unserer Vorväter feiern. Wir möchten auch froh sein. Wir möchten während unseres *Channuka*-Festes in diesem schweren Jahr Trost und Hoffnung finden. Und wir können Trost und Hoffnung finden, wenn wir den Allmächtigen bei seinem Wort nehmen. Mutter und Vater, wir wissen, was bis jetzt geschehen ist, aber wir wissen nicht, was noch kommen wird. Wir sind noch zusammen, aber wir wissen nicht, ob wir es in allernächster Zukunft noch sein werden ..."

„Rede doch nicht solch einen Unsinn", unterbrach mich mein Vater, doch Mutter bemerkte: „Laß sie doch reden, Leo. Danach werde ich dann den Tee machen."

„Was auch immer geschieht", fuhr ich fort, „und sollten wir auch getrennt werden, wo immer wir sind, laßt uns nie vergessen, daß" ... und ich zeigte auf die Worte „Gott mit uns". „Er wird mit jedem von uns sein, immer und überall. Er wird unsere Kraft und unser Trost sein, bis wir uns wiedertreffen. Das ist alles, ich wollte nur, daß ihr dies wißt und daran denkt! Immer! Dieses Jahr bekommt jeder nur ein kleines Geschenk, aber so ist es leichter, es immer bei euch zu tragen. Vergeßt diese Wahrheit und diesen Trost nie."

Das war's. Ich gab ihnen ihre Geschenke. Zuerst meinen Eltern und dann den Kindern. Sie wickelten sie aus und schauten sich schweigend die Worte an. Jeder sagte ein stilles „Danke", und mir wurde sehr ungemütlich zumute. Doch war meine Mission vollendet, und ich hoffte inständig, daß die Worte auf sie die gleiche Wirkung ausüben würden wie auf mich.

„Du bist noch ein Kind und brauchst nicht so deprimierend zu reden. Wir sind zusammen und werden es bleiben." Mit dieser Behauptung schlug meine Mutter die Zimmertür zu und ging in die Küche, um den Tee zu machen. Wir schwiegen immer noch, als sie mit den Tassen und Untertassen zurückkam. Ich hatte kein Verlangen, die Stimmung künstlich aufzuheitern. Wir mußten die Realität sehen, und als treue Juden wurde es höchste Zeit für uns, daß wir an die Verheißungen des allmächtigen Gottes dachten und ihn bei seinem Wort nahmen.

Wie er mit uns sein würde, wußte ich nicht, aber er wußte es, und ich glaubte daran!

Bis Anfang Februar brachten wir es fertig, den Geruch des Desinfektionsmittels auf unserem Treppenabsatz zu halten und das Zeichen „Vorsicht! Ansteckende Krankheit" vor der Tür. Aber diese guten Tage mußten ein unvermeidliches Ende nehmen. Wir setzten uns also wieder dem Sturm aus, und das „Katz-und-Maus"-Spiel mit dem Feind in unserer Mitte nahm seinen gewöhnlichen Lauf. Eigenartig, aber wir meinten, daß das Damoklesschwert nun wirklich nur noch am seidenen Faden hing. Wir lebten ruhig, würdevoll und ernst, von Tag zu Tag. Wir waren überaus freundlich und geduldig miteinander. Zählten wir unbewußt unsere Tage? Hatte die Gestapo die lange Dauer unseres „Vorsicht"-Zeichens registriert? Hatte es sie vielleicht darauf aufmerksam gemacht, daß sie die Nr. 107 in der Straße bis jetzt vergessen hatten? Vom März 1943 an zeigte die Spitze des Dolches unverkennbar auf seine so lange vernachlässigte Beute.

Eines der größten, herzzerbrechenden Ereignisse war der Aufruf an alle Schüler an den Ober- und Mittelschulen. Jungen sowie Mädchen erhielten mit der Morgenpost diesen Aufruf. Eine Woche später mußten sie sich zu einer bestimmten Stunde um Mitternacht am Hauptbahnhof von Amsterdam einfinden. Sie wurden für „praktische Arbeit" in einem Arbeitslager gebraucht. Sie mußten ihren Rucksack und eine Decke mitbringen. Um Mitternacht — während der normalen Polizeistunde —, wie klug eingefädelt! Das gab die Gewähr, daß sie allein kamen. Keine Eltern, keine Abschiedsszenen! Sofort die totale Trennung. Keines dieser Kinder kam je wieder zurück.

Ich kann mich heute noch an die bitteren Verzweiflungsschreie erinnern, die man deutlich von überall um die Mitternachtsstunde hören konnte, als die Eltern ihre Türen öffneten, um die Kinder gehen zu lassen. Möge Gott denen gnädig sein, die Elternherzen solche Seelenqual zufügten und solch seelisches und körperliches Leid über die Kinder brachten, und denen, die zeit ihres Lebens in Schmerz und Kummer allein zurückblieben.

Eines Morgens Ende März stand die Gestapo vor unserer Tür. Innerlich zitternd, beeilten wir uns doch zu öffnen. Sie gaben uns keine Zeit nachzudenken und uns nach dem Grund ihres Besuches zu fragen. Ruhig und selbstsicher brachten sie ihre Forderung vor: sie wollten den neunjährigen Hermann holen. Als er seinen Namen hörte, versuchte er, davonzulaufen, aber die Soldaten fingen ihn und waren ebenso plötzlich wieder fort, wie sie gekommen waren. Wir waren erschüttert und sprachlos. Armer Junge. War es nicht genug, ihm seine Eltern und die übrigen Familienmitglieder weggenommen zu haben? Hätten sie dieses Kind nicht in Frieden lassen können, damit es überlebte und in unserem ziemlich sicheren Familienkreis aufwuchs? Armer Hermann, wo würde er jetzt hinkommen? Was würden sie mit ihm anstellen? Würde er sehr viel Angst ausstehen müssen? Würde er Hunger haben? Es war ein trauriger Tag für uns alle. Wir dachten immer nur an unsere kleinen Schützlinge, die wir nicht beschützen konnten.

Um acht Uhr, zu Beginn der Polizeistunde, hörten wir ein lautes Klopfen an der Haustür, das uns durch und durch ging. Und doch beeilte man sich, immer die Tür zu öffnen. Es war eine angeborene Reflexbewegung. Die Kinder standen wie festgewurzelt, Mutter saß wie betäubt am Tisch, und Vater stand hinter mir, als ich die Tür öffnete. Er fiel uns entgegen . . . ein schmutziger, kleiner Junge. Mit seinem ganzen Gewicht hatte er gegen die Tür gelehnt, um so schnell wie möglich hereinzukommen. Unser Hermann war wieder zu Hause! „Ich bin abgehauen, ich bin abgehauen!“ war alles, was er immer wieder hervorstieß. Wir stellten ihm keine Fragen, wir sahen ihn nur grinsen und waren froh, ihn wieder zu Hause zu haben. Er rieb und kratzte sich ständig, und Mutter bat mich, ihm ein schönes heißes Bad zu richten. Er brauchte es dringend. Nur ein Tag von zu Hause weg, und gleich mit solchem Ergebnis! Ich dachte schaudernd an die Zukunft. Sauber und müde ging er zu Bett. Dort aß er das ganze warme Abendessen auf, das Mutter ihm in der Zwischenzeit bereitet hatte. Wie er entkommen war, würden wir nie wissen. Alles, was er erzählte, hatte immer die Tatsache zum Gegenstand, daß er über Dächer gestiegen sei und dann eine Treppe hinunter zu einem anderen Haus.

Nach solch einem ereignisreichen Tag schliefen wir in jener

Nacht alle fest und tief, nur um zu noch einem schrecklicheren Tag wieder aufzuwachen. Um zehn Uhr waren sie wieder da, um ihr Opfer zu holen. Das war das Ende unseres kleinen Jungen.

Eines Morgens, bald nachdem Hermann uns verlassen hatte, kam ich vom Einkauf zurück und fand die Kinder in Tränen. Vater und Mutter waren abgeholt und zum Verhör ins Sammellager gebracht worden; die Rucksäcke waren fort. Angst ergriff mich. War es jetzt soweit? War das Ende schließlich doch gekommen? Das älteste Mädchen versicherte mir, daß sie bis zum Abend wieder daheim sein würden. Wer kam je wieder nach Hause zurück? Ich lächelte verzerrt. Wer konnte sich auf solch ein Versprechen verlassen? Welche Bedeutung hatten zwei Kreaturen unter Millionen? Ich versuchte scharf nachzudenken, dann übergab ich Susan die Verantwortung und sagte, daß ich bald zurück sein würde. Ich mußte zum Sammellager gehen, um die Lage zu erkunden. Nur zehn Minuten von unserem Haus entfernt stand dieses Schreckensgebäude. Würde man mir erlauben, sie zu sehen? Ich rannte den ganzen Weg und kam atemlos, aber fest entschlossen dort an. Heiner, ja, Heiner, er war meine Hoffnung. Dieser entfernte Verwandte meines Vaters, der uns aber nie besuchte, würde doch sicher meiner ernsten Bitte nachkommen. Auf irgendeine Weise arbeitete er für den Feind. Oder auch nicht? Ich konnte die komplizierte Situation nicht ganz durchschauen, aber das machte ja nichts. Ich wollte nur meine Eltern befreien und mußte dieses Mittel gebrauchen.

Als ich wieder zu Atem gekommen war, wandte ich mich wie beiläufig an die Gestapo-Wache. Da ich mich unweigerlich in der Höhle des Löwen befand, mußte ich schnell denken und handeln. „Ich möchte gern meinen Onkel, Herrn Heiner, sprechen. Könnten Sie mich bitte bei ihm melden." Da ich einer eventuellen negativen Antwort zuvorkommen wollte, trat ich einen Schritt zurück und beschäftigte mich mit einem aufgegangenen Schuhband. Nachdem dieses vorgetäuschte Mißgeschick behoben war, stand ich auf und schaute in das freundlichste Gesicht, das ich seit langer Zeit gesehen hatte. Karl war ein sehr aufrichtiger und hilfreicher Mann. Er nahm mich in ein kleines Zimmer mit. Auf dem Weg dorthin kamen wir an einer Gruppe von weinenden Unglücklichen vorbei und einem Durcheinander von Rucksäcken und Decken. Ich brauchte ihm nichts zu sagen. Er hatte meine Eltern bei der Ankunft gesehen und verhandelte seither mit den Vorgesetzten ihretwegen. Ich bat ihn inständig, alles zu versuchen, um ihre Entlassung zu erwirken. Wir durften nicht aufgeregt oder besorgt aussehen, das würde seine und unsere Sicherheit gefährden. Er schaute mich lange an, dann sagte er langsam und betont: „Geh nach Hause, und bereite das Essen zu, sie werden es brauchen!“ Ich hatte verstanden, schüttelte fest und voller Dankbarkeit seine Hand und ging mit ihm an der Wache vorbei. Wir schieden mit einem Lächeln, um den wahren Grund meines Besuches nicht zu verraten.

Das war wirklich ein Glaubensakt, denn ich bereitete das Essen vor und deckte den Tisch mit dem schönsten Tischtuch und dem guten Sabbatbesteck.

Wie versprochen, kamen sie zur Essenszeit nach Hause. Was für ein Wiedersehen war das . . . wir lachten und weinten und blieben den ganzen Abend über nahe beieinander. Doch habe ich nie wirklich erfahren, warum sie verhaftet worden waren. Sollte das so eine Art Vorgeschmack auf Zukünftiges sein? Sie waren sehr erstaunt gewesen, am Nachmittag ihre Namen über Lautsprecher zu hören — ihnen war ihre Freiheit wie ein Wunder. Sie waren nach ihrer Verhaftung sehr aufgewühlt und mitgenommen, und wir nahmen alle ein Beruhigungsmittel und gingen auch schon vor dem Beginn der Polizeistunde zu Bett. Wenigstens wollten wir noch einige Stunden Schlaf bekommen, sollte sich die Verhaftung wiederholen. Es wurde eine schlaflose Nacht, und dann stand uns wieder ein trüber Tag bevor. Wir hatten alle erkannt, daß wir nun nicht mehr sicher waren. Nur ein Wunder konnte uns noch zusammenhalten.

Ich wagte nicht, die ermutigenden Worte vom *Chanuka*fest zu erwähnen, sondern fragte nur zögernd, ob sie auch alle ihre Taschentücher und Buchzeichen eingepackt hatten. Es hatte keinen Sinn mehr, unsere Augen vor der Wahrheit zu schließen. Während wir wie verurteilte Sklaven zusammensaßen, unterhielten wir uns über wesentliche Dinge. Vater bedeutete uns, daß „jeder für sich selbst und Gott für uns alle“ sein mußte. Wir sollten nicht den Fehler begehen, zu versuchen, zusammenzubleiben. Wenn einer verhaftet werden würde, sollte er gehen und der Rest sich so gut wie möglich in Sicherheit bringen. Wir verstanden das nur zu gut. Wir fühlten, daß unsere Tage gezählt waren, und bereiteten uns innerlich auf das Abschiednehmen vor. Vater gab unseren Gedanken Ausdruck mit den Worten: „Wir müssen stark sein und eine mögliche Trennung in

Kauf nehmen, bis der Krieg vorüber ist!“ Keiner antwortete. Ein Gefühl der Verzweiflung ermächtigte sich unser und begleitete uns von dem Tag an.

Wir redeten uns mit lieben Worten an und bemühten uns, einander Liebes zu tun. Es herrschte eine angstvolle und sehr ungesunde Atmosphäre. Wann würde sich der Vorfall von Hermanns Wiederverhaftung für uns als Familie wiederholen? Jeder neue Tag war eine Last, jede Nacht ein gräßliches Erlebnis. Wir lagen wach und horchten auf die schweren Armeelastwagen. Würden sie heute nacht anhalten oder noch einmal vorbeifahren? Wenn schwere Soldatenstiefel auf dem Pflaster zu hören waren, hielten wir automatisch den Atem an. Manchmal hörten wir jenes bedeutungsvolle Klopfen an der Tür von irgend jemand. Oh Gott, hilf uns, erlöse uns, irgendwie, auf irgendwelche Art. Gib uns Mut und Kraft! Sei mit uns!

„Jeder für sich“, hatte mein Vater befohlen. Konnten wir das? Und würden wir das tun, wenn die Zeit kam?

Langsam hielt der April seinen Einzug. Das trübe graue Wetter war eine wahre Reflexion unserer Einstellung zu jener Stunde unseres Lebens. Selbst die Uhrzeiger schienen sich träge auf ihrem vorgezeichneten Weg zu bewegen. Gab es denn keinen Ausweg? Niemand, der helfen konnte? Wir behielten unsere Gedanken und Befürchtungen für uns. Einkaufen, essen und schlafen wurden zur mechanischen Gewohnheit. Die Nächte waren auch weiterhin nervenaufreibend. Es tat so gut, sich jeden Morgen beim Frühstück wieder zu begegnen, es war wie ein Geschenk. Wir lernten, uns lange anzuschauen, bemüht, sich die Züge des anderen einzuprägen. Ein schwerer Seufzer stieg in jenen Tagen oft zum Allmächtigen empor. Unsere Gebete waren wortlos. Unser ganzes Wesen und Sein sehnte sich nach Freiheit und Sicherheit.

Kapitel 6

Am 9. April 1943 um zehn Uhr abends klingelte es bei uns laut und lange. Wir wußten sofort, daß unsere Stunde geschlagen hatte. Mein Herz klopfte. Ich verbarg meinen Kopf im Kopfkissen und brach in bittere Tränen aus. Ich schluchzte und schlug mit beiden Fäusten in mein Bett. Nein, Herr, nein! Bitte, bitte laß uns bleiben! Die Kinder im Nebenzimmer waren jetzt ebenfalls aufgescheucht. Die schweren Stiefel der Soldaten kamen immer weiter die Treppe herauf. Die Kinder weinten und riefen nach mir. Susie, die Älteste, beruhigte sie und warnte sie, meinen Namen nicht zu nennen. Ich weinte, riß an meinem Bettzeug und zitterte am ganzen Körper. Warum geschah denn für uns kein Wunder? Jetzt, in diesem Moment! Bitte, Herr, komm und hilf uns! „Gott mit uns", aber davon verspürte ich jetzt nichts. Ich hatte meinen Eltern gesagt, daran zu glauben und festzuhalten. Ach Mutter! Ich hörte, wie sie vor Schmerz aufweinte. Hatten sie sie geschlagen?

„Raus aus dem Bett, oder soll euch ein Eimer Wasser zur Vernunft bringen!"

Vater schien sie beschützen zu wollen und beruhigte die Soldaten. Ich hörte, wie er ihnen gut zuredete. Armer Vater, er war ja selber völlig gebrochen. Plötzlich war alles still. Zog Mutter sich schnell an, oder war im Schlafzimmer etwas Furchtbares geschehen? Jemand kam die Treppe herauf. „Kommt, Kinder, beeilt euch!" Es war Vater. „Kind, Susan, bringe die Kinder in das Wohnzimmer. Seid ihr warm angezogen?" Die Kleinen weinten noch immer nach mir. Dann öffnete sich meine Tür vorsichtig und leise. Es war mein Vater: „Bleib gesund, mein Kind!" Ein schneller Kuß auf mein heißes, nasses Gesicht, und weg war er.

Nein, nicht doch, jetzt kam ein Soldat die Treppe herauf. Eine harte Stimme sagte: „Beeilt euch, wir haben nicht die ganze Nacht Zeit!" Ich verhielt mich ganz still, während ich ihn im nebenanliegenden Kinderzimmer herumgehen hörte. Jeden Augenblick erwartete ich, daß die Tür aufgerissen wurde. Aber schließlich verhallten seine Schritte, während er wieder nach unten ging.

Mutters Stimme hatte ihren normalen Klang wieder, Sie bat um Erlaubnis, nachzusehen, ob der Haupthahn für Gas und Licht abgedreht sei. Ihre schnellen Schritte kamen näher . . . an der Küche vorbei, den Schaltern und schließlich auf meine Tür zu. Ich hatte gewußt, daß sie noch kommen würde. „Ach, Mutti.“ Sie umarmte mich und küßte mich warmherzig. „Mein liebes Kind, bleib gesund, halt Mut!“

Sie riefen nach ihr. Eine letzte Umarmung, und fort war sie! Die Tür schlug zu, und ich hörte, wie sie alle die Holztreppe nach unten polterten. Dann wurde der schwere Motor des Lastwagens angelassen, und er fuhr davon.

Eine geisterhafte Stille umgab das Haus. Ich wagte nicht, mich zu bewegen. Doch meine Gedanken arbeiteten desto schneller. Es war eine fürchterliche Nacht. Auf jedes kleinste Geräusch horchend, fragte ich mich, ob das Haus wohl noch vor dem Morgen geplündert werden würde. Zwar herrschte während der Polizeistunde noch Ausgehverbot, aber die Plünderer wußten sehr wohl, wo Verhaftungen stattgefunden hatten, und die Siegel würden nicht vor dem nächsten Tag angebracht werden. Wenn sie mich fanden, würden sie dann die Polizei benachrichtigen? Ich hatte von Gewalttätigkeiten, Vergewaltigung und Schweigegeldern gehört. Ganz schwach vom Schock und der Erkenntnis, wie gefährlich meine Lage war, blieb ich lange bewegungslos liegen.

Als die Spannung schließlich ein wenig nachließ, wußte ich, daß ich schnell handeln mußte. Dies würde meine letzte Nacht in unserem Haus sein, und ich mußte die Zeit weise und gut gebrauchen. Ich zog mich in der Dunkelheit an, und zwar so viele Kleidungsstücke wie möglich. Ich mußte auf jede Bewegung, jeden Schritt achten, um zu vermeiden, daß die Dielen quietschten, daß ich über einen Schuh stolperte oder gegen einen Stuhl stieß. Obwohl ich mich so leise wie möglich bewegte und mir einen fast perfekten Plan ausgedacht hatte, muß mich doch jemand gehört haben, als ich später die Toilette benutzte, denn ich hörte schwere Schritte auf dem Treppenabsatz. Vor unserer Wohnungstür hielten sie inne, und dann herrschte Stille, so als ob jemand angespannt horchte. Dann wurde immer wieder an die Tür geklopft. Ich war starr vor Angst, aber fest entschlossen, die Tür nicht aufzuschließen. Wenn sie mich holen wollten, mußten sie sie aufbrechen und mich suchen. Ich blieb in der Toilette, bis die Schritte sich entfernten. Ich war mir fast sicher, daß sie noch weiter hinaufstiegen. Es konnte sicherlich kein Nachbar gewesen sein? Ich würde es nie erfahren. Aber ich würde auf Nummer Sicher gehen.

Als wieder Stille eingetreten war, plante ich für die nächsten paar Stunden. Meinen Rucksack konnte ich nicht mitnehmen. Das wäre glatter Wahnsinn gewesen. Ich würde einige notwendige Habseligkeiten herausnehmen und sie in einen sehr kleinen Koffer packen. Obwohl ich überall herumschaute, fand ich den Rucksack nicht. Hatte Vater ihn versteckt, um keinen Verdacht zu erregen?

Ich hatte keine Zeit, mir darüber Sorgen zu machen. Ich mußte neue Sachen zusammenpacken — Toilettenartikel, Besteck, einen unzerbrechlichen Becher, einmal Unterwäsche zum Wechseln, ein paar Stückchen Würfelzucker, wichtige Papiere, Adressen und Schreibzeug. Das mußte genügen, denn mein kleiner schwarzer Koffer war voll.

Mit Hut und Mantel vollständig angezogen, meinen kleinen Koffer neben mir, so verbrachte ich die letzte Nacht daheim. Es war die längste Nacht meines Lebens. Es schien so, als ob es nie sechs Uhr werden würde. Stille, Dunkelheit und Furcht umgaben mich. In Gedanken sagte ich all unserm Hab und Gut Lebewohl, denn ich wußte genau, daß ich nie zurückkehren würde. Die schönen großen Möbelstücke, die Uhr mit dem Messingpendel und besonders unsere schöne Kuckucksuhr — nie würde ich irgend etwas davon wiedersehen. Die leeren Betten, die unaufgeräumten Zimmer, die Photographien meiner Brüder, meines Vaters selbstgemalte Ölbilder, auf die er so stolz war, das große eingebaute Bücherregal, das voller schöner Bücher mit besonderen Einbänden war. Alles, aber auch alles, mußte bleiben.

Mutter hatte, wie die meisten jüdischen Mütter, für ihre einzige Tochter eine Aussteuer zusammengelegt. Wäschestücke aller Art befanden sich in jenem Reisekorb — Tischtücher, Stoffe, Silber und wahrscheinlich viele Dinge, von denen ich wohl nie etwas wissen würde. Mutter hatte den Korb wohlweislich mit einem Vorhängeschloß verriegelt. Manchmal kam es mir komisch vor, und oft trieb mich die Neugier dazu, ihn zu berühren, doch hinderte mich eine unausgesprochene Regel daran, jemals Fragen zu stellen, die mit meiner Zukunft zusammenhingen. Das schien jetzt alles so unwichtig. Ich würde nie irgend etwas von den Dingen gebrauchen, die meine Mutter so liebevoll zusammengetragen und vorbereitet hatte. Alles würde in die Hände des Feindes fallen.

Es war eine hübsche Wohnung gewesen. Von den Wohnzimmerfenstern blickte man auf den Kanal hinunter, wo die Lastkähne den ganzen Tag hin und her fuhren und laut ihre Sirenen ertönen ließen, wenn sie sich der Brücke näherten. Wenn man das Fenster öffnete und nach rechts schaute, konnte man sehen, wie sich die Tore langsam schlossen. Der Verkehr kam zum Stehen, die Männer begannen mitten auf der Brücke einen Hebel zu drehen, und die Brücke drehte sich dann seitwärts zur Mitte des Kanals. Dann glitten die Lastkähne langsam vorbei, legten ihre Gebühren in einen hölzernen Schuh, der an einer Angel hing . . . und hoppla . . . mit Schwung wurde sie hochgezogen. Dann war die Brücke für den Verkehr wieder offen.

Ich mußte an mein Abenteuer im Kloster denken. Die Neugier hatte mich übermannt, und ich wollte einfach mal sehen, wie es drinnen aussah. Ich hatte es mir fest vorgenommen, und ich würde es auch durchführen. Das bedurfte natürlich einer sorgfältigen Planung, damit ich unbemerkt ins Gebäude hineingelangte. Ich hatte beschlossen, auf das Klingeln der Glocke und das Gongzeichen zu warten. Oft sah ich Menschen die Terrassenstufen hinaufgehen. Sicherlich wollten sie sich drinnen den Nonnen anschließen, und warum sollte ich das dann nicht auch tun? Ganz bestimmt würde ich die nächste Gelegenheit beim Schopf ergreifen. Schneller als erwartet, befand ich mich in dem langen dunklen Korridor. Ich folgte einfach allen anderen Menschen und kam schließlich zur Kapelle. Jeder suchte sich eine Bank und kniete mit gefalteten Händen in frommer Ehrfurcht nieder. Du liebe Güte, und was jetzt? So wählte ich ebenfalls eine Bank, die letzte neben der Tür. Niemand konnte mich dort sehen, obwohl ich alles beobachten konnte von meinem Platz aus. Nie in meinem Leben war ich zuvor niedergekniet; es war eine Sünde und der jüdischen Religion fremd. Aber ich fand es sehr schön. Da standen Heiligenbilder; die bunten Glasfenster stellten biblische Geschichten dar, und in vielen Ecken sah ich goldene Kreuze. Das wichtigste schien jedoch der Altar zu sein. Jeder wandte sich mit einer ehrfurchtsvollen Verbeugung ihm zu und sagte dabei Gebete auf. Viele Blumen in wunderschönen Vasen schmückten das Gebäude. Dann traten die Nonnen in Zweierreihen ein und sangen dabei ein lateinisches

Lied. Sie sahen nun nicht mehr wie die fröhlichen Nonnen aus, die man bei Arbeit und Spiel im Garten beobachten konnte, sondern sehr ernst und heilig. Die Oberin nahm ihren Platz in der Nähe des Altars, und ein junger Priester begann den eigentlichen Gottesdienst.

Auf meiner hinteren Bank sitzend, betete ich auf meine Weise und mit meinen Worten: „Lieber Gott, hoffentlich macht es dir nichts aus, daß ich hierhergekommen bin. Ich wollte doch nur mal sehen, wie es hier ist.“ Obwohl ich keine Ahnung hatte, an wen die Nonnen ihre Gebete richteten, schienen sie doch sehr ehrfürchtig und ergeben.

Ich lächelte ein wenig ironisch, indem ich so viele Erinnerungen wie nur möglich in diesen letzten Stunden auffrischte. Ich erwachte aus meinen Träumen, als ich bemerkte, daß die Dämmerung durch einige kleine Ritzen im Verdunklungsrollo hereindrang. Es war beinahe sechs Uhr. In meinem Kopf begann es sich zu drehen, aber ich mußte jetzt stark sein. Es war keine Zeit für Gefühlsduseleien. Klares Denken war jetzt von äußerster Wichtigkeit. Hatte ich alles erledigt? Würde ich meine Eltern in den kommenden Tagen noch einmal sehen? Was würde ich tun, wenn sie nach persönlichen Dingen fragten? Ich würde ihnen nicht helfen können. Sie sollten nicht wissen, daß ich unser Zuhause für immer verlassen hatte. Noch einmal ging ich durch die Zimmer, die ich nie wieder betreten würde, und verabschiedete mich zum letztenmal von all den Erinnerungen. Meine Familie würde ausgelöscht werden, und irgendwie hoffte ich, daß es bald sein würde, denn in meiner Vorstellung waren die seelischen und körperlichen Leiden, denen sie ausgesetzt sein würden, ungeheuerlich.

Der unvermeidliche Augenblick kam . . . sehr leise zwängte ich mich durch die Wohnungstür, indem ich versuchte, sie nicht zu weit zu öffnen, um das unvermeidbare Quietschen zu umgehen. Ich wollte nicht, daß die Nachbarn erfuhren, daß ich zurückgeblieben war. Sollte man mich nicht vermißt haben, so wäre ich noch ein Weilchen frei. Zeit zur Hoffnung, eine Überlebenschance und Hoffnung für die Zukunft. Ich hielt meinen Atem an, rannte die zwei Treppen hinunter und hoffte inständig, daß nicht jede dieser hölzernen Stufen knarren würde. Schließlich stand ich in der kühlen Morgenluft und schritt frisch voran, wie von einer bestimmten Absicht getrieben.

Die Straßen waren noch still. Hier und dort war ein Fahrradfahrer auf dem Weg zur Arbeit, dann ein Milchwagen, ein Lieferwagen, der vom Markt zurückkehrte, und schließlich die unvermeidlichen grünen Lastwagen, vielleicht auf der Fahrt nach Hause zum „Dienstfrei“.

Nur zehn Minuten von hier war das Sammellager, wohin man meine Familie sicher gebracht hatte. So nahe und doch außer Reichweite! Es würde einem Selbstmord gleichkommen, zur Höhle des Löwen zu gehen. Ach, wie sehnte ich mich danach, sie wiederzusehen!

Gegenüber dem Sammellager befand sich ein Tageskindergarten, wo ich gerade vor einigen Tagen eine neue Arbeitsstelle gefunden hatte. So seltsam es auch schien, dieser „Tageskindergarten“ brauchte immer mehr Mitarbeiter, die Nachtschicht machten, da jeden Abend weniger Kinder abgeholt wurden. Wohin ihre Eltern gegangen waren, konnte man nur vermuten. Die Kleinen schienen zu verstehen, was geschehen war, wenn ihre Eltern sie am Abend nicht abholten. Der einstmals so fröhliche Ort wurde zum Tränental. Tag und Nacht ertönte fast fortwährend das herzzerreißende Weinen irgendeines kleinen Kindes oder Babys, das nach den Armen rief, die Sicherheit und mütterliche Liebe bedeuteten. Die Schwestern waren ständig anwesend, es gab keine Freistunden mehr. Sie arbeiteten ruhig und versuchten das Schreckliche, das auf der anderen Straßenseite vor sich ging, zu ignorieren. Eine Extraarbeit war das Versorgen von kleinen Kindern, deren Mütter schon im Sammellager waren. Die meisten von ihnen würden nach Mitternacht deportiert werden. Es war unsere Pflicht, sie tagsüber zu versorgen und sie dann sauber und bequem für ihre lange Reise zu machen . . . wie lächerlich!

Auf dem Weg zum Kindergarten war ich an jenem Morgen völlig gedankenverloren. Zögernd und vorsichtig stand ich schließlich vor der Eingangstür. Ich wagte nicht, über die Straße zu schauen, und so hefteten meine Augen sich auf die Klingel, und ich horchte ängstlich auf Schritte im Korridor. Ja, es kam jemand. Das Schloß wurde geöffnet, der Riegel zurückgeschoben, und dann schaute die Vertreterin der Oberin erstaunt in mein ausdrucksloses Gesicht. „Du bist sehr früh, mein Kind, komm herein.“ Offensichtlich suchte sie nach einer Erklärung, und doch vermied sie, das Unvermeidliche zu hören.

„Gestern abend kamen sie . . . die ganze Familie“, war alles, was ich zu sagen brauchte. Sie antwortete nicht, sondern legte nur den Arm um meine Schultern und führte mich ins Büro. Nach einer kurzen Stille mußte ich ihr einfach die brennende Frage stellen: „Haben Sie gestern nacht Straßenbahnen fahren hören?"

Sie nickte. „Meine Güte, das konnte auch der Abschied für die Neuankömmlinge gewesen sein." Pausenlos waren die Straßenbahnen nach Mitternacht am Haupttor des Sammellagers vorgefahren. Menschen wurden von brüllenden, aufgeregten Soldaten hineingetrieben. „Los, los, Beeilung", war alles, was man hören konnte. Alte und Junge, Männer und Frauen, einige mit Babys auf den Armen, andere mit Kleinkindern an der Hand, und alle mit Rucksäcken beladen, verschwanden einer nach dem anderen in der endlosen Reihe von Straßenbahnen. Manchmal dauerte es Stunden, bis alle Transporte die Plantage Middellaan verlassen hatten. Niemand wagte den Vorhang zu lüften, um einem Freund oder Verwandten ein letztes Lebewohl zuzuwinken. Ein Soldat, der dich sah, brauchte nur hinzuzeigen, und du warst verhaftet und konntest dich dem zugesellen, dem du ein so liebevolles Lebewohl zugewinkt hattest. Ach, die Schadenfreude, mit menschlichem Elend zu spielen!

Waren meine Lieben tatsächlich unter denen gewesen, die letzte Nacht abtransportiert worden waren? Niemand wußte es. Wie lange ich mit der Oberin in jenem Büro saß, ist mir heute nicht mehr klar. Niemand sprach ein Wort, es war kalt, und ich existierte nur. Nach einer Weile erhob ich mich einfach und ging hinaus. Damit bedeutete ich, daß ich nun doch meinen Dienst versehen wollte. Niemand versuchte, mich daran zu hindern. Verriet mein Gesicht nicht die ganze Geschichte?

Es war noch früh. Einige der Kinder waren gerade erwacht und tranken ihre warme Milch. Die anderen, die noch schliefen, ließ man einfach weiterschlafen. Im Schlaf vergaß man das Elend. Seit langem schon war man von der Routine abgekommen und versuchte auf alle erdenkliche Weise, irgendwie Freiheit, Liebe und Trost zu geben.

Eine der Schwestern, in ihrem Versuch freundlich zu sein, zeigte auf den großen Stopfkorb im Zimmer. Vielleicht wollte ich ihr nachher helfen? Ich versuchte zu lächeln, nickte und ging weiter. Ich mußte einfach ans Fenster. Von dort konnte ich die Eingangstüren des Sammellagers sehen. Ich mußte ziemlich im Hintergrund stehen. Niemand durfte meine Neugierde von der anderen Straßenseite her bemerken. Jetzt standen nur einige

Soldaten Wache. Wieviel Tausende waren während der Nacht schon durch diese Türen gegangen? Wer war noch drin? Einige Zeit schaute ich gebannt auf jede der Türen. Worauf hoffte ich? Von ganzem Herzen verlangte mich, die lieben Gesichter noch einmal wiederzusehen, und doch . . . vielleicht lieber nicht . . . denn wenn ich sie sah, würde das nur eins bedeuten . . . Abtransport.

In kurzer Zeit wußten alle Mitarbeiter von dem Schicksal meiner Eltern, und alle wußten auch, daß sie mit meiner Hilfe heute nicht rechnen konnten. Ich stand einfach da und hielt Wache. Wie lange würde ich das noch tun können, ehe die Soldaten mich bemerkten? Würde ich den ewig forschenden Augen entgehen können? Suchten sie nicht ständig nach weiteren Menschen, die sie verhaften konnten? Plötzlich stand die Vertreterin der Oberin schweigend hinter mir. Nach einer Weile fragte sie mich, ob sie irgend etwas für mich tun könnten, wenn sie jetzt hinübergingen, um den Kindern das Mittagessen zu bringen. Ihr Angebot rüttelte mich aus der Trance, in der ich mich befand. Ich dachte verzweifelt nach und bat sie dann, herauszufinden, ob meine Eltern noch dort wären. Vielleicht konnten sie ihnen auch sagen, daß ich es schon packen würde, bis sie zurückkehrten. Ich bat sie, sie zu ermuntern, tapfer und mutig zu sein, und ihnen meine ganze Liebe zu bringen . . .

Sie ging, und ich hielt meine traurige Wache weiter. Die Minuten und Stunden vergingen. Der morgendliche Verkehr hatte begonnen. Autos und Menschen, Lastwagen und Straßenbahnen eilten ihren täglichen Pflichten nach. War es ein extra trüber Tag? Lag nicht eine Atmosphäre des Elends über allem, oder vielleicht nur über mir? Ab und zu brachte man mir Tee oder Kaffee, aber ich ließ jene Türen nicht aus den Augen. Ich registrierte jede Bewegung der Offiziere und Soldaten. Niemand versuchte, mich zu trösten. Jeder wußte, warum ich dort war und wer verhaftet worden war, und man ließ mich in Ruhe. Plötzlich wurde ich aus meiner halben Bewußtlosigkeit aufgerüttelt. Das plötzliche Anlassen und Aufheulen von schweren Lastwagenmotoren entging niemand im Haus. Was wir nun sahen, ließ manches Gesicht aschfahl werden. Ich stand starr vor Entsetzen, unfähig ein Wort zu sprechen. Ein Extratransport hatte begonnen. Nervös an meinen Nägeln kauend, verbrachte ich die hilf- und hoffnungsloseste Stunde meines ganzen Lebens.

Mehr als ein Dutzend Armeelastwagen waren vor dem Sammellager aufgefahren. Ein armseliges Häufchen Menschen verließ mit Rucksäcken und Bündeln schwer beladen das Gebäude drüben. Die Kinder, die wir noch vor kurzer Zeit gefüttert hatten, wurden jetzt von ihren Müttern herausgetragen, oder eine Krankenschwester übergab sie ihren Vätern. Kurze, harte Befehle vermischten sich mit den verzweifelten Schreien der Unglücklichen. Hilflos verschwanden sie einer nach dem anderen in den stahlgepanzerten Lastwagen. Zwei Stufen hinauf, und ein weiteres gebrochenes Herz und tränenüberströmtes Gesicht war auf dem Wege nach ... Ich konnte sie nicht mehr sehen, die fensterlosen Lastwagen verbargen alles Elend. Nachdem jeder vollgestopft worden war, wurde die lebendige Last hinter Schloß und Riegel gesetzt. Einer nach dem anderen verließen die Lastwagen das Sammelllager, damit ein weiterer leerer Wagen ihren Platz einnehmen konnte. Konnte das noch lange so weitergehen? Schließlich ebbte der Strom ab. Noch zwei Fahrzeuge standen da, und sie füllten sich nur langsam. War das für heute das Ende? Hatte ich sie verpaßt, oder waren sie noch ein wenig länger bewahrt geblieben? Wo Leben ist, da ist auch noch Hoffnung!

Ich keuchte vor Entsetzen ... da waren sie! Meine Mutter kam zuerst, ganz weiß im Gesicht, aber sauber angezogen, selbst nach dem furchtbaren Erlebnis der Verhaftung und einer Nacht im Sammellager. Zögernd, wahrscheinlich immer noch auf ein Wunder hoffend, stieg sie mühsam die Stufen in den Lastwagen hinauf. Direkt hinter ihr war Vater. Er sah so fremd und so anders aus. Er war aschgrau im Gesicht, seine Augen starrten ausdruckslos vor sich hin, so als ob es ihn nicht berührte, wohin er ging. Seine Bewegungen glichen denen eines mechanischen Roboters. Mit seinen Gedanken war er offensichtlich woanders. In Sekundenschnelle war er ebenfalls verschwunden. Dies ist meine Erinnerung an unser letztes Lebewohl. Mutter hatte ihren Kopf zum Kindergarten gewandt. Hatte sie gehofft, daß unsere Augen sich noch ein letztes Mal begegnen würden? Es war zu gefährlich. Es sollte nicht sein. Kaum eine Minute später heulte der schwere Motor auf und setzte den Lastwagen in Bewegung. Das brachte mich in die Wirklichkeit zurück. In mir war gähnende Leere. Starr und wortlos und ohne Tränen blickte ich auf die Stelle, wo vor wenigen Minuten ein lebendiges Begräbnis stattgefunden hatte.

Dann war alles vorüber!

Langsam und ruhig verließ ich nun das Fenster, vor dem ich an diesem trüben Aprilmorgen die letzten Stunden gewacht hatte.

Was nun?

Ich ging ins Badezimmer. Hierhin würde mir niemand zu folgen versuchen. Hier konnte ich still sein, nachdenken, planen und mir von der Zukunft ein Bild machen. Hier konnte ich auch mit meinem Gott allein sein.

Eine plötzliche Schwäche überkam mich. Meine Erstarrung begann sich zu lösen, ich konnte mich nicht mehr länger beherrschen . . . ich war am Ende meiner Kraft. Nach Vaters großem Taschentuch in meiner Schwesternschürze suchend, begann ich zu schluchzen. Endlich konnte ich mich gehenlassen, ich konnte nicht mehr an mich halten, und alles war mir egal. Heiß, erschöpft, und doch wunderbar erleichtert, erwog ich die augenblickliche Lage. Die Sicherheit und Einsamkeit dieses Badezimmers wurde das Sprungbrett in eine ganz neue Welt für mich. Situationen und Erlebnisse, die mir bis jetzt unbekannt gewesen waren, würden Stunde um Stunde auf mich eindringen. Fest entschlossen, mutig, aufmerksam und klug in diesem komplizierten Kampf um Selbsterhaltung zu sein, verließ ich das Badezimmer und trat in eine durcheinandergeratene Welt.

Kapitel 7

Langsam ging ich die Treppe hinunter. Wie Abraham, so ging auch ich an jenem Tage hinaus und wußte nicht wohin (Hebr. 11, 8). Die Babys krabbelten fröhlich auf dem Fußboden herum, und die Kleinkinder vergnügten sich an ihren Tischen beim Spiel oder in der Sandkiste. Kleine Gruppen wurden wechselweise ins Badezimmer geführt, um für das Mittagessen sauber gewaschen zu werden. Sauber, gekämmt und mit Schürzchen oder Lätzchen versehen, kamen sie nach einer Weile wieder. Es schien ein ganz normaler Tag zu sein. Das Leben verlief in unserem Kindergarten wie gewöhnlich, trotz des unheilvollen Geschehens auf der anderen Straßenseite.

Eine junge Schwester kam auf mich zu und richtete mir aus, daß die Oberin mich in ihrem Büro sehen wollte. Gleichgültig gegenüber den nun zu treffenden Entscheidungen, klopfte ich an ihre Tür. Fast mechanisch trat ich ein, und sie forderte mich auf, mich hinzusetzen. Ohne die Ereignisse der letzten Stunden auch nur mit einem Wort zu erwähnen, unterrichtete mich die Oberin davon, daß ich am Nachmittag dienstfrei hätte, um mich in der Zeit beim Vormundschaftsgericht in der Innenstadt zu melden. Da ich noch nicht volljährig war, war die Gemeindeverwaltung für meinen Verbleib und meinen Unterhalt verantwortlich. Ein plötzlicher Gedanke durchzuckte mich . . . die Kinder, unsere Kinder, waren durch die Verhaftung ihrer Eltern zu uns auch in Pflege gekommen. Bevor es Abend wurde, wurde ich auch in Pflege sein . . . ich war nun auch eine von ihnen.

Ich dankte der Oberin für ihre Hilfe und wandte mich zum Gehen. „Schwester", rief sie mir nach, „wenn Sie auch weiterhin bei uns arbeiten wollen, werden wir Sie gern nehmen. Bitte benachrichtigen Sie mich, wenn Sie sich eingelebt haben, und bleiben Sie mit uns in Verbindung."

Ich dankte ihr noch einmal, verließ das Büro und nahm meinen Mantel und mein schwarzes Köfferchen. Stundenlang wanderte ich nun durch die Straßen. Bewußt hatte ich vermieden, nach dem Sammellager hinüberzuschauen, als ich den Kindergarten verließ. Psychologisch war es das beste Mittel gegen den Aufruhr in mir. Der lange Spaziergang erleichterte die innere Spannung und half mir, mich mit dem abzufinden, was sein mußte!

Die Straßen waren belebt. Straßenverkäufer riefen lärmend ihre Ware aus, und Autos und Straßenbahnen ratterten durch die alten und engen Straßen. Ich bahnte mir, fast wie im Traum, einen Weg durch das alles. Ich wußte, daß ich nun endlich erwachen mußte, um für meine nächsten Schritte eine Entscheidung zu treffen. Würde ich je alles begreifen?

Ein leerer Magen erinnerte mich daran, daß ich selbst in meiner gegenwärtigen Situation den Bedürfnissen meines Körpers nachkommen mußte. Wie eigenartig, daß man eine regelmäßige Gewohnheit wie Essen vergessen konnte, wenn andere weit wichtigere Dinge überwogen. Während ich das kleine Stück Papier streichelte, das meine Mutter einer der Kinderschwestern während der Essenszeit noch zustecken konnte, dachte ich über ihre letzten Worte nách. Sie hatte mir geraten, gut auf mich aufzupassen, für mich zu sorgen und mich nicht mehr von unkoscheren Nahrungsmitteln zu enthalten, ja, alles zu essen, was mich ernähren würde und was ich während der mageren Jahre finden konnte. Liebe Mutter, sie wollte ja nur das Beste. Es muß wohl eine ernste Gewissensfrage für sie gewesen sein, mir zu raten, unsere strikten, orthodoxen Gesetze zu brechen. Doch das konnte und würde ich nicht tun! Irgendwie würde der Herr mich schon mit genug anderen Dingen versorgen, damit ich nicht von den „unreinen" Nahrungsmitteln essen mußte. Ich wußte von zwei jüdischen Metzgern in unserem Ghetto, von denen einer auch Brötchen und Tee servierte. Der Gedanke an russischen Tee mit Brötchen und Wurst ließ mir das Wasser im Munde zusammenlaufen, und ich beschleunigte meine Schritte automatisch.

Der Laden war warm, und Menschen standen am Ladentisch oder saßen auf den Barhockern vor der langen Theke an der Wand. Jeder sprach über die letzten Verhaftungen, jeder schien jemand verloren zu haben. Sie bemitleideten einander und sprachen sich Trost zu, soweit das unter diesen Umständen überhaupt möglich war. Da ich allein war, bestellte ich Brötchen und Tee und entspannte mich schließlich in einer kleinen Ecke. Wie gut tat es, sich auszuruhen! Wie herrlich war es, zu essen und zu trinken und die Wärme zu spüren! Ich aß langsam und schlürfte den Tee noch langsamer, indem ich die Zeit genoß, die mir noch blieb. Ich bestellte noch ein Brötchen und einen Tee und begann dann, das Geld zu zählen, das ich noch besaß. Meine Eltern hatten mir eine kleine Geldbörse mit Kleingeld gelassen. Aber das mußte ich vorsichtig einteilen, denn es würde mein letzter privater Reichtum sein, den ich für lange Zeit besitzen sollte. Ich brauchte keine Erfahrung, um zu erkennen, daß es nicht mehr lange reichen würde, ja noch nicht einmal durch diese Woche. Es schien keine andere Möglichkeit zu geben, als sich so bald wie möglich beim Vormundschaftsgericht zu melden, wenn ich ein einigermaßen annehmbares Bett für die bevorstehende Nacht haben wollte. Ein weiteres Brötchen würde mir jedoch guttun. Es schmeckte noch besser als das erste, und auch das zweite Glas Zitronentee wurde vor mich hingestellt. Ich legte beide Hände um das Glas und schlürfte langsam die heiße Flüssigkeit, alle Wärme dieses Glases in mich aufnehmend. Abwesend stopfte ich mich voll; ich fror, war müde und wohl nicht ganz ich selbst.

Wie lange ich die Gastfreundlichkeit dieses Metzgerladens in Anspruch genommen hatte, weiß ich eigentlich nicht, aber vom Ansehen der anderen Kunden wußte ich, daß ich meine Zeit überzogen hatte. Ihre Unterhaltung wurde mit gedämpfter Stimme weitergeführt. Warum erwähnten sie immerfort das Thema „Sicherheit“ und „Entkommen“? Wie unsinnig! Wer würde dauernd gejagt werden wollen? Vielleicht hatten sie noch Verwandte, auf die sie Rücksicht nehmen mußten. Vielleicht wollten sie noch leben. Vielleicht wartete noch irgendwo jemand auf sie. Jemand, der sie liebte und sich um sie sorgte. Na ja, wer konnte es ihnen verdenken! Meinten sie vielleicht, ich sei ein Denunziant? Schon recht, ich würde gehen! Ich war ja nicht im geringsten an ihrer Unterhaltung interessiert. Ich mußte mich um meine eigenen Angelegenheiten kümmern.

Am Ladentisch verlangte ich noch einige Brötchen mit Salami und Leberwurst. Dies würde meine eiserne Ration für den Rest des Tages sein. Nachdem ich meine Schulden bezahlt hatte, ging ich.

Das Wetter reflektierte genau meine Gefühle. Es war trübe, kühl und ein unwahrscheinlich ruhiger Tag. Mir war alles, was um mich herum vor sich ging, ebenfalls völlig gleichgültig. Ich war so eigenartig ruhig, kühl und ein wenig benommen. Genau diese Gefühle sollte ich noch oft in Zeiten der Gefahr oder Verwirrung haben. So ging ich durch die Straßen, immer weiter und weiter und schenkte dem an mir vorbeibrausenden Verkehr keine Beachtung.

Das Vormundschaftsgericht war noch ein gutes Stück Weg, aber ich war ja an das Laufen gewöhnt, und es machte mir nichts aus. Seit Jahren hatte ich nun schon kein öffentliches Verkehrsmittel in irgendeiner Form mehr benutzt, noch nicht einmal Auto oder Fahrrad. Man mußte einfach immer weiter gehen, gehen und gehen! Wenn man dann anhielt, merkte man erst, wie müde man war.

Als der Abend hereinbrach, erreichte ich das mir vertraute Gebäude. Überall schienen Menschen herumzustehen. Wieder diese besorgten Gesichter, diese Augen, die von Schlaflosigkeit oder häufigem Weinen gerötet waren. Kinder aller Altersgruppen standen zwischen den Erwachsenen. In allen Gesichtern stand die gleiche Geschichte von Angst und Bestürzung. Hier und dort hörte man ein klägliches Stimmchen nach „Mammi" weinen. Dieser Anblick von Elend und Verzweiflung erinnerte mich noch einmal an meine eigene Lage. Es war schwer, tapfer zu sein, doch ich tat mein Bestes. Es blieb einem nichts anderes übrig. „Jedes überwundene Hindernis wird dich für das nächste stärken", pflegte Schwester Henny zu sagen. So weinte ich nicht, sondern schluckte nur schwer, und bald fühlte ich mich auch wieder stark. Dennoch muß ich wohl verloren gewirkt haben. Ein Beamter kam auf mich zu. „Kann ich dir helfen?" fragte er ziemlich beiläufig. Obwohl ich noch nicht wußte, ob er mir auch wirklich helfen konnte, erzählte ich ihm alles, was in den letzten 24 Stunden geschehen war. Ohne das geringste Anzeichen von Überraschung stand er mit der fast mechanischen Anweisung bereit: „Den Korridor entlang, Zimmer drei, bitte!"

Ein wenig bestürzt über seine Gleichgültigkeit, begab ich mich zum „Fließband", das nun auch mein Los geworden war. Die Realität des Wortes, das ich irgendwo vor langer Zeit gehört hatte, „jeder für sich, und Gott für uns alle", kam mir in den Sinn. Ein eigenartiges Wort, das sicher am Ende nur Unglück bedeutete! Während ich mich in dieser verzweifelten Menschenmenge umschaute, unter Alten und Jungen, Armen und Reichen, fragte ich mich: „Und wer kümmert sich um sie?" Selbst dem Mann bei der Auskunft, was bedeuteten wir ihm schon? Ihn interessierte nur seine Arbeit am Schreibtisch, die ihm im Moment noch Befreiung von der Deportation zusicherte. Mit diesen Gedanken begab ich mich nach Zimmer drei. Ein weiterer Beamter stellte mir die auf der Hand liegenden Fragen und händigte mir dann eine Karte mit Einzelheiten über meine neuen Pflegeeltern aus. Er lächelte und wünschte mir viel Glück.

Da ich einen ziemlich langen Weg zum Süden der Stadt vor mir hatte, schritt ich tüchtig aus, um noch vor der Polizeistunde um acht Uhr dort zu sein. Schließlich erreichte ich mein Ziel. Das Gebäude enthielt vier Wohnungen. Es war modern und schaute hell und freundlich aus. Alle Häuser auf beiden Seiten der Allee waren im gleichen Stil gebaut. Dies also sollte mein neues Zuhause werden. Ziemlich erfreut stieg ich die breite Steintreppe hinauf und drückte neben dem Namen „Rennie" auf die Klingel. Die Tür wurde von einem elektrischen Summer automatisch geöffnet. Ich trat ein, schloß die Tür fest zu und stieg die mit Teppichen ausgelegten Stufen zur Wohnung der Rennies hinauf. Eine freundliche Dame, Mitte Vierzig, bat mich einzutreten. Die Wohnungstür fiel hinter mir ins Schloß. Schließlich hatte ich das Ende des Weges erreicht, dachte ich. Es würde hier sicherer sein als im Zentrum der Stadt, wo die meisten Verhaftungen stattfanden.

Frau Rennie machte Kaffee, während ich ihr alles erzählte, was sie wissen wollte. Schließlich zeigte sie mir mein Zimmer. Einfach unglaublich! Solch ein Zimmer hatte ich nie besessen. Es hatte sogar einen Balkon. Wenn mich meine Eltern doch hier nur hätten sehen können, dann wären sie beruhigt gewesen. Frau Rennie verließ mich, damit ich mich einrichten konnte. Die anderen Familienmitglieder würden erst später kommen, und dann würde ich ihren Mann und ihre beiden erwachsenen Töchter beim Essen kennnenlernen.

Sorgfältig faltete ich die luxuriöse Daunendecke zusammen und legte sie auf einen Stuhl beim Fenster. Solch hübsche Vorhänge! Tatsächlich waren alle Möbelstücke irgendwie aufeinander abgestimmt. Alles strahlte Ruhe und Frieden auf meine noch verstörte Seele aus. Ich streckte mich auf dem Bett aus, und bevor ich mir noch weitere Gedanken oder Sorgen machen konnte, schlief ich ein. Als ich wieder erwachte, brannte Licht im Zimmer, und die Vorhänge waren zugezogen, um das düstere Verdunklungsrollo zu verbergen. Ein junges Mädchen, das ich später als Miriam kennenlernte, stand neben meinem Bett mit einer Tasse heißen Tee. Ja, das konnte ich jetzt gebrauchen. Wir plauderten über Nichtssagendes und waren fast erleichtert, als Frau Rennie uns zum Essen rief. Nach einem schnellen

Frischmachen in dem entzückenden Badezimmer war ich bereit für weiteres Vorgestelltwerden.

Ohne viel Aufhebens wurde ich in dieses Haus aufgenommen als eine der Familie. Niemand machte viel Getue um mich, und mir wurde alle Freiheit gestattet, die unter diesen Umständen nur möglich war. Die Unterhaltungen an diesem und an den folgenden Abenden hatten die neuen Verhaftungen zum Thema, die Neuigkeiten, die man von Westerborg, dem großen Umschlaglager, erhalten hatte, Gerüchte und allgemeine Neuigkeiten. Irgendwie interessierte mich das alles nicht; ich lebte ein wenig abwesend in den Tag hinein.

Jeden Morgen nach dem Frühstück verließ ich das Haus und machte mich auf den langen Weg zum Stadtzentrum zu meiner Arbeit im Kindergarten. Jeden Tag starrte ich die großen Glastüren an, aus denen ich meine Eltern zum letztenmal hatte kommen sehen. Jeden Tag wurde die Zahl der zu betreuenden Kinder kleiner, da mehr und mehr Kinder während der Nacht abgeholt wurden. Auch wurde der Verkehr draußen von Nacht zu Nacht stärker. Jeder neue Tag offenbarte neues menschliches Elend und unschuldiges Leid.

Wenn ich mal ein oder zwei Stunden dienstfrei hatte, ging ich die Plantage Middelaan hinunter, über die Zugbrücke und am Kanal entlang zu meinem alten Zuhause. Das wurde meine tägliche Pilgerreise. Die Bewohner des Schleppers vor unserem Haus grüßten mich immer mit dem gleichen ernsten, aber verständnisvollen Kopfnicken. Oft war ich versucht, zu diesen unseren früheren freundlichen Nachbarn zu sprechen, aber da ich sie nicht gefährden wollte, blieb ich lieber still. Das Haus wirkte verlassen, tot und still. Niemals sah ich auch nur einen der übrigen Bewohner des Gebäudes. Ob sie mich wohl durch ihre Vorhänge sahen und Angst hatten, mit mir zu sprechen? Wer konnte es ihnen verdenken! Es gab immer überall so viele Denunzianten. Es war besser, an sich zu halten und niemand unnötig in Verdacht zu bringen.

Eines Tages, Ende April, während meines gewöhnlichen Spazierganges stockte mein Herzschlag, als ich zu unseren Fenstern hinaufschaute. Ich stand starr vor Entsetzen und Zorn, als ich erkannte, was geschehen war. Alles, aber auch alles, was uns gehört hatte, war fort. Die Vorhänge waren von den Fenstern fort, die sich nun meinen entsetzten Blicken in gähnender Leere zeigten.

Die Gangway des alten Schleppers quietschte . . . der Sohn, Herr Boran, kam auf mich zu, legte eine Hand auf meine Schulter und nickte wiederholt mit dem Kopf. „Das war heute morgen, sie kamen mit zwei Möbelwagen und haben den ganzen Vormittag dazu gebraucht." Ich war nicht überrascht. Ich wollte ja nicht mehr weinen. Ich zwang mich, ihm ein „Danke" zuzulächeln, und verabschiedete mich von ihm.

Während ich weiterging, machte ich mir klar, was wir alles verloren hatten. Es schien so unwahrscheinlich, und doch war es wahr; nur fiel es mir so schwer, die Realität zu akzeptieren. Wie lächerlich! Ich mußte an meine alte Puppe denken. Ich hatte sie bekommen, als ich Berlin verließ. Sie war jetzt 35 Jahre alt . . ., und ich hatte sie sehr liebgewonnen. Sie hatte solch menschliche Züge und so schönes schwarzes und welliges Haar. Selbst in meinem Alter hatte es mir noch Spaß gemacht, mit ihr zu spielen, denn sie besaß eine schöne Garderobe mit vielen Kleidern und Unterwäsche. Ich hatte mich damit herausgeredet, daß mich dieses Hobby auf meinen Beruf vorbereitete. Vielleicht war sie jetzt schon kaputt oder während des Packens beschädigt worden, denn ich konnte mir einfach nicht denken, daß jemand mit einer Puppe vorsichtig umging. Und unsere einmalige Kuckucksuhr? Würde ich je wieder eine ähnliche sehen? Unmöglich! Sie war ein Erbstück, und es tat mir weh, daran zu denken, daß sie nun für immer fort war. Man konnte sich so schwer von Dingen losreißen, die dem Heim die ganz persönliche Note gaben. Der solide Eichenschrank, die große Kiste Ostergeschirr und das gute Silber. Die „persönlichen Schätze" meiner Mutter. Alles war unersetzlich. Die Familienalben. Die Liste ließe sich beliebig weiterführen.

Als ich den Rennies am Abend von diesem Vorfall erzählte, drückten sie mir während des ersten Essenganges ihr Mitgefühl aus, aber bald lief die Unterhaltung wieder in der normalen Richtung; die Verhaftungen, die Möglichkeiten einer Flucht und die Nachrichten vom Lager. Mein Kummer hatte sie nicht wirklich berührt. Mein Verlust war nicht der ihre; meine Interessen waren zum Leben unwichtig. Vielleicht hatten sie recht, denn am Ende würde alles zu Staub werden.

Kapitel 8

Während der nächsten Wochen ging das Leben wieder seinen normalen Gang. Ja, die Tage wurden fast monoton. Früh an jedem Morgen verließ ich das Haus und arbeitete still meine Stunden im Kindergarten ab, den ich erst nach sechs Uhr abends verließ. Nach dem langen Weg erreichte ich mein neues Zuhause erst kurz vor der Polizeistunde. Wenn dann alle „Käfige" geschlossen waren, brauchte man nur auf die nächtlichen Jäger zu warten. Seltsamerweise jedoch schlief ich sehr fest, da ich nach den langen Tagen immer sehr müde war. Durch meine Ganztagsarbeit in dem Kindergarten, wo ich für die Kleinen sorgte, bis auch sie deportiert wurden, das Teilhaben an all ihren Freuden und Sorgen, die gemeinsamen Mahlzeiten, betrachtete ich dies hier mehr als Heim, als meine Pflegestelle draußen im Süden von Amsterdam. Hier war ich nahe bei dem Sammellager, bei meinem Kanalhaus und bei so vielen Erinnerungen. Wenn ich abends zum Essen zu den Rennies kam, erschien mir die Unterhaltung so oberflächlich und berührte immer nur die gleichen Themen. Ich machte es mir zur Gewohnheit, mich früh zurückzuziehen. In meinem luxuriösen Zimmer, das mir die Rennies so liebevoll gegeben hatten, konnte ich mit meinen Gedanken und Erinnerungen allein sein. So war ich mit meiner neuen Lebensweise und Umgebung zufrieden. Doch es war zu schön, um lange wahr zu sein.

Eine weitere seelische und nervliche Belastung stand bevor. Eines Morgens ging ich wie gewöhnlich mit forschen Schritten dem Kindergarten zu, als mich kurz davor einige Passanten anhielten, die meine Schwesterntracht erkannt hatten. Mir wurde dringend geraten, nicht weiter in der Richtung zu gehen, sondern umzukehren und so schnell wie möglich dorthin zu gehen, wo ich hergekommen war. Sie informierten mich nicht genau, aber was ich dann doch hörte, genügte, um mich ihnen von ganzem Herzen danken zu lassen ... wieder einmal war ich bewahrt geblieben. Unglaublich, wie hatte man das nur tun können! Diese kleinen Kinder und all die jungen Schwestern, die Tag und Nacht so aufopfernd gearbeitet hatten, die Oberin, der Arzt und alle Mitarbeiter. Schnell genug verbreitete sich die Nachricht, daß sie den Kindergarten während der Nacht geräumt hatten und den Schwestern befohlen hatten, alle Kinder auf die Lastwagen zu bringen. Wer konnte sich dagegen stellen? Wer konnte oder wollte sie anflehen? Die armen Kleinen! Wie gewöhnlich hoffte ich nur, daß ihre Angst und ihr Leid nicht lange währen würden.

Ich kehrte zu den Rennies zurück. Frau Rennie war erstaunt, mich wiederzusehen, aber nahm die Nachricht ruhig hin. Ich schlich mich in mein Zimmer, zu meinem Zufluchtsort, in meine himmlische Einsamkeit. Durch die Vorhänge am Fenster beobachtete ich das Treiben draußen. Das waren freie Menschen, die Menschen in Straßenbahnen und Privatautos, diejenigen, die Einkäufe machten, die Kinder an der Hand ihrer Mütter oder in den Kinderwagen. Wo waren unsere kleinen Kinder und Babys? Mein Amsterdam, meine Heimatstadt, mein Land, ach Europa, wie viele Menschen wirst du noch vor dem bitteren Ende opfern? „Gott mit uns", sicherlich wußte ich das, aber wir brauchten Kraft, ach, wie sehr brauchten wir Kraft und ausdauernden Glauben.

Die Tage und Nächte waren jetzt viel länger. Ich konnte nicht schlafen, da ich nun keine langen Wege und keine harte Arbeit mehr hatte. Natürlich, zu Hause zu helfen war ein Vorrecht, dem ich nun ganz nachkommen konnte, um damit dieser Familie einen Teil der Schulden abzuzahlen, die ich bei ihr hatte. Die Zahlungen vom Vormundschaftsgericht würden die Freiheit, die ich in diesem Heim genossen hatte, niemals wettmachen. Doch die Freizeit, die ich nun zum Nachdenken und Überschlagen meiner Lage hatte, half meiner Mutlosigkeit nur wenig. Manchmal war ich voller Furcht vor dem Unbekannten, dann wieder meinte ich, mich allem stellen zu können . . . sogar mutig! Wie dumm doch . . . es geschieht doch, was kommen muß!

Wir brauchten auch nicht lange zu warten. Eintönigkeit gehörte nicht in unser Zeitalter. Sonntag, der 20. Juni wurde ein weiterer furchtbarer Tag für unser Volk. Um neun Uhr morgens spürte man ein allgemeines Unbehagen. Die Atmosphäre glich einem Sonntagmorgen eigentlich wenig. Wohlbekannte Geräusche ließen sich vernehmen, die allerdings in dieser Gegend ungewöhnlich waren. Es konnte doch nicht wahr sein! Doch nicht hier im Süden von Amsterdam! Ich wagte nicht aufzustehen, sondern horchte nur auf die Geräusche, die mir so wohlbekannt waren. Das Aufheulen schwerer Motore und das Quietschen von Straßenbahnbremsen, vieler Straßenbahnen, die harten, fast heiseren Stimmen von Soldaten, die mit ihren genagelten Stiefeln hin und her marschierten. Mußten sie mit all dieser Unruhe, all diesem Lärm sich erst genug Mut machen für ihre schlimmen Taten? Ich mußte einfach einen verstohlenen Blick hinauswerfen, um zu sehen, was da draußen geschah. Was ich sah, zerstreute alle Zweifel über das, was da geschah. Das war's! Das bedeutete Großaktion für Südamsterdam!

An jeder Ecke und anderen wichtigen Stellen der Allee standen die nur zu gut bekannten grauen Armeelastwagen. Aber auch Straßenbahnen waren reihenweise aufgefahren, zwar noch bewegungslos, aber doch bereit für ihre Ladung menschlichen Elends. Aus Dutzenden von Häusern sah ich Männer, Frauen und Kinder herauskommen, ein Anblick, den ich nur zu gut kannte. Es war schon eigenartig, all dies bei Tageslicht geschehen zu sehen, wo Leid und Elend vor allen Nachbarn sichtbar wurde, ja ein Schauspiel, fast eine Unterhaltung für diejenigen, die sich an unserem Leid freuten. Es gab nur sehr wenige davon, aber sie waren da, überall. Alle Gesichter da unten hatten einen entsetzten Ausdruck, während man sie zu den Lastwagen oder Straßenbahnen trieb. Manche weinten hysterisch, andere wischten sich still die Tränen aus den Augen, doch die Kinder hatten soviel Angst. Die Eltern versuchten, sie zu trösten, aber wozu, diese Kleinen mußten ihr Schicksal tragen, wie ihre Eltern auch. Auch für sie gab es kein Entkommen. Ich sah, wie einige junge Leute versuchten, zu entfliehen. Das taten sie immer. Was nützte es aber schon? Die Soldaten waren doch überall und paßten schon auf, daß niemand entkam, damit die „Endlösung" nicht aufgehalten wurde. Wenn sie dann wieder gefangengenommen wurden, und das geschah immer, bekamen sie eine harte Strafe. Folter war schlimmer als Tod . . . diese himmlische Gabe, diese Befreiung von allem Leid und Elend.

Ich fror und zitterte an diesem Junimorgen.

Irgendwie hatte ich so im Gefühl, daß dies der Tag meiner Verhaftung sein würde. Da ich kein Gepäck hatte, war es leicht, mich auf das vorzubereiten, was vor mir lag. Mein kleines schwarzes Köfferchen war immer nahe; es fehlten nur noch einige wenige Toilettenartikel.

Während ich sie im Badezimmer zusammensuchte und mein Gesicht im Spiegel betrachtete, klingelte es. Ich rannte ins Wohnzimmer. Mein Herz klopfte wild. Alle Rennies waren dort versammelt, zusammen mit zwei Gestapoleuten und einem holländischen „Schwarzhemd", der den Deutschen bei „Sprachschwierigkeiten" oder bei sehr widerspenstigen Opfern half.

Das Gebrüll „Alles mit" bestätigte mir nur ihre Mission. Herr Rennie sprach deutsch, zeigte ihnen viele Dokumente und versuchte, sie erfolglos zu beruhigen. Irgendwie müssen seine Papiere einen gültigen Stempel aufgewiesen haben, der die Jäger schließlich befriedigte; ein Stempel, der den Kampf zu überleben, noch ein wenig verlängern würde.

Sie zeigten auf mich: „Und was ist mit ihr? Wer ist das? Was tut sie hier?" Sie warteten auf Herrn Rennies Antwort. Er konnte ja nichts tun. „Sie wohnt nur bei uns. Ihre Eltern sind schon verhaftet worden . . ."

„Sie . . . mit." Ich wußte es ja. Jetzt war es vorbei.

Mit einem eigenartigen Gefühl der Erleichterung verabschiedete ich mich von den Rennies und dankte ihnen für ihre freundliche Aufnahme. Es kam mir so vor, daß ich zum erstenmal in diesen Jahren als völlig freier Mensch hinausging. Die Belastung und der Druck, die jahrelang diesen Überlebenskampf begleitet hatten, waren mit einem Male fort.

Ruhig, entspannt und zwanglos begann ich mit meinen Begleitern zu sprechen, während sie mich die Treppen hinunterführten.

„Könnte ich vielleicht irgend etwas tun, um zu helfen? Ich liebe Kinder sehr; möchten Sie vielleicht, daß ich mich um sie kümmere?"

Sie antworteten noch nicht, sondern blickten sich nur erstaunt an. So versuchte ich es wieder. „Gut, daß es heute wenigstens trocken geblieben ist. Sind Sie schon lange unterwegs?" Und mit einem weiteren Blick auf die Kinder: „Würden Sie bitte mit Ihrem Oberst sprechen und für mich die Erlaubnis erwirken, daß ich mich um die Kinder kümmern kann, bis wir zur Station kommen. Dann können sie ja wieder zu ihren Eltern zurück. Für Kinder wie Eltern gibt es auf der langen Fahrt viel Verwirrung und Unbequemlichkeiten."

Es erfolgte immer noch keine Antwort. Jetzt waren wir unten angekommen, und ich gesellte mich zum Strom des Elends, der sich die Allee entlang zu den Straßenbahnen und Lastwagen bewegte.

Überall waren Soldaten: eine Stimme schrie durch einen Lautsprecher wahllos Befehle in die Menge. Dann hörte ich in freudiger Überraschung: „Eltern, die möchten, daß ihre Kinder in aller Bequemlichkeit die Station erreichen, dürfen sie der Krankenschwester vor dem Straßenbahnwagen Nr. 24 übergeben. Auf der Station werden sich alle wieder treffen."

Diese Krankenschwester war ich. Ich durfte es tun! Sie hatten also doch gehört! Schon blickten mich kleine Gesichter, die in der Nähe standen, hoffnungsvoll an. Was konnte ich ihnen denn geben? Ein Lächeln vielleicht und viele freundliche Worte, noch eine kleine Weile Wärme und Sicherheit. Sie kamen, und liebevoll hob ich jedes in meine Arme und dann in die Straßenbahn hinein. Gerade genug, um mit ihnen fertigzuwerden, dachte ich im stillen.

Ich schaute mich um und wunderte mich. Es schien so, wie ein Ausflug ins Grüne, wenn man nur ihre Gesichter nicht anschaute. Die meisten der Kinder waren über sechs Jahre alt und trugen alle den großen gelben Stern, und alle hatten große Etiketten an ihren Jacken und Mänteln mit genauen Angaben zur Person.

Während ich im Straßenbahnwagen hin und her ging, sprach ich mit vielen der Kleinen und lächelte viele Tränen hinweg. Und doch, wie ungut war die Atmosphäre! Doch hatten sie so wenigstens noch ein kleines bißchen Zeit aufzuatmen, vor dem entsetzlichen Geschehen auf der Station. Ein Junge von ungefähr acht Jahren erregte meine besondere Aufmerksamkeit. Er stand auf der Plattform und starrte blicklos vor sich hin. Keine Tränen in den Augen. Er schien niemand um sich herum zu bemerken.

Nach meinem zweiten Durchgang wagte ich es, mich ihm zu nähern, und stand einige Minuten still neben ihm. Selbst mein um seine Schultern gelegter Arm blieb wirkungslos. Meine Fragen blieben unbeantwortet. Ich liebte ihn einfach.

Als einige der Kinder unruhig wurden, mußte ich ihn allein lassen, um dann so schnell wie möglich wieder zu dieser einsamen kleinen Gestalt zurückzukehren.

Er mußte einfach zum Reden gebracht werden, er mußte reden! Er stand offenbar unter Schockwirkung und konnte sich nicht entspannen. Ich nahm seine kleine Hand und sagte: „Wir werden nahe beieinanderbleiben, ja?“ Der Kontakt war hergestellt, obwohl er kein Wort gesagt hatte, aber seine Augen wurden weich, sie wurden feucht.

Ich begann zu singen, und einige der Kleinen lächelten und stimmten mit ein. Wir sangen Kinderlieder und Volkslieder.

Der stetige Strom von Menschen, die an unserer Straßenbahn vorübereilten, nahm kein Ende. Überall das gleiche Bild — Elend und völlige Hoffnungslosigkeit. Einige schauten voller Verwunderung drein, als sie uns singen hörten, andere konnten nicht umhin, als einen Augenblick zu lächeln, und wir lächelten zurück. Doch dann und wann brach ein Kleines wieder zusammen und fing zu weinen an. So vermischten sich Tränen und Lächeln, Gesang und Geschwatze. In der Zwischenzeit hatte sich der kleine Junge zu uns gesellt, und sooft ich konnte, hielt ich seine Hand.

Die Lastwagen begannen mit aufheulenden Motoren anzufahren.

„Fertig?“ fragte ein Soldat. „Ja, alles bereit!“ erwiderte ich. Er sprang auf die Plattform und gab dem Fahrer ein Zeichen. Rüttelnd und schüttelnd begann sich die Straßenbahn langsam in Bewegung zu setzen. Da dem Fahrer ein solch langer, vollbeladener Zug ungewohnt war, hatte er alle Hände voll zu tun, die Geschwindigkeit richtig zu kontrollieren.

Während wir dahinrollten, dachte ich nur an die Gegenwart. Die Tatsache, daß ich nun Teil dieser sehr großen Verschickung mit unbekanntem Ziel war, gab mir Kraft und Mut, es bis zu Ende durchzustehen. Die Fahrt verlief langsam und ohne besondere Zwischenfälle. Überall das Geschiebe von Menschen mit kleinen und großen Gepäckstücken und Rucksäcken. Überall waren die Lastwagen. Vor und hinter uns standen Wagen über Wagen von Straßenbahnen.

Meine Kinder waren jetzt still. Sie horchten auf die Stimmen von draußen. Harry saß neben mir, er war immer noch unnatürlich still. Jetzt hatten wir die bekannten Straßen hinter uns gelassen und befanden uns auf dem Weg zum Bahnhof. Wir konnten jetzt von der Straßenbahn aus den Bahnsteig sehen. Wie war das denn nur möglich? Er war mit Menschen und Gepäck schon restlos vollgestopft. Wo waren sie alle hergekommen? Die Razzia mußte wirklich sehr früh begonnen haben. Oder hatte man sie vom Sammellager hergeschickt?

Wir hielten an und stiegen langsam aus. Die Soldaten halfen uns dabei. Schweigend standen wir da und warteten auf die nächsten Befehle. Inzwischen verließen mich die Kinder eines nach dem anderen, um zu ihren Eltern zurückzukehren. Harry und ich blieben zusammen. Seine Eltern waren offenbar schon vor einigen Tagen verhaftet worden, während er draußen spielte, und er konnte nicht sagen, wohin seine Brüder geraten waren; sie hatten einander an dem Morgen während der Verhaftungen verloren. Armer Harry, er war zu verängstigt, um sich Sorgen zu machen.

Bald wurden wir hineingenommen in einen ungeheuren, scheinbar endlosen Strom von Menschen, die sich alle einen Weg durch die Eingangstüren des Bahnhofs bahnten. Diesen unvergeßlichen Anblick nahm ich tief in mir auf. Männer, Frauen, Kinder, Babys, Kinderwagen, Gepäck, Kopftücher, steife Filzhüte, Mützen, Tränen, unnatürlich grinsende Menschen, angsterfüllte Augen, steinerne Gesichter, und überall der grelle gelbe Stern. In welch einer seltsamen, ungewöhnlichen Situation befanden wir uns! Wie konnten Tausende von Menschen aus allen Schichten, allen Altersgruppen beiderlei Geschlechts solch einem unmenschlichen Erlebnis ausgesetzt sein und es so demütig und ohne den geringsten Widerstand hinnehmen!

Die sehr breite Treppe war mit aufwärts drängenden Menschen vollgestopft. Ich konnte das alles von der Straße aus gut sehen. Bald würde die Reihe an mir sein. Ich schaute in die Gesichter um mich herum. Die meisten waren wie versteinert, und die Augen blickten ins Leere. Nur die Gesichter der Kinder taten mir so leid. Ein solches Gesichtchen bemerkte ich in einem vollbeladenen Kinderwagen. Es war rot wie eine Tomate und ganz schweißnaß. Ein kleines, rundes Gesichtchen zwischen Paketen und Bündeln aller Art. Die Mutter schob den Kinderwagen, während der Vater neben ihr ging, an der Hand ein anderes Kind und ein Kleinkind auf dem Arm. Da ich in der Schlange nicht weit von ihnen entfernt war, hielt ich mich zu dem Kinderwagen. Schließlich war ich allein und konnte ihnen, wenn nötig, die Treppe hinaufhelfen.

„Harry, verlier mich nicht", bat ich dringend. „Halte dich in meiner Nähe!"

Wir erreichten die Treppen. Ich bahnte mir einen Weg zum Kinderwagen, packte ihn fest an den Vorderrädern und ging rückwärts die Treppe hinauf. Man fühlte für die Mutter; sie war eine Frau, die, wie so viele andere, den Verlust und die schließliche Ausrottung ihrer Kleinen ohne einen Laut der Auflehnung hinnehmen mußte. Dies waren Eltern, die alles zurückgelassen hatten, alles, wofür sie gearbeitet und gehofft hatten. Alle ihre Hoffnungen und Zukunftspläne waren dahin.

Das Kleine an Vaters Hand wurde fast von der schweigenden Menge der Erwachsenen erdrückt und verlangte weinend, nach Hause zu gehen. Feuchte und doch tränenlose Augen starrten jetzt in das Tageslicht auf dem Bahnsteig. Auch der Vater, der die Hand des Kindes hielt, war am Ende seiner Kräfte.

Während dieser kurzen Zeit schienen wir alle irgendwie zu erkennen, daß wir am besten zusammenbleiben sollten, obwohl keiner von uns wußte, wie wir das bewerkstelligen sollten. Harry hielt sich auch am Kinderwagen fest und wurde so einer von uns.

Der Bahnsteig! Schaute er nicht aus wie zur Ferienreisezeit? Nein, dieser Anblick ließ sich mit nichts vergleichen, das ich bisher gesehen hatte oder je danach gesehen habe. Bis aufs äußerste zusammengedrängt, standen die Menschen da und schauten alle hilflos und hoffnungslos aus. Die wenigen Sitzplätze auf dem Bahnsteig, die unter normalen Umständen ausreichten, waren unsichtbar. Überall sah man die grauen Uniformen unserer Unterdrücker. Mit wilden Gesten machten sie ihre Unfähigkeit, unsere Sprache zu sprechen, wett. Aber sie wurden gesehen und gehört, und man gehorchte. Dann und wann versuchte jemand, sich um den Abtransport herumzureden. Würden sie ein Ohr dafür haben? Sie kümmerten sich jedoch um niemand. Wir waren alle gleich: Gefangene, die es galt zu zerstören.

Nach einer kurzen Wartezeit ging eine Bewegung durch die Menge. Das Stimmengewirr schwoll an. Bald wurde dies übertönt von dem Geratter des Zuges, der nun am Bahnsteig hielt. Es war ein langer Güterzug, den letzten Wagen konnte ich noch nicht einmal erkennen. Am ganzen Bahnsteig entlang gähnten nun mit geöffneten Schiebetüren die leeren Waggons ihre menschliche Last an. Die Eisenriegel baumelten herunter, aber bald würde man sie gebrauchen, um uns innen einzuschließen.

Unbewußt versuchten wir, noch ein bißchen länger draußen zu bleiben. Wir machten uns am Kinderwagen zu schaffen; wir kümmerten uns um das jetzt bitterlich schreiende Baby; wir banden dem Kleinen die Schuhe zu. Wir beschäftigten uns mit uns selbst, während die Stimmen der Soldaten durch die Menge donnerten: „Einsteigen! Schnell einsteigen!" Ohne den geringsten Widerstand bewegte sich die Menge vorwärts. Einer nach dem anderen verschwanden diese menschlichen Wesen in dem geöffneten Schlund der Güterwaggons. Fast fünfzig in jedem Waggon schätze ich. Dann wurden die schweren Schiebetüren zugerollt und mit der Eisenstange verriegelt. Frische Luft für alle diese Menschen drang nur durch den fünfzehn Zentimeter breiten Spalt in der Mitte jeder Tür. Obwohl nun schon viele Hundert den Bahnsteig verlassen hatten, schien er noch genauso überfüllt wie zuvor.

Immer noch standen die Viehwaggons vor dem Bahnsteig. Warum, ach warum nur fuhren sie nicht los? Das Gejammer begann, und man konnte die furchtsamen Schreie der innen Eingeschlosssenen hören. Kinderstimmen, Gebrüll von Männern und Bitten um Wasser konnten wir draußen auf dem Bahnsteig deutlich hören. Die Entwürdigung hatte begonnen: keine sanitären Einrichtungen, keine Pflege der Alten oder überhaupt für jemand, keine Sitzgelegenheiten, sondern wie Sardinen in einer Büchse zusammengepfercht. So machte sich mein Volk auf die Reise.

Eine entsetzliche Traurigkeit, Einsamkeit und Schwäche überkam mich. Gott sei Dank war das nur für einen Augenblick. Man mußte auf der Hut sein oder untergehen in diesem ereignisreichen Geschehen. Diejenigen, die sich unterkriegen ließen, wurden sich selbst zum Problem und zogen diejenigen in Mitleidenschaft durch ihre Melancholie oder Hysterie, die um sie herum waren.

Laute Befehle echoten den Bahnsteig entlang. Dann ratterten die Waggons davon. Überall war Schluchzen und Weinen von solchen, die ihre Lieben davonfahren sahen, denn viele waren durch das Geschiebe und Geschubse in die Waggons hinein von ihren Angehörigen getrennt worden.

Immer noch mehr Menschen kamen die breite Treppe zum langen Bahnsteig im Amstelbahnhof hoch. Es schien immer noch Raum für weitere Hunderte zu geben. Wir hörten das Getrappel vieler Füße und Stimmengewirr von unten, und so wußte ich, daß sich noch Tausende vor dem Eingang des Bahnhofs und draußen auf der Straße drängten. Von unserem Standort aus konnten wir die Zubringerstraßen sehen, und immer noch kamen Straßenbahnen und Lastwagen mit ihrer Ladung verzweifelter Menschen an.

Die kleine Familie, der Harry und ich uns vor weniger als 45 Minuten angeschlossen hatten, gab mir ein Butterbrot und einen Schluck warmen Kaffee aus ihrer Feldflasche.

Harry wollte nichts. Er war zu verängstigt und geschockt, um auch nur den Willen zum Leben zu haben. Er starrte nur immer wieder vor sich hin.

Und wieder ging eine Bewegung durch die Menge. Ein weiterer Güterzug war eingetroffen. Alle Waggons standen mit weit offenen Türen da. Meine Augen hefteten sich wieder auf die Eisenstangen, die uns bald einschließen würden. Sie brachten mein Blut zum Gerinnen! Und wieder begann das Stoßen und Schieben. „Einsteigen, alle einsteigen!" Die Befehle kamen wieder aus dem Lautsprecher auf dem Bahnsteig. So stiegen wir denn einfach in den nächsten Waggon. Viele suchten nach ihren Lieben; sie wollten so lange wie möglich zusammenbleiben. Ehepaare hielten sich fest. Mütter und Kinder starrten mit angstvollem, versteinertem Ausdruck vor sich hin. Hofften wir nicht alle auf ein Wunder? Kindische Hoffnungen, die sich doch nicht erfüllen würden.

Ach, mein Gott, warum hast du uns verlassen? Hast du uns verlassen? Allmächtiger Gott, befreie uns! Schweigen — keine Antwort. Nichts geschah. Nun dann, allmächtiger Gott, sei mit uns. Immanuel! Und gib uns jeden Augenblick die nötige Kraft.

Jetzt waren wir an der Reihe! Harry sprang vor uns hinein. Wir hoben die Kleinen hinein, und er hielt sie an der Hand. Der Vater folgte, dann die Mutter, und wir beide hoben den Kinderwagen in den Viehwaggon. Du liebe Güte, innen war schon alles vollgestopft. Wir standen sozusagen stramm. Um uns herum Schluchzen, und die beruhigenden Worte der Ehemänner. Unsere Kleinen begannen wieder zu weinen. Das Baby war völlig durcheinander vor Angst. Mit wilden Blicken schaute es um sich und drehte seinen runden Kopf nervös hin und her. Ich wollte mich um es kümmern, konnte aber in dem vollbeladenen Kinderwagen nur wenig von ihm sehen. Während ich ihm das Wollmützchen abnahm, wurden die Türen verrammelt, und für einen Augenblick umgab uns Dunkelheit, bis das Tageslicht langsam durch die kleine, fünfzehn Zentimeter breite Spalte hereindrang. Ich mußte an den Eisenriegel denken, der jetzt draußen festgemacht wurde.

Das arme Baby war völlig naßgeschwitzt, und dort, wo sein Mützchen gesessen hatte, war alles voller roter kleiner Pickel. Hitzepickel? Flohstiche? Ich folgte einem plötzlichen Impuls. Selbst wenn ich jetzt noch daran denke, kann ich nicht erklären, wie sich Dinge in Sekundenschnelle ändern können. Ausschlag! Mit vorgehaltener Hand schrie ich aus Leibeskräften durch die kleine Spalte: „Achtung! Achtung! Ansteckende Krankheit. Sofort wieder aufmachen. Gefahr! Eine ansteckende Familie ist in diesem Wagen. Beeilung! Beeilung!"

Die Stimmen der Menge draußen schwollen an, und wir hörten Ausrufe der Angst und des Erstaunens. Wir waren jetzt alle ruhig. Ich war völlig entspannt und bereit zum Handeln. Aus dem Durcheinander da draußen entnahm ich, daß Soldaten auf dem Wege waren. Wenige Augenblicke später hatten wir wieder Luft und Licht.

Als die Soldaten vor mir standen, befahl ich einfach: „Zurück bitte, wir müssen aussteigen, Scharlach!" Indem ich den überraschten Eltern zublinzelte, hob ich den Kinderwagen an und stieg wieder auf den Bahnsteig. Die Familie folgte und Harry ebenfalls.

„Dort drüben zum Warteraum!" Ein hoher Offizier zeigte auf ein Glashäuschen am äußersten Ende des Bahnsteiges. „Schwester, Sie übernehmen das und sind für diese Familie verantwortlich."

Plötzlich waren wir allein, zum erstenmal an jenem Tag. Wir schauten einander an und lächelten verzerrt. Wir konnten nicht lange sprechen. Ich setzte dem Baby wieder das Mützchen auf, um den „Ausschlag" zu erhalten.

Bald kam der Arzt — einer von uns.

Ich zeigte ihm meine Patientin und sah ihn fragend an, inständig auf seine Bestätigung hoffend: „Scharlach, nicht wahr?" Er fragte mich, ob ich mit ihm zusammenarbeiten wollte. Mein großer Wunsch war schließlich in Erfüllung gegangen. Ich war eine Krankenschwester in Aktion.

„Haben Sie irgendwelche Instrumente?“ fragte er. Stolz öffnete ich mein kleines schwarzes Köfferchen, in dem meine Schätze verborgen waren . . . mein privater Medizin- und Verbandskasten. Er lächelte. „So ist es recht, Schwester, machen Sie sich an die Arbeit. Messen Sie dem Baby die Temperatur. Ich werde bald zurück sein.“

Zum erstenmal hob ich das kleine Mädchen aus dem Berg von Kleidungsstücken, Gepäck und Bündeln. Sie fühlte sich ganz heiß und feucht an. Ich drückte sie an mich, sprach und lachte mit ihr: bald lächelte sie zurück. Auch ihr Vater und ihre Mutter lächelten, nur mein armer kleiner Harry nicht. Wir kamen uns wie Goldfische in einem Aquarium vor: von allen Seiten starrte man uns an. Zu vieles Lächeln würde Neid erwecken und uns vielleicht verraten. Wir mußten Angst und Sorge vortäuschen.

Bis jetzt hatten die Eltern noch kein einziges Wort gesprochen, sondern nur zugeschaut, völlig verblüfft, während ich den „Scharlach“ unserer kleinen Retterin zu behandeln begann. Ich legte sie sanft auf die Bank, nahm ihr die nassen Windeln fort, und ihre Mutter gab mir trockene Sachen. Ich mußte mir immer wieder meine Rolle vor Augen halten — bis auf weiteres war ich „Schwester in Aktion“. Wo sollte ich beginnen? Hier in diesem Raum.

Während ich dem Baby die Temperatur maß, natürlich in der rechten Weise, mit der linken Hand ihre beiden Beinchen festhaltend, während die rechte das Thermometer im After hielt, kam der Arzt wieder zurück und lächelte mir beifällig zu. „Wie geht es ihr?“ Ohne auch nur einen Blick auf das Thermometer zu werfen, erwiderte ich: „38,5 Grad, das arme kleine Wesen.“

Er schaute mir einen Augenblick zu, während ich das Baby schnell anzog und es ihren Eltern zurückgab.

Dann rief er mich auf die andere Seite des Warteraumes, um mit mir meine heutigen „Pflichten“ zu besprechen. „Bringen Sie jeden hier herein, der nach Ihrer Ansicht ‚krank‘ aussieht. Seien Sie vorsichtig und urteilen Sie richtig. Sehen Sie zu, was Sie machen können, Schwester. Ich werde ab und zu nach dem

Rechten sehen. Vielleicht können wir einige Menschen hier wieder herausbekommen. Aber seien Sie sehr vorsichtig.“

Wir sollten an jenem Tage Hand in Hand arbeiten. Wir verließen das Wartezimmer und gingen in verschiedene Richtungen, schauten bald hierhin, bald dorthin, um zu sehen, was wir tun konnten, um zu helfen, wo zu helfen war. Unglaublich erschien uns unser Patrouillengang am Bahnsteig entlang. Man kam sich so hilflos vor, Rufe wie solche zu beantworten: „Schwester, meine Mutter, bitte schauen Sie doch mal nach ihr. Ach, was sollen wir denn nur machen?“

Oder ein älterer Mann fiel in Ohnmacht und lag mit aschgrauem Gesicht in der Menge. Ich brachte ihn wieder zu sich, nur damit er wieder fit war . . . zur Deportation. Da waren die vielen unglücklichen, ängstlichen Kinder, die ein Lächeln, ein trostreiches Wort, ein wenig Zuversicht brauchten . . . zur Deportation. Da waren die Hysterischen, die sich nach all den Jahren der Spannung und Unterdrückung nicht mehr beherrschen konnten. Ich nahm sie mit zum Arzt, und der gab ihnen Beruhigungsspritzen . . . zur Deportation.

Obwohl ich hierhin und dorthin gerufen wurde, suchten meine Augen in der Menge nach den stillen Duldern, nach denjenigen, die sich in ihr Schicksal ergeben hatten und doch wirklich Hilfe und Schutz bedurften. Selbst in dieser Kategorie gab es viel zu viele, um die man sich kümmern mußte. Man mußte sehr vorsichtig sein, oder der Feind würde Verdacht schöpfen.

Während ich an der Treppe entlangging, sah ich eine weitere Familie, die sich Schutz suchend zusammendrängte. „Hallo“, redete ich ein kleines Mädchen an, das sich sofort von dieser neuen Uniform abwandte. Uniformen müssen ihr zuvor Furcht eingeflößt haben. Ihre Eltern sahen ebenfalls ganz geschlagen aus. Was könnte möglicherweise als Entschuldigung dienen, um diese Familie vor dem Zug zu bewahren? Kein scheinbarer Grund. Ich streichelte dem kleinen Mädchen über den Kopf und strich ihr dabei das nasse Haar aus der heißen Stirn. Dabei bemerkte ich wiederum einen Ausschlag, wässrige Augen und eine rote laufende Nase. Konnte das echt sein? Entweder Windpocken oder Masern? Hurra, dies schien ein lohnender Fang!

„Kommen Sie bitte mit, es wird dort für Sie bequemer sein.“ Sie folgten mir wortlos, und wir bahnten uns einen Weg durch die dichte Menge, bis wir den Warteraum erreichten.

Dr. van Ebo war da und kümmerte sich um echte Fälle.

Gleich beim Hineinkommen kündigte ich ihm eine weitere „Infektion“ an. „Dorthin, Schwester“, er zeigte auf den noch freien Teil des Warteraumes. Sobald er frei war, kam er herüber, um meinen neuen Patienten zu untersuchen. „Ja, Schwester, das sind die Masern. Gute Arbeit.“

Erfreut über dies Kompliment wollte ich wieder fischen gehen. Aber eine plötzliche Bewegung in der Menge hielt mich zurück. Verzweiflungs- und Angstschreie kamen aus der Menge, wie in Antwort auf die Schreie aus den Viehwaggons, die jetzt in langem Zug wieder die Station verließen.

Oh, mein Gott, wie entsetzlich! Wie viele Tausend werden vor heute abend wohl von hier abtransportiert worden sein? Während das Schreien noch anhielt und der letzte Waggon noch in Sicht war, verließ ich den Warteraum wieder mit einem festen Ziel: um jeden Preis jeden zu retten, der ein vertretbarer Fall war. Wie konnte man das, menschlich gesprochen, entscheiden? Wir mußten schnell sein und rasch handeln, das würde unsere letzte Chance sein. Der nächste Zug würde den Bahnsteig entleeren.

Ich blickte mich suchend in der Menge um. Da war eine schwangere Frau. „Was tun denn Sie hier?“, rief ich. „Sie sind doch fast dran. Sie sollten Pflege haben! Kommen Sie hier entlang, bitte.“

Sie erwiderte ruhig und mit einem Lächeln. „Aber nein, ich bin erst im siebenten Monat.“

„Nein, Sie sind neun Monate schwanger“, widersprach ich.

„Was wird mit meinem Bruder?“ Verzweifelt zeigte sie auf den Mann an ihrer Seite.

„Ihr Mann?“ sagte ich betont. „Er muß natürlich mit und bei so einer Sache dabei sein. Kommen Sie schnell.“

Und wieder bahnten wir uns einen Weg durch die dichte Menge, während immer noch verhaftete Menschen jene breiten Treppen hinaufkamen. Es schien so, als ob niemand abgefahren war; der Bahnsteig war immer gleich wieder voll.

Dr. van Ebo war beschäftigt, als ich kam. Ich klärte ihn über meinen letzten Fang auf, und dann berieten wir erneut.

Er erklärte mir Schritt für Schritt seinen Plan. Wir hofften und beteten in unseren Herzen, daß alles gut gehen würde, und daß denen, die wir gerettet hatten, Sicherheit zuteil werden würde, und uns ebenfalls.

„Ich habe um einen Krankenwagen gebeten, um die Leute in unser Krankenhaus zu bringen. Wir müssen mitfahren, dann zurückkehren und die übrigen holen. Sie geben uns nicht mehr wie einen Krankenwagen. Bis er kommt, müssen wir uns beschäftigen, aber wir können keine weiteren retten, sonst wird man Verdacht schöpfen.

Versuchen Sie, die Station zu verlassen. Seien Sie resolut, schnell und entschlossen. Schauen Sie immer sehr beschäftigt aus. Halten Sie Ihr Ziel im Auge, denn Sie müssen mit vielen Straßensperren und Soldaten fertig werden. Ihre Aufgabe ist es irrezuführen.

Gehen Sie ins Krankenhaus, holen Sie ein starkes Desinfektionsmittel und kommen Sie damit zum Bahnhof zurück. Erklären Sie überall, daß Sie hier alles sauber und sicher für morgen haben wollen. Benutzen Sie das als Erklärung während Ihrer Reise. Wollen Sie es versuchen? Nun viel Glück. Wir werden uns hoffentlich wiedersehen!"

Während er sich wieder seiner Arbeit zuwandte und ich meiner, fragte ich mich, warum er mich dazu ausersehen hatte, in die Freiheit zu gehen. Wollte er wirklich, daß ich frei blieb, oder wollte er nur einen Nagel haben, an den er Entschuldigungen hängen konnte, wenn er von Offizieren verhört werden sollte?

Ich rannte zwei Stufen auf einmal die Treppe hinunter, und meine erste „Straßensperre" stellte sich mir in den Weg. „Halt!" brüllte er.

Ich sprach Deutsch und sagte ihm, daß es mir sehr leid täte, aber ich hätte keine Zeit, da ich wichtige Dinge zu erledigen hätte. „Wissen Sie denn nicht, daß dort oben auf dem Bahnsteig verschiedene ansteckende Krankheiten gefunden worden sind und kein Tropfen Desinfektionsmittel da ist? Eine unmögliche Situation." Ich schockte ihn noch weiter, indem ich um Transport zum Krankenhaus und zurück bat. Er war sehr wütend und sagte, ich solle ihm aus dem Wege gehen, was ich dann auch gerne tat.

Ein Hindernis war überwunden.

Zweimal noch mußte ich solche Hindernisse überwinden, bevor ich schließlich die Straße erreichte. Jene fünf Minuten wurden zu einem unvergeßlichen Alptraum, doch als ich auf den verlassenen Straßen entlangging, kam ich mir sehr fehl am Platz vor. Ich sollte eigentlich auf jenem Bahnsteig sein unter den Verhafteten. Ich fühlte, daß ich richtig ins Auge stach.

Weiter und weiter ging ich. Mein gelber Stern war allen Soldaten sichtbar. Niemand trat mir zu nahe, außer an zwei großen Kreuzungen. Hier wurde mein Weg von auf mich gerichteten Gewehren blockiert wie einer Verbrecherin. Wieder sagte ich ihnen fast atemlos, daß ich keine Zeit zu verlieren hätte, ich hätte eine besondere Mission, und sie sollten mich nicht zurückhalten. Wunder über Wunder, auch sie glaubten mir und ließen mich ohne viele Worte weitergehen.

Schließlich erreichte ich das Krankenhaus. Niemand nahm sich Zeit, meiner Geschichte zuzuhören. Sie klang zu phantastisch. Außerdem war jeder zu beschäftigt; es herrschte zuviel Durcheinander und Chaos. Die meisten Menschen sprachen von sich selbst und über die Verhaftungen von lieben Menschen. Endlich kam ich durch einen Pfleger irgendwie zu einer Flasche Desinfektionsmittel und ging so unbemerkt, wie ich gekommen war, wieder. Draußen mußte ich wieder ein offizielles Ausssehen annehmen. Niemand versuchte, mich zurückzuhalten, während ich zur Station zurückging. Oh, wie leicht wäre es gewesen zu entfliehen, aber wohin? Es wäre doch nicht für lange gewesen. Das Spiel mußte irgendwie zu Ende gespielt werden. Warum sollte es denn nicht heute sein?

Nach einigen Stunden war ich wieder an meinem „vertrauten" Ort, aber wie entsetzlich leer war der Bahnsteig jetzt. Züge waren gekommen und abgefahren und hatten die Station von all dem menschlichen Elend des Nachmittags befreit. Mein Herz schlug schneller, und Angst überkam mich. Was war mit Dr. van Ebo? Wie dumm sah ich auf jenem leeren Bahnsteig mit der großen Flasche Desinfektionsmittel aus.

Fast mechanisch ging ich den langen Bahnsteig entlang zu unserem Warteraum. Gott sei Dank sah ich einige Gestalten dort. Doch nicht alle. Müde und verausgabt kam Dr. van Ebo auf mich zu. Schnell erklärte er, wie die Sache stand. „Ein Krankenwagen ist schon abgefahren. Wir müssen abwarten, bis er wiederkommt und dann diesen Leuten auf Bahren und Stühlen in den Lift und in den Krankenwagen helfen. Wir müssen sehr nahe bei ihnen bleiben, Schwester, oder es geht uns doch noch an den Kragen. Verstehen Sie, was ich meine?“

Natürlich verstand ich. Wir zielten auf „gemeinsame Freiheit“ hin.

In der Zwischenzeit ließ ich meine Flasche nicht los, obwohl ich wirklich nicht wußte, was ich damit sollte. Es gab ja keine Eimer, Schrubber oder Scheuertücher. Aber ich ließ sie nicht aus den Augen und Händen. Sie war unsere Rettung an jenem schrecklichen Tag.

Zum Glück mußten wir nicht sehr lange auf den Krankenwagen warten. Die Männer, die nun auf uns zukamen, trugen Tragbahren. Sie überblickten die Situation und wechselten einige Worte miteinander. Ja, sie würden die Vorschriften und den Amtsschimmel umgehen. Wir mußten alle mit diesem Krankenwagen mitfahren. Es war zu gefährlich und riskant, jemand zurückzulassen, denn man würde sie gewiß ins Sammellager bringen, um die nächste Deportation dort abzuwarten.

Meine große Flasche Desinfektionsmittel ließ ich wie ein Denkmal zurück, als wir nun zum Lift gingen und uns unter den Augen von einem halben Dutzend Soldaten, die kein Wort mit uns sprachen, zum Krankenwagen begaben.

Dankbar schauten wir einander an, als die Türen geschlossen wurden und der Krankenwagen sich in Bewegung setzte und uns vom Schauplatz eines weiteren grausamen Geschehens hinwegbrachte.

Kapitel 9

In der Empfangshalle des Krankenhauses gab es wieder Formalitäten zu erledigen. Die wirklich Kranken und nicht so Kranken wurden zur Pflege und Behandlung in zwei Gruppen eingeteilt. Bald waren Dr. van Ebo und ich wieder allein. Das war nun das Ende unseres gemeinsamen Abenteuers, und Gott sei Dank war es für einige von Erfolg gekrönt gewesen.

„Haben Sie irgend jemand, zu dem Sie gehen können, Schwester?" fragte er besorgt.

„Eigentlich nicht, Doktor. Ich würde gern hierbleiben und wirklich eine Schwester sein, aber ich weiß, das ist nicht möglich. Jeder scheint sich um eine Stelle hier zu bemühen, weil wir alle meinen, es sei der sicherste Ort. Machen Sie sich keine Sorgen, Doktor, ich werde schon durchkommen. Ich werde ins Zimmer meiner Freundin gehen und die Nacht dort verbringen. Sicherlich wird niemand etwas dagegen haben."

„Gut", erwiderte er, „gehen Sie zu ihrer Freundin und erzählen sie ihr von unserer werdenden Mutter." Wir hatten nämlich zuvor entdeckt, daß sie die Schwägerin meiner Freundin war. Ziemlich unglaublich unter all diesen Tausenden!

Wir schüttelten uns die Hand und sagten einander „Auf Wiedersehen". Es war, als wenn wir monatelang zusammengearbeitet hätten, so gut schienen wir uns zu kennen.

Auf dem Weg zu Schwester Hennys Zimmer wurde mir meine Situation noch einmal bewußt. Das Leben war doch nur ein Existenzkampf! Und warum?

Niemand antwortete auf mein Klopfen. Zögernd öffnete ich die Tür und wagte einzutreten. Eine entsetzliche Müdigkeit überkam mich, ich wollte nichts weiter als schlafen. Ich sah einige Läufer auf dem Boden, wickelte mich hinein und streckte mich auf dem Fußboden aus. Bald war ich eingeschlafen. Es muß weit nach Mitternacht gewesen sein, als endlich meine Freundin kam. Für einen Augenblick wurde ich munter. Scheinbar muß sie von meiner Gegenwart gewußt haben, denn sie zeigte sich nicht erstaunt.

Nach einer kurzen Diskussion über die Betteinteilung gewann ich und durfte bleiben, wo ich war. Ich wollte nichts davon wissen, ihr das Bett wegzunehmen. Sie brauchte die Ruhe nach den langen Stunden im Dienst. Wir sprachen nicht von dem, was vorgefallen war. Wir waren uns eins; keine Worte waren vonnöten, und bald waren wir beide fest eingeschlafen.

Am nächsten Morgen erwachte ich erst, als Schwester Henny mit einem frischen Brötchen und einem Becher heißen Tee neben mir kniete. Ich wußte nicht, daß es so gut schmecken konnte. Wie dankbar war ich für diesen Imbiß.

Unglaublich, es war schon zehn Uhr. Der Schlaf hatte mich sehr erquickt, und der vorangegangene Tag schien mir fast wie ein Traum.

„Du mußt dich frisch machen und eine meiner Schürzen umbinden, Hansie. Um halb elf will dich die Oberin in ihrem Büro sehen!"

Ich suchte in ihrem Gesicht, um den Grund hierfür zu finden, jedoch vergeblich. Sicherlich würde sie mich heute nicht wegschicken? Nach einigen Fragen merkte ich, daß ich wohl keine befriedigende Antwort erhalten würde, und so gab ich auf.

Nachdem ich mein Gesicht gewaschen, meine Kleider abgebürstet, meine Haare gekämmt und eine Schürze meiner Freundin umgebunden hatte, sah ich ziemlich annehmbar aus. Sie nickte und lächelte zustimmend.

„Nun dann, laß uns gehen, Hansje. Ich werde dir das Büro zeigen." Schwester Henny ging voran. Nach wenigen Augenblicken stand ich vor der Tür. „Viel Glück!" sagte sie. Dann war ich allein.

Ich klopfte höflich an, und eine Stimme sagte: „Herein." So trat ich ein. Das war also die oberste Chefin. Sie sah mir nicht wie eine Oberin aus, sondern wie eine ganz gewöhnliche Frau in Tracht. Aber sobald sie den Mund öffnete, war sie keine gewöhnliche Frau mehr. Nachdem ich ihr einen schönen „Guten Morgen" gewünscht hatte, antwortete sie mir darauf mit nicht sehr leiser Stimme mit einer Rüge. „Seit wann tragen meine Krankenschwestern Ohrringe?"

Ruhig klärte ich sie darüber auf, daß ich nicht eine „ihrer Krankenschwestern" war, sondern der Kinderkrippe gegenüber vom Sammellager angehört hatte.

Ihre Stimme wurde weicher, als sie mit einem kleinen Anflug eines Lächelns erwiderte: „Dr. van Ebo hat mit mir über Sie gesprochen und mir erzählt, was Sie gestern getan haben. Von heute an sind Sie eine meiner Krankenschwestern!"

Wie konnte man solch eine Frau umarmen? Ich war fast außer mir vor Glück. Eine richtige Schwester in einem richtigen Krankenhaus! Ich muß über das ganze Gesicht gestrahlt haben, denn mit einem breiten Lächeln sagte die Oberin plötzlich: „Bitte gehen Sie jetzt mit der Oberschwester, die Sie in Ihr Quartier und in Ihre Station einweisen wird. Schwester Henny wird nach Dienstschluß heute abend alle Ihre Fragen beantworten. Guten Tag, Schwester."

„Danke, ich danke Ihnen vielmals, Schwester Oberin. Ich werde mein Allerbestes tun." Das war alles, was ich noch sagen konnte, bevor ich wieder den Korridor entlangging, diesmal mit der Oberschwester. Ich mußte mich immer noch zusammennehmen, aber niemand konnte mir mein Glück und mein strahlendes Lächeln verdenken. Ich war Krankenschwester im großen jüdischen Stadtkrankenhaus.

Die Oberschwester ließ mich am Ende eines langen, dunklen Korridors mit vielen Türen allein. Sogleich prüfte ich meine Nummer.

Ich mußte mir die Nummer merken. „Bitte melden Sie sich nach dem Essen in der Station für ‚Infektionskrankheiten'. Sie werden sich schon zum Speisesaal und zur Station durchfinden. Fragen Sie sich einfach durch." Dann war sie fort. Hier war also *mein* Zimmer! Irgendwie mußte ich „Dampf" ablassen. Ich sprang, tanzte und rollte auf dem Bett herum, warf die Kissen an die Decke und kuschelte mich wenige Augenblicke später in sie hinein. Ich war so furchtbar glücklich und so dankbar. Wenn doch nur mein Vater und meine Mutter mich jetzt so sehen könnten!

Jetzt hinüber zum Speisesaal. Ich folgte einfach meiner Nase: der angenehme Duft zeigte mir an, daß er nicht weit sein konnte. Ich hörte das Geklapper von Geschirr, und bald schloß ich mich den anderen Krankenschwestern an, die alle in die gleiche Richtung strebten. Im Speisesaal angekommen, beobachtete ich die anderen und tat genau das, was sie taten. Ich paßte mich der allgemeinen Routine an, so als ob ich schon jahrelang dort gelebt hatte. Ein komplettes Mittagessen kostenlos!

Ich aß alles auf und war dankbar.

Beim Hinausgehen fragte ich nach der Station für Infektionskrankheiten und hatte sie auch bald gefunden. Der Geruch von Sagrotan hing in der Luft, und die Schwestern hinter den Glaswänden trugen Masken. Auf der anderen Seite des Korridors sah ich viele Krankenhelfer, denn dort befand sich die Männerstation. Ich ging in die Frauenstation und blieb vor einer Schwester stehen, die mir sagte, daß sie mich erwartet hatte. Sie erklärte mir, daß ich immer einen besonderen Kittel tragen mußte, jedesmal, wenn ich meine Station betrat. Sie gab mir einen und band mir hinten im Rücken die Bänder zusammen. Dann gingen wir zum Tisch in der Mitte des Raumes, und sie erklärte mir freundlich meine Arbeit. Heute nachmittag würde ich hauptsächlich meine Kolleginnen beobachten und mit Hand anlegen, wo ich gebraucht wurde. Sie stellte mich einem Mädchen, das ungefähr in meinem Alter war, vor und ließ mich mit einem freundlichen Nicken allein. Ich war unter meinem Volk, unter meinesgleichen und unter den Kranken meines Volkes, und ich würde ihnen helfen, wo ich nur konnte. Nichts schien mir entsetzlich oder seltsam, keine Gerüche stießen mich ab oder ließen mir übel werden. Alles schien so normal und völlig richtig. Ich war am Ende meiner Träume, Träume, die Realität geworden waren. Ich war im Dienst, um wirklich zu dienen!

Als ich am Abend über die Ereignisse der letzten Tage nachdachte, kam mir alles doch recht verwirrend vor. So vieles war seit Sonntagmorgen geschehen, und doch fühlte ich mich heute abend so sauber, glücklich und dankbar. Ich war Krankenschwester!

Am nächsten Morgen fand ich mich früh auf der Station ein, für alles bereit. Ich wurde angewiesen, beim Bettenmachen zu helfen, beim Aufräumen, Staubwischen, beim Servieren von Morgengetränken und Verabfolgen von Medizin, und dann zeigte man mir, wie man Spritzen gibt. Am ersten Morgen! Ja, tatsächlich! Und viele andere wichtige Pflichten mußten von verantwortungsbewußten Lernschwestern übernommen werden, denn richtig ausgebildete Schwestern waren ja jetzt so rar. Es war einfach herrlich, immer zu tun zu haben: die Traurigen zu trösten, mit einem einsamen Kind zu spielen, juckenden Ausschlag zu behandeln, Regale aufzuräumen, Essen zu servieren, Babys zu füttern und der Stationsschwester zu helfen, wo immer man konnte.

Die nächsten Wochen vergingen wie im Fluge. Man wurde sich kaum der Unruhe und des Krieges außerhalb dieser Mauern bewußt.

Bemerkenswert an all diesen Patienten war jedoch, daß sie alle etwas gemeinsam hatten — „ein gebrochenes Herz". Selbst das Pflegepersonal, das am gleichen Symptom litt, zeigte mehr als in normalen Zeiten Verständnis und Mitgefühl für diejenigen, die um sie waren. Da uns ein gemeinsames Band verknüpfte, nämlich unser gemeinsamer Verlust, gab uns das einen gemeinsamen Wunsch, einander mit Trost und Tapferkeit beizustehen und zu helfen.

In diesen wenigen Wochen lernte ich viel. Eigentlich übernahm ich Pflichten, die weit über den Verantwortungsbereich einer ausgebildeten Schwester hinausgingen, aber man lernte sie dankbar anzunehmen und seine Aufgabe richtig auszuführen, einzig und allein zum Wohl der Patienten und der Gemeinschaft. Obwohl es Krieg, Unruhe, Razzien und Elend außerhalb dieser Mauern gab, konnte es nicht ewig so weitergehen. Doch wer wollte der Realität wirklich ins Auge blicken? Niemand. Es sei denn, es ließ sich nicht länger vermeiden.

Am 5. Juli verbreitete sich ein weiteres Gerücht über Verhaftungen unter dem Personal. Konnte es denn wirklich wahr sein? Das Herz schlug einem schneller, doch die Arbeit nahm ihren gewöhnlichen Gang. Diese Gerüchte wurden jedoch bald von einer Stimme im Lautsprecher bestätigt. „Achtung! Achtung! Mitglieder des Krankenhauspersonals, die erst drei Monate oder weniger hier arbeiten, werden gebeten, sich im Garten zu einer wichtigen Bekanntmachung zu versammeln. Bitte kommen Sie sofort und ohne Aufschub, um eine Unterbrechung der täglichen Routine zu vermeiden."

Ich verließ die Station, ging jedoch erst durch Dutzende von Korridoren, um Zeit zum Nachdenken zu gewinnen. Würde dieser Kampf denn nie enden? Wieder ertönte die Stimme aus dem Lautsprecher: „Die Lernschwestern werden gebeten, sich zu einer besonderen Bekanntmachung im Garten zu versammeln. Bitte kommen Sie sofort in den Garten."

Krankenwärter in weißen Kitteln liefen neben Krankenschwestern einher — offensichtlich verheiratete Ehepaare oder Liebende, die Zuflucht und Arbeit im Krankenhaus gesucht hatten. Auf ihren Gesichtern lag der nun schon so vertraute Ausdruck von Angst.

Na ja, ich würde hinuntergehen, um zu sehen, was man bekanntzugeben hatte.

Der Garten war schon restlos überfüllt. Ehepaare und Befreundete Hand in Hand, so erwarteten sie das Unabwendbare. Wir blickten alle auf die Gruppe von Männern von der Verwaltung, die neben einigen hohen Gestapo-Offizieren standen. Jeder von ihnen hielt Bücher, Papiere oder Listen in der Hand. Schließlich waren sie bereit zum Handeln.

„Meine Damen und Herren, da wir in diesem Krankenhaus mit Pflegepersonal überbesetzt sind und in den Arbeitslagern eine Unterbesetzung zu verzeichnen ist, wird es erforderlich, daß wir das ausgleichen. Deshalb haben wir beschlossen, die neueren Mitglieder unseres Personals dorthin zu schicken. Das scheint nur fair zu sein. Wir werden daher in alphabetischer Anordnung die Namen derer vorlesen, die wir heute brauchen. Wenn Sie aufgerufen werden, gehen Sie bitte sofort in Ihr Zimmer und versammeln sich dann mit Ihrem Rucksack vor dem Gebäude, wo sie dann ein Transportmittel erwarten wird. Wir bitten um ihre Mitarbeit, damit diese Umgruppierung schnell und ohne viel Aufhebens durchgeführt werden kann." Überaus klug erklärt, und wie höflich ausgedrückt! Jeder wußte doch, was eigentlich dahinter steckte: Verhaftung!

Ich brauchte nicht lange zu warten. Der Buchstabe D war bald erreicht, und Johanna Dobschiner wurde aufgerufen. Ich folgte den anderen „auserwählten Arbeitern" und begab mich in mein Zimmer. Den Rucksack, den viele meiner Leute ja noch besaßen, hatte ich ja schon lange verloren. Aber mein kleines schwarzes Köfferchen würde mich begleiten, wie schon oft zuvor. Ich sah niemand, den ich kannte. Wo würde Schwester Henny sein? Versuchte uns jeder aus dem Wege zu gehen, um den Abschied leichter zu machen? Ich wußte es nicht, und es machte auch nichts mehr. Ohne nach rechts oder links zu schauen, ging ich die Steintreppe hinunter, durch die schweren Holztüren, die jetzt weit offen standen, als ob ein Krankenwagen einfahren würde. Zwei Schritte noch auf dem Bürgersteig, dann wurde ich in einen Lastwagen verladen.

Um mich herum waren nur ältere Leute, viele mit Verbänden oder Pflastern. Diese Schurken! Sie hatten nicht nur das Personal hinten im Garten zusammengetrieben, sondern ältere Patienten waren auch verhaftet worden, wahrscheinlich aus der Ambulanz oder den Genesungsstationen. Vielleicht hatte man ihnen gesagt, daß ihnen die frische Landluft guttun würde.

Und doch wußten diese Menschen Bescheid, wie jeder, aber niemand wagte, sich zu widersetzen. Ich setzte mich auf die Bank und schaute mich um, um jemand zu finden, den ich ein klein bißchen anlächeln könnte. Ja, es war möglich. Einige lächelten der „Schwester" wieder zu. Hatten sie vielleicht ein Gefühl der Sicherheit, weil eine Krankenschwester in ihrer Mitte weilte? Obwohl wir alle wie Vögel im Käfig waren, deren Flügel beschnitten worden sind, konnte man immer noch auf Befreiung hoffen.

Der Lastwagen wurde zugemacht und verriegelt, und fort ging die Fahrt. Wohin würde es heute gehen? Wo würden wir ausgeladen werden? Ich hatte Hunger und fragte mich, wie sich wohl meine Mitreisenden fühlten. Einige leckten ihre Lippen, einige hatten Süßigkeiten — ein wahrhaft geschätzter Besitz. „Gib uns unser täglich Brot heute" war ein unausgesprochener Gedanke.

Der Lastwagen fuhr nicht allzu schnell. Man konnte sich Straßen, Häuser und Menschen ansehen und diese lieben vertrauten Bilder als Erinnerung in sich aufnehmen. Nachdem wir die vertrauten Straßen und die Geschäftsviertel verlassen hatten, wurde es holpriger, denn der Wagen ratterte nun schneller über die unebene Straße aus Kopfsteinpflaster. Zu meiner Überraschung fuhren wir Richtung Hafenanlage und der dortigen Eisenbahnlinie, die ich in den ersten Kriegsjahren so oft besucht hatte, als meine Verwandten nach ihrer Rückreise von Kuba in jenem großen Seemannsheim lebten.

Sobald wir aus den Lastwagen ausgestiegen waren, dirigierte man uns zum Zug. Diesmal bestand er aus Personenwagen, acht Personen in einem Abteil. Kein Gedränge oder Unbequemlichkeit. Da ich niemand kannte, ging ich dahin, wohin ich geschickt wurde. Um mich herum waren nur ältere Leute. Da ich nicht wußte, was ich anfangen sollte, lächelte ich wieder. Es dauerte nicht lange, da unterhielten wir uns so, als ob wir zusammengehörten. Es war ein schönes Gefühl.

Dann und wann ging jemand zum Fenster und unterrichtete uns über das, was draußen geschah. Eine fröhliche Stimmung entwickelte sich, es hätte ein Ausflug für Rentner sein können! Ein älterer Herr informierte uns, daß eine Gulaschkanone mit Suppe auf dem Wege hierher war. Der Gedanke an heiße Suppe ließ jedem das Wasser im Munde zusammenlaufen. Wie wunderbar! Nicht lange danach bekamen wir unseren Teil, und bald hatten wir unsere Schüsseln geleert und steckten sie sorgfältig verpackt wieder in unser Gepäck. Wann würden sie wieder gebraucht werden?

Eine ältere Dame fragte mich mit ziemlich lauter Stimme, auf welcher Station ich denn gearbeitet hätte. Als ich es ihr sagte, sprang sie entsetzt auf und bat mich inständig, sie doch zu verlassen, bevor ich etwas „weitergeben" konnte. Ihre Aufregung, die fast an Hysterie grenzte, war die einzige ansteckende Krankheit hier, denn alle meine älteren Gefährten bekamen große Angst.

„Schwester, haben Sie doch Verständnis. Wir haben ja nichts gegen Sie persönlich; nur könnten wir keine ansteckende Krankheit mehr überstehen, denn wir sind ja schon so schwach. Bitte, Schwester, verlassen Sie unser Abteil. Bitte, verlassen Sie uns."

Welch ein Widersinn! Ich durfte nicht aus dem Zug heraus, und doch wollten sie, daß ich sie verließ. Wir alle wußten ungefähr über unsere unmittelbare Zukunft Bescheid, und doch machten sie sich Sorgen über eine Schwester aus der Isolierstation, die sich in ihrer Mitte befand. Es schien so zusammenhangslos!

Sie bettelten weiter: „Bitte, gehen Sie, bitte verlassen Sie uns!" War das des Allmächtigen dringender Befehl? Sollte ich gehen? Nach draußen, um angefallen oder sogar getötet zu werden, weil ich den Zug verlassen hatte? „Zu sein oder nicht zu sein . . . das ist die Frage." — „Na gut, ich werde gehen," sagte ich ihnen.

Ich wünschte ihnen viel Glück, nahm mein Köfferchen, öffnete die Tür und stieg wie eine freie Frau auf den Bahnsteig. Sofort kam ein Soldat auf mich zu, aber ich schritt mit fester und entschiedener Miene auf ihn zu, als ob er gleich von Anfang mein Ziel gewesen sei. Ich übersah das auf mich gerichtete Gewehr und eröffnete die Unterhaltung, indem ich hilflos lächelte. „Es hat einfach keinen Zweck, sie wollen mich nirgends im Zug haben. Sie haben nämlich alle Angst, weil ich in der Isolierstation unter ansteckenden Krankheiten gearbeitet habe. Was, um Himmels willen, können wir denn nur machen? Ich glaube, am besten ist, wenn ich wieder ins Krankenhaus zurückgehe. Die Schwierigkeit ist nur, daß es so weit weg ist. Haben Sie nicht irgendein Transportmittel, das in der Richtung fährt? Ich wäre Ihnen für Ihre Hilfe wirklich sehr dankbar."

Es muß ihn doch wohl sehr überrascht haben, als ich das alles in einem Atemzug in breitem Berliner Deutsch herunterrasselte. Er senkte sein Gewehr und wandte sich an einen gerade vorbeigehenden Soldaten. „Fährst du zur Stadt zurück? Bring diese Krankenschwester beim Krankenhaus vorbei, ja? Danke."

Er wandte sich mit dem einzigen Befehl an mich: „Folgen Sie dem Soldaten, Schwester!" Ich versuchte, nicht zuviel Freude oder Überraschung zu zeigen, sondern ich ging wie selbstverständlich auf seinen Freund zu und sagte meinem Befreier ein kameradschaftliches „Auf Wiedersehen".

Diesmal war meine Reise doch recht merkwürdig; ich fuhr allein mit einem Soldaten in einem Armeefahrzeug in die . . . Freiheit. Natürlich beschränkte sich der einzige Wortwechsel auf kurze Bemerkungen über das Wetter, ein sehr nützliches Thema, wenn man sonst keine Worte findet, und doch fühlt, man muß etwas sagen.

Er ließ mich vor dem Haupteingang aussteigen. Ich zittere noch bei dem Gedanken daran, welche Angst und Bestürzung der Anblick des Lastwagens bei jenen hervorgerufen haben muß, die unsere Ankunft bemerkten und das Quietschen der Bremsen hörten. Welche Gerüchte müssen an jenem Tage zum zweitenmal von Mund zu Mund gegangen sein! Und dann stieg ich ganz allein aus.

Ich bedankte mich bei meinem Begleiter und ging auf die Tür zu, die nun geschlossen war. Den ganzen Vormittag über hatte sie weit offen gestanden, während die Menschen herausgetragen oder hinausgejagt wurden auf dem Weg ins Ungewisse.

Diesmal kam nur ich allein zurück, und niemand schien sehr erstaunt, mich wiederzusehen, oder machte Anstalten, mich willkommen zu heißen. Man hatte fast ein schlechtes Gewissen, noch frei und am Leben zu sein, denn so mußte das Krankenhaus noch für eine weitere Person Rechenschaft ablegen oder sich ihrer entledigen. Der Feind forderte immer eine gewisse Anzahl von Menschen; die mußten irgendwie beschafft werden. Wenn er darauf bestand, daß das Personal nur aus einer festgesetzten Anzahl von Personen bestand, dann mußte das auch genau befolgt werden. Deshalb war ich heute die Überzählige, ein Schandmal für mein Krankenhaus.

„Es tut mir leid, aber ich möchte gern noch ein wenig länger leben", dachte ich. „Nur noch ein Weilchen." Der Selbsterhaltungstrieb, gemischt mit Gleichgültigkeit, war ein gefährliches Phänomen, vor dem man sich in acht nehmen mußte. Zuweilen erreichte man den niedrigen Stand einfachen, ziellosen Existierens. Gott sei Dank konnte Gottes unsichtbare Gegenwart und sein liebevolles Führen und Leiten diesen todbringenden Zustand durchdringen.

Es schien nur recht, wenn ich mich zuerst bei der Oberin meldete. Das tat ich dann auch. Ruhig redete sie mich mit den Worten an: „So, Schwester, Sie sind also zurück. Gehen Sie in die Küche und lassen Sie sich etwas zu essen geben und dann zurück auf Ihre Station."

„Danke, Schwester Oberin." Keine Fragen wurden gestellt. Keine Gefühle gezeigt. Ich wurde noch einmal Teil der Maschinerie.

Inmitten der Betriebsamkeit der Hauptküche ergötzte ich mich an einem guten, ungestörten Mahl. Niemand, der mit mir sprach, keiner, der mich ausfragte. Ich konnte essen und ganz allein nachdenken. Das wirkte so belebend, wie damals die Brötchen mit Salami, die ich in dem kleinen Metzgerladen gegessen hatte, bevor ich mich beim Vormundschaftsgericht meldete.

Mein Zimmer war nicht wieder belegt worden. So nahm ich es in Besitz, als ob nichts geschehen wäre. Vielleicht blieb ich länger, als ich hätte bleiben sollen, aber man mußte sich einfach erst wieder eingewöhnen. Die Ereignisse überstürzten sich so sehr, daß es einfach für Nerven und Geist unumgänglich notwendig war, einige Augenblicke der Ruhe zu haben.

Schnell ein wenig frisch gemacht, eine neue Schürze, und dann meldete ich mich zum Dienst, als wenn an dem Tage nichts geschehen wäre.

Die nächsten Wochen waren nicht sehr ereignisreich. Keine großen Razzien, nur kleinere Zwischenfälle, die für diejenigen, die darin verwickelt waren, doch große Bedeutung hatten. Unwillkürlich gewöhnte man sich an die „sichere" Routine des Krankenhauslebens und verbannte fast den Gedanken eines möglichen Umschwunges.

Man dachte nicht im Traum daran, in dienstfreien Stunden das Krankenhausgelände zu verlassen. Man dachte auch nicht im entferntesten daran, irgend etwas anderes als Schwesterntracht zu tragen. Das Krankenhaus und die Tracht waren noch der einzige sichtbare Schutz gegen den Feind.

Unsere Straßen waren die Jagdgründe für jeden x-beliebigen Soldaten, der sich belustigen wollte und das Spiel spielen wollte, jeden in Angst und Schrecken zu versetzen, der gezwungenermaßen den hellgelben Davidsstern trug. Es war so leicht, irgendeinen Grund an den Haaren herbeizuziehen und dich zu verhaften. Als Geächtete dienten wir dem Feind unserer Nation und unseres Volkes als Zielscheibe.

Kein Wunder, daß ich schwer getroffen war und mir nicht mehr zu helfen wußte, als die Oberin mich eines Morgens in ihr Büro rief und mich zum Außendienst bestimmte. Sie betonte den großen Mangel an Arbeitskräften für diese Arbeit. Sie wollten mich also doch aus dem Krankenhaus haben! Sie wollten einfach völlige Sicherheit für ihr älteres Personal. Und wer konnte es ihnen verdenken? Im Krankenhaus befand sich ein hoher Prozentsatz Scheinkranker, die sich aus Menschen zusammensetzten, die damit den Verhaftungen daheim oder an ihrer Arbeitsstelle entgehen wollten. Folglich konnten die wirklich Kranken keine Betten oder Pflege bekommen, die sie so nötig gehabt hätten. Deshalb wurde eine große Schar von Schwestern für diesen Außendienst gebraucht.

Ach ja, die Oberin erklärte das so gut. Es klang vollkommen logisch; doch ich hatte mich so glücklich und sicher hier drinnen gefühlt . . .

Es dauerte jedoch nicht lange, bis die Not der Kranken daheim mich wirklich berührte. Sie waren wirklich krank und brauchten 24 Stunden am Tag Krankenpflege. Sie hatten Schmerzen und Angst und waren einsam. Ja, ich würde gehen. Natürlich würde ich gehen.

Die Oberin erklärte mir den Zustand meiner Patientin, die sie meiner Pflege anvertrauen wollte. „Eine junge Frau mit akuter Lungenentzündung, die aufmerksame Pflege und Spritzen braucht." Ich war für sie verantwortlich und mußte wieder ihrem Hausarzt Rechenschaft ablegen.

Die Angst und die Enttäuschung verflogen, nachdem ich wußte, daß dieses junge Leben mir anvertraut worden war. Ich ging auf mein Zimmer, packte meine wenigen Habseligkeiten und meldete mich beim Verantwortlichen für den Außendienst, um Einzelheiten erklärt zu bekommen. Ich war stolz auf meine Tracht für den Außendienst und den halblangen Schleier, den ich jetzt erhalten hatte. Der hellgelbe Stern leuchtete jetzt noch heller auf dem dunkelblauen Untergrund meiner Tracht. Aber ich hatte gelernt, hochaufgerichtet zu gehen! Zweimal am Tag mußte ich mich der Gefahr der Straße aussetzen, um morgens zum Dienst zu gehen und abends wieder in mein Zimmer im Krankenhaus zurückzukehren. Zweimal am Tage!

Eifrig machte ich mich auf den Weg zu der Adresse, die man mir gegeben hatte. Es war ein nettes junges Ehepaar. Ich würde die Angst, die Not und die Belastung der Pflege, die bis jetzt auf dem Ehemann geruht hatte, wesentlich erleichtern. Herr Sim zeigte mir das Haus und mein Zimmer, und bevor er zur Arbeit ging, nahmen wir gemeinsam einen kleinen Imbiß ein, bei dem wir uns besser kennenlernten. Dann machte ich mich an meine Arbeit. Es war leicht, meine Ärmel aufzukrempeln und das Haus in Ordnung zu bringen, vieles zu tun, das bis jetzt ungetan geblieben war. Es dauerte nicht lange, bis meine Patientin und ich ziemlich enge und gute Freunde wurden.

Ich freute mich jeden Morgen, sie wiederzusehen, und sie machte gute Fortschritte. Diese neue Routine wurde bald ein Teil meines Lebens. Es machte mir Freude. Ihr Heim wurde auch als mein Heim angesehen, und sie taten alles, was in ihrer Macht lag, um mich glücklich zu machen.

Niemand erwähnte auch nur freie Tage. Keiner kümmerte sich um reguläre Arbeitsstunden. Man war eben im Dienst und froh, beschäftigt zu sein. Es war dieses aufrichtige Geben und Nehmen, das man nur in Zeiten der Not erlebt. Es machte das Leben lebenswert, selbst unter den augenblicklichen Umständen.

Sommer 1943: Razzien und Gerüchte von Razzien, Tag und Nacht! Immer wieder kamen uns schlechte Nachrichten zu Ohren. Es schien keine Pause zu geben. Der Feind verfolgte stetig sein Programm der Vernichtung. Von Stunde zu Stunde verringerte sich unsere Zahl. Jedesmal, wenn Herr Sim von der Arbeit zurückkehrte, erzählte er uns von Razzien und Verhaftungen. Das wurde unser Hauptgesprächsthema. Frau Sim genas zusehends, und es tat mir wirklich leid, daß unsere gemeinsame Zeit nun bald zu Ende sein würde.

Ich war nun fast einen Monat bei ihnen, als Herr Sim früher als gewöhnlich von der Arbeit zurückkam. Das bedeutete schlechte Nachricht. Aschfahl im Gesicht und völlig außer Atem stürzte er in die Wohnung. „Heute ist das N.I.Z., Ihr Krankenhaus dran. Es ist entsetzlich. All diese kranken Menschen und das gesamte Personal. Es wird gesagt, daß sie heute keinen zurücklassen. Schwester, bitte, verlassen Sie dieses Haus nicht in Tracht. Gehen Sie überhaupt nicht hinaus. Sie müssen bei uns bleiben. Sie würden Sie sofort verhaften. Die Bevölkerung ist außer sich vor Wut. Gerüchte über einen Generalstreik sind in aller Munde."

Ich hatte genug gehört. Ich entschuldigte mich und ging ins Badezimmer, der einzige Ort, wo ich wirklich allein sein und still nachdenken konnte. So schien dies nun das Ende zu sein. Jetzt war mein Krankenhaus mit all seinen lieben Menschen das Ziel ihrer bösartigen Pläne. Ich konnte sie vor meinen Augen sehen. All jene vertrauten Gesichter, das Entsetzen, das sie jetzt unzweifelhaft in diesem Moment erfaßt hatte: die alten Menschen verwirrt und bestürzt, die Kinder weinend und nach der Mutter rufend, die anderen, die sich wehrten und um sich schlugen. Ich hatte es ja so oft gesehen. Planmäßig und kaltblütig würden die Stationen entleert werden. Das Personal würde gezwungen werden, bei diesem höllischen Spiel mitzuhelfen. Dann würde es sich ebenfalls in den Armeelastwagen wiederfinden.

Ein weiteres Kapitel in meinem Existenzkampf war gerade zu Ende gegangen. Hatte es überhaupt noch Sinn? Die Möglichkeiten, einer schließlichen Verhaftung zu entgehen, schienen so gering. Ständig gab es weniger Chancen. Schließlich würde auch ich an der Reihe sein.

Jedoch gab es im Moment nichts zu tun. Ich konnte keine Pläne machen noch Wagnisse unternehmen. Man mußte einfach im Verborgenen bleiben, bis die Razzien wieder zu Ende waren, oder ich würde fluchtverdächtig sein. Solange sie die Häuser nicht gleichzeitig durchkämmten, waren wir noch sicher. Wir waren wie Mäuse in einer Falle.

Als ich ins Eßzimmer zurückkehrte, war der Kaffee fertig. Die Atmosphäre war ruhig und entspannt. Diesmal schienen sie nur besorgt um mich. „Schwester, Sie können so lange, wie Sie wollen, bei uns bleiben. Betrachten Sie unser Zuhause als das Ihre. Sie können kommen und gehen, wann Sie wollen." Und mit einem Lächeln fügte er hinzu: „Wenn es erst wieder sicher ist."

Ich liebte jenes Haus mehr als jedes vorhergehende Obdach, das ich gehabt hatte. Die Sims waren so ein nettes, aufrichtiges Ehepaar. Sie handelten so vernünftig und mit absoluter Ehrlichkeit, und ihnen lag die Sicherheit anderer ebenso am Herzen, wie ihre eigene.

Von diesem Tag an, dem 13. August 1943, war es mir erlaubt, ihr Extrazimmer zu bewohnen. Ich versuchte, ihnen meine Dankbarkeit durch gut geleistete Arbeit zu zeigen, und bestand nie auf Freizeit. Ich wollte ihnen zur Verfügung stehen, wenn immer ich gebraucht wurde, und ging die „zweite Meile“ nur zu gerne. Für einige Tage verlief alles normal, und Berichten von außen zufolge beruhigte sich alles wieder. Hatten sich die Menschen schon an das Fehlen des großen Krankenhauses im Stadtzentrum gewöhnt? Bald würde sich der Verlust bemerkbar machen. Wo würde man die akut Kranken hinbringen? Juden war es verboten, in ein nichtjüdisches Gebäude hineinzugehen. Die Vorschriften des Feindes waren klug eingefädelt. Ich schauderte, wenn ich an Blutergüsse, akute Blinddarmentzündungen, schwierige Geburten dachte. In meiner Phantasie sah ich Knochenbrüche, Abszesse und Verbrennungen. Aber wahrscheinlich war es besser, daheim zu sterben, als einen langsamen, demoralisierenden Tod irgendwo im Ungewissen zu erleiden.

Eine Woche selbstauferlegter Hausarrest schien lange genug. Bald wagte ich mich wieder hinaus, sehr vorsichtig zuerst, aber ich traute mich doch jedesmal ein wenig weiter von zu Hause fort. Ich lernte auf Gerüchte zu achten und Bruchstücke von Nachrichten zusammenzusuchen. Man bemühte sich, im Chaos des Gemeindelebens eine führende Autorität zu finden. Erstaunlicherweise ergab sich bald ein solcher Anhaltspunkt, und so suchte ich nach bestimmten Informationen.

Inoffiziell suchte das Gemeindeamt nach Überlebenden vom 13. August, um das große moderne Altersheim im Herzen von Amsterdam notdürftig mit Personal zu versehen. Sie wollten dort ein Notkrankenhaus einrichten.

War da vielleicht eine Stelle für mich offen? Ich würde mich erkundigen. Das hieß, daß ich mich in die Höhle des Löwen hineinwagen mußte, aber schließlich hatte ich ja eine völlig wohlbegründete Entschuldigung, noch am Leben und frei zu sein: ich war ja im Außendienst gewesen. Es mußte jetzt sein. Ich wollte so gern an jenem Tag mit positiven Nachrichten heimkommen.

Während ich auf die großen gläsernen Schwingtüren zuging, durchströmte mich eine wohltuende Wärme. Es war im Moment nicht möglich, einen Aufseher zu sprechen, aber irgendein Bevollmächtigter würde „gleich“ bereit sein. Es stellte sich dann aber heraus, daß „gleich“ eine lange Wartezeit bedeutete, und dann war ich vollständig verwirrt, als mir eine ältere Schwester aus dem ehemaligen Krankenhaus gegenübertrat, die mich mit dem Vorwurf überraschte, warum ich mich mit solcher Verzögerung zum Dienst meldete. Überraschte ich sie aber vielleicht noch mehr, als ich sie daran erinnerte, daß ich lange vor dem 13. August im Außendienst gewesen war? Das werde ich nie erfahren. Sie befahl mir in bestimmtem Ton, mich zum Dienst zu melden, sobald meine Patientin meiner Pflege nicht mehr bedurfte.

Als ich erwähnte, daß das eventuell am Wochenende sein könnte, war ihre schnelle Antwort, daß sie mich am Freitagabend zu sehen wünschte, damit ich am nächsten Morgen wieder im Dienst sein könnte. Keine Freizeit dazwischen . . . nur das Privileg, noch vor Verhaftung bewahrt zu sein.

Das nächste Kapitel sollte also beginnen, jedoch fühlte ich instinktiv, daß es nicht lange währen sollte. Das konnte einfach nicht sein. Ich war zu jung, um die Privilegien des älteren Personals in Anspruch zu nehmen, ich hatte keinen Sicherheitsstempel auf meiner Kennkarte. Kurz gesagt, ich hatte gar nichts außer einem schwachen Willen, noch weiterzumachen.

Die Sims nahmen meine Neuigkeiten mit gemischten Gefühlen auf. Wir hatten alle gewußt, daß ich sie eines Tages verlassen würde . . . aber schon Freitag! Das kam so plötzlich. Wir waren uns in diesen Wochen sehr nahe gekommen, und die Freundschaft und Gemeinschaft der letzten angsterfüllten Tage machten uns bei dem Gedanken an eine erneute Trennung sehr traurig. Bald würde diese Familie sich in die vielen Tausende vor ihnen einreihen. Ich würde sie nie wiedersehen.

Es war Ende August, als ich das elegante, moderne Gebäude des jüdischen Krankenhauses betrat. In jenen Tagen war die Glasbauweise und die Höhe des Gebäudes etwas Ungewöhnliches. Irgendwie war ich stolz, dem Pflegepersonal dort anzugehören. „Ich würde wie immer mein Bestes tun um meines Volkes willen und die Härte einiger Vorgesetzter übersehen.“ Auch sie mußten unter ständigen Belastungen gelebt haben. Es war schwer, vernünftig und fair zu sein, wenn man keine Nerven mehr hatte.

Die Jüngeren des Personals kannten die Zurückgezogenheit eines Einzelzimmers nicht. Wir wohnten alle zusammen in einem großen Schlafsaal. Unser Nachtschränkchen war das einzig Private, das wir hatten. Aber wir waren sehr glücklich und lebten in einer Atmosphäre äußerster Harmonie. Abends redeten wir miteinander, bis uns der Schlaf übermannte. Wenn wir von der Nachtschicht kamen, wurden wir auf eine Station hinten im Gebäude im obersten Stock verlegt. Dort war es sehr still, und wir waren frei von der Unruhe des Tages. Wir gingen dann nicht gleich schlafen, wenn wir vom Nachtdienst kamen, sondern saßen auf unseren Betten, teilten eine kleine Nascherei untereinander, besprachen die Ereignisse der vergangenen Nacht oder freuten uns einfach darüber, einander näher kennenzulernen.

Eine große Überraschung erwartete mich hier am Morgen meines Geburtstages. Als ich verschlafen hereinkam, standen die Mädchen neben ihren Betten stramm und begrüßten mich mit den schönen holländischen Geburtstagsliedern. Diese Lieder sind so melodisch, so herzerquickend und rühren alle, die sie hören. Ich bildete keine Ausnahme!

Die größte Überraschung sollte noch kommen. Die Tochter des Chefkochs, die selbst Krankenschwester war, öffnete ein großes Küchenhandtuch und gab uns allen einen frischen, dicken Pfannkuchen. Eine andere Krankenschwester hatte ein Marmeladenglas mit Zucker, und jeder bekam etwas darüber gestreut als Krönung des Ganzen.

Ich kann mich nicht daran erinnern, mehr Freude an irgendeinem Geburtstag gehabt zu haben. Die Feier war so echt, so unerwartet, so denkwürdig. Tage wie diese bedeuteten soviel unter dem ständigen Druck, den Belastungen, dem Daseinskampf und der Wachsamkeit vor Spionen und Verrat.

Einige nicht sehr ereignisreiche Tage folgten, doch am Ende der Woche begann ich meine eigenen Kolleginnen argwöhnisch zu beobachten. Ich muß meinen Lesern erst erklären, wie solch eine Situation sich entwickeln konnte.

Einer der sichersten Wege, einer Verhaftung zu entgehen, war, eine Möglichkeit zu finden, in den „Untergrund" zu gehen. Im wahrsten Sinne des Wortes in den Untergrund oder in irgendein Versteck. Darüber zu sprechen oder es wirklich in Betracht zu ziehen, erforderte die absolute Verschwiegenheit vertrauenswürdiger Freunde. Schließlich waren auch finanzielle Mittel notwendig, denn niemand konnte voraussagen, wie lange der Krieg noch dauern würde, und deshalb wußte auch niemand zu sagen, wie lange ein finanzieller Rückhalt nötig war. Wenn jedoch solch ein

Plan vom Feind entdeckt wurde, war sofortige Verschickung in ein Arbeitslager die Folge.

Können es mir meine Leser deshalb verdenken, daß ich eines Morgens, Anfang September, vor Schreck erstarrte, als mich der Nachtportier, der gerade vom Dienst kam, zum Empfang herüberrief. „Dobschiner", sagte er, „möchten Sie eine Überlebenschance? Ich habe eine Adresse für Sie. Denken Sie schnell darüber nach und sagen Sie mir morgen um die gleiche Zeit Bescheid."

Fort war er. Ich zitterte wie Espenlaub. Ich, in den Untergrund gehen? Wie konnte ich das? Ich hatte kein Geld, keinen finanziellen Rückhalt, keine Verbindungen. Warum hatte er sich an mich gewandt? An mich? Ich mußte es bei mir behalten. Absolutes Schweigen war vonnöten.

Den ganzen Tag über konnte ich mich nicht auf meine Arbeit konzentrieren, die ich so liebte, auf die Menschen, die von meiner Pflege und meiner Aufmerksamkeit abhängig waren. Sie und auch das Pflegepersonal schienen zu merken, daß ich anders war, daß irgend etwas geschehen sein mußte, und doch konnte ich es niemand sagen.

Bis zum Spätnachmittag hatte ich mich in einen Zustand der Panik hineinmanövriert. Zum erstenmal hatte ich entsetzliche Angst vor der Zukunft. Es schien, als ob man mir eine Falle gestellt hatte, daraus es kein Entkommen gab. Razzien und Verhaftungen konnte man eventuell entgehen, aber wenn man auf dem „schweigsamen, stillen" Weg der sogenannten Sicherheit angegriffen wurde, gab es da noch ein Entrinnen?

Nach Dienstschluß saß ich im Schlafsaal und starrte in die ungewisse Zukunft und versuchte, mir über meine Lage und die Tatsachen klarzuwerden. Ich wog das Für und Wider einer Überlebenschance gegeneinander ab und erkannte, daß ich praktisch menschlich gesprochen keine hatte. Ich hatte niemand, an den ich mich wenden konnte, keinen Besitz, kein Geld, keine Verbindungen. Also ein Niemand, allein mit dem Willen zu leben und für diejenigen, die Hilfe brauchten, zu arbeiten.

Der Wille zum Leben? Hatte ich eigentlich den Willen zu leben? Hatte es noch Sinn? Diejenigen, denen ich helfen wollte, würden ja auch bald nicht mehr dasein. Schließlich war Hitlers endgültiges Ziel — die Ausrottung aller Juden. Warum also noch kämpfen, um zu leben? Es würde doch nur für eine kleine Weile sein.

Meine Willenskraft ließ nach, und sobald das eintritt, ist die „Mir-ist-alles-egal"-Einstellung nicht mehr weit. Es blieb nur noch ein Weg offen. Jedoch war die Chance gering. Wenn ich mich freiwillig stellte und mich den Aufsehern im Arbeitslager auslieferte, würden sie mir vielleicht eine Stellung als Krankenschwester im Lager geben, und durch meine Arbeit würde ich vielleicht überleben. Es war ein Risiko, doch auch eine Chance, die ich ergreifen mußte. Ich konnte dem heutigen Annäherungsversuch des Nachtportiers nicht nachgeben. Ich war in jedem Fall gefangen und konnte mich nur befreien, indem ich mich freiwillig stellte.

Ja, das war die Lösung. Man konnte nicht dauernd so weiterleben, wie ich es die letzten fünf Monate getan hatte — Verhaftung, um deportiert zu werden, Entrinnen, Arbeit suchen, Nahrung, Obdach und dann wieder Verhaftung. Ein Kreislauf von Überleben und Untergang. Ein Leben am Abgrund auf Leben und Tod, das sich von Augenblick zu Augenblick ändern konnte. Die Entscheidung war gefallen. Ich würde mich im Sammellager in der Plantage Middelaan melden. Wann? Darüber war ich mir noch nicht sicher. Irgendwann in der Woche. Wahrscheinlich sehr plötzlich, wenn ich fühlte, daß ich nicht mehr so weitermachen konnte.

Eine nette, junge Schwester, die mit mir im Schlafsaal schlief und mich seit einiger Zeit beobachtet haben mußte, versuchte, mein Vertrauen zu gewinnen. Wiederholt bestand sie darauf, daß ich ihr meinen Kummer erzählen sollte, aber lange, lange konnte ich keine Worte finden. Ich stand unter schrecklicher Spannung und versank ganz in meinem Kummer. Ich kam mir so allein vor, so verloren, so verwirrt, so vom Schicksal geschlagen. Doch sie redete ständig und immer wieder auf mich ein und brachte mich in Versuchung, mich ihr anzuvertrauen. Bald konnte ich nicht länger widerstehen. Ihre Freundlichkeit und wirkliche Aufrichtigkeit überwanden meine Entschlossenheit, Schweigen zu bewahren. Entsetzlich schluchzend erzählte ich ihr von meinen wiederholten Fluchtversuchen in den letzten Monaten, die entsetzliche Wirklichkeit des Schicksals, das uns alle erwartete, und dann der Vorschlag des Nachtportiers. Warum hatte er mich ausgesucht? Ich hatte keine finanziellen Mittel. Ich bedeutete weder ihm noch irgend jemand anderem etwas. Ich hatte solche Angst. Ich konnte diesen Daseinskampf nicht mehr lange ertragen. Ich war so müde, ach so müde. Ich wollte mich stellen. Ich wollte morgen zum Sammellager gehen und dann . . . dann würde es ja sehr bald zu Ende sein. Ich würde den Weg gehen, den auch meine Familie gegangen war. Ja, ich würde mich stellen.

Nach meinem Bekenntnis herrschte Schweigen. Ihr Verlangen, mir zu helfen, war groß, aber was konnte sie schon sagen? Wir beide wußten doch, daß ich die Wahrheit gesagt hatte.

Nachdenklich versuchte sie dennoch, mir Mut zu machen: „Aber Hansje, der Weg zum Sammellager ist doch Selbstmord. Das weißt du, und du mußt dich dagegen wehren. Nimm das Angebot des Nachtportiers an. Es gibt doch eine Chance, daß das vielleicht ein Ausweg für dich ist. Manche Leute brauchen nicht für ihren Unterhalt zu bezahlen, sondern arbeiten für ihren Unterhalt. Mache dir nicht zu viele Gedanken, wie ein Leben im Verborgenen für dich aussehen wird. Lebe einfach nur einen Tag auf einmal."

Weise Worte, Lena, wirklich weise Worte, aber meine Kampfkraft ließ nach. Ich zweifelte daran, daß ich weitermachen würde. Das Hin und Her von Freiheit und Gefangennahme war einfach zuviel. Dieses Katz-und-Maus-Spiel hatte schon zu lange gedauert. Ich war einfach fertig. Ich konnte nicht weiterkämpfen.

Dann entschied ich, daß der nächste Tag, der 6. September, der Tag sein würde, an dem ich meinen „Selbstmord", wie Lena es genannt hatte, begehen würde. Kurz vor der Polizeistunde! Ich würde mich beim Sammellager melden und mit einem bißchen Glück würde ich meinen Vater überraschen und am 8. September, seinem Geburtstag, bei ihm sein.

Während ich an jenem letzten Tag der Freiheit meinem Dienst nachging, war ich mit meinen Gedanken weder bei meiner Arbeit noch bei meinen Patienten. Ich hatte ein eigenartiges Gefühl. Ich war im Dienst, und doch war ich ganz abwesend. Ich war weit entfernt von Amsterdam, zwischen den vielen Tausenden in den Zügen und Lagern. Ich hatte teil an ihrer Verzweiflung, ihrer Verlorenheit, ihrer Verdammnis, ihrer Ausrottung und ihrem Dasein für das Spiel des Feindes. Ihr Würfelspiel würde mich weiter- und weiterbringen. Dann würde ich auf einem Feld landen, das mich zurückschickte . . . beinahe zur Freiheit, aber nur beinahe. Ein anderes Feld auf dem Spielbrett hieß Einzelhaft, bis ich mich durch gewisse Gunstbezeigungen meinen Bewachern gegenüber befreien konnte.

Ach Gott, komm in diese Hölle und befreie mich. Ich wollte nicht mehr atmen.

„Ich kann nicht mehr, ich will nicht mehr. Bitte nimm mich in deine Sicherheit, in deinen Frieden ..."

Lena stand neben mir mit einer Spritze in der Hand. „Ich sagte, die ist für Frau Shand." Wie oft hatte sie mir schon gesagt, diese Spritze zu geben? Ich hatte nichts gehört. Sie sah mich besorgt an und legte die Spritze vorsichtig in ein nierenförmiges Gefäß, wobei sie darauf achtete, daß die Nadel auf einem Stück Zellstoff lag.

Ich weinte innerlich und schluckte schwer, um nicht auch ein äußeres Zeichen meines Kummers zu zeigen. Lena, die wohl merkte, daß ich nicht mehr lange so weitermachen konnte, befahl mir, die Station sofort zu verlassen.

„Geh in den Schlafsaal, Hansje. Wein dich dort aus. Das muß einfach aus dir heraus. Es dauert nicht mehr lange bis zum Mittagessen, und dann sehe ich dich ja."

Ich rannte fast durch die Station, den Korridor entlang zum Schlafsaal. Mein Bett war ein Hafen der Ruhe und des Friedens. Ich warf mich auf die kühlen Laken, vergrub mein Gesicht im Kopfkissen und weinte, als ob dies die letzten Tränen waren, die ich vor dem Verlassen dieser Welt weinen würde. Ich schluchzte lange und wild, bis ich allmählich fühlte, wie die Spannung nachließ. Ja, ich würde es tun: heute abend. Ruhig überlegte ich mir, wie ich vorgehen würde. Ich würde allen vormachen, daß alles wieder gut war, um keinen Verdacht zu erregen. Ich würde den Rest des Tages fröhlich und sorgenfrei wirken und meinen Kolleginnen aus dem Wege gehen, besonders Lena.

„Wasch dein Gesicht, Hansje, und mache dich zum Essen fertig." Jeden Augenblick würde der Gong ertönen. „Beeil dich! Es ist ein weiter Weg zum Speisesaal!" Der Nachtportier kam mir wieder in den Sinn. Er würde jetzt im Bett sein und schlafen. So würden keine Fragen gestellt werden, wenn ich am Portierbüro vorbeiging.

Ein flüchtiger Blick in den Spiegel hinten in der Ecke des Zimmers . . . und der Vorhang hob sich zum letzten Akt. Vergnügt rannte ich den Korridor entlang, die Treppen hinunter und durch die Empfangshalle. Nein, es konnte doch nicht sein . . . der Nachtportier im Tagesdienst. Was sollte ich jetzt machen? Würde er mich bemerken? Ein breites Lächeln auf seinem Gesicht zwang mich, auf ihn zuzugehen. Mach dir keine Sorgen, ermutigte ich mich selbst. Heute abend bist du frei! Frei? Nun, ich meinte fertig. Es würde bald vorbei sein.

„Guten Tag, Schwester! Nun? Entschlossen?“ Er wartete freundlich auf meine Antwort.

Seufzend sagte ich ihm, daß es einfach nicht ginge. Ich hatte keine Mittel zum Unterhalt, nirgends, wohin ich gehen konnte, und bedurfte keiner Rettung, da meine ganze Familie nicht mehr da war. „Bitte lassen Sie mich.“ Das war nicht der Ausweg für mich. Er ließ mich gehen, fast traurig, dachte ich. Warum sollte ein völlig Fremder sich über mich Sorgen machen ... über mich? Das konnte ich einfach nicht verstehen.

Das Mittagessen war gut, aber ich hatte ja immer gern gegessen, was wir bekamen. Es war warm und geschmackvoll. Ich betete das Tischgebet und dankte aufrichtig für jene Mahlzeiten. Dabei war mir jedes Wort ernst. Was für ein Segen, diese täglichen Mahlzeiten zu haben! Während des Mittagessens war ich mit meinen Gedanken wieder ganz weit weg. „Wo würde ich morgen essen? Würde ich überhaupt essen? War ich bereit, diesen täglichen Luxus aufzugeben?“ Ich aß und aß wie nie zuvor. Lena betrachtete mich argwöhnisch. Ich war sehr erregt, versuchte es jedoch zu verbergen. Mit Erfolg?

Lena nahm ihre Teetasse und setzte sich zu diesem geruhsamen Teil der Mahlzeit neben mich. Ich lächelte breit. Sie sah besorgt aus. Sie sprach nicht, und ich sagte auch nichts. Wir saßen einfach zusammen, jeder in seine Gedanken vertieft. Erriet sie, was ich beschlossen hatte? Hielt sie sich deshalb absichtlich an meiner Seite? Erregte ich doch Verdacht? Wollte sie mich davor bewahren, zum Sammellager zu gehen? Fühlte sie sich in irgendeiner Weise verantwortlich, weil wir Freundinnen waren und weil sie ein bißchen älter war? Ich wollte ihr nicht weh tun, aber ich mußte sie verlassen. Ich konnte das Spiel nicht länger mitspielen. Ich konnte es einfach nicht!

Sie preßte leicht meinen Arm und sagte: „Mach's gut. Bis später!“ Ich nickte. Ja, sie würde es „noch gut machen“, für eine kleine Weile. Arme Lena. Ich wollte es ja gerne „gut machen“, aber was war eigentlich „gut“? Ich zuckte die Achseln und gab das Philosophieren über das, was vor mir lag, auf.

Wieder zurück zum Dienst. Es gab viel zu tun. Neuaufnahmen, Unfälle und das Trösten der Verzweifelten. Ich vergaß meine Fluchtpläne fast, meinen vorsätzlichen Selbstmord. „Dumme Lena“, dachte ich, „es so zu nennen; aber wahrscheinlich hatte sie recht.“ Ich hoffte nur, daß ich Zeit haben würde, meinen Plan auszuführen. Wir waren furchtbar beschäftigt. Ich konnte die wenigen Schwestern einfach nicht allein lassen, um mit der enormen Arbeitslast allein fertig zu werden. Ich würde bis 19.15 Uhr bleiben. Das würde mir noch Zeit lassen, vor der Polizeistunde zum Sammellager zu kommen.

Es waren Spritzen zu geben, Inhalationen zu beobachten, Kompressen zu wechseln, Breiumschläge zurechtzurücken, Betten zu machen und sie immer wieder neu aufzuschütteln, den Abendtee servieren, die Invaliden füttern, die Schwerkranken auf die Bettpfanne setzen; oh, du liebe Zeit, es gab keine Pause! Der Nachmittag war hektisch gewesen. Würde ich je wegkommen? Jetzt oder nie. Vorsichtig stellte ich das Tablett mit den Gläsern auf den Tisch in der Mitte, und dann verließ ich, ohne mich nach den Patienten oder den Schwestern umzusehen, eilig die Station.

Mein Herz klopfte wild, als ich die Treppe, zwei Stufen auf einmal nehmend, hinaufrannte. Im Schlafsaal suchte ich ruhig meine wenigen privaten Papiere und Habseligkeiten zusammen und tat sie in mein Köfferchen. Da waren mein Schwesternmantel, mein Schleier, meine Handschuhe. Ohne mir weiter Gedanken zu machen, rannte ich dann jene vertrauten Stufen hinunter, durch die Empfangshalle, am Portierbüro vorbei und hinaus.

Puh! Ich hatte es geschafft. Der Portier dachte wahrscheinlich, daß ich ärgerlich war, weil er versucht hatte, mich zu retten. Er würde keinen weiteren Gedanken dafür verschwenden, oder vielleicht doch? Ich ging fest und bestimmt auf mein Ziel zu, das Sammellager! Ich war wie vor den Kopf geschlagen und machte mir keine Gedanken über die möglichen Konsequenzen. Ich sah niemand und nichts, ich ging und ging einfach.

Zwanzig Minuten mußten vergangen sein, als ich in die Straße einbog, die mich vor die Tür des Sammellagers bringen würde. Plötzlich brachte mich eine Hand auf meiner Schulter wieder in die Gegenwart zurück. Lena! Sie konnte nicht sprechen. Sie war rot, völlig verschwitzt und keuchte wie ein Hund nach einer Jagd. Während sie nach Atem rang und nach Worten suchte, begann sie zu weinen.

Jetzt war ich es, die sich um sie Sorgen machte. Sie gab mir aber dazu keine Chance, sondern zog mich wieder um die Ecke zurück. Sie war wütend. Sie allein hatte von meinem Plan gewußt, und nachdem sie meine Abwesenheit bemerkt hatte, mußte sie den ganzen Weg hinter mir her gerannt sein. Machte sie sich nun selber Vorwürfe? Hatte ich sie so aufgebracht? Ich begann mich zu ängstigen.

Ihre ersten Worte werde ich nie vergessen. „Du egoistischer, dummer, kindischer Idiot! Mach, daß du nach Hause kommst und hör mit deinem Unfug auf!" Sie schaute auf ihre Uhr und riß mich fast die Straße entlang. Wir mußten uns gehörig beeilen, um zur Zeit im Hause zu sein. Die Polizeistunde war nicht mehr fern. Du liebe Zeit, wie mußte ich sie aufgebracht haben! Dieser Ausbruch glich ihr gar nicht, er war so undamenhaft, so kommandierend. Sie hatte kein Recht, mich zurückzuhalten, doch konnte ich ihrer inständigen Bitte, wieder umzukehren, nicht widerstehen.

Ich ging zurück, beschämt, verwirrt und lammfromm.

Schlag acht Uhr erreichten wir das J. I. atemlos und erschöpft.

„Geh sofort in den Schlafsaal und ins Bett", befahl sie.

Ich gehorchte.

Kapitel 10

Das Wecksignal ertönte durch die Schwesternstation. Ich war schon eine Weile wach gewesen und hatte über die Ereignisse des vergangenen Abends nachgedacht; ich wußte, daß ich sehr froh sein konnte, noch hier zu sein und in einem warmen, weichen Bett zu liegen. Wenn Lena nicht gewesen wäre, wo würde ich jetzt sein? Ich würde mich zusammennehmen und noch einmal versuchen, tapfer zu sein. In den kommenden Tagen würde ich gut arbeiten und meiner Freundin keinen Kummer mehr machen. Ich schämte mich so. Das Frühstück schmeckte herrlich.

Still verrichtete ich meine morgendliche Arbeit. Jeder begegnete mir in der gewohnten Weise, und so wußte ich, daß Lena mit niemand über den Vorfall von gestern abend gesprochen hatte. Das bestärkte noch meinen Entschluß, gut zu arbeiten.

Beim Mittagessen ging ich von selbst zum Portier. Er lächelte wie immer.

„Gut, Jan, ich möchte morgen gehen, wenn Sie mir nur sagen, was ich tun muß. Wenn das mein Weg ist, dann werde ich mich nicht länger dagegen auflehnen."

Es überraschte ihn zu hören, daß ich mich in letzter Minute entschieden hatte. Morgen war der letzte Termin. Er mußte vor morgen ein Mädchen finden, da die Tochter des Kochs, die eigentlich gehen sollte, mit einer Grippe zu Bett lag. Er hatte mich als Ersatz gewählt, damit ich ihre Stelle einnehmen sollte. „Zu sein oder nicht zu sein, das war die Frage", und es mußte sein. Ich würde gehen, wohin ich geführt würde. Ich hatte den ersten Schritt gemacht, das übrige lag noch im Dunkel. Untergrund, ins Ausland oder doch ins Arbeitslager? Gefangen wie ein Affe im Käfig? Doch würde ich wenigstens freiwillig gehen und nicht in einem überfüllten Deportationszug.

„Schwester, Sie träumen ja. Sie müssen jetzt sehr genau zuhören, falls mein Dienst geändert wird und ich Sie nicht wiedersehe. Sie werden morgen gleich nach dem Mittagessen gehen und niemand, nicht einmal Ihrer besten Freundin sagen, daß Sie nicht mehr zurückkommen. Sie werden das J. I. verlassen, als ob Sie zu einem Spaziergang weggehen. Nehmen Sie nur das Allernotwendigste und Ihre Handtasche. Das ist wichtig. Sie werden zu dieser Adresse gehen, die Sie, noch bevor Sie das Gebäude verlassen, auswendig kennen müssen. Gehen Sie den ganzen Weg rüstig, halten Sie sich nirgends auf und sprechen Sie mit niemand. Wenn Sie sich der bewußten Straßenecke nähern, machen Sie so, als ob Sie niesen wollten. Das heißt, nehmen Sie mit der rechten Hand ein großes Taschentuch aus Ihrer rechten Manteltasche, dann, indem Sie beide Hände gebrauchen und somit Ihre Handtasche hochheben, so daß sie den gelben Stern bedeckt, niesen Sie in dem gleichen Augenblick, in dem Sie um die Ecke kommen. Von da an halten Sie Ihren Stern bedeckt, bis Sie die Hausnummer erreicht haben und sich sicher in dem Haus befinden. Das ist alles!"

Dann sagte er mir die Straße und die Hausnummer. Es war leicht zu behalten. Fast freute ich mich auf das Abenteuer morgen. Nachdem ich mich für mein Mißtrauen entschuldigt hatte, bedankte ich mich herzlich und machte mich auf den Weg zur Station B, um dort meinen Nachmittagsdienst anzutreten.

Irgendwie kam mir meine Arbeit leichter vor, ich hatte meine Energie wiedergewonnen. Ich fühlte mich der Arbeit wie in den vergangenen Monaten wieder gewachsen, ich war glücklich, fast ausgelassen. Wieder betrachtete Lena mich argwöhnisch. Machte sie sich wieder über mich Sorgen? Hoffentlich nicht. Sicherlich würde der Portier ihr morgen abend alles erklären.

Als ich dann im Bett war, wiederholte ich in Gedanken meine Order und bereitete mich innerlich für diesen Schritt vor. Das hielt mich bis weit nach Mitternacht wach. Ich konnte nur mein kleines, schwarzes Köfferchen mitnehmen und was ich da hineinpacken konnte. Ich mußte wie eine Schwester auf einem Dienstgang aussehen, nichts weiter und nichts mehr. Ach, ich war ja so müde, und bald schlief ich auch ein, wohl vorbereitet für das morgige Spiel.

Der 8. September 1943 war ein trockener Tag; ab und zu schien die Sonne, und eine leichte Brise wehte. Dieser Tag schien wie geschaffen für das große Ereignis. Eifrig versah ich meine morgendlichen Pflichten. Aufmerksam kleidete ich einige Patienten an und wusch Invalide und Alte. Wir servierten ihnen das Mittagessen und machten sie für den Nachmittagsschlaf bereit. Unglaublich, wie schnell die Stunden vergangen waren!

Dann kam unser Mittagessen. Ich genoß diese Mahlzeit wie eh und je. Nichts konnte mir meinen Appetit rauben. Sorgen oder innere Belastungen erhöhten nur meinen Wunsch nach einem saftigen Steak oder einer köstlichen Nascherei. Als wir den Speisesaal verließen, ging ich direkt zum Waschraum und brachte mich, so schnell ich konnte, in Ordnung. Alles war genau eingeteilt. Niemand sollte warten müssen.

Ich tat so, als ob ich den Portier ignorierte, nahm meinen Mantel von einem Haken in der Vorhalle, und dann bückte ich mich, um mein schwarzes Köfferchen von einem Regal in seinem Büro zu nehmen. Während ich mich bückte, hörte ich, wie er leise noch einmal die Adresse wiederholte. „Viel Glück, Schwester“, sagte er schnell. Mit einem verzerrten Lächeln wandte ich mich um. „Danke, Jan“, und damit war ich aus der Drehtür.

Während ich zügig in den Ostteil von Amsterdam ging, wußte ich nicht, daß es für lange Zeit mein letzter, langer Spaziergang sein sollte; denn an jenem Nachmittag sollte ich aus jenem Haus als ganz anderer Mensch, als eine neue Persönlichkeit wieder auftauchen.

Dieser Gang hatte ein bestimmtes Ziel. Er war daher nicht langweilig oder ermüdend. Ganz im Gegenteil, ich blickte gespannt den Ereignissen entgegen, was auch immer sie bringen mochten. Ich war aber doch ein wenig schüchtern, als ich die Klingel an dem Haus drückte. Was würde ich sagen? Wem würde ich gegenüberstehen? Sobald die Haustür hinter mir geschlossen war, schien ich „unter Befehl“ zu stehen. Darauf brauchte man nichts zu erwidern. „Kommen Sie gleich herauf. Bitte treten Sie hier ein und nehmen Sie Platz.“

Ich saß fast fünfzehn Minuten in absoluter Stille da. War es möglich, in dieser Situation noch nachzudenken? Mir war es jedenfalls unmöglich. Keine Geräusche in irgendeiner Form kamen aus den anderen Räumen der Wohnung. Ich saß und wartete in der fast friedlichen Stille.

Die Haustür schlug zu. Jemand kam nach oben, so schien es mir jedenfalls ... aber dann herrschte wieder Stille. Ich horchte genau und machte mir dabei Gedanken über diesen letzten Ankömmling. Jedoch war ich dann sehr erschreckt über die robuste Art, in der sich die Tür hinter mir öffnete.

Ich erhob mich, und das war gut so, denn ich stand dem größten Mann gegenüber, den ich je gesehen hatte. Er lächelte fast schüchtern, um mich willkommen zu heißen. „Bitte, behalten

Sie doch Platz", bat er. Er schien sehr freundlich zu sein und kam doch gleich auf den Kern der Sache, so, als ob es keine Zeit zu verlieren gäbe.

„Wie heißen Sie?" fragte er. Als ich es ihm sagte, änderte er meinen Namen in Franziska. Mein neuer Name war geboren!

„Wir sagen einfach Frans, um es kurz zu machen. Gefällt es Ihnen?" Es war schwierig, zu lächeln und „ja" zu sagen, aber schließlich lächelte ich doch.

„Schön, Frans, Sie kommen mit mir. Ist Ihnen das recht?" Ich war völlig verblüfft. Ich hob meine Augenbrauen, runzelte die Stirn und suchte nach Worten, um ihm meine Zweifel über solch ein Leben mitzuteilen, meine Befürchtungen wegen des Geldes und ganz allgemein das Ungewisse eines solch seltsamen Lebens.

Er zerstreute meine Zweifel schnell. „Wer war er eigentlich?" fragte ich mich. Vielleicht ein Geheimagent des Feindes? Sicherheit schien ihn nicht mit Besorgnis zu erfüllen. Würde er mich gleich von hier zum Hauptquartier bringen? Ich hatte von solchen Fällen gehört. Medizinische Versuchskarnickel oder Mätressen für die Offiziersmessen. Du liebe Güte, was hatte ich getan! War ich schließlich doch in falsche Hände geraten?

Es stimmte schon, seine Augen blickten ehrlich, oder jedenfalls das, was man von ihnen sehen konnte. Sie waren müde und rotgerändert, als ob sie den Schlaf lange entbehrt hätten. Hörte ich ihm überhaupt zu? Meine Gedanken vermischten sich mit seinen Worten. Er schien jetzt ein bißchen kleiner. Seine Arme ruhten auf seinen Knien, seine Hände waren wie im Gebet gefaltet, er schaute mir in die Augen und redete in überzeugender Weise auf mich ein.

„Sie müssen einfach mitkommen, Frans. Sie schulden es Ihrer Familie, Ihren Eltern, Ihrem ganzen Volk. Wir möchten so viele Menschen wie möglich retten, damit sie nach dem Krieg wieder ein gesundes, normales Leben führen können. Sie können Ihrem Volk besser dienen, wenn Sie in diesem Land bleiben. Wir werden für Sie sorgen. Machen Sie sich über Geld keine Sorgen; das wird sich schon irgendwie finden. Es gibt so viele, die an Ihnen und Ihrem Volk Interesse haben. Sie geben freiwillige Spenden zu Ihrem Unterhalt. Sie müssen mitkommen; sie erwarten von mir, daß ich ihnen heute ein Mädchen bringe.

Es sollte eigentlich die Tochter des Kochs sein; alles war zu ihrer Flucht vorbereitet, aber weil sie krank wurde, wurden Sie ausgewählt. Wir haben nicht viel Zeit, meine Liebe, wir müssen den 3-Uhr-Zug vom Hauptbahnhof nehmen.“ Immer noch antwortete ich nicht, und er redete weiter auf mich ein. Dabei zog er seinen Stuhl immer näher heran.

Ich saß mit gesenktem Kopf, starrte vor mich hin und bemerkte auch nicht, daß er jetzt eine kleine Schere in seiner Hand hielt.

Er beugte sich vor, ergriff mich beim Mantel und trennte den Stern ab, der mich als Jüdin, als Geächtete, als eine von den Verdammten auswies.

War ich denn gelähmt? Warum gebot ich ihm denn nicht Einhalt? Wie konnte er das wagen? Ohne diesen Stern konnte ich mich außerhalb dieses Hauses nicht zeigen.

In Sekundenschnelle war alles vorüber. Er hustete laut und absichtlich. Die Zimmertür öffnete sich, und die Dame, die mich hereingebeten hatte, trat ein. Fragend blickte ich auf meinen Stern in ihrer Hand. Einige Augenblicke später hörte ich, wie die Toilette abgezogen wurde. Das war das Ende. Ich hatte keine andere Wahl. Nur ein Weg lag offen vor mir. Ich mußte mit diesem Fremden mitgehen.

Frau X, deren Namen ich nie erfuhr, trat wieder ein und brachte ein rotes Flanellkleid mit. Lächelnd meinte sie, ob es mir wohl passen würde.

Der große Fremde hatte uns alleingelassen.

Jetzt übernahm sie das Weitere.

„Ich werde mich um Ihre Tracht kümmern. Sie werden sie hierlassen müssen, denn Sie müssen so unauffällig wie möglich aus diesem Haus hinausgehen. Kommen Sie, ziehen Sie sich um, und ich werde noch nach einem Mantel suchen.“ Sie fand einen, der mir ziemlich gut paßte.

Vati Langbein wurde noch einmal hereingerufen. Er schien sehr erfreut von der schnellen und wirkungsvollen Umwandlung. Dann kamen einige Instruktionen.

„Sie werden mit mir herumgehen, als ob Sie sich auf einer Besichtigungstour durch Amsterdam befinden. Sprechen sie

Deutsch? Um so besser! Sprechen Sie nur Deutsch; dadurch werden sich die Menschen voller Abscheu von uns abwenden. Ein vollkommenes Alibi! Ich werde Sie über einige Bauten ausfragen, an denen wir vorbeikommen. Sie werden mich als meine Führung aufklären, aber nur in Deutsch, bitte. Wir werden mit der Straßenbahn zum Hauptbahnhof fahren. Erwecken Sie den Eindruck, als ob Sie daran gewöhnt sind. Lachen Sie und tun Sie so, als sei das ganz normal. Ich bin der Fremde; Sie, das deutsche Mädchen, zeigen mir Amsterdam."

Wollte er mich auf die Folter spannen? Oder war ich wirklich auf dem Weg in die Freiheit?

„Auf Wiedersehen, meine Liebe, und viel Glück." Waren nicht Tränen in Frau Xs Augen, als wir uns die Hand schüttelten?

„Auf Wiedersehen, und vielen Dank." Endlich hatte ich doch gesprochen.

Der lange Fremde wandte sich jetzt an mich. „Nun, Frans, jetzt geht es also los. Kopf hoch und lächeln! Das ist ein Befehl!"

Wir stiegen die Treppe hinunter. Höflich hielt er mir die Tür auf und schloß sie hinter uns. Schnell gingen wir zur nächsten Straßenbahnhaltestelle.

Man hatte sich dort nicht in einer wohlgeordneten Schlange aufgestellt, um in die Straßenbahn einzusteigen. Wenn eine Bahn kam, stieß und schubste jeder hinein, bis man wie Ölsardinen in der Dose zusammengepfercht war. Heute war es noch beklemmender, denn die Erinnerung an jene anderen Straßenbahnen kamen mir wieder. Vati Langbein gab mir einen Stoß und sprang hinter mir auf. Er stand dort auf der Plattform und hielt sich krampfhaft an einer Stange fest. Wenn unsere Augen sich begegneten, lächelte er mich mit jungenhafter Verschmitztheit an. „Sie müssen sich festhalten, oder Sie fallen ins Wasser!" schrie ich. Er brüllte: „Ja, ja, ich werde aufpassen!"

Es funktionierte. Man warf uns verächtliche Blicke zu. Sobald Menschen ausstiegen, begab sich mein Begleiter nach innen und blieb dort, bis wir auf dem Hauptbahnhof ankamen. Es war die schnellste Fahrt, die ich seit Jahren gemacht hatte.

„Sobald wir im Zug sind, werde ich nicht mehr mit dir sprechen, Frans. Mach dir aber keine Sorgen, sondern ruh dich aus und entspanne dich. Alles wird gut werden."

Ich nickte nur. Ich hoffte nur, daß alles gut werden würde. Und wenn nicht? Es war nun einmal ein Glücksspiel. Es mußte einfach gut werden! Der Zug war voll, der Lärm entsetzlich. Ich hatte viel Zeit, um nachzudenken und zu überlegen. Wohin fuhr ich?

Angst überkam mich, als wir unzweifelhaft in Richtung Westerborg, dem Zentralsammellager, fuhren, der letzten Station vor der Deportation ins Ausland.

Das konnte er mir doch nicht antun! Er sah doch so aufrichtig und ehrlich aus. Er konnte doch nicht dem Geheimdienst angehören. Ich blickte hinüber und betrachtete prüfend sein Gesicht, das im Moment teilweise von einer deutschen Zeitung verdeckt war. Unsere Augen begegneten sich, und ein aufmunterndes Lächeln traf mich. Ich lächelte zurück, dann starrte ich wieder auf die vorbeifliegende Landschaft hinaus.

Ich fragte mich, ob wir wohl etwas zu essen bekommen würden. Aber irgendwie war das nicht sehr wichtig. Wir arbeiteten nach Plan. Ein Auftrag mußte erledigt werden, das Essen paßte da schlecht hinein. Es ist erstaunlich, wie man seinen Magen vergißt, wenn es um die Sicherheit geht.

Wir waren in Westerborg. Was nun? Ich blickte meinen Begleiter an. Aber er ignorierte mich völlig. Abwesend starrte er durch das Fenster, so als ob er ganz in Gedanken vertieft sei. Ein- oder zweimal seufzte er tief auf, und ich beobachtete, wie er die Stirn runzelte. Bald würde ich ihn verstehen lernen und von seinen Eskapaden hören. Im Moment war er mir noch ein Rätsel.

Der Zug rumpelte weiter. Oft hielt er für längere Zeit auf Stationen an. Zweimal begegnete uns ein Wehrmachtszug mit singenden Soldaten. Es wurde dunkel. Das Abteil war jetzt nur zum Teil von verschlafenen Fahrgästen besetzt. Ich dämmerte auch einige Male ein. Ich hatte die Vorsicht immer noch nicht außer acht gelassen. Die ständige, allem zugrunde liegende Wachsamkeit, die in den kommenden Jahren meine Gefährtin und zweite Natur werden sollte, blieb.

Jeder hing seinen Gedanken nach. Schweigend reisten wir in der Dunkelheit weiter. Licht war ja verboten. Man mußte die Verdunkelung strikt einhalten. Langsam verstrichen die Stunden, unser Zug ratterte weiter.

Es mochte ungefähr Mitternacht sein, als ich durch das scharfe Bremsen des Zuges aufschreckte. Da meine Augen schon an die Dunkelheit gewöhnt waren, erkannte ich erstaunt, daß wir beide noch die einzigen Reisenden im Abteil waren. Kein Laut war um uns zu hören. Weiter vorn wurden Türen geöffnet und zugeschlagen. Aber mein Begleiter machte noch keine Anstalten auszusteigen. Statt dessen lehnte er sich nun vor und gab mir über die zunächst zu unternehmenden Schritte Anweisungen.

„Gleich werden wir auch aussteigen. Aber bewahren Sie bitte absolute Stille. Wir werden nicht zum Bahnsteig gehen. Ich werde Ihnen auf den Schienen entlang helfen. Sie müssen langsam und leise auf die Schwellen treten. Vermeiden Sie die Schottersteine; sie machen zuviel Lärm. Ich werde den Ruf eines Nachtvogels nachahmen, und dann werden Sie einen Polizisten bemerken. Er ist in Ordnung. Sprechen Sie aber nicht mit ihm. Wir werden ihm folgen, und Sie werden auf den Gepäckträger seines Fahrrads steigen, wenn wir zum Feldweg kommen. Ich werde in sicherem Abstand folgen. Ist Ihnen alles klar? Gut! Kommen Sie also, Frans, es ist soweit."

Er öffnete die Tür und verschwand langsam und leise nach unten. Er streckte mir seine Hände entgegen, ich reichte ihm jedoch mein kleines, schwarzes Köfferchen. Er stellte es ab und reichte mir wieder die Hände, und ich nahm die Hilfe seiner starken Arme gern in Anspruch. Während ich wie angewiesen vorsichtig auf Zehenspitzen landete, schaute ich mich um. Es war stockdunkel, kein Stern war am Himmel zu sehen. Die Luft war feucht, und ich fror vor Müdigkeit, Aufregung und Hunger.

Ich hielt mich an seiner Hand fest und schritt von Schwelle zu Schwelle. Es war totenstill. Langbein lächelte, legte seine Finger an den Mund und brachte einen herrlichen, nachgeahmten Vogelschrei heraus. Nichts rührte sich! Doch dann bewegte sich etwas hinter den Puffern. Plötzlich stand, wie aus dem Erdboden gewachsen, ein riesiger, breitschultriger Polizist vor uns. Seine blanken Knöpfe waren das einzige Licht in der uns umgebenden Dunkelheit. Er erhob seine Hand. Wir kletterten über die Schienen und folgten ihm. Ohne einen Laut von uns zu geben, erreichten wir den Feldweg hinter der Station. Dort standen die Fahrräder. Es mußte ein ziemlich stabiles sein, wenn es diesen Mann und mein Schwergewicht transportieren sollte. Mit einer galanten Handbewegung und einem Lächeln bot er mir den

Sitz auf dem Gepäckträger an. Ich schwang mich darauf und hielt mich leicht an dem Sattel fest. Er beugte sich jedoch zu mir herunter und flüsterte mir ins Ohr: „Legen Sie Ihre Arme um mich. Das ist sicherer! Wir haben einen langen Weg vor uns." Es war wirklich ein langer und holpriger Pfad. Eine dreiviertel Stunde lang fuhren wir schweigend und gleichmäßig dahin. Es war ein Segen, daß diese Feldwege flach waren; Hügel hätten vielleicht eine Katastrophe bedeutet. Langbein folgte in einiger Entfernung mit meinem Köfferchen auf dem Gepäckträger. Es war nun nicht mehr so unbequem, da ich mich an die Schlaglöcher und Kurven gewöhnte. Deswegen tat es mir fast leid, als er abstieg und unsere Reise zu Ende war.

„Da sind wir also", flüsterte er und zeigte auf die Umrisse eines großen, viereckigen Hauses, das ein wenig abseits von der Straße stand. Da stand ich also wieder an einem Wendepunkt in meinem Leben. Ich war so dankbar, daß es nun doch Wirklichkeit geworden war. Ich würde also von jetzt ab „illegal und im Untergrund" weiterbestehen bis . . . zum Ende. Wer konnte in solchen Zeiten überhaupt richtig denken? Diese beiden Männer konnten es sicherlich. Wenn man ihrer Unterhaltung lauschte, hatte man nicht den geringsten Zweifel, daß sie eine klare Zielrichtung verfolgten.

Der Polizist informierte meinen Freund über das, was Donnerstag nacht geschehen sollte. „Es hat keinen Sinn, sich vor Mitternacht zu treffen. Ich würde Viertel vor eins vorschlagen. Es wird noch kein Mondschein sein, wenn die Wolken weiterhin so dicht bleiben. Die anderen werden uns hinter dem Rathaus treffen. Wir haben ein S.O.S. aus Limburg erhalten. Sie brauchen zweihundert Lebensmittelkarten, und außerdem müssen wir uns diesmal auf Kennkarten und Stempel konzentrieren. Wenn es hoch kommt, haben wir zehn Minuten, aber das sollte reichen.

Die Männer kennen ihre Arbeit; wir werden nur da sein, um alles zu überwachen und für Sicherheit zu sorgen. Na dann bis zum Donnerstag, Domie. Ruh dich erst einmal aus. Gute Nacht, gute Nacht." Er klopfte mir auf die Schulter, und ich lächelte zurück, indem ich mich für all seine Freundlichkeit bedankte.

Man kann nur vom Zuhören allerhand lernen. Sie schienen irgendein Komplott zu schmieden, doch ganz sicher anti-deutsch. So hieß mein Freund also Domie. Sicherlich eine Abkürzung, oder vielleicht sogar ein falscher Name, wie meiner. Da ich ihn noch gar nicht angeredet hatte, beschloß ich zu warten, bis ich wirklich wußte, wer dieser ungewöhnliche Mann tatsächlich war. „Träum jetzt nicht, Frans, bald wirst du im Bett sein. Komm jetzt, wir werden durch die Hintertür in dein neues Zuhause eintreten. Ich hoffe, es gefällt dir. Denn dies ist mein Haus."

Ich lächelte höflich, aber gezwungen, während wir den Pfad zum Haus hinaufschritten. Es war totenstill. Die Fensterläden waren fest geschlossen. Plötzlich standen wir vor einer kleinen, niedrigen Hintertür. Kein Laut war zu hören.

Vati Langbein klopfte auf ganz besondere Art ans Fenster. . . . —, . . . —, . . . —. Es mußte wohl ein geheimes Klopfzeichen sein, denn hinter der Tür wurde es nun lebendig. Riegel wurden zurückgeschoben, ein Schlüssel drehte sich zweimal im Schloß, und dann erschienen zwei junge Männer mit einem breiten Grinsen auf dem Gesicht und einem „n'Abend, Domie". Auch ich wurde begrüßt und erwiderte den Gruß. Hinter uns wurde die Tür wieder fest verschlossen. Dann führte mich Domie, wie ihn alle zu nennen schienen, durch den dunklen, mit Steinfliesen bedeckten Flur in die Küche. Ein Lichtschimmer fiel durch die Ritzen, jemand beeilte sich, die Tür weit aufzureißen . . . unglaublich, was ich da sah und hörte! Unterdrückte, doch fröhliche Stimmen und Gelächter. „Ach, Domie, wie gut, dich wiederzusehen." „Wie geht es dir?" „N'Abend, Domie." Jeder schien ihm ein herzliches Willkommen bereiten zu wollen. Die Küche war voller Frauen. Zusammen mit den beiden jungen Männern und Domie war das eine ganz schöne Gesellschaft.

Ich wurde auf eine Stimme aufmerksam, die alle übrigen übertönte. „Hallo, Schwester!" War es denn möglich? Da stand die schlanke, junge Schwester, die jeder aufgegeben hatte: verhaftet, hatten wir gedacht, während eines Einkaufs.

So war sie also auch in Sicherheit; wie ich es von jetzt an sein würde.

Sie dachten, ich sei schüchtern. Ich war nur verwirrt. Es bedeutete also wirklich, daß ich jetzt in Sicherheit, im Untergrund war.

Domie, der noch immer meinen Arm hielt, schob mich nach vorn. „Das ist Franziska, unser neues Mitglied."

„Willkommen, Frans", riefen sie alle durcheinander. Ich lächelte ihnen ein „Dankeschön" zu.

„Hier hast du einen schönen, kühlen Trunk Buttermilch. Das wirst du jetzt gebrauchen können." Eine der Frauen reichte mir einen großen Becher.

„He, wir könnten auch etwas gebrauchen", riefen die Jungen im Chor.

„Wir nehmen uns alle noch etwas und trinken auf Frans' Wohl!"

„Noch einen Augenblick, ihr Jungs, ich möchte Frans Tante Jo vorstellen. Sie wird im Arbeitszimmer sein. Keine Buttermilch für mich ..."

„Oxo", riefen sie alle im Chor, bevor Domie seinen Satz vollenden konnte. Alle brachen in helles Gelächter aus.

Mit seinem jungenhaften Lächeln führte Domie mich durch eine andere Tür in die eigentliche Eingangshalle. Es war sehr gemütlich hier, warm, schwach erleuchtet und alles mit Teppichen ausgelegt. Hübsche Bilder hingen an den Wänden, und mich überkam ein Gefühl der Geborgenheit. Er öffnete die Tür zum Arbeitszimmer. „Hallo, mein Liebling." Liebevoll umarmte er seine Frau. Sie tauschten sich über ihr Wohlergehen aus, während ich mich im freundlichen Arbeitszimmer umsah. Die Unterhaltung wurde ein wenig lauter, und ich hörte, wie seine Frau sich zweifelhaft darüber äußerte, daß er „noch jemand" gebracht hatte. Erkannte er denn die Gefahr, in die er sie alle begab, denn nicht, und daß er ihrer aller Sicherheit jedesmal gefährdete, wenn er „noch jemand" brachte. „Wenn du dort wärst, mein Liebes", erwiderte er überzeugt, „dann würdest du verstehen, warum ich es tue. Die Situation verschlechtert sich täglich, und damit wächst die Grausamkeit. Wir müssen tun, was wir noch können, Liebstes. Du mußt hier mein Partner sein, während ich dort arbeite. Wir müssen einfach. Es ist unsere Pflicht und Schuldigkeit." Sie nickte, und er streichelte ihr über das Haar. Ich hatte Angst, war scheu und verwirrt.

Domie wandte sich plötzlich um. „Laß uns unsern Neuankömmling mit Buttermilch und Oxo hochleben lassen!" Sie lächelte, während wir zur Küche zurückgingen. Dort legte Tante Jo ihre Hand auf meine Schulter und kündigte lächelnd an: „So, Leute, das ist Frans, unser Neuankömmling! Wir hoffen, daß sie sich bei uns wohl fühlt."

Die Buttermilch wurde serviert, und alle wurden mir vorgestellt. Da waren zunächst die beiden Jungen. Sie waren Neffen der Familie, und beide hießen Dik. Sie wurden Dik I und Dik II genannt. Beide waren Studenten an einer holländischen Universität gewesen und hatten sich eines Morgens in einer mißlichen

Lage befunden. Die Post hatte ihnen einen Stellungsbefehl gebracht. Sie sollten sich zur Arbeit für den Feind im Ausland melden. Für die arbeiten? Niemals! Hätten sie ihr Studium aufgeben müssen, um ihrem Land zu dienen, dann wäre es etwas anderes gewesen; aber für die Besatzungsmacht arbeiten — nein! Sofort verließen sie ihr Zuhause und verschwanden einfach und ließen ihre Eltern im wahrsten Sinne des Wortes im Ungewissen über ihren Verbleib, so daß sie keine Fragen beantworten konnten.

Sie waren zu ihrem Onkel gezogen in der Hoffnung, daß man sie so weit von zu Hause nicht suchen würde. Dik I wollte Tierchirurg werden. Er hatte viele Bücher mitgebracht, um sich weiterzubilden. Dik II hatte den Wunsch, Architekt zu werden. Doch nie sah ich, wie sie für ihren zukünftigen Beruf studierten. Ihre freiwilligen Pflichten in diesem unnatürlichen Leben stellten vieles dar, was weit von Chirurgie und Architektur entfernt war.

Dann war da Lily, die kleine Maus, eine Photographin aus Amsterdam. Sie war blaß, dünn und sehr ernst. Ihr schwarzes Haar war lang und glatt und hing ihr offen ums Gesicht. Es war ebenso glanzlos wie ihr Gesicht. Irgendwie verspürte ich, daß sie über Neuankömmlinge verstimmt war, die ihre sorgfältig geplanten Sicherheitsmaßnahmen gefährdeten.

Ellie, die große Maus, schien aufgeschlossener zu sein. Sie schüttelte mir freundlich die Hand.

Aus der Unterhaltung während der Vorstellung entnahm ich, daß die jungen Leute schon länger als ein Jahr versteckt in diesem Haus lebten. Unglaublich!

Dies also waren die Mäuse. Sie wohnten oben in einer Ecke des Bodens. Da man sich daran gewöhnt hatte, in dieser Weise von ihnen zu reden, wurde dadurch vermieden, daß man sich Fremden gegenüber versprach, die von dem geheimen Leben in diesem Haus keine Ahnung hatten.

Ruth, die so plötzlich verschwundene Krankenschwester, hatte ich im Krankenhaus vom Sehen her gekannt. Sie war verlobt gewesen, hatte sich jedoch freiwillig von ihrem Verlobten getrennt.

Jeder hatte seine eigenen Probleme, Spannungen und Belastungen. Seltsamerweise kam es selten zu Zusammenstößen, so wurde es mir jedenfalls gesagt.

Erstaunlicherweise gab es viel Spaß und Gelächter in dieser seltsamen Gruppe. Ein Sinn für Humor war äußerst wichtig, und war zum Glück auch vorhanden.

Domie sah müde und abgespannt aus, als er da auf dem hohen Stuhl saß und sein Oxo schlürfte. Mit beiden Händen hielt er den Becher; fast nach jedem zweiten Schluck entfuhr ihm eine witzige Bemerkung.

Die kleine Maus erhob sich zuerst. „Entschuldigt mich, Leute, aber ich muß wieder an die Arbeit.“ Ein Lächeln huschte über ihr ausdrucksloses Gesicht.

Dieses Mädchen interessierte mich. Wie gern würde ich sie näher kennenlernen. „Dazu hast du noch genug Zeit, Frans“, meinte ich zu mir selbst, „du bist doch gerade erst angekommen.“

Fort war sie. Die anderen folgten ihrem Beispiel. Sie gingen auseinander und ließen ihre Becher stehen.

Als ich Anstalten machte, die Übrigbleibsel unseres Festes aufzuräumen, gebot mir Domies Frau Einhalt.

„Das werden sie schon nachher machen. Komm jetzt, wir wollen uns im Arbeitszimmer noch ein wenig unterhalten. Wir sind ihnen bei ihrer Arbeit doch nur im Wege.“

Domie folgte uns.

Das Arbeitszimmer war freundlich und hell. Es wirkte durch sein Mobiliar und seine Beleuchtung einladend und entspannend. Domie entspannte sich dann auch, während seine Frau mich in die Anfangsgründe meines neuen Lebens einweihte.

„Nenne mich Tante Jo“, begann sie. „Bald wirst du dich an das Zusammenleben mit den andern gewöhnt haben. Sie werden dich über alles informieren. Frage sie alles, was du wissen willst, wenn ich nicht da sein sollte. Einiges solltest du jedoch heute abend noch erfahren, bevor du ins Bett gehst. Wir haben einige Sicherheitsmaßnahmen, in die man dich morgen einweihen wird. Eine ist für uns alle von allergrößter Wichtigkeit. Jeder muß sofort handeln, wenn im Notfall der Summer ertönt. Wenn du ihn nur einmal hörst, bewege dich nicht! Bleib, wo du bist! Bleibe absolut still und regungslos und warte auf ein doppeltes Summerzeichen. Das ist unser „Gefahr vorüber". Wenn du ein anhaltendes, langes Summerzeichen hörst, bedeutet das „Gefahr im Anzug". Dann folge den anderen! Oft haben wir Sicherheitsübungen, und morgen wirst du auch daran teilnehmen. Jetzt aber nichts weiter, um dich nicht noch müder zu machen. Komm mit, und ich werde dir zeigen, wo du heute nacht schlafen wirst. Morgen wird sich alles andere finden."

Ich ging hinüber zu Domie, der ein wenig eingenickt war. „Gute Nacht, Domie, und vielen Dank für alles, für alles!"

Er setzte sich auf und erwiderte langsam und bedächtig: „Es ist schön, dich bei uns zu haben. Bis später."

Wir stiegen die Treppe hinauf. Vor uns lag ein langer Korridor mit vielen Türen auf beiden Seiten. Am Ende des Korridors befand sich ein großes Fenster. Da die Fensterläden fest geschlossen waren und außerdem noch die Verdunklung heruntergelassen war, konnten wir uns im hellen Licht bewegen, das dieses Haus scheinbar überall erfüllte. War es ein wenig Psychologie, um unser eingekerkertes Leben zu erhellen?

„Komm, und ich zeige dir Bas-Jan, meinen kleinen Jungen. Er ist erst achtzehn Monate alt, aber sehr kräftig. Vielleicht wird er einmal ein Bauer, so wie er jetzt schon jeden Tag im Garten schafft. Er wird nicht aufwachen. Komm und schau ihn dir an."

Er war entzückend. Ein Bündel der Freude in dieser seltsamen, anormalen Welt. Würde er je über uns plaudern, sobald er richtig sprechen lernte. Mit zur Seite gewandtem Gesicht, den Daumen im Mund, so schien er sich auf den Knien schlafend mit erhobenem Hinterteil in einer unbequemen Lage zu befinden. Tante Jo versicherte mir jedoch, daß er sehr gern so schlief. Sie hob ihn jetzt vorsichtig hoch, legte ihn auf die Seite und deckte ihn mit drei kleinen Decken zu, die zuvor wie ein kleiner Lumpenball ausgesehen hatten, in dem sich auch noch Spielzeug verheddert hatte.

„Dies ist unser Zimmer, wenn Onkel Bas zu Hause ist", klärte sie mich auf. „Bei anderen Gelegenheiten wandern wir ein bißchen herum, mit Ausnahme der Mäuse. Sie haben ihr bleibendes Domizil oben. Du wirst es morgen sehen."

Sie machte das Licht aus, und wir gingen leise hinaus auf die andere Seite des Flurs und zur letzten Tür links. Sie führte in ein kleines Zimmer, ich glaube das kleinste Zimmer im ganzen

Haus. Ruth und ich sollten dort heute nacht schlafen, bis sich alles andere ergab.

„Die Toilette ist gleich rechts unten, direkt an dieser Treppe. Jetzt ruh dich aus, und ich hoffe, du wirst gut schlafen."

Endlich allein! Ich schaute mich um und machte mich mit meinem Zimmer vertraut. Ja, es war sehr klein, aber ich mochte es sofort gern. Das Bett war breit und geräumig. Zum Glück, denn ich hatte noch mit niemand in einem Doppelbett geschlafen. Heute nacht hätte ich sonstwo geschlafen. An der gleichen Wand stand ein schmaler Tisch mit sorgfältig darunter gestellten Stühlen. Die andere Wand war ganz mit Bücherregalen bedeckt, und weiter hinten befanden sich zwei Türen. Als ich eine davon öffnete, um meine Neugierde zu befriedigen, fand ich dahinter einen kleinen dunklen Abstellraum, unser „Privatbadezimmer" mit einigen Eimern, Wasserkrügen und einer Porzellanwaschschüssel — alles für zwei sorgfältig zurechtgestellt. Die andere, kleinere Tür, dem Bett gegenüber, mußte meiner Ansicht nach ins Jungenzimmer führen. Ich unterdrückte meine Neugierde.

Da saß ich also wieder auf einem fremden Bett, in einem fremden Haus, unter fremden Leuten, ja sogar unter Nichtjuden — zum erstenmal seit so vielen Jahren. Das Dritte Reich hatte uns nicht erlaubt, uns mit Nichtjuden abzugeben. Von jetzt ab würde ich also durch und durch illegal sein.

Ich beschloß, mich dann doch fürs Bett fertigzumachen, denn es war bereits nach 2 Uhr morgens. Ziemlich unglaublich! Im Haus herrschte noch reges Treiben. Überall ging man herum. Die Mäuse gingen hin und her, hinauf und hinunter, mit Eimern, Gefäßen, Schüsseln und Papieren. Dik I und II machten das gleiche. Ruth hatte Küchendienst. Sie beteiligte sich nicht an der Aktivität ihrer Kollegen. Oder ließ sie mich taktvoll noch eine Weile allein?

Würde es mir erlaubt sein, mich einen Augenblick vom Zimmer zu entfernen? Was würde ich sagen, wenn ich irgend jemand begegnete? Vielleicht war es besser, noch ein bißchen zu warten, bis sich alles ein wenig beruhigt hatte.

Ach, wie müde war ich. Ich mußte ständig gähnen, und ich hatte furchtbaren Hunger. Tante Jo hatte gewollt, daß die Becher stehenbleiben sollten. Das bedeutete sicherlich, daß sie nochmals etwas essen würden nach getaner Arbeit. Ja, sie hatte etwas von „Abendessen“ erwähnt, und Domie hatte gemeint „bis später“.

Aber wie sollte ich mich für die Nacht überhaupt zurechtmachen? Ich hatte nichts, absolut nichts. Sollte ich Ruth oder Tante Jo etwas davon sagen? Ich wollte so gerne meine Zähne putzen, aber ich hatte doch keine Toilettenartikel. Ach, ich war ja so dreckig. Jetzt also hinausgewagt — wo war jene Toilette? Unten, neben der Treppe, hatte Tante Jo gesagt. Ich mußte einfach noch einen Gang machen, nur um mich zu bewegen. Die Teppiche fühlten sich so herrlich weich an. Es fiel einem leicht, leise darauf zu gehen. Und doch lief ich auf Zehenspitzen. Auf dem halben Weg nach unten begegnete ich der großen Maus. „Hab man keine Angst vor den quietschenden Treppen. Bald wirst du schon merken, welche Stufen du vermeiden mußt“, lachte sie.

Ich hörte Wasser laufen. Ja, das war die Toilette. Es war leicht, sie von unserem Zimmer aus zu finden. Dort drüben war die Küche. Ich hörte Domies Stimme. Ich wollte ihn noch einmal sehen. Ohne zu zögern ging ich also auf die Küche zu.

Ja, Ruth war mit der Vorbereitung des Essens beschäftigt. Das Brot sah herrlich aus, nur ein wenig weich und krümelig. Sie schnitt einen Laib nach dem andern auf. Es gab Butter, Käse und Marmelade. Auch eine Reihe von Büchsen standen da, in allen möglichen Größen und Formen. Ich sah ihr zu, wie sie jede bis obenhin füllte. „Diese rote gehört dir, Frans; du kannst sie später mit hinaufnehmen. Dies ist unsere Feldflasche; wir werden uns ihren Inhalt zum Frühstück teilen. Irgendwann in dieser Woche bekommst du deine eigene.“ Ruth hatte also Frühstücksdienst und machte auch das Abendessen.

Die ausgewaschenen Becher standen jetzt um zwei gehäufte Brotteller. In einer großen Teekanne wurde Tee aufgegossen, und diejenigen, die noch beschäftigt waren, wußten, daß nun bald Pause war.

Bald saßen wir alle auf Hockern oder Stühlen. Sie bombardierten Domie mit Fragen über die Situation in den Städten und forschten nach Nachrichten von Freunden und Verwandten. Die Stimmung war jetzt eher ruhig und ernst, und die Diskussion drehte sich um unser aller Sicherheit. Mehrfach baten sie Domie inständig, vorsichtig zu sein und nicht zuviel aufs Spiel zu setzen. Er schüttelte ruhig den Kopf und versicherte ihnen, daß sie sich darüber keine Sorgen zu machen brauchten. Das sagte er hauptsächlich deswegen, weil er einer Diskussion über dieses heikle Thema aus dem Wege gehen wollte.

Tante Jo hatte sich uns zugesellt, und ich lernte manches über die vielen Projekte, mit denen diese Leute alle beschäftigt zu sein schienen.

Die kleine Maus erhob sich wieder als erste. „Gute Nacht, Leute. Ich bin zu müde. Gute Nacht, Frans. Bis morgen. Komm, und sieh dir unsere Behausung an, ja? Gute Nacht allerseits."

Wie freundlich! Sie hatte ein extra Wort für mich.

Sie nahm ihre Dose und ihre Feldflasche, und bald folgten ihr auch die anderen.

Ich half Ruth noch beim Aufräumen, bevor wir ebenfalls von der Bildfläche verschwanden.

Domie rief mich noch einmal zurück. „Frans, mögest du hier glücklich sein. Fühle dich nie einsam. Wir sind deine Freunde. Rede frei heraus über alles, was dir Sorgen macht, und stelle einfach Fragen, wenn dir etwas komisch vorkommt. Wir sind für dich verantwortlich und werden alles erdenklich Mögliche tun, um dich durchzubringen. Du wirst dagegen eine verantwortungsbewußte Rolle bei unseren Sicherheitsvorkehrungen spielen, die für uns alle von allergrößter Wichtigkeit sind. Gut?"

„Das verspreche ich, Domie." Meine Antwort kam von Herzen.

„Du kannst mich auch Onkel Bas nennen, wenn du willst. Die Jungen tun das auch, und schließlich bist du unsere Jüngste."

Er wußte, wie mir zumute war, und versuchte mir das Einleben zu erleichtern. Lieber Onkel Bas! Ich verließ ihn mit einem festen Händedruck und Tränen in den Augen. Ich war so müde, so dankbar und sprachlos . . . Ich wollte nur ins Bett gehen, meine Augen schließen und alles Gesehene und Gehörte vergessen. Ich wollte allein sein, so tun, als ob ich schliefe, dann vielleicht wirklich einschlafen und einige Stunden in dem Land der Träume zubringen, wo Frieden herrschte — im Land der Stille und Dunkelheit, in Gottes liebenden Armen.

Ruth war schon in unserem Zimmer, als ich eintrat. „Da ist ein Nachthemd. Hoffentlich paßt es dir. Jedenfalls wird es dich warm halten. Es ist kälter hier. Wir sind so weit im Norden."

Im Norden? Ich war verwundert. Ich hätte so gern gewußt, wo ich war; aber ich wußte instinktiv, daß dies eine Frage war, die nicht gestellt werden durfte.

„Dies ist dein Handtuch. Merke dir deine Farbe und halte es bei deiner Zahnbürste und deinem Waschlappen. Wir brauchen die gleiche Seife und Zahnpasta und lassen beides hier, wenn wir von Zimmer zu Zimmer ziehen. Da unten stehen unsere Eimer. Wir decken sie zu und benutzen sie nur, wenn wir nicht hinunter dürfen. Das ist praktisch den ganzen Tag, bis am Abend der Summer für das „Alles in Ordnung“ ertönt. Es ist sehr wichtig, daß wir diese Töpfe nicht benutzen, wenn das Signal für „Ruhe“ erklungen ist. Absolutes Stillschweigen ist dann vonnöten, bis uns Tantje das „Alles in Ordnung“ Zeichen gibt.“

Ich nickte nur. Ich konnte nicht viel mehr noch aufnehmen. Wer war Tantje denn nun? Wen kümmerte es? Ein bißchen Katzenwäsche und ich schlüpfte ins Bett. Ruth beobachtete mich, als ich sie fragte, welches ihre Seite war. Es schien ihr egal zu sein, und so wählte ich die Seite neben der Wand, wünschte ihr „Gute Nacht“ und schloß meine Augen.

Wie gut tat die Dunkelheit. Es war halb vier Uhr morgens. Wann würde der Tag hier beginnen? Ach, zu schlafen, nur zu schlafen, zu träumen, nachzudenken und in Sicherheit zu sein! In Sicherheit? Ja, in Sicherheit. Das war ja das einzige Ziel während des Wettlaufs der letzten 24 Stunden gewesen.

„Allmächtiger, unsichtbarer Gott des Universums, Gott Abrahams, Isaaks und Jakobs; beschütze dein Volk und rette dein Erbe.“ Nachdem ich mein hebräisches Gebet für die Nacht hergesagt hatte, überließ ich mich dem Schlaf, der mich allmählich überkam.

Kapitel 11

Als ich wieder erwachte, strömte helles Sonnenlicht in unser kleines Zimmer. Ruth war schon auf. Die Fensterläden waren geöffnet und ließen so jeden einzelnen Sonnenstrahl herein. Auf einem Kissen auf dem Fußboden sitzend, lehnte sie an dem Bücherregal und reinigte ihre Fingernägel. Eine Zeitschrift lag auf ihren Knien. Ihr lockiges, schwarzes Haar, das sorgfältig gekämmt war, umrahmte ihr frisches Gesicht. Sie hatte noch nicht bemerkt, daß ich wach war; das gab mir die Chance einer weiteren Ruhepause. Ich schloß meine Augen noch einmal und überließ mich den Träumen und Gedanken über meine neue Existenz.

Wie lange würde dieser Krieg noch dauern? Würden die Alliierten gewinnen, oder würde Deutschland Europa besiegen und uns alle lebendig begraben? Das konnte doch nicht sein. Es würde sinnlos sein, sich zu verstecken, es wäre für die Widerstandsbewegung sinnlos, ihre illegalen Schlachten zu kämpfen, sinnlos noch den Willen zum Leben zu haben, sinnlos, ja, alles würde völlig sinnlos sein. Die Alliierten mußten einfach vorrücken, oder wir würden in der Falle sitzen . . . wie richtige Mäuse.

Tante Jo trat ein, und ich hörte, wie sie flüsterte. „Schläft sie noch?" „Sie hat sich etwas bewegt", erwiderte Ruth, „aber sie ist wohl wieder eingeschlafen. Laß sie heute morgen noch schlafen."

„Meinetwegen, aber sieh zu, daß sie vor dem Mittagessen aufsteht. Die Jungen wollen sicher bald hier herein."

„Gut, Tante Jo, ich werde schon dafür sorgen, daß sie aufsteht."

So war es also. Ich mußte aber versuchen, dieses Spiel noch ein wenig weiterzuspielen. Es war so still und herrlich bequem hier, und ich fühlte mich so entspannt. Lieber die Augen noch nicht öffnen, dann wäre alles zu Ende. Eine geraume Weile verstrich, wie lange wußte ich nicht, da kam Ruth auf das Bett zu. Sie setzte sich auf das Bett, und ich atmete so natürlich, wie ich konnte. Schaute sie mich jetzt etwa an? Liebe Güte, ich sollte mich lieber ein bißchen strecken und stöhnen . . .

„Sch, sch, es ist schon gut Frans, wach auf, aber ganz leise", flüsterte sie. „Du mußt gleich aufstehen, das Mittagessen wird bald kommen. Dann wollen die Mäuse und die Jungen auch rein."

Ich setzte mich mit einem Ruck auf.

„Siehst du das Fenster dort? Krieche immer darunter weg, geh niemals aufrecht an irgendeinem Fenster vorbei, besonders nicht, wenn die Sonne scheint."

Ich verstand. Ich kroch aus dem Bett, auf dem Fußboden entlang in unseren Waschraum; Ruth war immer noch neben mir. „Nimm deine Wärmflasche; du mußt das heiße Wasser gebrauchen, um damit dein Gesicht zu waschen. Schau, da sind nur zwei Krüge, und dieser kleine Glaskrug ist nur zum Trinken da." Zögernd fügte sie hinzu: „Während des Tages mußt du diesen Nachttopf benutzen, dann entleerst du ihn in den Eimer. Spüle den Topf mit deinem Waschwasser aus und deck den Eimer zu. Abends wird er dann geleert. Laß es mich wissen, wenn du unbedingt hinuntergehen mußt. Ich zeige dir, wie man's macht."

Wieder hatte ich etwas dazugelernt. Als ich wieder aus unserem geheimen Badezimmer kam, hatte Ruth das Bett gemacht. Davor stand jetzt der Tisch, und die Stühle waren darum gestellt. Ein Tischtuch lag ebenfalls drauf, jedoch eine einsam und verlassen daliegende blau-weiße Kordel verwunderte mich. Ich würde aber nicht fragen, denn alles hatte hier eine Bedeutung; bald würde ich es auch wissen.

Ein leises Klopfen an der Tür. „Nun, Frans? Soll ich sie reinlassen?"

„Ja", erwiderte ich.

Es war 12.30 Uhr. Die Jungen traten ein und rieben sich die Hände. Sie unterhielten sich mit Ruth. Ich hatte nichts zu sagen. Dann kamen die Mäuse auf Zehenspitzen herein und beteiligten sich an der Unterhaltung. Wieder hatte ich nichts zu sagen. Ich war nur stiller Beobachter und Zuhörer. Würden sie mich wirklich akzeptieren? Ich würde mein Bestes tun und mich strikt an die Sicherheitsregeln halten. Lily, die kleine Maus, kündigte gewissenhaft an: „Heute am späten Nachmittag haben wir eine Sicherheitsübung. Dabei wirst du alles Weitere lernen, Frans." Ich nickte ein „Dankeschön".

Drei scharfe Summertöne. Entsetzt und hilflos blickte ich auf Ruth. Dik II sprang auf und verschwand. Niemand schien beunruhigt zu sein. Elli seufzte auf: „Ah, das Mittagessen!“ Wenige Augenblicke später kam Dik mit einem Zwei-Etagen-Tablett zurück. Es schien ziemlich schwer zu sein. Ein herrlicher Duft. In den Schüsseln waren Gemüse und Kartoffeln und eine große Platte mit Fleisch. Auch Messer, Gabeln und Löffel und verschiedenfarbige Kordeln lagen auf dem Tablett.

Wir setzten uns um den Tisch. Mein Platz war auf dem Bett neben Ruth. Die Teller wurden schweigend ausgeteilt, die Bestecke zurechtgelegt, und die Schüsseln, Schöpflöffel, Salz und Pfeffer auf den Tisch gestellt. Der Pudding mit Obst kam jetzt auf die oberste Etage des Tabletts. Und was jetzt? Wir saßen alle da. Ich paßte auf und wartete ab. Die Jungen falteten ihre Hände und neigten den Kopf, und alle sagten sich „eet smakelijk“, das heißt „guten Appetit“ auf holländisch. Dann begann Ellie auszuschöpfen. Still sagte ich das hebräische Dankgebet her für dieses herrliche Essen. Die Kartoffeln lagen schon auf meinem Teller, danach das Gemüse und schließlich ein Stück Fleisch. Jetzt war der Augenblick gekommen. Mutter hatte gesagt, ich sollte einfach alles essen, gesund bleiben und mir keine Sorgen mehr über koschere Nahrungsmittel machen. Liebe Güte, wie konnte ich das denn essen? Lieber Herr, ich möchte den Sitten und Gebräuchen meines Volkes treu bleiben. Muß ich dieses Fleisch denn essen?

Lily wollte wissen, ob ich keinen Appetit hatte. Natürlich hatte ich Appetit, aber dieses Fleisch . . . „Ißt du kein Fleisch?“ fragte sie.

„Ja, doch“, versicherte ich ihr, „aber bitte nicht heute.“

„Macht nichts“, antworteten sie im Chor. Lily nahm das Fleisch auf ihren Teller und schnitt es in fünf kleine Stücke. Mit Überraschung stellte ich fest, daß die anderen ihr extra Stückchen Fleisch richtig herunterschlangen.

Jetzt genoß ich mein Essen auch, ein Essen ohne weitere Hindernisse. Die Soße schmeckte herrlich, und ich zerdrückte sie mit den Kartoffeln. Während ich aß, hörte ich einer interessanten Unterhaltung zu. Sie glich recht wenig dem normalen Geschwatze des täglichen Lebens in einer Welt von Soldaten, Verhaftungen, Razzien und Ausgangssperren.

Sie sprachen vom Wetterbericht, Windstärken, in deren Schutz sie Weizen mahlen und Mehl machen konnten, um für einige Tage ihr Brot zu backen. Es schien so, als ob manchmal das Mahlen gar nicht möglich war. Es war zu geräuschvoll, zu gefährlich, da diejenigen, die am Haus vorbeigingen, es hören konnten. Dann mußten sie das Brot, da es rationiert war, bei Bäckereien in der ganzen Umgebung kaufen. Kein Verdacht durfte erregt werden, daß dieser Haushalt mehr Brot brauchte als normal.

Sie sprachen über den Britischen Überseenachrichtendienst. Ich war völlig verwundert. Was wußten sie denn davon?

Sie sprachen davon, eine Zeitung zu drucken. Wer war heute nachmittag dran? Sie wollten mich, glaube ich, in die Behausung der Mäuse bringen.

Sie sprachen davon, daß sie Nachrichten brauchten, Listen anfertigen mußten, denn heute abend spät würde Nopje kommen. Wir wurden unterbrochen. „Tag, Tantje", riefen sie im Chor. Das fröhlichste junge Mädchen, das ich seit langem gesehen hatte, betrat unser Zimmer. Ein Lächeln überzog das ganze Gesicht, und dann brach sie in herzhaftes Gelächter aus über den Willkommensgruß, den sie erhielt.

Sie machten ihr für das wunderbare Mittagessen Komplimente und lobten sie auch für andere kleine Liebesdienste, die sie während ihres freien Tages getan zu haben schien. „Hier ist Frans, unser Neuankömmling", sagten sie alle zusammen.

„Ja, ich habe schon alles über dich gehört, Frans", strahlte sie. „Ich hoffe, du wirst hier glücklich sein."

„Nett, dich kennenzulernen, Tantje", lächelte ich. Ich zog mich zurück und setzte mich wieder aufs Bett. Wie wünschte ich, daß sie nicht mit mir sprechen würden! Was konnte ich denn schon sagen? Ich fühlte mich dem allem noch gar nicht gewachsen. Sie hatten sich alle so aneinander gewöhnt, und ich wollte in ihrer Gemeinschaft nicht störend wirken. Wie würden sie alle meine Ankunft verkraften? Ich war entschlossen, darüber zu wachen, daß ich sie nicht belästigte, daß alles in der gewohnten Weise weiterging und daß sie mich allein ließen. Ich würde lernen, freundlich, höflich und still zu sein und niemand Sorgen oder Kummer zu machen.

Ruth zeigte mir das blau-weiße Stückchen Kordel. „Das ist deins", informierte sie mich. „Merke dir deine Farbe. Du brauchst es, um damit dein Besteck zusammenzubinden, so wie wir es gemacht haben." Kichernd fügte sie hinzu: „Du mußt es sauberlecken, auch deinen Teller, denn wir brauchen beides wieder zum Tee. Bis zum Abend wird nicht abgewaschen. Wir waschen das Geschirr der ganzen Familie auf einmal ab. Das spart Wasser, unnötigen Lärm und Zeit."

Ich band mein Besteck wie angewiesen zusammen. Tantje nahm das Tablett und verließ uns mit einem leisen „Macht's gut".

„Nun ja", meldete sich jetzt Ellie, „also bis halb fünf. In Ordnung? Ich muß noch etwas erledigen. Bis bald." Lily folgte ihr.

„Komm hier durch, Frans", bat Dik II, „und schau dir unser Zimmer an. Von da aus kann man einen Blick auf die Straße werfen."

Ich entschuldigte mich bei Ruth und folgte den Jungen durch die kleine, schmale Tür. Ich hatte also am vorigen Abend recht gehabt. Die kleine Tür führte ins Jungenzimmer.

Es war wunderhübsch! Ein richtiges Zimmer mit Teppichen, Frisierkommode, zwei Schränken und der schönsten Tagesdecke, die ich je gesehen hatte. Zwei Ehebetten waren durch ein gemeinsames Kopfende verbunden und hatten zwei Nachttischchen an beiden Seiten. Es war ein helles Zimmer mit bunten Vorhängen.

„Das ist eigentlich das Gästezimmer", klärten sie mich auf. „Deins gehört eigentlich Tantje, aber die teilt jetzt ein Zimmer mit Nopje im Erdgeschoß. Wir rücken alle ein bißchen zusammen", meinte er so nebenbei.

Ich nickte. Da war die Straße. Sie hielten mich zurück, damit ich dem Fenster nicht zu nahe kam. Ich hatte es schon wieder vergessen. Es war kein Verkehr auf der Straße, außer einem herannahenden Fahrrad. Wir mußten uns auf dem Land befinden. Dem Haus gegenüber stand eine kleine Kirche, und zur linken Hand war Betrieb. Dort befand sich ein Laden. Die Jungen bestätigten es. Ein Auto kam heran, und wir traten ein wenig zurück. Sie lächelten: „Gut, du beginnst zu lernen."

„Vielen Dank, daß ihr mir euer Zimmer gezeigt habt. Bis später dann, ich werde jetzt doch lieber gehen." Und wieder zog ich mich in den privaten Bereich meines Zimmers zurück. Meines Zimmers? Unseres Zimmers? Unseres Zimmers!

Ruth war nicht da. Alles war aufgeräumt, und ich setzte mich auf einen Stuhl. Was nun? Ich konnte doch hier nicht herumsitzen und tagaus, tagein nichts tun. Gewiß, es gab viele Bücher, und ich würde viele davon auch lesen, aber nicht heute. Ich war schon wieder müde, doch sollte ich lieber nichts unternehmen. Bald würde es halb fünf sein, dann konnte ich die Leiter in höhere Sphären hinaufsteigen. So saß ich da und hing meinen Erinnerungen nach und dachte an all das, was geschehen war, und wie ich hierher gekommen war. Eigenartig, sehr eigenartig!

Domie kam leise herein. Jeder war hier leise. Ich stand auf, aber er bedeutete mir, sitzenzubleiben. Er blieb fast eine halbe Stunde. Ich genoß seine Gesellschaft richtig.

Er sprach so natürlich, so vertrauenerweckend und zerstreute alle Zweifel, die ich vorher gehegt hatte. Er stellte Fragen über mein Zuhause, meine Eltern, meine Familie und meine Vergangenheit. Ich erzählte ihm alles, und er hörte zu, mit aufrichtigem Interesse. Er meinte, daß der Krieg nicht mehr lange dauern konnte, und daß bald alles wieder normal sein würde.

Er erklärte, daß er am gleichen Abend wieder fort müsse, daß er jedoch am Samstag um Mitternacht wieder zurück sein würde. Weitere Arbeit erwartete ihn in Amsterdam.

Es war nicht schwer zu kombinieren, daß er wohl nach seinem Beutezug auf das Rathaus gehen würde, um seine Beute nach Amsterdam zu bringen und somit die Widerstandsbewegung mit Lebensmittelkarten und Kennkarten zu versehen. Was für ein Mann das war!

„Auf Wiedersehen, Frans. Ich werde dich nicht vor dem Wochenende wiedersehen, mach's gut! Ich hoffe, du wirst dich bald einleben."

„Ja, Domie, vielen Dank, vielen, vielen Dank." Fort war er. Ich war dem Weinen nahe. Warum konnte ich es eigentlich nicht? Es würde mir so gut tun und mich erleichtern. Ach, Domie, warum mußtest du fortgehen? Warum hatte diese Welt nicht mehr Menschen wie ihn? So bescheiden, so ehrlich, so offen und so rein. So reif und doch so jungenhaft und abenteuerlustig. Warum tat er das alles? Was war er? Wer war er? Was für einen Beruf hatte er? Moment mal . . . nein, das konnte doch nicht sein? Vielleicht war er hier beschäftigt? Nein, er war nicht der Typ eines Schreibers. Aber da war diese Kirche, und sie nannten ihn „Domie". Was bedeutete das? Es konnte, es mußte, ja es war eine Abkürzung für Dominee. Das ist das holländische Wort für Pfarrer, der Pfarrer dieser Kirche vielleicht? Das bedeutete also, daß er

Christ war. Liebe Güte! Ich hatte von Nonnen gehört, die jüdische Kinder aus der Hand des Feindes gerettet hatten. Sie wurden dann in den Klöstern verborgen und später getauft. Ach mein Gott, bewahre mich vor solch einem Schicksal. Laß mich nicht von Christen gefangengenommen werden. Ich möchte dir treu bleiben. Lieber mit meinem Volk sterben, als wie ein Christ leben.

War meine Angst überhaupt begründet? Vor wenigen Augenblicken noch hatte ich Domie wegen seiner Reinheit und Ehrlichkeit bewundert. Nein, er konnte nicht einer von diesen Leuten sein. Er war weder eine Nonne noch ein Priester. Er war ein gewöhnlicher Mann, nein, ein außergewöhnlicher Mann. Ich würde ihm vertrauen, selbst wenn er ein Dominee war. Schließlich würde er meinen Glauben respektieren. Ich hatte nichts zu befürchten. Unser Gott war schließlich der einzige wahre und lebendige Gott, der Gott, der Himmel und Erde geschaffen hatte und alles, was darinnen war. Er konnte und würde nicht von irgendwelchen falschen Götzen übertroffen werden. Der, der die Jahrhunderte hindurch gesiegt hatte, würde auch jetzt Sieger bleiben. Mein Glaube war gestärkt. Ich war sein durch meine Geburt.

Ruth erschien wieder. „Fertig, Frans, die Mäuse warten auf dich." Wir gingen auf Zehenspitzen den Korridor hinunter und standen plötzlich vor einem angsterregenden Loch mit einer Leiter. „Geh du zuerst", schlug ich Ruth vor. Sie war bereit dazu und stieg, ohne die geringste Furcht, auszugleiten und herunterzufallen, hinauf. Ich folgte. Drei lächelnde Gesichter erwarteten mich. Wie in aller Welt kamen sie diese Leiter mit ihren Eimern, Schüsseln, Krügen und dem anderen Zeug herauf und hinunter? Unglaublich! Na, schön, ich würde es auch versuchen. Vorsichtig Stufe für Stufe hinaufsteigend, erreichte ich den Boden. Was ich sah, überraschte mich sehr. Man mußte jetzt jedes Wort auf die Goldwaage legen. Es war mir schier unmöglich, meine wahren Gefühle zu zeigen.

Arme Mäuse, was mußten sie für ein Leben führen, ausgeschlossen von Gottes herrlicher Welt auf solch einem Boden. Und doch war es besser, als bis zum bitteren Ende in einem jener Todeslager zu existieren.

Sie warteten auf mein Urteil, aber alles, was ich vorbringen konnte, war: „Danke für euren Willkommensgruß. Es tut mir leid, daß ich mich so dumm anstelle." Der Boden war schmutzig, staubig und vollgestellt mit allen möglichen unbrauchbaren Dingen. Ich schaute mich um und folgte ihnen vorsichtig durch dieses Durcheinander, bis hin zu ihrem eigentlichen Zuhause.

„Na, das ist ja toll. Ihr vollbringt wahre Wunder. Habt ihr das alles selbst gemacht?"

Von groben Vorhängen abgeteilt, lag jetzt ihr Schlafzimmer vor mir. Einfache Eisenbettstellen und einige frauliche Gegenstände. Das war alles. Ellie erklärte: „Nichts als der Tisch darf bleiben, wenn das Gefahrensignal ertönt. Wir müssen innerhalb von Sekunden jedes Lebenszeichen hier oben ausgelöscht haben und dann verschwinden. Die Vorhänge werden heruntergerissen und wir bringen das Bett mit Zeitungen und alten Säcken durcheinander. Es muß genauso unaufgeräumt aussehen, wie jeder andere Boden auch. Das gibt natürlich eine ziemliche Aufräumerei, wenn die Gefahr wieder vorbei ist, das kannst du dir sicher denken."

Ich verstand. Jedenfalls ein bißchen.

„Das gleiche gilt auch für dich und die Jungen. Ruth wird dich schon einweihen, nicht wahr, Ruth? Regel Nummer eins für uns alle hier heißt: ‚Richte dich nicht zu häuslich ein! Mach dich nicht zu breit! Sei immer bereit, innerhalb von Sekunden zu verschwinden.'" Wie leicht kann man eine Situation falsch beurteilen. Absichtlich machten sie diesen Boden so unbewohnt wie möglich. Keine Razzia konnte irgendein Zeichen von Leben feststellen. Konnte das denn überhaupt möglich sein?

Glücklicherweise wußte niemand, woran ich dachte, sie waren nur bereit, mich „einzuweihen".

„Da, wo die Betten stehen, gibt's eigentlich nicht viel zu sehen, aber schau zwischen den Balken dort", meinte Ellie. Ich bemerkte nichts, doch tat ich so, als ob ich etwas sah. „Siehst du, dort hören die Jungen Radio London ab. Wir erhalten von dort wahre Nachrichten über den Vormarsch der Alliierten und den Krieg im allgemeinen. Wir erhalten Geheimbotschaften, die nur für unsere Organisation bestimmt sind. Wir helfen alle beim Abschreiben der Nachrichten, und einige Schulkinder, die wir geprüft und als absolut ‚sicher' befunden haben, nehmen einige zwischen ihren Schulbüchern in die Stadt mit. Dort übergeben sie sie den von uns bestimmten Lehrern, wenn sie ihre Hefte zur Korrektur vorlegen. Niemand spricht ein Wort, Frans, sie handeln nur und werden somit ein Teil jener großen Widerstandsbewegung, die den Feind unterminiert. Sie sind absolut vertrauenswürdig. Kein Klassenkamerad weiß etwas vom anderen, niemand weiß, wer was tut. Selbst ihre Eltern wissen nichts. Domie wählt seine Kinder aus dem Religionsunterricht aus. Ist das nicht gut durchdacht?"

Ich konnte nur meinen Kopf schütteln, ich war einfach sprachlos. „Was für Menschen, einfach unglaublich, selbst Kinder!" murmelte ich.

„Ja, selbst diese Kinder", fuhr Ellie fort. „Aber du hast Sientje noch nicht kennengelernt. Sie ist einfach wunderbar. Sie arbeitet hier täglich und hilft Tante Jo und Tantje und paßt auf das Baby auf. Sie weiß alles über das geheime Leben in diesem Haus, doch ihre Eltern wissen gar nichts, noch nicht einmal ihr Freund. Sie führt das normale, glückliche Leben eines normalen Teenagers, und doch trägt sie innerlich mit an unserer Last."

Ich konnte auch weiterhin nur in völliger Verwunderung den Kopf schütteln. Was konnte ich denn dazu sagen? Lily mischte sich jetzt in die Unterhaltung ein: „Dies ist die Mühle. Hier mahlen wir unser Getreide, wenn es draußen tüchtig stürmt. Der Motor macht einen entsetzlichen Lärm, aber wenn es stürmt . . . dann wird alles gemahlen, was wir vorrätig haben, und das bringt uns dann wieder einige Wochen lang durch. Dik I ist unser Bäcker. Du solltest ihn mal bei der Arbeit sehen, er macht das toll. Hast du heute morgen das Brot gekostet?"

Als ich ihr sagte, daß ich heute bis zum Mittagessen geschlafen hatte und folglich seine Bäckerkunst verpaßt hatte, kicherte sie vergnügt.

„Dann geh und hole es. Wir werden uns das zum Nachmittagsimbiß teilen. Ich habe noch etwas Jaffa-Saft, und du spendierst das Essen." Das klang ganz nach einer Party. Ich würde also den gefährlichen Abstieg wagen, um das Brot zu holen.

„Bleib erst mal hier", rieten die Mäuse. „Warte, bis die Jungen heraufkommen, vielleicht sind sie bereit, dir ihren Geheimsender zu zeigen."

Die Jungen kamen denn auch bald, aber sie beteiligten sich nicht an der Party der Damen. Sie begannen ihre „Apparate", was auch immer das sein mochte, zu ölen, und sie kletterten in den Balken herum wie Affen. Sie holten heran und befestigten irgendwelche Dinge, trugen herum und änderten. Wozu all diese Geschäftigkeit, fragte ich mich? War das denn nötig? Wie füllten sie nur ihre Tage aus und sahen dabei noch beschäftigt aus?

„Du mußt unsere Fitness-Stunde mitmachen“, schlug Ruth vor. „Du brauchst das, und es macht Spaß.“

Als ich mich erkundigte, in welcher Form diese Stunde abgehalten wurde und wann, versicherten sie mir, daß sie immer stattfinde, und sogleich stellten sich die fünf Affen, wie ich sie im geheimen nannte, auf, hielten sich am waagerechten Balken fest und begannen in wundervoller Formation ihre Beine hin und her zu schwingen.

„Das ersetzt den täglichen Spaziergang“, erklärten sie.

„Aber laßt uns mal ein bißchen ruhiger werden“, meinte die große Maus, „wir überwältigen unser Baby ja mit allem, was wir hier tun. Ruth, hole du doch bitte Frans' Frühstück. Ich werde den Jaffa-Saft schon eingießen, und wir machen es uns ein bißchen gemütlich. Frans kann uns dann vom Leben draußen in der großen Welt erzählen.“

Ruth ging und kam gleich wieder zurück. Ich hatte nichts gehört. Es war wirklich unwahrscheinlich, wie leise sie alles machten.

Wir saßen in dem von Vorhängen abgetrennten Mauseloch auf Betten, Tischen und dem Fußboden. Wir fühlten uns geborgen, durch das gemeinsame Band der Illegalität und der Abgeschlossenheit von der Welt verbunden. Daß die Mäuse hier schon über ein Jahr und die Jungen fast ebenso lange gelebt hatten, war ein Gedanke, den ich nicht fassen konnte. Wie war das nur möglich? Dies war doch erst mein erster Tag, und doch schien er mir wie Jahre, die vergangen waren. Ihre Fragen waren endlos. Was Domie ihnen nicht sagen konnte, mußte ich jetzt tun. Ich erzählte ihnen von diesem letzten Jahr. Die Versuche, den Verhaftungen zu entkommen, die jetzt alle Menschen betrafen. Dann die Razzien, die rohe und gleichgültige Haltung der Soldaten. Das Ende des Krankenhauses. Sie fragten nach meiner eigenen Familie, meinem Zuhause und meinen Habseligkeiten.

Es war ein Nachmittag, der uns allen zu Herzen ging, wahrscheinlich der erste und der letzte.

Für alle war es ein ungewöhnlicher Tag gewesen. Domie hatte sich zu uns gesellt und uns ermuntert, nicht den Mut zu verlieren, weiterzumachen und durchzuhalten, selbst wenn wir am Ende unserer Kraft waren. Kein anderer konnte uns so aufrichten wie er. Seine jungenhafte Persönlichkeit strahlte Ruhe und Frieden aus. Seine humorvolle Art konnte alle Furcht und Angst verbannen. Mut und Entschlossenheit wurden zu unseren Krükken; um seinetwillen wollten wir damit gut gehen können.

An jenem Abend verließ er uns zu einer weiteren Hilfsaktion, dann würde das Leben wieder eintönig werden. Das meinten wenigstens die alterfahrenen Insassen.

„Psst." Dik II rannte zur Leiter. Es war Tantje. „Leute, heute abend gibt es den Tee früher; es ist Konfirmandenunterricht. Die Kinder kommen um 6.30 Uhr." Wohl irgendein Klub, stellte ich mir vor. Einer nach dem andern kletterten wir nach unten. Ich mochte die Leiter nicht und war froh, das Tageslicht in unserem Zimmer wiederzusehen.

Was sollte ich jetzt machen? Ich setzte mich hin, stand wieder auf, nahm ein Buch, setzte mich wieder hin, tat so, als sei ich darin völlig vertieft, und überzeugte Ruth damit, daß ich mich schließlich eingewöhnt hatte.

Drei schrille Summertöne. Fragend schaute ich auf.

„Tee!" sagte sie. „Die Jungen werden ihn holen."

Ich nickte. Sie erschienen bald wieder mit dem üblichen Tablett, einer Teekanne und Bechern. Die obere Etage war beladen mit selbstgemachtem Brot, Butter, Marmelade, einem großen Stück Käse und einem Topf voll Sirup.

Ich hatte eigentlich keinen Hunger und machte so, als freute ich mich auf das Essen, indem ich wie sie erwartungsvoll meine Hände rieb. Ich aß langsam, um ihre Fragen zu vermeiden. Wenn ich doch nur unsichtbar wäre. Sie schienen so zufrieden und glücklich miteinander. Warum hatte Domie mich hierhergebracht? Brachte meine Gegenwart nicht ihre Einmütigkeit und Routine durcheinander? Die Mädchen hatten sich aufeinander eingespielt, die Jungen waren Kameraden und ihre Kavaliere. Ich war so unreif, so unerfahren. Ich mußte irgendeinen Weg finden, um auch dienen zu können. Ich konnte ja allerhand tun, wenn sie mich nur lassen würden, wenn ich ihnen nicht die Arbeit wegnahm. Das war das Problem: zu viele Menschen, zu wenig zu tun, um so viele Arbeitsstunden auszufüllen.

Die Jungen besprachen Tante Jos Vorschlag. Wir sollten morgens früher aufstehen, ein normaleres Leben führen, eine regelmäßige Zeiteinteilung haben, um uns aufzumöbeln und festgesetzten Pflichten nachzugehen; und uns dann abends zu einer vernünftigeren Zeit zurückziehen.

Wir widersetzten uns mit aller Macht solchen Regeln und Vorschriften. Konnte sie uns mit all ihrer Liebe und gutem Willen nachfühlen, wie uns zumute war, wenn wir in verschiedenen Zimmern während des Tages eingesperrt waren? Wie herrlich war es, sich nach Mitternacht frei durch das Haus zu bewegen und sich in diesem Zustand der „Halb-Freiheit“ zu befinden! Wir wollten uns erst zurückziehen, wenn unser Körper und unsere Augen wirklich müde waren . . . und dann ausschlafen, bis wir zu einem neuen Tag erwachten, der wieder unsere ungeteilte Aufmerksamkeit, Vorsicht, Stille und Geduld erforderte.

Es stimmte, wir mußten aufeinander Rücksicht nehmen. Tante Jo mußte sich früher zurückziehen, denn sie hatte immer einen anstrengenden Tag vor sich . . . die Verantwortung für ihren kleinen Jungen, ihr Haus, unser aller Sicherheit und einen Klub, den sie leitete. Sie war eine äußerst aktive Frau und brauchte ihre Ruhe.

Auf der anderen Seite führten wir wieder ein völlig anderes Leben. Wir brauchten mehr Schlaf am Tag, damit er nachts kürzer wurde und deshalb mehr Betätigung möglich war. Wir wollten unser Bestes tun für diejenigen, die früh aufstehen mußten, so leise wie möglich zu sein.

Während ich ihrer Diskussion zuhörte, erkannte ich ihre Probleme. Dies schien der gefährlichste Teil des Tages zu sein, die Zeit, in der der Summer uns immer wieder unerwartet zu völliger Stille rief, wenn Besucher ins Haus kamen. Niemand durfte durch seltsame Geräusche oben Verdacht schöpfen. Alle sichtbaren Familienmitglieder mußten auch weiterhin ein normales Familienleben vortäuschen.

Wir machten uns für den Abend fertig. Die Mäuse zogen sich auf ihren Boden zurück, um „dies und jenes“ zu erledigen. Die Jungen nahmen sich ein Buch vor, und ich machte es ebenso. Ruth nahm ihr Nähkästchen zur Hand. So verstrichen die Stunden.

Oft hörten wir die Türglocke gehen. Viele junge Stimmen waren zu hören, die sich mit Domies, Tante Jos Lachen und den Stimmen der Besucher vermischten. Auch den kleinen Bas-Janneke hörte man jetzt. Er mußte den ganzen Tag mit Sientje draußen gewesen sein. Sie war ihm eine richtige Kindertante. Mir wurde gesagt, daß er sie und ihre Familie richtiggehend anbetete. Und das war gut so; denn dieses Haus war für einen kleinen, heranwachsenden Jungen schon eine eigenartige Umgebung. Was würde geschehen, wenn er erst einmal richtig sprechen konnte? Würde er dann irgend jemand von uns sagen? Würde er uns verraten? Er konnte „Mäuse" sagen, jedoch würde das nichts besagen. Auf dem Land kannten die meisten Menschen eine Mäuseplage.

Sie hatten mir gesagt, daß ich den kleinen Kerl an jenem Abend sehen würde. Aber ich mußte mich gedulden, bis er kam, vielleicht vor dem Zubettgehen. Ich wollte ihn so gern sehen. Das Leben schien nicht ganz so ernst, wenn ein Kind da war. Eine große Stille umgab uns. Wir hörten nur zu, doch zu dem Leben um uns gehörten wir nicht.

Was war wohl gestern in der Stadt geschehen? Sie mußten mich im Krankenhaus vermißt haben. Wahrscheinlich verhaftet, würde man meinen. Und doch waren wir sicher. Sicher, solange uns niemand fand. Wenn meine Eltern das doch nur wissen würden. Wo waren sie jetzt wohl? Arme, arme Eltern, vielleicht waren sie in furchtbarer Not, in Kälte, Hunger und sicherlich ohne ein richtiges Obdach, Zurückgezogenheit und Kleidung. Ob sie noch beisammen waren? Ich bezweifelte das. Ach, meine liebe, liebe Familie! Warum? Ach warum nur? Im tiefsten Herzen hoffte ich aber doch, daß sie nicht mehr in dieser elenden Welt leben würden. Es war unerträglich, daran zu denken, daß sie zu schwerer Arbeit verurteilt, irgendwo beim Straßenbau oder in einer Kiesgrube waren. Unsinn! Wie konnten denn Tausende solche Arbeit tun. Sie wurden einfach nicht gebraucht, sie waren überzählig, ungewolltes Leben . . . ach, Herr, die Ausrottung war doch das einzige Ziel dieser furchtbaren Behandlung. Nein, sie konnten ja nicht mehr am Leben sein. Es war jetzt September, und ich hatte seit April keine Nachricht mehr erhalten. Fünf Monate waren vergangen, fünf Monate im Strudel des Lebens, und jetzt . . . jetzt war es zum Stillstand gekommen, plötzlich, abrupt und zur Stille verurteilt. Jetzt hatte ich Zeit zum Nachdenken. Es war alles Wirklichkeit gewesen. Wir mußten uns immer noch durchschlagen, jedoch nur in einer Hinsicht. Andere bestimmten endgültig über unser Leben . . . zum Guten. Dort bestimmten andere ebenfalls über ihr Leben . . . zum Verderben. Liebe Mutter, lieber Vater, warum, ach warum nur mußtet ihr soviel Herzeleid, soviel Schweres und einen so großen Verlust in eurem Leben ertragen? Würde ich das je verstehen? Wenn ihr leidet, macht ihr euch dann noch Sorgen? Mögt ihr doch keinen Kummer und keine Sorgen mehr wahrnehmen und nur noch existieren, bis der Allmächtige euch befreit und ihr in seinen schützenden Armen ruht . . . für immer . . . bis wir uns wiedersehen.

O nein, ich mußte mich zusammennehmen, ich durfte nicht weinen. Ich würde in unser kleines Badezimmer gehen, die Tür schließen und dort weinen, wo niemand mich sehen konnte. Alle waren so still. Ruth las jetzt auch. Vorsichtig erhob ich mich vom Bett. Sie blickte auf und bedeutete mir, mich wieder hinzusetzen, indem sie ihre Finger über ihren Mund legte.

Nein, bloß das nicht! Herr, hilf mir, Vater, Mutter . . . bittend schaute ich Ruth an. Dann preßte ich mein Gesicht in meine Schürze und weinte so bitterlich und leise wie nie zuvor. Sie ließ mich allein; ich war dankbar dafür. Jetzt schämte ich mich nicht mehr. Ich fühlte mich nur so allein, ich war so hoffnungslos, so unfähig zu helfen, und so am Ende meiner Kräfte. Ach, mein Gott, nimm mich doch auch, warum denn mich nicht?

Nachdem ich mich beruhigt hatte, war ich erleichtert und entspannt, doch auch gedemütigt und scheu, denn Ruth würde es natürlich den andern erzählen. Still legte ich mich aufs Bett und schloß die Augen. Und wieder täuschte ich Schlaf vor. Dort würde ich nun bleiben, bis uns das „Alles-wieder-in-Ordnung"-Signal unsere abendliche Freiheit wiedergab.

Ruth las immer noch, und schließlich schlief ich ein.

Als ich aufwachte, war es draußen bereits dunkel. Die Fensterläden waren geschlossen, das Licht war an, und die Tür stand weit offen. Ich sah, wie die Jungen gerade nach unten gingen. Ruth stand auch da mit einem Bündel Wäsche im Arm. Domie kam herein. Er war so gekleidet, wie ich ihn kennengelernt hatte. „Macht's gut, ihr alle, und du besonders, Frans. Am Wochenende sehen wir uns wieder. Ich muß jetzt gehen, oder ich verpasse meinen Zug."

„Auf Wiedersehen, Domie", rief Ruth, „sei vorsichtig."

„Auf Wiedersehn, Domie", fügte ich hinzu, „paß auf."

Wir hörten, wie er die Treppe hinunterlief, er winkte uns noch einmal zu. Tante Jos Stimme: „Auf Wiedersehen, Gott segne dich. Sei vorsichtig!" Sie schlossen die Tür. Eine dunkle, mondlose Nacht nahm ihn auf, als er sich wieder auf den Weg machte, diejenigen zu suchen und zu retten, die andernfalls für immer verloren waren.

Tief in Gedanken versunken, schaute ich auf die Treppe, wo noch vor einigen Augenblicken mein Retter verschwunden war, um andere zu retten.

Ruth unterbrach meinen Gedankengang und fragte, ob ich gut geschlafen hätte und ob ich nicht mit den andern herunterkommen wollte, um bei der Arbeit zu helfen. Ja, das wollte ich sehr gerne. Es fiel mir leicht, die anderen zu kopieren und meinen gesunden Menschenverstand zu gebrauchen.

Meine Aufgabe von jetzt ab war die Reinigung unseres Badezimmers, der Regale und Toilettenartikel im allgemeinen. Es war herrlich, wieder beschäftigt zu sein.

Es war gerade noch genug Wasser in dem Krug, um den Topf auszuspülen. Vorsichtig goß ich es in den Abfalleimer. Das Reinigen dieses Eimers und das Desinfizieren war immer die erste Pflicht des Abends. Sobald das einmal aus dem Wege war, fühlte man sich normaler und menschlicher.

Zweitens kam die Waschschüssel. Ich nahm sie mit nach unten und reinigte sie sorgfältig. Dann der zweite Eimer mit dem Waschwasser des Tages. Vorsichtig ging ich damit die Stufen hinunter, denn er war schwer, und ich wollte nichts verschütten. Tante Jo bestand darauf, daß viel Wasser den an sich sonst überladenen Rohren dieser einen Toilette guttun würde. So entleerte ich ihn ebenfalls. Als beide Eimer wieder sauber und gebrauchsfertig für den nächsten Tag an ihrem Platz standen, konzentrierte ich mich darauf, alle Behälter zu füllen: die großen Krüge zum Waschen und Ausspülen und zwei kleinere mit Trinkwasser.

Ruth war noch mit der Wäsche beschäftigt, und so verrichtete ich noch weitere Arbeiten, die, wie ich wußte, zu unseren Pflichten gehörten. Die anderen liefen mit Frühstücksdosen und Feldflaschen herum. Ich machte ihnen alles nach.

Ich holte unsere Dosen und Feldflaschen und stellte sie auf das Abtropfbrett in der Küche. Die Feldflaschen wurden ausgespült und mit Wasser gefüllt, die Dosen ausgewaschen.

Da ich meinte, daß die Jungen mit ihrem Mop und Staublappen fertig waren, bat ich sie darum, aber sie zeigten mir noch andere Besen, Mops und Staubtücher. Es waren also genug für uns alle da. Mit einer ganzen Kollektion von „Werkzeugen" ging ich die Treppe wieder hoch. Man suchte richtig nach Entschuldigungen, um diese Jakobsleiter zu benutzen, eine gesunde und gute körperliche Betätigung nach all den Stunden gewaltsamer Unbeweglichkeit.

Nachdem es dunkel geworden war, verging die Zeit schnell. Bald war es Mitternacht. Nachdem alle Arbeit getan war, versammelten wir uns um den Tisch in der geräumigen Küche. Lily hatte unser Essen vorbereitet. Der Tee stand bereit, das Brot war mit Butter bestrichen, und jetzt konnten wir herumsitzen und uns entspannen. Tante Jo kam herein, um uns gute Nacht zu wünschen. Das Geplauder begann: dummes Gerede, ernsthafte Gespräche, Nachrichten, Klatsch und, was am wichtigsten war, Arbeiten wurden verteilt, die an jenem Abend noch ausgeführt werden mußten.

Das Geschirr vom Mittagessen und vom Tee mußte noch abgewaschen werden, die Kartoffeln waren zu schälen, das Gemüse zu putzen, Frühstück vorzubereiten und Feldflaschen zu füllen. Wir hatten noch köstliche Stunden vor uns.

Ich hörte zu und lernte dabei. Bald gab es Bohnen zu pflücken, und sie mußten vorbereitet und für die Wintermonate eingemacht werden. Es war eine ziemliche Arbeit, aber Tante Jo hatte eine Schneidemaschine. Nachdem sie gewaschen und abgezogen waren, kamen sie in ein kleines Loch, ein Griff drehte eine Schneidescheibe, und heraus kamen die fadenfreien, sauber geschnittenen Bohnen. Wir würden uns alle an dieser Arbeit beteiligen, bis alle Bohnen eingemacht und sicher verstaut in der Vorratskammer standen. Als ich sah, wie zur Erhaltung unseres Leibes vorgesorgt war, konnte ich nur staunen. Da standen stapelweise Flaschen und Gläser aller Art. Karotten, Erbsen, Blumenkohl, Kohl, Bohnen, Kirschen, Stachelbeeren, Erdbeeren, Brombeeren: alles der Ertrag dieses reichen und fruchtbaren Landes und Gartens. Die Mäuse hatten die meiste Arbeit getan, lange bevor die Jungen gekommen waren und sich der Arbeitsparty anschlossen. Einige Male in der Woche wurde eine Flasche aufgemacht und verbraucht, und so mußte der Vorrat mit Früchten der Jahreszeit immer wieder neu aufgefüllt werden. Sie redeten und redeten, informierten mich und fragten mich aus, und als es drei Uhr morgens war und unsere Konferenz sich ihrem Ende nahte, war ich froh, allen anderen voran in „höhere Gefilde" zu steigen.

Und das waren der Abend und Morgen meines ersten Tages.

Kapitel 12

In der zweiten Nacht wollte kein Schlaf kommen. Zuviel war auf mich eingestürmt. Ich hatte mehr gesehen und gehört, als jedes Buch beschreiben konnte. Ich konnte mir so richtig vorstellen, wie eintönig und uninteressant ihnen das Leben jetzt vorkam, nachdem das Schwein fort war. Gerade hatten sie die ganze Einmacherei hinter sich. „Das sollte uns den Winter über durchbringen", sagten sie. „Ih! Schweinefleisch, wie ekelhaft!" Vielleicht schmeckte es ja auch ganz gut; ich würde es abwarten. Wir hatten Schweinefleisch nie berührt, es war gegen unsere religiösen Sitten und Gebräuche. Ich dachte, „es ist doch seltsam, wie verschiedene Menschenrassen Gerichte haben, die ihnen allein zusagen, wie zum Beispiel schokoladenüberzogene Käfer, Aale, Austern, Schweinefleisch und hunderterlei andere Dinge, von deren Existenz ich noch nie gehört hatte."

Der Schlachter war gekommen und hatte ihr geliebtes Tier ein für allemal zum Schweigen gebracht. Niemand hatte von ihm gewußt. Ein einheimischer Bauer, der von ihrer Not wußte, hatte es ihnen als kleines Ferkel geschenkt, und seither war es bei ihnen gewesen. Tief unter dem Kirchensaal hatten sie ein tiefes Loch oder einen Schweinestall gegraben; dort wuchs Rosie heran, ihrem unentrinnbaren Schicksal entgegen. Sie wurde gefüttert, saubergehalten und von Tag zu Tag verwöhnt, das heißt Nacht für Nacht. Die verborgene Familie und die verborgene Rosie wurden Freunde. Jetzt war ihre Stimme verstummt, und sie lag begraben und zerbrochen in fest verschlossenen Einmachgläsern.

Arme Rosie, sie war für viele geopfert worden. Jetzt würde ich den „Untergrund-Schweinestall" sehen, unser Fluchtweg, wenn der Summer bei Gefahr ertönte. In diesem nun nicht mehr gebrauchten Loch befanden sich Bänke; auch einige große Milchkannen aus Aluminium, die wichtige Papiere, Fotos und Manuskripte gegen die gefährliche Feuchtigkeit schützten, die alles angriff, was man lose herumliegen ließ.

Der Tunnel lag geradeaus. Ich konnte ihn erst morgen sehen, aber sie hatten mir von seinem Entstehen erzählt und ihn mir beschrieben. Nachdem Rosie „in Schlaf gefallen" war, hatten sie mit ihrem Hauptprojekt begonnen, dem Graben des Tunnels. Der Sand wurde Eimer um Eimer fortgeschafft, Zentimeter für Zentimeter ein Gerüst gebaut und Wände und Decke abgestützt. Dik hatte als Amateurarchitekt das Projekt übernommen, jetzt würde sich das fertige Werk als unsere Rettung erweisen.

Morgen . . . morgen . . . für heute war es genug. Ich konnte nicht weiter denken. Wenn ich doch nur schlafen könnte!

Um zehn Uhr war ich bereits hellwach, doch da Ruth noch schlief, wagte ich nicht, mich zu bewegen. Ein weiterer Tag mit Sorgen und Stillschweigen. Sobald sich meine Bettgenossin bewegte, würde ich die Feldflasche zum Morgentee holen. Ach, ich hatte ja vergessen, daß es nicht der traditionelle „Morgentee" im Bett war, sondern wir nannten das Frühstück so und saßen dazu am Tisch.

Tante Jo brachte uns einige Sachen zum Ausbessern. Bas-Jans Jacke, Domies Socken und Seidenstrümpfe mit großen Löchern und Laufmaschen, die Tantje, Tante Jo und Nopje gehörten.

Nopje! Ich freute mich darauf, sie kennenzulernen. Sie hatten alle soviel Nettes über sie gesagt. Sie war verlobt. Sie war in Niederländisch-Indien geboren worden und hatte einen Bruder, der, allem Anschein nach, mit Domie zusammenarbeitete. Ich hörte, daß sie künstlerisch begabt sei und sehr hübsch.

Sientje war nach Hause gegangen, nachdem sie Bas-Janneke gebracht hatte. Wir sahen nicht viel von ihr, doch sie wußte alles über uns und war zuverlässig und vertrauenswürdig. Heute irgendwann würde der Summer wieder gehen; diesmal bedeutete er „Gefahr"! Man mußte vorbereitet sein und sofort handeln. Alle Spuren von Leben mußten verwischt werden, und wir mußten unter der Plattform im Kirchensaal verschwinden, uns durch ein kleines Loch in den nicht mehr benutzten Schweinestall hineinquetschen und dann den Tunnel entlangkriechen. Die Zeit, die wir dazu brauchten, mußte von Übung zu Übung verkürzt werden.

Unsere Unterhaltung war recht spärlich, selbst während der „sicheren" Zeiten. Dann und wann wurde ein kurzer Satz gesprochen. Die Jungen kamen herein, um ein Buch zu holen oder eine Frage zu stellen.

Um die Mittagszeit versammelten sich alle wieder in unserem Zimmer, um auf das dreifache Summerzeichen zu warten, mit dem unser doppeltes Tablett und damit meine zweite Mahlzeit in diesem Versteck erschien. Ein wirklich seltsames Leben.

Nach unserer Mahlzeit schlichen die Stunden dahin wie zuvor. Dik I stand plötzlich hinter mir, als ich durch die Vorhänge auf das kleine Stück Straße schaute, das man von dieser Hausseite sehen konnte. Man hörte nie, wenn sich einem jemand näherte. Wir trugen alle weiche Hausschuhe oder Turnschuhe. „Habe ich dich erschreckt?“ lächelte er. „Warum kommst du nicht in unser Zimmer? Dort kannst du die Straße von einem anderen Blickwinkel aus sehen. Es gibt nicht allzu viel zu sehen, doch bald wirst du die Dorfbewohner von jedem Fremden unterscheiden lernen. Einer von uns beobachtet die Straße ständig. Wenn ein Eindringling unsere Einfahrt hinaufkommt, können wir den Summer von hier aus auch betätigen. Sieh her.“ Er zeigte auf einen Schalter.

„Kann ich jetzt gleich mitkommen, dann könnt ihr mir euren Lichtschalter zeigen, damit ich nicht aus Versehen darauf drücke.“

„Unterstehe dich!“ warnte er mich mit erhobenem Zeigefinger.

Ich mochte ihn gern. Er schien nicht unter dem Druck und der Belastung zu stehen; jedenfalls zeigte er es nicht.

Wir schlüpften durch die Verbindungstür. Ruth blieb sitzen. Das Jungenzimmer war so luftig, so farbenfroh und geschmackvoll. Ich konnte nicht umhin, das wieder zu bemerken. Die Bettdecke stammte aus Suriname, und die Holzschnitzereien an der Wand kamen aus Java.

Die Fensterläden in den Fenstern sahen so ähnlich aus wie Jalousetten. Sie waren jetzt geschlossen. Dies gestattete uns, die Straße zu beobachten, während uns niemand sah. Es war strahlender Sonnenschein. Wir brauchten viele solcher Tage. Da ich mich bei den Jungen freier fühlte, wagte ich einige Fragen zu stellen. Dik erzählte mir, daß wir uns hoch im Norden befänden; nur eine Stunde mit dem Fahrrad von der deutschen Grenze entfernt. Er sagte mir, ich sollte keine Angst haben, wenn ich Soldaten auf der Straße sah, da sie hier manchmal auf Patrouille oder auf Urlaub vorbeikamen. Als ich ihn fragte, ob sein Onkel Bas irgendwelche Verbindung zu der Kirche auf der anderen Straßenseite hatte, lächelte er.

„Es trifft sich, daß er der Pfarrer der Gemeinde hier ist.“

So war er also doch Pfarrer! Jetzt hatte ich über manches nachzudenken, während ich die Straße beobachtete — diese Menschen, die Kirche, ein Pfarrer! Ein christlicher Pfarrer! Als er mich entführt hatte, hatte man ihm das nicht angesehen. Er hatte sich seltsam benommen, aber mehr wie ein Abenteurer, ein Vagabund. Und doch . . . er hatte so eine feine, aufrichtige, genaue und zielstrebige Art. Ein seltsames Wesen. Ein Pfarrer also! Das bedeutete auch, daß er sonntags zu Hause sein mußte.

Na ja, leben und leben lassen. Mein Samstag würde dann ja vorüber sein. Ich würde den Sabbat still für mich begehen. Die anderen jüdischen Mädchen waren gewiß nicht orthodox. Keine von ihnen hatte Gottesdienst oder Gebet erwähnt. Nur die Jungen schämten sich nicht, auf ihre gewohnte Art bei Tisch zu beten.

Ich hatte meine Gebete immer hergesagt. Das war mir so selbstverständlich wie ein- und ausatmen. Ich konnte mich nicht mehr daran erinnern, wann ich sie gelernt hatte. Die Anbetung des allmächtigen Schöpfers, die Sitten und Gebräuche unserer Väter gehörten einfach mit zu unserem Familienleben.

Obgleich ich aus unserem Besitz nicht einmal ein Gebetbuch gerettet hatte, wußte ich doch genug, um weitermachen zu können. Am Samstag würde ich ihnen absichtlich zeigen, daß ich während der Morgenstunden allein gelassen werden wollte, selbst wenn es bedeutete, daß ich in unserem kleinen Badezimmer im Dunkeln beten mußte. Schließlich machte das nichts, solange mein Herz die richtige Einstellung hatte. Dann am Sonntag würde ich ihren Ruhetag respektieren und alle Arbeit tun, um ihnen mehr Freiheit zu gewähren.

Die Felder sahen so braun und gesund aus. Der in voller Blüte stehende Senf gab der Landschaft ein farbenfrohes Aussehen. Oft kamen Kinder auf Fahrrädern vorbei. Mütter hatten ihre kleinen Kinder auf Stühlchen vorne an der Lenkstange oder auf dem Gepäckträger. Fahrräder schienen die einzige Art von Verkehrsmittel zu sein. Selbst ältere Männer mit Schlapphüten fuhren Fahrrad. Das mußten wohl Bauern sein, denn die Arbeiter transportierten oft Werkzeuge auf ihren Schultern. Ich konnte nur den einen Laden an der Ecke sehen, aber Dik sagte mir, daß es im Dorf mehrere gäbe.

Wann würde ich endlich Bas-Janneke kennenlernen? Vielleicht zum Wochenende, wenn Sientje frei hatte. Das wäre eine Möglichkeit.

Die Tür öffnete sich. Die Mäuse kamen herein, gefolgt von Ruth und einer Fremden. Jeder schien jetzt aufzuwachen. Die Atmosphäre hatte sich schlagartig verändert; auf allen Gesichtern lag ein Lächeln. Die Fremde kreuzte ihre Arme über der Brust, verneigte sich tief und ehrerbietig und murmelte eine seltsame Begrüßungsformel. Die anderen verneigten sich spaßeshalber ebenfalls. Dann kam sie auf mich zu. „Herzlich willkommen hier, Frans“, sagte sie mit einem festen Händedruck, und ich wußte, sie meinte es auch so.

Ich mochte sie auch. Sie hatte einen herrlichen Teint, weiche Haut, Wangen wie zwei rosige Äpfel und zwei Grübchen, wenn sie lächelte. Ihr kastanienbraunes Haar war fest in einen Knoten zurückgekämmt, aber hier und da hatten sich einige Strähnen selbständig gemacht und hingen ihr über die Ohren.

Wir machten es uns auf dem großen Bett gemütlich oder saßen drum herum.

Sie öffnete ihre Tasche: es schien mir wie ein Fest . . . heraus kamen Zahnbürsten, Pfefferminz, Zeitungen, Zeitschriften, Faden und Gummiband, ein Kamm, ein Paar Gurte, Bleistifte, eine Taschenlampe, Schuhbänder . . . und ein Kasten mit Schokolade!

„Das könnt ihr euch alle teilen. Meine Spende, eigentlich auch von Dedde. Wir hatten noch einige Lebensmittelmarken übrig, so taten wir sie zusammen . . . und wie ihr seht . . . da ist die Schokolade für die Allgemeinheit.“

Alle klopften ihr anerkennend auf die Schulter, dann öffnete Ellie die Schachtel und ließ sie herumgehen. Welch ein Fest! Wir bombardierten unsere Besucherin mit Fragen, denn wir sehnten uns nach Nachrichten von der Außenwelt. Es gab manche traurige Geschichte, doch manche lösten Lachsalven aus, pianissimo natürlich. Crescendos waren zu allen Zeiten und unter allen Umständen verboten. Da sie ihre freien Tage aufgespart hatte, würde sie das Wochenende und noch die ganze nächste Woche bei uns bleiben. Das war eine herrliche Aussicht, dachte ich. Sie erinnerte mich auf mancherlei Weise an Domie, und doch wußte ich nicht genau warum. Ich glaube, Sekretärin zu sein und mit einem Menschen tagaus und tagein eng zusammenzuarbeiten, Geheimnisse miteinander zu teilen, wie man zum Beispiel den Feind irreführt, ließ doch in der Art, wie man sich gab und handelte, eine gewisse Ähnlichkeit aufkommen.

Als sie uns verließ, wußten wir alle, daß der Tag nicht mehr langweilig sein würde. Jeder hatte etwas Neues, etwas, womit er sich beschäftigen konnte, etwas, woran er denken konnte. Bald nachdem Nopje fort war, erstarrte ich fast vor Schreck; das Gefahrensignal ertönte, und mein Herz schlug schneller. Ruth zog mich am Arm, und wir schlüpften in unser Zimmer. Ich sah nur, wie sie Pyjamas und andere persönliche Habseligkeiten hinter einem Panel in der Wand versteckte, unsern Waschraum prüfte, und dann zog sie mich die Treppe hinunter.

Neben der Küchentür öffnete sie eine kleinere und gab mir ein Zeichen, ihr zu folgen. Ich sah gerade noch einen Haarschopf verschwinden. Die Jungen! Ruth kroch leise aber schnell auf ihren Knien entlang. Ich folgte ihrem Beispiel. Über unseren Köpfen war nicht mehr viel Platz. Ich konnte nicht so schnell kriechen, da mein Hinterteil jeden horizontalen Balken berührte. Ich mußte mich noch flacher auf den Boden drücken. Erleichtert erreichte ich das Loch und folgte Ruth nach unten, wo sie auf mich wartete, um den Riegel hinter mir zu schließen. Dann gesellten wir uns zu den andern im Schweinestall. Wir schauten einander an und lächelten. Lily schaute jedoch auf ihre Uhr und sagte: „Zu lange, immer noch viel zu lange. Vier Minuten ist bei weitem zu lang."

„Kopf hoch", tröstete Dik II sie, „nächstes Mal wird es besser. Dort saßen wir nun und warteten, bis das „Alles-klar"-Zeichen uns wieder erlaubte, uns wieder durch das Loch zu zwängen, dann zurück unter der Plattformdecke und hinaus in die eigentliche Halle. Wir klopften und bürsteten einander ab, bevor wir in unsere verschiedenen Behausungen gingen.

Tante Jo und Tantje halfen uns beim Abbürsten und versicherten uns, daß wir es „gut gemacht" und „gar nicht schlecht" gemacht hätten. Doch Lily schüttelte wieder den Kopf und bestand darauf, daß es immer noch zu lange gewesen war.

Den Rest des Nachmittags verbrachten wir damit, Nopjes Geschenke an Zeitungen und Zeitschriften zu genießen.

Bald würde unsere Abendroutine beginnen, und damit die Freiheit, im Hause herumzugehen, was wir alle so sehr schätzten.

Wir wußten schon, wie wir unseren Pflichten leise und reibungslos nachkommen konnten, um zu verhindern, daß dadurch der normale Ablauf des Haushalts gestört wurde.

Heute abend gab es einige extra Arbeiten, da Domie morgen zum Wochenende nach Hause kam, und wir wollten soviel wie möglich vorarbeiten, damit wir Samstagabend als Familie zusammen verbringen konnten.

Die Tage und Nächte vergingen mit monotoner Gleichmäßigkeit. Man lernte, still zu sitzen und auf Unerwartetes vorbereitet zu sein. Ich begann die einzelnen Summertöne voneinander zu unterscheiden. Ich freute mich auf die Besuche von Nopje. Obwohl sie nie irgendwelche Besorgungen für mich zu machen hatte, da ich ja schon mehr als ein Jahr kein eigenes Geld gehabt hatte, brachte sie mir doch immer auch etwas mit. Sie hatte immer eine Überraschung, und sei sie auch noch so klein, für das „Baby der Bande", wie sie mich zu nennen beliebte.

Irgendwie schien es, als ob wir hier im Gefängnis saßen, wohl zu unserem eigenen Guten, und doch, wie lange würde es noch währen? Niemand konnte das sagen, und niemand wagte das zu beurteilen. Wenn die Jungen B.B.C. abgehört hatten, kamen sie entweder mit fröhlichen oder finsteren Gesichtern wieder. Ich fragte nie nach Einzelheiten. Ihr Gesichtsausdruck sprach Bände, soweit ich das beurteilen konnte.

Die Zeit verstrich langsam, ereignislos und still. Innerlich jedoch konnte sich mein ruheloses Temperament nicht an diese Untätigkeit, an diese Stille und den unbedingten Gehorsam gewöhnen, den ich allen für ihre großzügige Gastfreundschaft und die Toleranz schuldete, die sie mir entgegenbrachten.

Meine Nerven waren bis aufs äußerste gespannt. Eine innere Spannung, die ich vorher nicht gekannt hatte, nahm täglich zu. Unsere Nächte waren kurz, doch friedlich, nur in mir arbeitete es pausenlos und vertrieb jeglichen Schlaf. Die Dämmerung zu einem weiteren Tag der Stille und Monotonie brach viel zu schnell herein. Einsamkeit, Furcht und ein Anflug von Selbstmitleid übten eine seltsame Wirkung auf meine müde Seele aus.

An einem unvergeßlichen Abend gesellte ich mich nicht zu den anderen, um unsere abendlichen Pflichten auszuüben. Ich war eigensinnig und sagte Ruth in deutlichem Ton, daß ich nicht herunterkommen würde. Zuerst versuchte sie mich umzustimmen; sie beruhigte, tröstete und ermutigte, was noch an mir zum Ermutigen übrig war. Bald gab sie es jedoch auf. Ich schien nicht zu hören. Nachdem sie gegangen war, begann ich furchtbar zu weinen und schluchzte bitterlich in ein großes Badetuch. Ich war entsetzlich heiß und wurde mit der Zeit noch heißer. Mein Hals tat mir weh, und ich fühlte mich fiebrig.

Tante Jo kam herauf und versuchte vernünftig mit mir zu reden, aber es hatte keinen Zweck. Je mehr sie sprach, desto mehr schluchzte ich. Ich konnte nur stöhnen: „Es tut so weh, so schrecklich weh."

Ja, es tat mir wirklich alles weh, jedoch besonders mein Kopf. So war mir noch nie zuvor zumute gewesen. Ich hatte entsetzliche Angst, und so begann ein Teufelskreis.

Tante Jo befahl mir aufzustehen und führte mich durch den Korridor in ihr Schlafzimmer. Bas-Jan schlief tief und fest wie gewöhnlich. „Du wirst heute nacht hierbleiben", sagte sie. „Das ist besser für dich und die anderen."

Besser oder nicht, meine Schmerzen wurden schlimmer, und die Spannung wurde unerträglich. Ich wollte sterben und von allem befreit sein. Mein Kopf, mein armer Kopf! Eine glühende Säge schien meinen Kopf langsam aber sicher, immer tiefer gehend, entzwei zu sägen. Ich konnte es einfach nicht mehr aushalten! Ich flüsterte, man solle einen Arzt holen. Immer wieder und wieder verlangte ich nach einem Arzt.

Tante Jo versuchte zu erklären, daß kein Arzt von unserer Existenz wußte, und daß sie nicht noch eine weitere Person in unser Geheimnis einweihen und ihn somit der Gefahr aussetzen konnte, während sie gleichzeitig den Kreis der Vertrauenspersonen vergrößerte.

Ich konnte die Folgen nicht überblicken. Ich war einfach krank und brauchte einen Arzt, und ich würde auch einen Arzt bekommen, ich mußte einfach einen haben! Tante Jo versuchte mir gut zuzureden, dann wurde sie jedoch streng. Immer noch überhörte ich all ihre Worte und weinte und schluchzte nur nach einem Arzt. Oh, diese Schmerzen! Oh, dieses Leben! Ich wußte nicht, wieviel Zeit verstrichen war, doch schließlich stand ein Fremder vor mir, der sich Arzt nannte.

„Doktor, ach Doktor", rief ich, „bitte helfen Sie mir! Es tut ja so weh, so entsetzlich weh. Mein Kopf, ach mein Kopf."

Er hielt meine Hand, fühlte meinen Puls, untersuchte meinen heißen Körper, schaute in meine Augen, Ohren und Nase, klopfte meine Knie, Arme und Knöchel mit einem hammerähnlichen Gegenstand ab und gab mir dann tief ins Bein eine Spritze. Ein entspannender Schlaf überfiel meinen schmerzgequälten Körper, und ich hatte Ruhe.

Am folgenden Abend besuchte mich der Arzt wieder, und ich war ruhig und frei von Schmerzen. Tante Jo ließ uns allein, und er erklärte mir, was mit mir geschehen war. Er gab mir einige Tabletten und die Anweisung, übers Wochenende im Bett zu bleiben. „Sie müsssen noch einmal alles überdenken, mein Kind", meinte er. „Finden Sie sich mit den Tatsachen und der augenblicklichen Situation ab. Akzeptieren Sie die Realität, hoffen Sie jedoch auf die Zukunft. Sie sind in sehr guten Händen, ja in den besten Händen. Viel Glück und auf Wiedersehen!" Er schüttelte mir die Hand und ging.

Ich hatte meine erste Migräne durchgestanden. Sie würde mich von nun an in den kommenden Jahren begleiten. Ich würde lernen müssen, mit ihr zu leben, wenn sie über mich kam, und darum beten, daß sie verging . . . eines Tages!

Schnell stand ich auf, machte das Bett, schaltete das Licht aus und ging in mein Zimmer. Domie würde bald zu Hause sein. Ich wollte nicht, daß er etwas erfuhr. Obwohl ich bezweifelte, daß die anderen diese Angelegenheit für sich behalten würden, ging ich zu Bett und dämmerte vor mich hin.

Stunden mußten vergangen sein, als sich die Tür zu meinem Zimmer öffnete. Es war Domie mit zwei Bechern Tee auf einem Tablett. Ich setzte mich auf, und Tränen traten mir in die Augen, während ich mich von ganzem Herzen für das entschuldigte, was in seiner Abwesenheit geschehen war. Er wollte davon jedoch nichts hören, sondern betonte wiederholt, daß es ihm leid täte, daß ich soviel gelitten hätte. Erst jetzt erkannte ich, daß er der einzige Mensch war, der zuhören konnte und der mich verstand. Ich war und würde den anderen immer „die Neue" bleiben, „das weitere Sicherheitsrisiko". Ich konnte es ihnen nicht verdenken, gleichzeitig konnte ich nichts dagegen tun. Ich war hier, um zu bleiben. Von Domie erwählt.

Morgen war Sonntag, er wünschte mir einen schönen Tag.

Seltsamerweise konnte ich ihn mir nicht in einem langen, schwarzen Talar vorstellen. Und doch war er Pfarrer. Er würde eine Predigt halten und seiner Gemeinde vorstehen. Er würde an vielen Gräbern stehen und Trauernde trösten müssen. Ich konnte mir denken, daß er das gut konnte. Er brauchte gar nichts zu sagen, er selber war schon Trost genug, denn seine bloße Gegenwart ermutigte und stärkte. Man hatte den Mut, weiterzumachen.

Am nächsten Morgen waren die Jungen schick angezogen. Scherzend fragte ich sie, ob sie ausgehen wollten. Zu meiner Überraschung nickten sie. In den Augen des kleinen Dick war immer ein Zwinkern. Er würde mir sagen, was geschehen sollte.

Offensichtlich ging sonntags morgens alles nach Plan. Nachdem der Gottesdienst begonnen hatte, die Orgel spielte und die Leute Loblieder sangen, gingen die Jungen auf Zehenspitzen nach unten, drückten einen Bügel zwischen die Verbindungstür und ließen sich neben der Toilette nieder, um den Gott ihrer Erlösung anzubeten.

„Du kannst auch mitkommen", fügten sie hinzu, „Ellie kommt manchmal." Höflich lehnte ich das ab, aber versicherte ihnen eifrig, daß ich Domie gerne einmal sehen wollte, wenn er sich in Schale geworfen hatte.

Sie brachen in Gelächter aus. „Wir werden es ihm ausrichten", meinten sie, „sicherlich wird er dir den Gefallen tun."

Jetzt war es heraus. Ich würde also nun meinen Kidnapper in heiligen Kleidern sehen. Vielleicht mochte ich es nicht einmal. Vielleicht würde er jetzt anders sein. Ich hätte nicht darum bitten sollen, ihn im Talar sehen zu wollen. Ich bewunderte ihn ebenso in gewöhnlicher Tracht.

Dik war verschwunden. Ich würde einfach das Ergebnis meiner Neugier abwarten.

Die Tür öffnete sich. „Ach, du liebe Güte, Domie", entschlüpfte es mir. Er war so wie immer und fragte verschmitzt, ob er denn überhaupt so gehen könne. Ich gab ihm meine besten Wünsche mit auf den Weg. Ich blieb allein und dachte über Domies neues Image nach.

Er war also Pfarrer, ein wirklicher Pfarrer. Darüber konnte ich nicht hinwegkommen. Er sah ganz majestätisch darin aus. Der Talar ließ ihn noch größer erscheinen. Sein schmales Gesicht und dünnes Haar täuschten über das, was wirklich in ihm steckte, hinweg; doch seine Augen und seine ganze Persönlichkeit sprachen von einer Größe, die er wirklich auslebte, ein Phänomen, das schwer zu definieren, doch unbedingt vorhanden war.

Männer-, Frauen- und Kinderstimmen vereinigten sich nun zusammen im ersten Lied. Die Jungen würden jetzt neben der Toilette sitzen und stumm jedes Wort mitsingen. Wir waren unter der Plattform gewesen, auf der Domie jetzt stand. Die Gottesdienste wurden gewöhnlich in der Kirche abgehalten, doch zwischen Mitte September und Mitte April konnte die Kirche nicht genügend geheizt werden, um die Dorfbewohner hinter ihrem warmen Ofen wegzulocken, und so war diese Sonderregelung getroffen worden. Die Jungen fanden das gut, das machte es ihnen möglich, „zur Kirche" zu gehen.

Die Stunde verging schnell. Die Jungen mußten wieder verschwinden, bevor der Gottesdienst zu Ende war. Wir saßen alle zusammen auf dem Bett und beobachteten, wie die sonntäglich angezogenen Bauern mit ihren Familien zu Fahrrad oder zu Fuß die Straße entlangkamen.

Das Mittagessen wurde am Sonntag etwas später eingenommen, aber als das vertraute doppelstöckige Tablett endlich kam, hatte es sich gelohnt, darauf zu warten. Das Essen bestand aus drei Gängen, Obst und Suppe, Kohl, Fleisch und ein extra Stück Fett zum Zerdrücken für die Kartoffeln.

Man mußte schon sehr taktvoll und höflich sein, um solche Köstlichkeiten wie Schweinefleisch und Schweinefett abzulehnen. Tantje hatte mich nun kennengelernt und schickte mir jetzt immer etwas extra Soße oder ein bißchen Butter für meine Kartoffeln.

Es herrschte wirklich am Sonntag eine ganz andere Atmosphäre im Haus. Ob das jede Woche so sein würde?

Wir verbrachten einen faulen Nachmittag; lesen, grübeln, schlafen. Denn bis zur Dunkelheit waren wir wie gewöhnlich nicht frei. Wir konnten tun, was wir wollten, aber mußten besonders leise sein. Besucher, Vorübergehende, ja selbst Kinder kamen und gingen an Sonntagen besonders häufig. Das mußte auch weiterhin so bleiben, oder man würde Verdacht schöpfen. Einige der Jungen und Mädchen wußten alles über die illegale Familie, obwohl sie uns nie begegnet waren. Sie wurden als geheime Helfer angesehen. Hatte man ihnen einmal gesagt, wohin sie gehen und was sie tun sollten, so handelten sie sofort genau und ohne Frage.

Nach dem Tee waren wir auch weiterhin leise und müßig. Der Sonntag war der längste Tag der Woche. Er war seelisch wie körperlich am schwersten zu ertragen.

Nach dem Tee blieb Domie für uns unsichtbar. Er verbrachte etwas Zeit mit seiner Frau und seinem Sohn und zog sich dann allein zurück, um sich für den Abendgottesdienst vorzubereiten. Wenn das letzte Amen in der Halle ertönte, schritt Domie ehrfürchtig und gemessen von seiner Kanzel herunter und verschwand durch die Verbindungstür in seinem Arbeitszimmer. Tante Jo erwartete ihn, half ihm sich umzuziehen und in Rekordzeit aus dem Hause zu sein und auf dem Fahrrad zu sitzen, noch ehe die Orgel stillschwieg und die ersten Kirchgänger das Gebäude verlassen hatten.

Mit zunehmender Geschwindigkeit radelte er zu dem eine dreiviertel Stunde weit weg gelegenen Bahnhof und erreichte gerade noch den letzten Zug zu einer der großen Städte, um die Verlorenen zu suchen und zu retten, verloren unter Tausenden von anderen, die in Güterzüge, Lastwagen, Lager und Gasöfen hineingetrieben wurden.

Er würde sich in der Menge verlieren, seine Nachrichten an die Widerstandskämpfer weiterleiten, die sich genauso frei bewegten wie er, und Mitteilung über die wenigen besonders Verzweifelten erhalten.

Wer waren eigentlich die besonders Verzweifelten? Waren es nicht Hunderttausende? Doch nur einige hatten eine Chance, einige hier, einige dort.

Wir waren unter den einigen und mußten geduldig sein und die Isolierung ertragen, anstatt der Verzweiflung unter der zum Untergang bestimmten, wogenden Menschenmenge. Wir alle mußten uns mit dem abfinden, was vor uns lag.

Der Abend verging. Nicht mehr lange, und das „Alles-klar"-Signal würde uns wieder erlauben, unsere Beine zu strecken, uns zu bewegen und einige Arbeiten in dem Haus zu verrichten, das uns so gastfreundlich Obdach gewährt hatte.

Eine neue Woche lag vor uns. Jedoch alle waren sich gleich. Hofften wir noch auf Abwechslung? Monotonie war gewiß besser als die Art von Abwechslung, die wir alle in vergangenen Tagen so gut gekannt hatten. Doch selbst in der schlimmsten Monotonie gibt es Abwechslung.

Ich erinnere mich, daß eines Morgens in allen Räumen das Gefahrensignal ertönte. Glücklicherweise war das gegen halb elf Uhr morgens. Wir waren aufgestanden, hatten die Betten gemacht und unser Frühstück gegessen.

Meine Zunge klebte am Gaumen, und meine Knie zitterten. Jeder war für seine eigenen Habseligkeiten verantwortlich. So prüfte ich erst, ob nichts von meinen Nachtsachen herumlag, rannte dann hinunter und folgte als letzte den andern, bevor Tantje die Verbindungstür hinter mir schloß. Auf Händen und Knien kriechend erreichte ich bald die Luke, die uns Zugang zu unserer Untergrundpassage verschaffte. Ruth hatte sich gerade niedergelassen und half mir herunter.

Jeder hing seinen Gedanken nach und teilte sich nur durch einen Blick in das angespannte Gesicht des andern mit.

Eine halbe Stunde später, für uns eine Ewigkeit, erklang das „Alles-klar" durch das Haus bis hinein in unser Versteck. Stimmen und Schritte kamen näher, aber immer noch wagten wir uns nicht zu bewegen. In unser aller Sinn war nur ein einziger Gedanke: hatte er oder hatten sie, wer immer sie waren, den Summer entdeckt, und Tante Jo gezwungen das korrekte Signal zu geben, damit sie uns ohne Widerstand herausbekamen?

Die Schritte waren jetzt genau über uns. Das konnten keine Soldatenstiefel sein. Dann Tantjes Stimme: „Seid ihr noch da?", gefolgt von ihrem gewohnheitsmäßigen Gekicher.

Dik I handelte zuerst. Er eilte zur Luke und drückte dagegen, während Tantje zog, und öffnete sie vorsichtig. Dik half jedem von uns hinaus und folgte als letzter. Er deckte die Öffnung bis zum nächstenmal zu.

Aufgeregt sprachen wir durcheinander. Tantje wurde von Fragen bombardiert.

„Macht, daß ihr hochkommt", meinte sie. „In fünf Minuten bin ich mit heißem Kaffee oben und erzähle euch die ganze Geschichte."

Angespannt, fast gelähmt vor Angst, begaben wir uns in das Jungenzimmer. Die Sonne schien uns heller zu sein nach dieser Zeit in der Dunkelheit und völligem Stillschweigen unter der Plattform.

Wir machten es uns auf dem großen Bett bequem. Tante Jo gesellte sich lächelnd zu uns, doch sah sie so eigentümlich weiß um die Nase und Stirn aus.

„So, das wäre überstanden“, sagte sie ruhig. Tantje kam mit dem Kaffee. Sie grinste breit und zeigte dabei ihre großen, weißen Zähne. Wie selbstverständlich und kühl nahmen sie ihre Verantwortung hin!

Beide erzählten uns, was geschehen war.

Zwei deutsche Soldaten waren den Weg zum Haus heraufgekommen, nachdem ihr Auto quietschend zum Halten gekommen war. Der Lärm hatte Tante Jo aufmerken lassen, und als sie sah, wie sie aus dem Wagen sprangen, hatte sie instinktiv das Alarmsignal an uns gegeben, damit wir verschwinden konnten. Offenbar hatten die Soldaten höflich an der Haustür geklingelt, und als Tante Jo sie ruhig fragte, was sie für sie tun könne, hatten sie gefragt, ob sie hereinkommen dürften! Sie wurden ins Arbeitszimmer geführt und gefragt, ob sie Kaffee wünschten. Aber das hatten sie abgelehnt.

Schüchtern und langsam begannen sie ihre Geschichte. Ein nettes, junges holländisches Mädchen hatte sich vor einiger Zeit mit ihnen angefreundet. Sie hatten sich regelmäßig in ihrer Freizeit getroffen, und letzte Woche war es ihnen beiden klargeworden, daß dieses Mädchen die Braut des jüngeren deutschen Soldaten werden sollte. Würde Domie sie in der Kirche oder still in seiner Sakristei in der Anwesenheit von Zeugen trauen? Der Soldat hatte Freunde in seiner Einheit, die er mitbringen konnte.

Das ganze Erlebnis wühlte uns ziemlich auf, obwohl sich niemand über die möglichen Folgen ausließ. Wir konnten uns nicht mehr an unsere Tagesroutine gewöhnen. Wir faulenzten bis zum Mittagessen und mußten uns erst einmal von dem Schrecken erholen.

Kapitel 13

Während der Herbstmonate bestand unsere Extraarbeit hauptsächlich darin, Gemüse und Obst für den Winter einzumachen.

Die Nachmittage waren wie immer langweilig. Gelegentlich half ich beim Zusammenstellen und Zusammenheften illegaler Nachrichten, die zur Verteilung an unsere Vertrauten gelangten. Doch blieben wir zumeist uns selbst überlassen.

Stopfen, Stricken und Lesen waren die drei Hauptbeschäftigungen, denen wir nachgehen konnten. Ich hatte nichts für mich persönlich zu stopfen, und um die Ausbesserungsarbeiten, die im Haushalt anfielen, rissen sich alle vier weiblichen Mitglieder. Beim Anfertigen neuer Füßlinge für Socken und Strümpfe blieb ich jedoch unübertroffen. Alle staunten über meine Fähigkeiten auf diesem Gebiet, und ich freute mich, daß meine Lehrzeit scheinbar doch nicht umsonst gewesen war.

Stricken war nicht meine Stärke, und so überließ ich das den Mäusen, die einige hübsche und brauchbare Kleidungsstücke für den kleinen Bas-Janneke anfertigten.

Die Jungen begannen für St. Nikolaus zu planen. Dies ist eines der Hauptfeste in unserem Land, und auch wir wollten daran teilhaben. Mit geschickten Fingern und viel Phantasie bastelten sie verschiedene Gegenstände und verfaßten spaßige Gedichte dazu. Beides bekamen wir dann überreicht.

Domie war als Schlüsselfigur der Widerstandsbewegung oft dafür verantwortlich, alliierte Geheimagenten zu retten und dafür zu sorgen, daß sie aus dem Land geschmuggelt wurden. Einige waren mit dem Fallschirm irgendwo auf den Feldern in der Nähe des Pfarrhauses gelandet, andere kamen nur für die Nacht und verließen am nächsten Abend gewöhnlich als holländische Bauern das Haus.

Wir wurden nie müde, Domie wegen dieser Nebenbeschäftigung „durch den Kakao zu ziehen".

Dik machte über diese Fallschirmepisode ein langes Gedicht, das nach der Melodie eines holländischen Volksliedes gesungen wurde. Es sollte ihm am St. Nikolausabend übergeben werden, zusammen mit einem aus einem Taschentuch gefertigten Fallschirm, an dem ein Soldat an einer Wäscheklammer hing. Wir würden alle Abschriften dieses Liedes bekommen und ihm ein Ständchen bringen, wenn er das Zimmer betrat.

Es gab für jeden im Haus Geschenke. Die meisten waren selbst gebastelt. In den Monaten vor dem 5. Dezember wurden sie in einem großen Wäschekorb aufgehoben.

An jenem Abend gab es extra Süßigkeiten, und jeder erhielt den ersten Buchstaben seines Namens in Schokolade. Es gab heißen Kaffee, und niemand ging vor der Dämmerung zu Bett. Es war ein Mitternachtsfest im wahrsten Sinne des Wortes mit allem Drum und Dran, das die Regierung ihrem besetzten Land geben konnte.

Bald würde sich das holländische Volk auf Weihnachten vorbereiten. Es war ein religiöses Fest und litt wie überall ein wenig unter der Geschäftemacherei. Jedoch wurde es weit weniger gefeiert als der nationale St. Nikolaustag.

Weihnachten, das immer mit Kirche und Gottesdienst zusammenhing, würde ernster und doch fröhlich sein. So wurde mir versichert. Zweifellos würden wir wohl etwas weihnachtliche Stimmung auch hier in unserer Behausung spüren.

Seit ich im Untergrund lebte und somit die eigentlichen Daten meiner jüdischen Feste vergessen hatte, war ich mit meinem Gewissen und mit meinem Schöpfer ins reine gekommen und hatte mich dazu entschlossen, meine Feste gleichzeitig mit den christlichen Festen zu begehen. Während sie Weihnachtsvorbereitungen machten, bereitete ich mich innerlich auf *Channuka* vor. Es war das Fest, an dem unser Gott durch ein Wunder einen Tropfen Öl acht Tage lang brennen ließ. Acht Tage lang! Niemals würden die Kinder Israel vergessen, daß ihr Gott lebte und sich ihnen in Zeichen und Wundern in jeder Situation zeigte.

Konnte er das nicht auch heute tun, fragte ich mich, konnte er nicht eingreifen und unser Leid beenden? Warum gestattete er diese Massenvernichtung, die Trennung der Kinder von ihren Eltern, der Ehemänner von ihren Frauen, die zerbrochenen Familien, die vielen, die ihren Verstand verloren, verzweifelten und Selbstmord begingen?

Konnte er und würde er sich noch einmal beweisen und diese

grausame Unterdrückung beenden? Hatten wir als Volk wirklich so tief gesündigt? Würde er vergeben?

Letztes Jahr noch hatten wir *Channuka* zu Hause gefeiert. Ich lag mit Scharlach zu Bett. Meine Eltern bekamen meine Geschenke mit den Worten „Gott mit uns". Wo waren sie heute? „Ach Gott, sei mit ihnen, wie du es von alters her verheißen hast", betete ich.

Ja, ich würde *Channuka* in meinem Herzen feiern. Tante Jos Weihnachtskerzen würden meine *Channukakerzen* sein. Niemand würde die stille Anbetung meines Herzens zum Gott meiner Väter bemerken. Wenn ich doch nur mein hebräisches Gebetsbuch oder meine alttestamentlichen Schriften hätte! Aber wer konnte solch riskante Gegenstände auf die Flucht in ein Versteck mitnehmen?

In früher Kindheit hatte man mich gelehrt, Gebete und Bitten oder Danksagungen in Hebräisch herzusagen, Gebete und Segnungen für Dutzende von Gelegenheiten, Lieder und Hymnen für Festtage und heilige Tage. Vieles hatte ich noch in meinem Herzen und in Erinnerung, und das würde mich durch diese Jahre bringen. Die Geschichten aus der Vergangenheit meines Volkes gaben mir in manch dunkler Stunde Mut und Kraft.

Da war die Geschichte von Mose, seine Geburt, die Tragödie seines Versecktwerdens in früher Kindheit. Wie sehr glich er den Kindern unserer Tage. Da war seine Treue zum Gott seiner Väter, während er in einer heidnischen Familie wohnte; ich würde auch treu bleiben und in seinen Fußstapfen wandeln.

Dann erinnerte ich mich an die Geschichte von Jakob und Esau, die einander bekämpfenden Zwillinge. Wie traurig, wenn es Kämpfe und Trennungen im Familienleben gibt! Das glich auch dem Leben in vielen Familien heutzutage und erinnerte mich erneut daran, wie groß die Geduld des allmächtigen Gottes mit seinen irregehenden Kindern ist, wie er sie führt und aus Bösem Gutes schafft.

Ich dachte an den armen Joseph. Seine eifersüchtigen Brüder betrogen ihren Vater und verkauften den Jungen an Fremde, die ihn in ein entferntes Land brachten. Er muß in jenem tiefen Loch allein entsetzliche Angst ausgestanden haben, bevor er wieder herausgezogen und jenen fremden, andersgearteten Männern übergeben wurde. Wie grausam kann das eigene Fleisch und Blut sein ..., und doch wie freundlich begegnete Joseph diesen gleichen Brüdern, als sie dem Hungertode nahe waren. So stellte ich mir vor, würde Gott eines Tages sein. Er würde vergeben und seine eigensinnigen Kinder wieder annehmen. Joseph war wie Mose, ein Mann, der dem Gott seiner Väter treu blieb, obwohl er weit entfernt von allem religiösen Einfluß war.

Wenn er es konnte, würde ich es auch können; versteckt in einer sonderbaren Umgebung, getrennt von allen Sitten und Gebräuchen meiner Kindheit; ich würde auch wie Joseph sein, ganz gewiß! Schließlich ist Gott so hoch und mächtig und verständnisvoll, daß er die Hingabe meines Herzens sehen würde. Er würde mich mit der gleichen Liebe umgeben, die er auch meinen Vorvätern erzeigt hatte.

Tante Jo hatte den Weihnachtsgottesdienst in großen Zügen geplant. Sie fragte, ob wir mit unserer Druckmaschine rund hundert Abzüge vom Programm machen könnten, und ob wir alle die einzelnen Blätter zusammenheften würden. Am gleichen Nachmittag nahmen wir das in Angriff. Sie sahen sehr hübsch aus. Der junge Dik hatte auf die Vorderseite einige Tannenzweige, Sterne und Blumen gezeichnet. Einer sah fast wie ein Davidsstern aus. Ich fragte, ob man die Zweige nicht mit grüner Tinte anmalen könnte, um jedem Programm ein wenig Farbe zu geben. Sie waren erfreut über diesen Vorschlag, und ich freute mich, eine Extraarbeit zu haben.

Christliche Lieder standen auf den Seiten. Einige hatten das Wort „Israel" in ihren Versen, was mich sehr in Erstaunen versetzte, und mich fragen ließ, wo da eigentlich eine Verbindung sei. Durch andere zog sich ein Geist der Anbetung und Dankbarkeit, der mich sehr beeindruckte. Es war eigenartig, den allmächtigen Gott im Mittelpunkt ihrer Anbetung und ihrer Gebete in einfachem Holländisch zu finden. Es fand Anklang und war in dieser direkten Weise klar und verständlich.

Auf der zweiten Seite des Programms stand eine Geschichte — ihre Weihnachtsgeschichte. Mein Blick fiel auf eine Zeile, und mir fiel auf, daß die Juden darin ebenfalls vorkamen, und wieder kam ich zu dem Schluß, daß diese Christen mehr über uns wissen mußten, als wir meinten. Wirklich sehr seltsam.

Bevor das Wochenende herannahte, waren alle Programme abgezogen, zusammengeheftet und bunt bemalt. Ein sauberes Stück Arbeit hatte Tante Jo es genannt, und aus tiefstem Herzen stimmten wir alle zu.

Weihnachten kam und ging, doch wir, die heimlichen Bewohner dieses Hauses, wußten wenig von der Bedeutung, die es für jene haben mußte, die frei waren. Wir erhielten einen fürstlichen Teil vom Weihnachtsmahl, das war aber auch alles.

Das Jahr 1944 hielt still seinen Einzug. Mit schweren Herzen blickten wir in dieses neue Jahr. Was würden die kommenden Monate uns bringen? Wir würden wie immer von Tag zu Tag dahinleben.

Die ersten Januarwochen schienen in Zeitlupe zu verstreichen. Von der Front kamen keine ermutigenden Nachrichten. Kein Hoffnungsschimmer für unser Volk. Kein Nachlassen der ständigen Verhaftungen, die in allen Teilen des Landes weitergingen. „Geduld und Mut" war unser Motto für 1944.

Wir wurden schweigsamer untereinander. Was konnten wir uns denn schon sagen? Selbst während unserer mitternächtlichen Freiheit wurde die Arbeit flink und schweigsam getan. Immer war wenigstens einer von uns deprimiert und steckte auch die anderen mit seinem Pessimismus an. Wenn die Sturmwolken über den Frauen hingen, ließen gewöhnlich die Jungen einen Hoffnungsschimmer durchdringen.

Die große Maus erinnerte sich vergangener Tage, während die kleine Maus das Leben im allgemeinen „einfach satt" hatte. Ruth sehnte sich nach ihrem Verlobten, mit dem sie allen Kontakt abgebrochen hatte, und ich fühlte mich einfach einsam und verlassen. Ich gehörte niemand und nirgendswohin. Jeder machte für jeden Tag seine eigenen Pläne und hing seinen Gedanken nach.

Mit dem Einzug des Frühjahrs geriet unser Blut in Wallung, und das Sehnen nach Freiheit war noch schwerer zu unterdrücken. Wir bekamen die Erlaubnis, die kühle Nachtluft an der offenen Hintertür zu genießen. Unsere allergrößte Freude waren jedoch sonnige Tage. Am äußersten Ende des langen Flurs oben befand sich ein großes Fenster. Tante Jo pflegte es zu öffnen, nachdem sich jeweils zwei von uns flach auf den Teppich gelegt hatten. Dort pflegten wir uns mit dankbarem Herzen zu sonnen und nahmen jeden ultravioletten Strahl auf, den wir nur ergattern konnten. Wir hatten festgesetzte Zeiten, die strikt eingehalten werden mußten. An wechselhaft wolkigen Tagen waren fünf Minuten genug, während wir uns an hellen, sonnigen Tagen entspannen und eine halbe Stunde schlafen konnten.

Wir machten dabei Atemübungen und stellten uns vor, daß wir

am Strand wären. Wenn sich jedoch die Schlafzimmertür öffnete und ein leises „Psst" ertönte, wußten wir, daß es für uns an der Zeit war, uns auf den Bauch zu rollen und vorsichtig ins Zimmer zurückzukriechen, um den nächsten beiden Platz zu machen. Wenn das Wetter es erlaubte, gab es am Nachmittag noch einmal die gleiche Routine. Das waren die glücklichsten Tage.

1944 waren wir nicht sehr mit gutem Wetter gesegnet, das doch jeder erhofft hatte. Das war sehr deprimierend, und wir fragten uns, ob denn der Krieg nie zu Ende gehen würde.

Unter den Hunderten von Büchern, die in fast jedem Zimmer in den Wandschränken standen, fand ich eine schöne, farbig illustrierte Kinderbibel.

War es kindlich, sich in die Geschichte zu vertiefen, eine Geschichte, die den Glauben an den unsichtbaren Schöpfer des Universums nährte? Diese Geschichten waren mir so vertraut und seit frühen Kindheitstagen ein Teil meines Wesens. Und doch hatten sie im Alter von achtzehn und unter diesen Umständen soviel mehr Bedeutung als damals in meinen Grundschultagen. Ich betrachtete mich als Teil des Volkes, mit dem Gott seit Jahrhunderten zu tun gehabt hatte. Während ich las, wurde mir bewußt, daß es für den Frieden und die Sicherheit des Menschen notwendig ist, Gottes Plan im Leben zu folgen. Man sollte sich beim Höchsten des Universums Weisheit, Führung und Rat fürs tägliche Leben suchen. Ihm wohlgefällig zu sein und ihm zu gehorchen, sollte das Hauptziel jedes Menschen sein, und sein Diener zu sein, war das größte Vorrecht, das ein Mensch nur erringen konnte.

Ich war innerlich zur Überzeugung gekommen, daß das letzte Kapitel der Geschichte von und mit diesem gleichen allmächtigen, unsichtbaren Gott geschrieben werden würde; dem Gott Abrahams, Isaaks und Jakobs.

Er würde sich auch weiterhin im Leben einzelner beweisen und sich auch weiterhin seinen Mose, Josua und seine Rahab erwählen. Er würde seinen Nebukadnezar, Pharao und Haman züchtigen. Er würde mit Menschen in hoher Stellung wie Saul, David und Salomo handeln. Er würde durch den Jesaja, Jeremia und Maleachi unserer Tage sprechen.

Eine große Ehrfurcht vor dem Gott meiner Väter regte sich in meiner Seele. Mit jedem weiteren Tag nahm die Anbetung meines Herzens neue Formen und eine neue Bedeutung an. Ich erkannte, daß ich auch ohne Worte und Gebetbuch Gott in meinem Herzen anbeten konnte. Innerlich spürte ich, daß mich dieses ewige Wesen angenommen hatte, und das hatte eine fast kindliche Freude und Zufriedenheit mitten in Gefangenschaft und Not zur Folge.

Ein klarer Glaube erwuchs aus dem fortgesetzten Lesen in leicht verständlichem Holländisch und ein Verlangen nach einer neuen Offenbarung Seiner selbst.

Gewisse Abschnitte aus den Ermahnungen der Propheten und ihre Schuldigsprechungen waren mir völlig unbekannt. Sie waren meine „letzten Nachrichten" und für meine tägliche Kost wichtiger als die BBC-Frontberichte. Welche freimütigen Menschen waren diese oft einsamen Männer Gottes gewesen! Sie achteten nicht auf persönliche Gefahr; wenn nur Gottes Wille verkündigt wurde. Ein Thema behandelten sie alle gleichermaßen; Gott würde eines Tages den Messias schicken. Er würde Israel befreien und Völker aufrufen, das wahre Licht in Gott zu sehen und seine ewigen Ziele für die gesamte Menschheit zu erkennen.

Welch ein Plan! Wirklich ein gewaltiger Plan! Wie wunderbar würde es sein, solche Interventionen in der Geschichte zu erleben! Ging das überhaupt? Oft kam es im Buch zum Ausdruck, daß ein solcher Plan von der Menschheit im allgemeinen verworfen werden und daß nur ein „Überrest" glauben und erlöst werden würde. Immer wieder die gleiche Geschichte. So war es doch auch in Noahs Tagen gewesen. Nur eine Handvoll glaubte, und auch nur eine Handvoll wurde errettet. Die Menschen würden ihre eigene Intelligenz verteidigen und darauf bauen, die höhere Macht außer acht lassen und dann wie der Turm zu Babel zusammenbrechen. Die Geschichte wiederholte sich immer wieder, selbst in den Seiten meiner Kinderbibel. Fast unbewußt öffnete sich vor mir ein Teil der Geschichte, der mir bisher unbekannt und doch seltsam vertraut gewesen war. Es handelte sich noch um das Volk Israel, doch waren neue Figuren aufgetreten, Namen, die mir nie gesagt worden waren, und Ereignisse, von denen ich weder in der Schule noch zu Hause gehört hatte. Szenen, die sich laut dieser Bibel in der Synagoge oder im Tempel ereignet hatten, waren nirgends in meiner Erinnerung zu finden. Doch all diese Geschichten waren so offensichtlich jüdisch und offenbarten den Gott unserer Väter in so liebevoller Weise.

Warum hatte ich von all diesen Persönlichkeiten vorher noch nie etwas gehört? Warum waren diese Geschichten und wichtigen Ereignisse so offensichtlich mit all dem verbunden, was ich noch aus meiner Kindheit wußte, und warum hatten diese Christen eine Bibel in ihrem Bücherregal, die von meinem Volk handelte?

„Ach, mein Gott, ich wünschte, du könntest alle meine Fragen mit der Stimme eines menschlichen Wesens beantworten. Du bist genauso wie wir hier im Verborgenen." So dachte ich oft.

Eine Person überstrahlte alle anderen in diesen Geschichten — ein neuer Prophet, der in Israel geboren war. Einige nannten ihn „Herrn", andere „Meister", wieder andere „Messias". Man lachte ihn auch aus und lehnte ihn ab, wie alle anderen Propheten vor ihm. Männer Gottes mußten früher oder später Schweres durchmachen. Diesen hier mochte ich gern, dieser, der mir ein Fremder war. Er war realistischer und nicht so „eigenartig" wie die älteren, die vor seiner Zeit gelebt hatten. Er schien in mancherlei Weise „mitten drin" zu sein. In anderer Hinsicht war er wiederum so hart wie ein Fels und widersprach in Autorität, während ein anderer wohl einen Rückzieher gemacht hätte, um taktvoll zu sein und nicht anzuecken. Er war ehrlich, gründlich und furchtlos, selbst angesichts der härtesten Opposition.

Er wurde unter seltsamen Umständen geboren. Tatsächlich seltsam, doch warum sollte irgend etwas seltsam oder verwunderlich sein, wenn Gott dahinter stand, denn dann wird ein seltsames Ereignis zum natürlichsten Geschehen auf Erden. Ist es nicht verwunderlich, daß Fleisch und Knochen, die man „menschliche Wesen" nennt, hören, fühlen, sehen, miteinander reden und sympathisieren können, daß sie einander vertrauen, weh tun oder heilen können? Der, der das Leben ist, kann sicherlich Leben nach seinem Willen schaffen. Nichts ist ein Wunder, wenn Gott hinter einer Situation steht, nichts!

Dieser kleine Junge wurde von weisen Männern aus dem Osten angebetet. Selbst seine Mutter und sein Vater waren von all dem Aufsehen überrascht. Als die Zeit für sein Bar-Mitzwah (jüdische Zeremonie in der Synagoge bei Erreichung der männlichen Reife) gekommen war, fand man ihn unter den Ältesten des Tempels über Themen sprechen, die weit über sein Alter hinausreichten, anstatt mit seinen Eltern nach Hause zu gehen, um die Feierlichkeiten mitzumachen, die jedem Jungen zustanden.

Er arbeitete in der Werkstatt seines Vaters, doch war sein Herz in seltsamer Weise mit Gott verbunden. Er lernte und lehrte in der Synagoge, in der er Sabbat für Sabbat anbetete. Er hatte ein Herz für die Armen, die Kranken und die Alten. Er war vorsichtig bei den Reichen und verstand ihre Schwierigkeit, einen Weg zum persönlichen Kontakt mit Gott zu finden. Er haßte und verdammte religiöse Schaustellung und äußere Frömmigkeit.

Ich begann, ihn wegen seiner tiefen Einsicht in die menschliche Natur zu schätzen, wegen seiner Art mit Männern und Frauen ganz verschiedener Herkunft umzugehen.

Er war wirklich ungewöhnlich. Er nannte Gott „seinen Vater". Das tat ich natürlich auch, aber er handelte auch nach diesem Verwandtschaftsverhältnis und war tatsächlich so eng mit ihm verbunden, wie ich es mit meinem eigenen Vater gewesen war, als wir noch zusammen waren.

Sein Verhältnis zu Gott war weniger traditionell, als ich es bisher gekannt hatte. Seine Ansicht von Gott und sein Verhalten Gott gegenüber war zeitgemäßer. Obgleich er wie ich Jude war, praktizierte er seinen Glauben in ziemlich unorthodoxer Weise; doch diejenigen, die um ihn waren, beeindruckte das mehr als die traditionelle Art der Väter.

Einige wollten von ihm lernen und ihm nachfolgen. Zuerst riet er ihnen davon ab, dann begann er einige zu sich zu rufen. Es war fast wie ein Befehl. Zuerst zwei, dann vier usw. Sie verließen alles, ihr Zuhause, selbst ihr Tagewerk, um seinem unwiderstehlichen Befehl nachzukommen. Innerlich war ich tief bewegt. Er predigte eine völlig neue und seltsame Art des Zugangs zu Gott. Er machte die Menschen darauf aufmerksam, daß er selbst der Weg, die Wahrheit und das Leben sei, und daß niemand zum Vater kommen konnte als durch ihn.

Das war ziemlich schwer zu verdauen. Ich meinte, er hätte solch hochtrabende Behauptungen nicht machen sollen. Irgendwie hob es ihn aus allen Propheten, die vor ihm gewesen waren, heraus. Doch wenn er wiederum wirklich der verheißene Messias war, dann hatte er selbstverständlich das Recht, so zu sprechen. Wenn dem so war, sollten wir ihn annehmen und ihn auch als solchen verehren. Nein, er konnte es einfach nicht sein. Denn, wenn er es war, warum befand sich dann die Welt heute in solch einem Zustand? War er jedoch nicht der Messias, wer in aller Welt war er dann? Irgend jemand Besonderes war er auf alle Fälle und ebenso jemand Geheimes, denn niemand hatte mir jemals etwas von ihm gesagt, so grübelte ich.

Wer immer er auch war, ich verehrte und bewunderte ihn sehr, besonders die Art, mit der er sich für Gerechtigkeit, Reinheit und rechtschaffene Gedanken und Worte einsetzte. Es tat mir weh, daß er ständig von so vielen mißverstanden wurde. Selbst aus Synagogen warf man ihn hinaus und gab ihm alle möglichen häßlichen Bezeichnungen. Wenn ich damals gelebt hätte, hätte ich mich bestimmt für ihn eingesetzt. Bestimmt wäre ich mit ihm auf seine Reisen gegangen. Er hatte die rechte Einstellung zu Gott und dem Leben im allgemeinen. Von ihm hätte ich sehr viel lernen können.

In den darauffolgenden Wochen und Monaten wurde sein Leben ein Teil meines Lebens. Die Lektüre über ihn und die Ereignisse um ihn wurden mir wichtiger als alles andere in meiner unmittelbaren Umgebung. Ich entdeckte, daß ich meine Isolation ohne Groll hinnehmen konnte, und sehnte mich ständig nach der nächsten Gelegenheit, mehr über ihn zu lernen, denn er war mein Held geworden.

Eines Sonntagmorgens, im Februar, erkundigte ich mich vorsichtig bei den Jungen, welche Vorkehrungen vonnöten waren, um am Sonntagmorgen das Plätzchen zwischen Toilette und Kirchgebäude aufzusuchen. Sie waren gar nicht erstaunt und rieten mir, eine Decke und eine Wärmflasche mitzubringen. Dann sollte ich ihnen einfach folgen, wenn sie mir ein Zeichen gaben. An jenem Morgen hörte ich meine erste Predigt. Onkel Bas sprach laut und klar. Seine Stimme flößte mir mehr Ehrfurcht und Hochachtung vor ihm ein. Voller Aufrichtigkeit und Vollmacht drang sie bis in mein innerstes Wesen. Er las aus Johannes 13 und sprach über den Dienst in Jesu Leben und über das, was wir alle daraus lernen könnten, die wir daran dachten, ihm nachzufolgen. „Ihr heißet mich Meister und Herr und saget recht daran, denn ich bin es auch. So nun ich, euer Herr und Meister, euch die Füße gewaschen habe, so sollt ihr auch euch untereinander die Füße waschen. Ein Beispiel habe ich euch gegeben, daß ihr tut, wie ich euch getan habe. Der Knecht ist nicht größer denn sein Herr. So ihr solches wisset, selig seid ihr, so ihr's tut."

„Nein", sagte Onkel Bas, „es liegt nicht an der Fußwaschung allein. Der Dienst am Nächsten muß sich auf jeden Aspekt im Leben ausdehnen; einer trage des andern Last, so werdet ihr das Gesetz Christi erfüllen."

„Wenn ihr zu seiner Zeit gelebt hättet und es schon Fahrräder gegeben hätte, wären alle von euch wohl hocherfreut gewesen, Jesus Christus nach dem Gottesdienst im Schuppen zu finden und zu sehen, wie er eure Fahrräder aufpumpt!"

Meine Bibel und mein neuentdeckter Prophet und Held Jesus machten mir viel Freude. Manchmal gab ich, wenn auch ungerne, zu, daß die Christen auch jemand mit Namen Jesus kannten. Jedoch verwarf ich die Möglichkeit, daß es sich hierbei um meinen Jesus handeln konnte. Eifersüchtig war ich darauf bedacht, ihn vor heidnischen Ansprüchen zu bewahren und ihn mit jüdischem Glanz zu krönen.

Warum wurde in unserem Volk nicht von ihm gesprochen und über ihn gelehrt? Es hätte ihnen so gut getan. Wenn der Krieg erst einmal vorüber war, würde ich mehr darüber herausfinden.

Die Ereignisse in seinem Leben nahmen einen außergewöhnlichen Verlauf. War es eine Geschichte, ein Theaterstück oder Wirklichkeit? Er brachte sich in unmögliche Situationen, ja er weigerte sich sogar, den leichtesten Ausweg zu nehmen, und sagte, daß er zu einem bestimmten Zweck in die Welt gekommen sei, zu dem Zweck, schließlich wie ein Verbrecher zu sterben. Er kam, um den Tod zu überwinden.

Ich hoffte, daß es ihm irgendwie gelingen würde, und wünschte ihm insgeheim Erfolg dabei.

Als ich davon las, wie grausam er behandelt wurde, wie furchtbar er verraten und gefoltert wurde, sah ich vor meinen inneren Augen Hunderte von anderen, die während des Terrors und der Verhaftungen in den Straßen von Amsterdam mißhandelt wurden. Aber warum wurde er allein verfolgt? Andere hatten nichts zu befürchten. Es war hauptsächlich sein eigenes Volk, ebenfalls Juden, die ihm Schwierigkeiten machten. Warum nur? Ich wurde zwischen den beiden Ansichten über die Anbetung Gottes und die Einstellung zu ihm hin und her geworfen. Ich war ein Zuschauer geworden, der sich diese beiden Dinge gegenüberstellte.

Mein Volk brachte ihn in einen römischen Gerichtshof, damit Pontius Pilatus ihn zum Tode verurteilte. Wie konnten sie das nur fertigbringen? Ich war entsetzt. Dieser römische Statthalter sagte der Menge verschiedentlich, daß es keinen Grund gab, ihn zu kreuzigen. Warum gaben sie denn nicht endlich auf und hörten auf, ihn zu quälen und zu verfolgen?

Er war äußerst demütig und sogar um das Seelenheil seiner Feinde besorgt. Er betete für sie. Einen, der von einem seiner Jünger angegriffen wurde, heilte er sogar.

Als sie ihn einen Hügel hinaufführten, um ihn an ein hölzernes Kreuz zu schlagen, erregte das mein tiefstes Mitgefühl für diesen sanftmütigen Dulder, und gleichzeitig empfand ich Bestürzung und Abscheu vor meinem Volk. Wie konnten sie so etwas nur tun? Es war ihre Schuld, daß schwere Nägel durch jene Hände geschlagen wurden, die nur Gutes getan und gesegnet hatten. Wie konnte er solche Schmerzen nur erdulden; sein Körper hing dort oben, seine Füße hatte man ebenfalls durchbohrt, und seine Arme wurden fast durch das Gewicht seines Körpers aus den Kugeln gerissen.

Kein Tod in der ganzen Bibel war so ausführlich beschrieben. Dieses fehlerfreie Wesen; dieser fromme Prophet. Sein eigenes Volk hatte es gewollt — mein Volk! Warum? Wenigstens alle seine Jünger hätten ihm doch beistehen können. Am Ende hatten ihn alle verlassen, und er ging seinen letzten Gang allein.

Jetzt wußte ich endlich, daß all dies mit unfehlbarer Sicherheit beweisen sollte, daß ihm der endgültige Sieg gehörte. Er würde alle Schmerzen und Demütigungen ertragen und dann ... dann, wenn jeder von ihm erwartete, daß er mit den anderen beiden Verbrechern starb, dann würde Gott ihn befreien, und er würde vom Kreuz herunterkommen und als Messias Israels und der Welt gekrönt werden. Doch er litt weiter, ach, wie sehr er doch litt! Seine Mutter stand dabei und sah alles mit an. Wie konnte sie das ertragen? Ich wäre zu Hause geblieben und hätte vor Hilflosigkeit und Einsamkeit geweint. Aber sie hatte dabeigestanden, über ihm gewacht, ihn mit ihrer Gegenwart getröstet. Es war einfach unglaublich, daß er sich auch noch um sie kümmerte. Er hatte zu einem seiner Freunde gesagt: „Sohn, sieh deine Mutter.“ Er wollte, daß er sie versorgte, und daß sie jemand zum Umhegen hatte. Wie rücksichtsvoll von ihm, daß er sich um das Wohlergehen und den Trost derjenigen mühte, die er verlassen mußte. Er sagte zu seinen Henkern, daß er durstig wäre. Sie gaben ihm kein Wasser, sondern Essig zu trinken. Er war kein Feigling, das hatte ich schon lange erkannt. Er betete sogar für diejenigen, die ihn haßten. Als einer der Verbrecher am Kreuz ihn sehr reumütig fragte, ob er sich seiner erinnern werde, wenn er in sein Königreich komme, von dem er gesprochen hatte, meinte Jesus, daß er heute noch mit ihm im Paradiese sein werde. Was für eine großartige Erklärung! Erkannten diese Menschen, die da herumstanden, denn immer noch nicht, daß dieser Jesus kein gewöhnliches, menschliches Wesen war?

Ich tat es doch! Und obwohl ich diese neue Person liebgewonnen hatte und sie bewunderte, flößte mir die ganze Situation doch gleichzeitig etwas Angst ein. Es schien mir, daß Jesus, der Jahrhunderte zuvor gelebt hatte, auf irgendeine unerklärliche Weise ein liebevolles Interesse an mir hatte. Obgleich wir einander nicht sehen und persönlich miteinander reden konnten, war ich im tiefsten Herzen von seinem Sieg über das Kreuz sicher. Während ich noch von seinem Todeskampf las, wünschte ich innerlich, daß er seine Macht erzeigen und sich von jenem Kreuz befreien würde. Ich wußte, daß er es tun würde, und während ich weiterlas, wartete ich gespannt auf diesen Augenblick.

Der Todeskampf dauerte an. Das Drama entfaltete sich in solch furchtbarer Weise, daß es eine fast atemlose Spannung auslöste. Qualvoll war mein Wunsch, seinen Sieg, seinen Höhepunkt erreichen zu sehen. Doch dann geschah das Unglaubliche. Ein Schrei erreichte mein klopfendes Herz. „Es ist vollbracht", und dann gab er den Geist auf. Ach, mein allmächtiger Gott, warum nur? Alles, was mein zerbrochenes Herz jetzt aufnahm, war die Beschreibung des Gewitters und die Angst der Herumstehenden. Gewitter . . . ja, ein Gewitter tobte in meiner eigenen Seele. Es machte mich körperlich unwohl und zog mich in tiefere Einsamkeit hinein als jede Widerstandsbewegung. Einen persönlichen Verlust hinzunehmen, konnte nicht schlimmer sein als mein Verlust an jenem Tage. Ich hatte die Hoffnung verloren, einen Freund, einen Sieg und ein Wunder. Ich hatte einen verloren, den ich sehr liebte, obgleich ich ihm nie begegnet war, außer in den Seiten dieses Buches. Er war von meinem eigenen Fleisch und Blut, einer meines Volkes, meiner Geschichte, meiner Hoffnung. Einer, den Gott liebte, ebenso wie viele normale Juden jener Tage. Ja, selbst Nichtjuden fühlten sich zu ihm hingezogen.

Irgendwie konnte diese Persönlichkeit, dieser Prophet derjenige sein, den die Menschen bewunderten, bei denen ich lebte. Aber warum? Warum sollten sie sich zu einem jüdischen Propheten so hingezogen fühlen, wenn ich als orthodoxer, im jüdischen Glauben erzogener Mensch nie zuvor etwas von ihm gehört hatte?

Es war mir ein Rätsel. Ich war zu verwirrt von allem, was ich gelesen hatte, von meiner tiefen Enttäuschung und von seinem unerklärlichen Verhalten und seiner Niederlage am Kreuz. Alles schien für mich verloren. Insgeheim hoffte ich trotz aller Hoffnungslosigkeit, klammerte mich verzweifelt an die Erinnerung, betrauerte ihn, der tagelang mein leuchtendes Beispiel gewesen war.

Nach der Tradition meines Volkes trauerte ich sieben Tage lang. Ich nahm nur die notwendigste Nahrung zu mir. Ich verbannte jeden Lesestoff aus meiner täglichen Routine. Meine Gedanken drehten sich nur um meinen Verlust, und ein Gefühl tiefer Depression überkam mich. Ich war weinerlich, reizbar, launisch und unglücklich.

Niemand von den anderen wußte um meinen persönlichen Verlust, um meinen großen Schmerz. Deswegen beobachtete man mich mit Sorge. Das ärgerte mich schrecklich. Nach sieben Tagen nahm ich, dem Gesetz gemäß, mein normales Leben wieder auf. Obgleich ich immer noch ganz von der Tragödie erfüllt war, die mich mehr mitgenommen hatte, als ich mir eingestehen wollte, versuchte ich sorglos und leichtherzig zu erscheinen. Dieses Benehmen muß unsere Hausgemeinschaft noch mehr verstört haben. Wir waren so miteinander verbunden, daß eine entsetzliche Atmosphäre entstand, wenn einer von uns für ein oder zwei Tage nicht mehr sprach. Das kam manchmal vor, und wir hatten gelernt, damit zu leben, aber es störte den Gruppengeist. „Was ist los?" war eine oft gestellte Frage. Wenn die Person sich anvertraute, war alles bald wieder gut. Wenn andererseits ein belastetes Herz seltsam still und schweigsam blieb, wenn er oder sie darüber nicht sprechen konnte, so wurde die Situation ernst und dauerte tagelang an.

Jetzt hatte ich eine solche Atmosphäre verursacht. Wie sollte ich auch nur den Versuch unternehmen, irgend jemand all das zu erklären, was mich in den letzten Wochen so sehr beschäftigt hatte? Die Situation mußte langsam und rücksichtsvoll behandelt werden. Ich war entschlossen, herauszufinden, warum die Familie, die uns so liebevoll aufgenommen hatte, diese Bücher und andere ähnliche bei sich hatte. Natürlich, Domie war ein Geistlicher, ein christlicher Geistlicher, aber was hatte das damit zu tun, daß unsere Schriften in seinem Hause waren? Und dann die Geschichte von diesem unbekannten jüdischen Propheten mit Namen Jesus. Welch ein Rätsel war das. Ich hatte sogar ein schwarzes Buch gefunden, das unseren gesamten Pentateuch, die Psalmen und die größeren und kleineren Propheten enthielt, und doch war es etwas anderes. Ich fand nämlich nicht ein einziges hebräisches

Wort, wohl hebräische Buchstaben, aber auch nur einige, zum Beispiel im 119. Psalm. Es gab aber auch viele Bücher, von denen ich nie gehört hatte.

Dieser eine Abschnitt hinten in der Bibel war von der übrigen Bibel durch ein weißes, leeres Blatt getrennt. Dann folgte der Titel „Das Neue Testament unseres Herrn und Heilandes Jesus Christus".

Jesus Christus. Da war der Name wieder. Der gleiche Name, den ich in der Kinderbibel gefunden hatte. Hier stand die gleiche Geschichte in altmodischer Bibelsprache.

Es mußte eine besondere Religion sein, dachte ich, ein Sympathisieren mit dem jüdischen Glauben. Daher rührte ihre Bereitschaft, uns aufzunehmen. Ich zwang mich, die Gedanken der letzten paar Wochen zu verdrängen, und versuchte bewußt, all diese Schriften zu vergessen, die mich so verwirrt hatten. Die Tage vergingen mit den üblichen Beschäftigungen. Langsam näherten sich meine Entdeckungen ihrem Ende, äußerlich war ich fast gleichgültig, und innerlich sah es nicht viel anders aus. Wenn meine weibliche Neugier mir doch nur den Frieden bringen könnte, nach dem ich mich so sehr sehnte! Ich empfand das unstillbare Verlangen, entweder aus jenem schwarzen Buch oder der Kinderbibel mehr darüber zu erfahren.

Sicherlich, ich hatte eine große Enttäuschung erlebt, aber warum sollte ich mich nicht wie ein erwachsener Mensch benehmen und das Ende der Geschichte lesen, das noch in den restlichen Seiten des Buches stand? Es würde niemand schaden, wenn ich die Sitten und Gebräuche anderer Menschen studierte, besonders solcher Menschen, die von dieser Religion so motiviert sein mußten, daß sie ihr eigenes Leben und das ihrer Familie in Gefahr brachten, um uns zu retten und Obdach zu gewähren.

Ich wollte es einfach, ich fühlte mich dazu gedrungen, nachzulesen und nachzuforschen. Doch ich schien zu müde und zu faul zu sein, um damit anzufangen.

Während meiner wachen Stunden und der dunklen Stunden, wenn ich zum Beispiel nähte, mich sonnte, aß oder abwusch, war ich mit meinen Gedanken bei dem unvervollständigten Thema. Mein Verlangen mußte gestillt werden. Ich würde das Kapitel, das mich so tief erschüttert hatte, noch einmal lesen und dann mit der Geschichte fortfahren, um zu sehen, was nach seinem Tod geschehen war.

Wieder schaute ich mir das farbige Bild mit den drei Kreuzen an. Ich prägte mir sein Gesicht ein und die Gesichter der Umstehenden. Das ganze Ereignis war wieder lebendig vor mir, wie vor zehn Tagen. „Jetzt weiß ich, daß du nicht von jenem Kreuz heruntersteigen konntest“, sagte ich in Gedanken zu ihm. „Es war böse und grausam, dir so etwas anzutun, denn du warst gut und freundlich und irgendwie anders als deine Vorgänger. Wenn ich dich auf deinen Reisen begleitet hätte, wäre ich für dich eingestanden. Ich hätte nicht erlaubt, daß dich irgend jemand berührt, Herr. Wenn sie es mir erlaubt hätten, hätte ich den bitteren Kelch für dich getrunken. Das hattest du nicht verdient, Herr.“ Herr? Warum nannte ich ihn denn Herrn? Niemals. Es war seltsam, doch schien es nichts auszumachen. Meine Ohren hörten nicht, was mein Herz bewegte. Mein Mund würde sicherlich solche Aussprüche nicht machen.

Und wieder ging ich in die Geschichte zurück. Mit einem tiefen Seufzer machte ich mich an das 20. Kapitel dieses unbekannten Buches, das sich „St. Johannes“ nannte. Es war jetzt am ersten Tag der Woche, und Maria ging mit Spezerei zum Grab. Sie wollte damit den Leib desjenigen einbalsamieren, der ihr gegenüber so verständnisvoll und immer so rücksichtsvoll gewesen war. Sie würden seinen Leib so lange wie möglich vor den zerstörenden Elementen bewahren, die alle Materie zu Staub und Asche machten.

Tief in Gedanken versunken und mit betrübtem Gesicht schritt sie auf das Grab zu, in dem sie ihn am Freitag verlassen hatten. Dann sah sie, daß der Stein weggerollt worden war.

Was konnte geschehen sein? Aufgeregt rannte sie hin. Als sich ihre Augen an das Dämmerlicht im Grab gewöhnt hatten, erzitterte sie vor Furcht und Entsetzen: das Grab war leer! Was jetzt? Benommen stolperte Maria hinaus in das helle Morgenlicht. Was konnte sie tun? Wer konnte so grausam und rücksichtslos sein, den Leib desjenigen anzugreifen, der nur gekommen war, um zu segnen, Gutes zu tun und den Menschen die einzige Hoffnung in Leben und Tod zu zeigen. Ja, es stimmte, er hatte zu Lebzeiten Feinde gehabt. Seine Reinheit hatte alles Böse, alle Scheinheiligkeit aufgedeckt. Niemand konnte seine wahren Motive unter dem Deckmantel der Frömmigkeit verstecken. Er sah durch das alles hindurch. Selbst die Gedanken an eine böse Tat durchschaute er und erfüllte den Sünder mit tiefer Scham.

Hatten seine Feinde keine Angst mehr, jetzt, da er kalt und still dalag? Wollten sie jegliche Erinnerung an ihn auslöschen? Warum hatte der allmächtige Gott nicht eingegriffen? Er war so eng mit ihm verbunden gewesen und hatte seinem Willen gehorcht. War er nicht früher, während seines Dienstes für Gott und die Menschen mit den Worten bestätigt worden: „Dies ist mein lieber Sohn, an dem ich Wohlgefallen habe, ihn sollt ihr hören"? Wie hatte Gott solch eine Greueltat zulassen können, selbst das Andenken der Toten zu schänden?

So lange hatte Maria ihre Tränen zurückgehalten, jetzt ließ sie ihrem Kummer freien Lauf. Ihr war wohl so wie mir in den vergangenen zehn Tagen zumute, denn ich teilte ihren Kummer. Die Geschichte nahm unglaublicherweise eine bemerkenswerte Wendung. Jemand war auf Maria zugetreten und hatte diese Worte gesprochen: „Weib, warum weinst du? Wen suchst du?" Sie war wenig an dem freundlichen Gärtner interessiert, und so entgegnete sie, wahrscheinlich, ohne ihn anzusehen: „Sie haben meinen Herrn weggenommen, und ich weiß nicht, wo sie ihn hingelegt haben!" Die kurze Pause in der Unterhaltung nahm sie fast nicht wahr. So war sie überrascht, als die gleiche Stimme ihren Namen rief tröstend und liebevoll: „Maria." Als ihre Augen den seinen begegneten, wußte sie es unmißverständlich. Überrascht und erfreut fiel sie zu seinen Füßen nieder und wollte seine segensreiche Hand noch einmal küssen.

Sanft entzog er sich ihr. „Rühre mich noch nicht an", sagte er, „sondern gehe nach Galiläa und sage den Meinen, was du gesehen und gehört hast. Dort will ich zu ihnen kommen."

„Meister!" Maria ließ ihre Spezerei und eilte überglücklich und strahlend vor Freude davon.

Freude! Wie sehr wußte ich, wie ihr zumute war. Ich hätte in die Luft springen können, und mußte doch so still sitzenbleiben. Ich wußte es, ich hatte es immer gewußt. Der Tod würde ihn nicht halten können. Er war der wahre Prophet des Höchsten und von Gott ausersehen, vor allen anderen zu sein.

Mein Herz erhob sich im Gebet zu Gott, und ich flehte, daß er doch heute jemand wie Jesus aufrichten möchte, der Wunder vollbringen und uns von aller Verfolgung und Diskriminierung befreien könnte. Es war eine Geschichte mit Happy End gewesen. Ich las weiter, erfreut über die wunderbare Wendung der Ereignisse. Alle Ereignisse zeichneten sich klar und deutlich ab, waren leicht verständlich und doch verwirrend.

Warum hatte ich nie etwas über diesen Abschnitt in unserer Geschichte gehört? Es war doch klar und deutlich ein historisches Ereignis, und doch war es weder in der Schule noch zu Hause erwähnt worden.

Ich mußte und würde das prüfen.

In den nächsten vierzig Tagen zeigte sich dieser lebende Prophet vielen. Er lehrte auch weiterhin, zeigte Menschen den Weg zu Gott und sprach von seiner Zukunft, über sein unsichtbares Weiterleben durch den Geist, sobald er selbst die Erde verlassen hatte. Er sagte den Umstehenden auch, daß er so wiederkommen würde. So war es also.

Von jetzt an las man, wie er durch das Leben all derjenigen wirkte, die ihm gestatteten, sie als Werkzeuge zu gebrauchen. Das war in sehr realistischer Weise dargestellt.

Dann begann mein Lieblingsteil. Daraus lernte ich mehr als aus jedem anderen Teil vorher. Er sprach von einem orthodoxen Juden, einem Rabbiner. Auch er mußte sich, wie auch ich, mit der Behauptung des neuen Propheten, er sei der Messias, auseinandersetzen. Er war ihm nie begegnet, hatte jedoch alles von ihm gehört und meinte, er sei ein Schwindler, jemand der sich erdreistete, zu behaupten, von Gott gesandt zu sein. Er würde für den Glauben seiner Väter kämpfen, für die Bewahrung der Wahrheit; für den einen wahren Gott. Er war dazu ausersehen, einen heiligen Kampf zu führen mit dem Ziel, all diejenigen zu zerstören, die sich Christen nannten. Er erhielt dazu Erlaubnis, und man gab ihm Briefe an die Synagogen in anderen Teilen des Landes.

Während er dahinritt und über diese lächerliche Sache nachsann, der sein Volk erlegen war, hörte er plötzlich, wie jemand seinen Namen rief. Wiederholt schaute er seine Begleiter an, die sich wiederum über das seltsame Benehmen ihres Führers wunderten. Aber wer rief ihn dann? Zögernd wagte er, mit anscheinend niemand zu sprechen: „Wer bist du, Herr?“ Die Antwort traf den jungen Rabbiner wie ein Schlag. So etwas hatte er in seiner ganzen Berufslaufbahn noch nicht erlebt. „Ich bin jener Jesus, den du verfolgst.“

Er sah niemand. Plötzlich war er auf beiden Augen blind. Seine Begleiter wußten nicht, wie sie ihn trösten oder beruhigen sollten. Er wollte allein sein, um nachzudenken. Er war von dem gleichen Propheten, den er trachtete zu zerstören, gedemütigt und besiegt worden.

Als er an seinem Bestimmungsort anlangte, war er ein anderer Mensch. Die neuen Gläubigen dort hatten Angst vor ihm, denn sie wußten von seinem Ruf. Sie befürchteten einen Trick, als er sich ihnen anschließen wollte. Diejenigen, die ihn erwartet hatten, wußten ebenfalls nicht, was sie von der Sache halten sollten. Denn statt diesen Propheten Jesus anzuklagen, verherrlichte er ihn in seinen Gesprächen und erkannte seine lebende Persönlichkeit demütig an. Jedem erzählte er von seinem aufsehenerregenden Erlebnis auf der Straße nach Damaskus.

Ja, es war eine bewegende, wirklichkeitsnahe Geschichte, und diesen Geschichten zufolge war dieser Jesus wirklich lebendig und lebte durch das Leben derjenigen, die ihm gestatteten, sie zu gebrauchen.

Eine schöne Geschichte, doch für mich und mein Volk unbrauchbar. Wir wurden von Generation zu Generation verfolgt und gejagt. Warum ließ der allmächtige Gott all diese Not, dies Leid und dieses Sterben zu? Wo war darauf die Antwort?

Kapitel 14

In den letzten Wochen hatte ich viel gelesen. Es hatte mir Beschäftigung gegeben und wahrscheinlich meinen Horizont erweitert. Wieder begann die tägliche Monotonie. Wir hörten entsetzliche Nachrichten aus den Städten. Verhaftungen und Grausamkeiten waren auch weiterhin an der Tagesordnung, und wir wurden es leid, auf das Ende zu warten.

Domie kam jetzt kaum noch nach Hause. Man verdächtigte ihn illegaler Machenschaften. Gerüchte mußten ernst genommen werden; man konnte es sich nicht leisten, ein Risiko einzugehen. Manchmal kam er nach Einbruch der Dunkelheit zu einem kurzen Besuch zu seiner Frau. Dabei brachte er uns auch Nachrichten und half uns bei irgendwelchen Schwierigkeiten, die wir gerade hatten. Lange vor Sonnenaufgang war er dann wieder auf und davon durch die hohen Kornfelder gegenüber dem Pfarrhaus, die ihm noch Sicherheit boten. Wenn der Feind in der Nähe war, würde das Korn ihm Schutz gewähren und ihm die Flucht ermöglichen.

Seine Besuche wurden immer seltener. Der Druck, die Belastungen und die Angst nahmen mit jedem Tag zu. Das Pfarrhaus stand unter Verdacht. Schnelles Handeln war vonnöten.

Eines Abends im April 1944, als wir alle in der Küche versammelt waren, hörten wir jenes vertraute Klopfen an der Hintertür. Es war Domie. Wir spürten sofort, daß etwas Wichtiges in der Luft lag, und so riefen wir Tante Jo.

Domie erzählte uns, daß der Befehl ergangen war, ihn zu verhaften. Das Pfarrhaus würde wahrscheinlich durchsucht werden. Wir mußten alle verschwinden. Für jeden von uns war eine Unterkunft arrangiert worden, und morgen um Mitternacht würde unser Auszug beginnen. Was wir so lange befürchtet hatten, war eingetreten.

Jeder dachte über seine eigene Lage nach. Jeder wollte um jeden Preis überleben. Und doch konnte niemand etwas unternehmen. Wir mußten abwarten und sehen, was man für uns geplant hatte. Unser Leben stand in ihren Händen. Schweigend verrichteten wir die routinemäßige, allabendliche Arbeit, nur viel gründlicher als gewöhnlich. Alles, was uns möglicherweise verraten konnte, mußte verschwinden. Wir packten einige persönliche Toilettenartikel zusammen und gingen zu Bett.

Der nächste Tag war ungewöhnlich belastend. Es war das letztemal, daß wir alle zusammen waren.

„Ach, wenn es doch nur heutzutage einen Jesus Christus gäbe", dachte ich. Wenn ich je die Zusicherung brauchte, daß es einen lebendigen Gott gab, dann war es an jenem Tage. An jenem Abend sollten wir zu einem unbekannten Bestimmungsort gebracht werden. Ich brauchte ihn, um mutig zu sein; ich sehnte mich mit allen Fasern meines Herzens nach der Zusicherung seines Schutzes.

Die beiden Jungen waren sehr gefaßt. Sie verrichteten schweigsam ihre täglichen Pflichten. Nach einem zeitigen Abendessen bedeutete uns Tante Jo, uns anzuziehen und alles zum Wohnzimmer hinunterzubringen, was wir mitnehmen wollten. Alles, was ich hatte, paßte gut in mein kleines, schwarzes Köfferchen. Kleider waren unwichtig. Die würde ich auf dem Leibe tragen. Ich trug einige Paar Strümpfe und Socken, Unterwäsche zum Wechseln, ein Kleid, einen Rock, Pullover, Jacke und Mantel. Das Gehen fiel mir natürlich schwer, aber alle diese Dinge mußten mitgenommen werden, denn ich würde sie in meinem neuen Zuhause brauchen.

Tante Jo hatte sich ans Klavier gesetzt. Sie spielte ihre Kirchenlieder. Sie klangen aufmunternd und schön. Die Jungen und sie sangen heute abend gemeinsam. Wir Mädchen hörten zu, und einige von uns verfolgten die Worte in einem kleinen Liederbuch. Mir persönlich hätte es wohl nichts ausgemacht, mitzusingen, wenn nicht der Name „Jesus Christus" auf praktisch jeder Seite erschienen wäre. Ich konnte mich nicht dazu bringen, ihn auszusprechen. Bald hatte ich eine einfache Lösung gefunden. Ich sang einfach mit! Nachdem ich meinen Ton hatte, begann ich zu singen, aber alle Ehre, die Jesus erhielt, übertrug ich auf Mose. Wenn sie ihrem Herrn und Meister von ihrem unbedingten, kindlichen Vertrauen zu ihm sagten, dann sagte ich in meinem Herzen zu Mose, daß ich Kraft aus seinem guten Beispiel und seinem Dienst für Gott und die Menschen schöpfte. „Welch ein Freund ist unser Jesus" wurde für mich „Welch ein Freund ist unser Mose".

Dieses abendliche Singen kam einem normalen Leben seit über

einem Jahr am nächsten. So verging die Zeit vom ersten Dämmerschein bis zu dem Zeitpunkt unseres Abschieds, und es befreite uns von der auf uns ruhenden Last.

Ich wurde zuerst abgeholt. Ich schüttelte jedem die Hand, dankte Tante Jo und Tantje für alles, was sie getan hatten und watschelte, dick angezogen, aus dem Zimmer. Tante Jo begleitete mich zur Hintertür und fragte, ob ich noch irgend etwas brauche. Ich hatte gehofft, daß sie mich noch fragen würde. Anders hätte ich es ihr nicht sagen können. Ziemlich schüchtern fragte ich sie, ob sie es mir erlauben würde, das kleine, schwarze Buch von oben mit all den Bibelgeschichten mitzunehmen, und, wenn sie es entbehren könnte, eines der Liederbücher, die wir an jenem Abend gebraucht hatten. Gar nicht überrascht gab sie ihre Einwilligung und bat mich einen Augenblick zu warten, während sie die Bücher holte. Zum erstenmal hatte ich das seltsame Buch offen erwähnt.

Der Polizist war gekommen; es war an der Zeit, Abschied zu nehmen. War es nur Einbildung, oder war Tante Jos Kuß diesmal tatsächlich wärmer? Während ich durch den Garten ging, pflückte ich schnell ein Stiefmütterchen und legte es vorsichtig in mein Buch. Bis zu diesem Tag bewahre ich es gepreßt zwischen den Seiten meines kleinen, schwarzen Buches auf.

So wie damals bei meiner Ankunft, reiste ich auch diesmal wieder auf dem Gepäckträger eines Fahrrads. Die Reise war fast genauso lang und genauso unbequem, obgleich ich diesmal besser gepolstert war als beim erstenmal. Unsere Reise endete vor einer Reihe grauer, steinerner Arbeiterhäusern. Der Polizist drückte auf die Klingel an einem dieser Häuser. Die Tür wurde geöffnet, aber niemand erschien. Keine Worte wurden gewechselt. Jemand streckte nur den Arm aus und zog mich ins Haus. Nachdem die Tür geschlossen und verriegelt worden war, flüsterte eine Stimme: „Es tut mir so leid, daß wir kein Licht machen dürfen, meine Liebe. Aber niemand darf wissen, daß Sie gekommen sind."

Erleichtert stellte ich fest, daß die Qual vorüber war, und noch dazu ohne Zwischenfälle. Die Dame war freundlich und teilte mir mit, daß sie noch eine weitere illegale Person in ihrem Hause hätten. Ich würde das Bett im Wandschrank mit ihr teilen müssen. Die Türen wurden nachts geöffnet, aber blieben tagsüber verschlossen. Wie im Pfarrhaus, so war uns auch hier nur gestattet, uns nachts zu bewegen, aber hier in dieser neuen Unterkunft mußte man noch vorsichtiger sein. Eine Leiter führte durch eine Luke vom Flur aus auf den Boden. Bevor im Wohnzimmer die Vorhänge und Verdunklung aufgezogen wurden, kletterten wir früh an jedem Morgen diese Leiter hinauf. Dann wurde der Riegel vorgeschoben, und wir mußten still dasitzen, bis er sich wieder öffnete zur Essensübergabe, und wenn man keine Besucher erwartete, zu einem kurzen Plausch.

Ein Eimer mit einem Deckel stand uns für unsere Bedürfnisse zur Verfügung. Fragte sich meine neue Wirtin wohl, warum sich ein breites Lächeln auf meinem Gesicht zeigte? Es freute mich, zu einer „Eimer-mit-Deckel-Maus" befördert worden zu sein. Jetzt hatte ich den Stand der Pfarrhausmäuse erreicht. „Wo waren sie jetzt wohl?" fragte ich mich im stillen. Während ich diesen Gedanken nachhing, muß ich wohl einige Instruktionen verpaßt haben. Doch wurde ich bald wieder in die Wirklichkeit zurückversetzt, als sie Anstalten machte, mich meiner Bettgenossin und „Mituntertaucherin", wie sie uns Illegalen nannten, vorzustellen.

Sie führte mich in das kleine Wohnzimmer vorn im Haus, öffnete die Tür und dort . . . neben dem Tisch in dem kleinen Zimmer stand Schwester Moony, eine Stationsschwester aus unserem Amsterdamer Krankenhaus, die von den meisten Lernschwestern gefürchtet wurde.

Schwester Moony! Nein, ich brauchte ihr nicht vorgestellt zu werden. Wir kannten einander zu gut, und diese Begegnung überrumpelte mich einfach. Schwach lächelnd schüttelte sie meine Hand. Ich hielt es für meine Pflicht, mit einem schwachen Lächeln zu danken.

Nachdem diese formelle, unnötige Vorstellung vorüber war, wartete ich automatisch, bis sie mir einen Platz anbot. Es herrschte eine offizielle Atmosphäre.

Meine neue Wirtin, die sich als Tantjes Schwester vorstellte, brachte jedem von uns einen Becher heiße Schokolade und einige Kekse. Dann war es Zeit, sich zu Bett zu begeben. Schwester Moony ging mir in allem mit gutem Beispiel voran. Abends war es uns gestattet, die Küche zum Waschen zu benutzen. Ich machte Schwester Moony alles nach . . . und schließlich ging es ins Bett.

Das Bett bestand aus dem Schrank hinter den Türen, die ich zuvor gesehen hatte. Die Matratze war fest zwischen der Wand und einem waagerechten Balken eingeklemmt. Das Bett war makellos sauber, und sie bedeutete mir, zuerst hineinzusteigen. Schwester Moony stellte einen Stuhl vor die Türen, und ich begann meine Reise — auf den Stuhl, über den Balken — und kniete mich dann auf das quietschende Bett, indem ich meine Fußsohlen gegeneinander rieb, um das letzte Körnchen Staub abzuschütteln, bevor ich fast unter den Decken auf meiner Seite des Bettes verschwand.

Schwester Moony — mit mir in einem Bett! Die Schwestern im Krankenhaus hätten sich vor Lachen gebogen, doch verspürte ich keine solche Versuchung. Im Gegenteil, sobald mein Kopf das Kissen berührte, machte ich mich so klein wie möglich, indem ich meine Arme und Beine kreuzte. Schwester Moony machte es sich bequem und bestand darauf, daß ich noch ein paar Zentimeter weiterrückte. Jetzt ruhte meine linke Seite an der Wand. Ich zog meine Decke hoch und begann meine neue Situation zu überdenken. Doch bald verschwamm alles vor mir, und ich schlief erschöpft ein.

Am nächsten Morgen weckte mich Schwester Moony mit einer Tasse Tee und einem Stück Brot, welches ich beides verzehrte, sobald ich mich aufrecht hingesetzt hatte. Ich war noch müde und fühlte mich nicht nach Unterhaltung. Das paßte der Chefin gut ins Konzept, die jetzt ihrer Untergebenen Anordnungen zu geben begann. Ich hätte aufzustehen, sobald ich meinen Tee getrunken hatte, das Bett zu machen, die Türen des Schrankes zu schließen, mich in der Küche zu waschen und ihr zum Boden zu folgen.

Ich tat, was mir befohlen war, und befand mich bald in einem winzigen Zimmerchen zwischen den dicken Bodenbalken. Mein schnelles Erscheinen wurde mit einem beifälligen Lächeln bedacht. Die Leiter wurde eingezogen, der Riegel vorgeschoben, und wir setzten uns zur Ruhe bis zur Stunde der Freilassung, bei Sonnenuntergang.

Unten begann der Hausherr alle Vorhänge aufzuziehen, Türen und Fenster zu öffnen und den Milchmann und Bäcker zu bedienen. Niemand hegte den Verdacht, daß oben auf dem Boden zwei menschliche Wesen auf ein günstiges Ende des Krieges warteten. Ich war traurig und unglücklich in meiner neuen Umgebung. Es ging mir auf die Nerven, Moony den ganzen Tag um mich zu haben, und wahrscheinlich ging es ihr ebenso mit mir. Es ist schwer, Nachsicht und Geduld zu lernen.

Wir sahen unsere Wirtin nur dreimal am Tage: am Vormittag, wenn sie den Riegel zurückschob und uns Kartoffeln und Gemüse zum Putzen hinaufreichte, zum Mittagessen, und am Nachmittag, wenn niemand im Hause war, um uns eine Tasse Tee zu geben.

Den Rest des Tages stand ich unter Moonys Befehl. Jeden Morgen, nachdem wir uns für den Tag eingerichtet hatten, erhielt ich eine kurze Lektion über den Wert eines gesunden Körpers in Zeiten körperlicher Freiheitsbeschränkung. Man mußte Übungen machen, um diesen Körper geschmeidig, fit und gesund zu erhalten. Sie würde mir zeigen, was zu tun sei. Jetzt wußte ich erst, warum wir uns unten nie ganz anzogen: „Gymnastik" war ihr Zauberwort.

Es muß sehr komisch ausgesehen haben, wie wir beide in Socken und Unterröcken im Kreise hintereinander hermarschierten. Moonys Haar hing auf den Rücken hinunter und hopste bei jeder ruckartigen Bewegung hin und her. Ob ich Lust hatte oder nicht, ich mußte Morgen für Morgen hinter Moony auf jenem Boden hermarschieren.

Während der langen Tagesstunden versuchte ich oft, eine Unterhaltung in Gang zu bringen. Doch bald erkannte ich, daß ich auch hier nur als Eindringling betrachtet wurde. Sie war nur an einer Unterhaltung interessiert: wenn sie mir sagen konnte, was ich zu tun hatte. So lebte jeder auf seine Weise.

Nachrichten vom Krieg erreichten uns keine. Wir verließen uns auf das, was der feindliche Nachrichtendienst verbreitete. Wir vegetierten nur dahin. Ich wurde trübselig und sehr passiv. Das Leben im Pfarrhaus war aktiver gewesen, besonders an den Abenden. Die Mäuse und die Jungen sprachen über interessante Themen, und ich hörte zu, während Nopje und Tantje auf einen Sprung vorbeikamen mit Neuigkeiten, spaßigen Bemerkungen oder nur einer Tasse Tee. Dies hier war wie Einzelhaft, da meiner Gefährtin an meiner Gegenwart nichts lag und ihr dies Eindringen in den sicheren Hafen ihrer Ruhe mißfiel. Sie wollte weder eine Aufmunterung, Unterhaltung noch Diskussion. Wir lebten, aßen und schliefen zusammen und doch waren wir meilenweit voneinander entfernt.

Ich wandte mich wieder dem Gott meiner Väter zu und begann in meinem kleinen, schwarzen Buch zu lesen. Ich machte keinerlei Anstalten, mein Interesse zu verbergen, und ihre Gegenwart kümmerte mich wenig. Der Bodenraum wurde mein Kloster. Ich lernte mehr in der kurzen Zeit meines Aufenthalts hier als irgendwo in den darauffolgenden Jahren.

Die Psalmen, die Könige und Propheten und immer wieder das Neue Testament begeisterten mich. Es schien seltsam, daß all die Geschichten aus der Kinderbibel sich in diesem kleinen Buch befanden, ebenso wie unsere alten Schriften. Sie paßten da irgendwie hinein, und ich las sie mit Freude. Im 5. Buch Mose, Kapitel 18, Vers 15 sprach Mose von einem neuen Propheten, der aus dem Volk kommen würde. Ihn sollte man hören und ihm gehorchen. Für mich war das niemand anders als diese außergewöhnliche Person, dieser Jesus Christus, der in unserem Volk geboren wurde, einer von unserem Fleisch und Blut war und im Gesetz und in den Propheten unterwiesen wurde. Er sprach mit Vollmacht und vollem Verständnis von unserer Geschichte, unserem Abfall, unserer Wiederkehr und Wiederherstellung.

Der Raum, den wir in diesem grauen Steinhaus oben auf dem Boden hatten, war klein, aber nett möbliert und eingerichtet. Während die Mäuse im Pfarrhaus nur die äußersten Notwendigkeiten hatten, konnten wir uns an farbenfreudigen Einrichtungsstücken erfreuen. Statt der Landschaft draußen konnten wir Bilder bewundern, die die hübschesten Landschaften darstellten. Wenn uns das ständige Sitzen ermüdete, stand uns ein Diwan an der Wand zur Verfügung, auf dem wir uns ausstrekken konnten. Frau Goody sorgte mit aufrichtiger Liebe und Aufopferung für uns. Unser Essen war gesund und nahrhaft; nichts fehlte uns, außer unserer Freiheit.

Und so lebten, besser, vegetierten wir dahin, bei Tag und bei Nacht. Schwester Moony erlaubte ihrer Untergebenen nicht zu vergessen, welcher Platz ihr gebührte, noch auf welcher beruflichen Stufe sie stand. Ich war in doppeltem Sinn eine Gefangene. Ich mußte das tun, was sie mir sagte, denn sie war meine Vorgesetzte an Jahren, Rang und Urteil. Ich fügte mich, was unter den Umständen wohl das beste war.

Die Tage und Wochen zogen sich hin. Entsetzt stellte ich fest, daß ich alle Fröhlichkeit verloren hatte. Würde ich je wieder lachen können? Viele Monate lang war Lachen verpönt gewesen. Es war aus Sicherheitsgründen zu gefährlich, weil es zu laut war, und welchen Grund zum Lachen gab es wohl unter solch einförmigen Umständen? Ich hatte aufgehört, fröhlich zu sein, ich, die ich von meinen Eltern und Lehrern ständig wegen meiner impulsiven und fröhlichen Art zurechtgewiesen werden mußte. Diese Erkenntnis füllte meine Augen oft mit Tränen. Sie machte mich noch trauriger und einsamer als zuvor. „Wenn ich nur dich habe, so frage ich nichts nach Himmel und Erde", war der tiefe Aufschrei meiner Seele.

Mehr und mehr wandten sich meine Gedanken dem Gott, der Unmögliches möglich macht, zu. Er wurde so klar und deutlich von diesem Propheten Jesus Christus dargestellt und erklärt, daß ich fast meinte, ich kenne ihn, daß ich mich auf ihn verlassen konnte, daß ich ihn beim Wort nehmen und nach seiner Weisung leben konnte. Nur errregte es meine Besorgnis, wenn dieser Jesus Christus bestimmte Ansprüche hinsichtlich seines Kommens auf Erden oder seiner Vollmacht erhob; oder wenn er seine scheinbare Gottheit verkündigte und seine Vermittlerrolle, die er in unserem Verhältnis zum allmächtigen Schöpfer des Universums spielte. Einige seiner Worte kamen mir:

„Niemand kommt zum Vater denn durch mich."
„Ich bin der Weg, die Wahrheit und das Leben."
„Kommet her zu mir . . . ich will euch erquicken."
„Mir ist gegeben alle Gewalt im Himmel und auf Erden."
„Ich bin gekommen, daß sie das Leben . . . haben sollen."

Unwillkürlich hatte er sich in mein Leben hineingedrängt, und ich konnte nicht mehr an Gott, den Vater, denken, ohne mir Jesus Christus vorzustellen. Langsam, aber sicher wurde Gott in meinen Gedanken zur Realität. Ich lernte ihn zu berücksichtigen und meine Handlungen und Ziele im Licht seiner Sache zu erwägen.

Nachdenklich fragte ich mich, ob er mich wohl in der gleichen Art gebrauchen würde, wie er andere gerufen und gebraucht hatte in der Vergangenheit, so wie es klar und deutlich in den alttestamentlichen Schriften beschrieben war. Ich würde gern in seine Schule gehen und, was auch immer es kosten mochte, von ihm lernen und anderen ein Segen sein.

Während Tag für Tag verging, muß er mich immer näher an sein Herz gezogen haben, denn seine Schriften waren mir in dieser verworrenen und entmutigenden Wüstenei des Untergrunddaseins eine ständige Oase.

Als ich davon las, wie Gott sein Volk rief, wunderte ich mich über seine Langmut, und ich schauderte, als ich sah, mit welcher Härte sie ihren Götzendienst trieben, den Gott ihrer Väter ignorierten und sich auf ihre eigene Kraft verließen, anstatt sich nach der Quelle aller Weisheit auszustrecken. So verstrickt waren sie in Tradition und eintönigen religiösen Bräuchen, so blind für den frischen Wind im persönlichen Kontakt mit dem Allmächtigen, der doch so gern ihr Vater sein wollte.

Inzwischen ergötzte ich mich an der unendlichen Vielfalt der Offenbarung, die sich meinem eifrig fragenden Herzen öffnete. Die Tatsache, daß dieser Jesus Christus so ganz Jude war und doch von den führenden Männern jener Tage abgelehnt wurde, war und blieb mir ein Rätsel. Schließlich wußten wir, daß Gott uns einen Messias verheißen hatte, der eine, der einen geraden Weg für den sündigen Menschen zum Vaterherzen öffnen würde. Ein wahres Lamm Gottes, das die Sünden der Welt hinwegnehmen würde, einen neuen und bleibenden Stellvertreter anstatt der Tempelopfer, die nicht mehr gebracht werden brauchten.

Welchen Grund hatten wir, diesem Jesus nicht zu glauben, wenn er behauptete, jener verheißene Messias zu sein, der für unsere Sünden sterben und als erster wieder auferstehen würde und damit den Tod besiegen?

Öffentliche Meinung? Die öffentliche Meinung stimmte mit Erfolg gegen ihn. Die Massen hörten auf zweitrangige Berichte, die von solchen stammten, die die oberste Gewalt über den Tempel und die Steuern behalten wollten, die sich gegen alles Neue stellten. Sie wollten die Einförmigkeit abgegriffener Tradition beibehalten.

Das war nun schon lange her. Wenn ich zu der Zeit gelebt hätte, hätte ich mich ihm angeschlossen, wäre ich ihm gefolgt, hätte ich ihm gedient? Natürlich hätte ich das getan, so dachte ich jedenfalls. Er verdiente die Hingabe jedes menschlichen Herzens und deshalb auch des meinigen. Es war so schade, daß sich dies alles nicht mehr auf das Leben heutzutage auswirkte. Doch verehrte ich diesen neuen Propheten, diesen sündlosen Diener aller, der doch scheinbar ihr Meister war.

Diese neue Entdeckung nahm meine ganze Aufmerksamkeit gefangen. Das Neue Testament wurde für mich immer zeitgenössischer, denn ähnliche Ereignisse geschahen in unserer heutigen Zeit. Ich konnte mir Domie, Tante Jo, Tantje, Nopje und Sietje als Nachfolger Jesu Christi vorstellen.

Das, was meinen forschenden Geist immer wieder verwirrte, war das seltsame Phänomen, daß alle Menschen, die ich kannte und die ihm nachfolgten, keineswegs jüdisch waren und keine sichtbaren Verbindungen zum Judentum, seiner Religion oder seiner Tradition hatten — sie waren Heiden aus allen Völkern, und doch beteten sie zum Gott Abrahams, Isaaks und Jakobs. Sie sangen die Psalmen Davids, lasen die Propheten und waren an Israel als Volk interessiert. Wenn sie diesen Propheten und seinen Namen aus ihren Gebeten und Liedern wegließen, hätten sie Juden von höchstem Rang sein können, in unseren Riten und Nahrungsgesetzen unterwiesen und als unseresgleichen aufgenommen werden können.

So schien das Ganze ein ziemliches Durcheinander zu sein. Die Heiden brauchten unsere Heiligen Schriften, lernten von unseren Propheten, beteten den allmächtigen Gott und seinen Boten an ... und waren doch keine Hebräer.

Wenn ich in diesen Kriegstagen etwas von Wert lernte, dann war es diese wahre biblische Geschichte meines Volkes, ihr Trachten und Hoffen und ihr Sehnen nach Gottes Offenbarung eines Messias seiner Wahl.

Ein Wandspruch über der Tür in unserem kleinen Bodenzimmer erregte meine Aufmerksamkeit. Was da drauf stand, traf zu, so als ob das tote Ding da mich durchschaute: „Ein Mensch sieht, was vor Augen ist; der Herr aber sieht das Herz an" (1. Sam. 16, 7). Das stimmte. Weder Schwester Moony noch sonst irgend jemand kannte mein Herz, mein Forschen, meine Betrachtungen; sie alle sahen nur das Äußere, nur Gott kannte mein Herz.

Er wußte, daß ich sein Diener sein würde, wenn ich es konnte. Er wußte, daß meine Liebe und Hingabe zu ihm in den letzten Monaten von Tag zu Tag gewachsen war. Er wußte, daß ich glaubte, daß dieser Jesus unser Messias war, und daß ich bestürzt war, daß mein Volk ihn nicht als solchen anerkannte und ihm treu war. Gott wollte das jüdische Volk dazu gebrauchen, der Welt ein Segen zu sein, wo immer wir uns befanden. Statt dessen führten wir ein in sich gekehrtes Leben, leugneten unsere Offenbarung und lehnten das erlösende Geschenk Gottes ab.

Niemand hatte Gott je gesehen; dieser Jesus behauptete, daß er von Gott kam, und erläuterte uns seine Größe, Majestät und Natur, indem er unter uns lebte. Doch er starb; danach stand er von den Toten wieder auf. Der Tod konnte ihn nicht halten, so behauptete die Bibel. Er öffnete uns den Weg zu einem neuen Leben, zeigte uns die Unsterblichkeit und gab uns Gelegenheit, ewiges Leben durch den Glauben an seinen Opfertod zu haben. Er kam, um für uns zu sterben, damit wir durch seinen Tod und seine Auferstehung Reinigung und Vergebung finden möchten.

Eine große Wahrheit durchdrang mein ganzes Wesen — Tod ... und Leben. Er lebt! Er verwendete sich immer noch für die Menschheit. Er war es gewesen, der in all diesen Monaten in mir gewirkt hatte. Sein unendlich allmächtiger und durchdringender Heiliger Geist hatte den eisernen Vorhang meines Verstandes durchdrungen.

„Rabbuni, Meister, mein Meister und mein Gott!" Ein übermächtiges Gefühl absoluter Sicherheit und Zugehörigkeit erfüllte mein aufgeregtes und überglückliches Wesen. Innerhalb von Sekunden bot sich meiner Vernunft Bedeutung, Zielsetzung und Sicherheit dar. Es gab noch Hoffnung für diese Welt, Hoffnung durch diesen unbekannten Heiland, diesen Jesus Christus.

Zur Überraschung von Schwester Moony ließ ich meine Kartoffeln halb geschält liegen, legte mein Messer hin, erhob mich von meinem Schemel und verließ ohne eine Erklärung unser kleines Zimmer. Draußen zwischen den Balken des Bodens in einer kleinen Ecke des Daches kniete ich langsam nieder, faltete meine Hände in absoluter Hingabe und schloß meine Augen vor allem, was um mich war.

„Rabbuni *Josua Hamasiah*, Meister Jesus Christus!" Das war alles, was ich flüstern konnte. Tiefer Dank und eine Liebe zum allmächtigen Gott für seine unerklärliche Offenbarung und sein Geschenk durchströmten mein ganzes Sein. Gott kümmert sich um uns. Er kümmert sich doch um uns. Er hat ein Interesse an seinem Volk.

Wenn es möglich ist, mit Demut stolz zu sein, dann war ich es. Ich gehörte jemand. Ich gehörte für Zeit und Ewigkeit dem Gott meiner Väter, dem Gott Abrahams, Isaaks und Jakobs durch den stellvertretenden Tod und die Auferstehung des sündlosen Lammes Gottes, *Josua Hamasiah*. Ich fürchtete meine Feinde nicht mehr. Wenn ich verhaftet wurde, wußte ich, daß es Gottes Willen war, daß ich in eine Situation kam, um anderen seinen Trost zu bringen. War ich für solch eine Aufgabe bereit? Ich war kein Paulus oder Petrus. Ich hatte meinen Meister erst vor wenigen Minuten gefunden. Und wieder kamen mir biblische Wahrheiten in den Sinn. „Wer hat dem Menschen den Mund geschaffen? Ich werde mit dir sein; ich werde vor dir hergehen. In jener Stunde wird euch gegeben werden, was ihr sagen sollt. Sei getrost und unverzagt. Heilt die Kranken und die Aussätzigen und verkündigt das gute und angenehme Jahr des Herrn."

Das Vorrecht birgt immer Verantwortung in sich. Es sollte mir nicht vergönnt sein, mich in meiner Freude und in meinem Glück zu sonnen. Er hatte mich als Werkzeug erwählt. Er wollte nur meine Einwilligung, von ihm gebraucht zu werden, da wo er mich einsetzte.

An jenem Tage wurde ich zu einem leeren Kanal. Wenn ich ihn nur nicht durch selbstsüchtige Interessen oder dumme Angst verstopfte. „Betet ohne Unterlaß! Wachet und betet, daß ihr nicht in Anfechtung fallet!" Da waren sie wieder, die Worte aus der Schrift. Fortgesetzt erhoben sie mein Herz. Er blieb mir nahe und vertraut und war an allem interessiert, was ich tat. Er nahm meine Reue an, und sein Rat war immer der richtige.

Am Ende jenes Tages, es war der Ostermontag 1944, fragte mich Schwester Moony, nachdem sie mich neugierig beobachtet hatte, warum ich so erfreut über mich sei. Da ich nicht mit ihr gesprochen hatte, war ich überrascht, daß sie es wußte. Ich war mir bewußt, daß ich manchmal ein Lächeln unterdrückte, aber ich hatte nicht erkannt, daß mein inneres Glück sich nach außen zeigte, so daß sie Fragen stellte.

Was konnte ich denn sagen? „Der allmächtige Gott ist wirklich wunderbar", strahlte ich. Sie runzelte die Stirn, blickte mir ins Gesicht, zuckte die Achseln, seufzte und wandte sich wieder ihrem Buch zu.

Innerlich wiederholte ich „herrlich und wunderbar". Ja, er war all das und noch viel mehr, aber wir, seine Geschöpfe, waren so weit entfernt von seinem Willen, seinem Ziel und Sinn für unser individuelles Leben. Weiterhin, mein Volk . . . ihr unnötiges Leid . . . die Angst unter jung und alt . . . das unzeitige Morden all der Millionen . . . Krieg . . . Haß. Gott war herrlich und wunderbar, aber warum waren wir es nicht, seine Kinder? Waren wir nur noch dem Namen nach sein? Waren wir als Volk unsere eigenen Wege gegangen und ich-bezogene Menschen geworden, anstatt auf ihn zu hören und ihm gehorsam nachzufolgen?

Ach, die ganze Welt befand sich in Unordnung, in Aufruhr, die ganze Welt. Die Welt besteht aber aus Menschen. Aus alten und jungen Menschen. Das bedeutet, so überlegte ich, daß eine Änderung in der Herzenseinstellung einzelner eine bessere Welt schaffen würde. *Einzelne würden die Welt erbauen oder zerstören.*

Hier stand ich, ich konnte nicht anders. Ich wollte dem Weg folgen, den Gott durch Jesus Christus vor mir auftat. Er bedeutete Liebe, Wahrheit, Reinheit, Freiheit, Freude, Erlösung und die Zusicherung eines ewigen Lebens in Christi Gegenwart.

„Und fürchtet euch nicht vor denen, die den Leib töten und die Seele nicht können töten; fürchtet euch aber vielmehr vor dem, der Leib und Seele verderben kann in die Hölle."

Das war eine harte Sprache, aber er hatte es gesagt, und seine Worte waren Geist und Wahrheit.

In den nächsten Wochen verschlang ich alles vom Alten und Neuen Testament, was ich nur konnte. Eine neue Welt lag vor mir, ein endloses Leben und eine sichere Zukunft, sosehr sich Menschen auch einmischten. Mein Herz und Sinn waren belebter denn je, ich fühlte mich sicher und umsorgt und wußte, daß ich dem mächtigen Schöpfer des Universums etwas bedeutete. Plötzlich fühlte ich mich reich. Ich besaß einen Reichtum, den mir niemand rauben konnte.

Dieses Geschenk der „Sicherheit" kam gerade im rechten Moment. Frau Goody teilte mir vorsichtig mit, daß ich nicht bis zum Ende des Krieges bei ihnen bleiben könne. Es war in solch einem kleinen Haus zu gefährlich, zwei illegale Personen zu verstecken. Sie war sich nicht ganz sicher, ob ihr Lebensmittelhändler, Bäkker und Metzger nicht Verdacht schöpften. Offiziell waren es zwei Menschen, aber für vier Menschen wurde eingekauft. Das konnte leicht Verdacht erregen.

In den nächsten paar Tagen überstürzten sich die Ereignisse. Das mutige Kindermädchen aus dem Pfarrhaus und Tantje besuchten uns. Sie brachten Neuigkeiten und das Notwendige für falsche Kennkarten, Fingerabdrücke und Paßfotos. Diese Dinge hatten sie gleichmäßig untereinander aufgeteilt und sicher in ihren Büstenhaltern verborgen.

Mein Name, das Geburtsdatum und die Adresse waren falsch, doch mein Fingerabdruck und Foto gaben dem Ganzen wenigstens eine scheinbare Richtigkeit. Alle anderen Vorbereitungen wurden ohne mein Wissen getroffen. Ich würde abgeholt, weitergereicht, untergebracht und wieder abgeholt werden; verschiedene Male von Hand zu Hand weitergereicht und wieder untergebracht werden. Dieser Prozeß würde sich auf der langen Reise in den Süden wiederholen, und obgleich sich zu der Zeit dessen noch niemand bewußt war, ging das so fort bis zum Ende des Krieges. Ich wußte nie, wie lange ich in einem Haus oder in einem Dorf bleiben würde. Die meisten Menschen stellten sich unter falschem Namen vor oder überhaupt nicht.

Während Onkel Bas unsere Schlüsselfigur im Norden war, war Onkel Henk das gleiche im Süden. Ein empfindsames Spinngewebe vertrauenswürdiger Menschen und Häuser unterstanden ihm. Er versuchte Verstecke zu finden, die den Bedürfnissen und Temperamenten der Schutzsuchenden angepaßt waren. Das verlief nicht immer zur Zufriedenheit, seine Bemühungen waren jedoch unermüdlich.

Bald würde ich diesem Fließband menschlicher Findigkeit ebenfalls anvertraut werden, doch da Überführungen nur in dunklen und bedeckten Nächten stattfinden konnten, mußte ich länger als eine Woche warten. Das gab mir Zeit, mich innerlich auf das bis jetzt größte Wagnis vorzubereiten.

Aber zuerst mußte ich noch für einen Tag und eine Nacht ins Pfarrhaus gehen. Diese Information erfüllte mich mit großer Freude. Es würde herrlich sein, meinen alten Schlupfwinkel wiederzusehen, die Bücher in die Hand zu nehmen, die mir so lieb waren, und mit Tante Jo über meinen Heiland und Herrn zu sprechen, über den Christus, der meinem suchenden Herzen den Gott meiner Väter offenbart hatte.

Schwester Moonys Abschiedsgruß war so kühl wie ihre allgemeine Haltung mir gegenüber in den letzten paar Wochen. Sie würde mich nicht vermissen, dessen war ich mir sicher. Froh, in ihrem Domizil wieder allein zu sein, war mein Weggehen für uns beide ein Vergnügen.

Kapitel 15

Es war stockdunkel, als ich durch die Haustür schlüpfte und mit einem Mann, der zu festgesetzter Stunde an der Tür erschienen war, verschwand.

Zwei Fahrräder warteten am äußersten Ende der nächsten Straße auf uns. Als ich eins zugeschoben bekam, wußte ich erst, was ich zu tun hatte. Stumm radelten wir den dunklen Feldweg entlang, bis wir das Pfarrhaus erreichten. Und wieder betrat ich das Haus durch die bekannte Hintertür und dachte daran, wie ich hier vor neun Monaten eingetreten war.

Tante Jo erwartete mich mit einem herrlichen Abendessen. Diesmal schien es, als ob ich eine Königin sei. Die arme Schwester Moony auf jenem einsamen Boden tat mir fast leid. Doch schien sie glücklich zu sein, ungestört zu bleiben. Keine begeisterte Franziska würde jetzt ihre Ruhe stören.

In meinem Königreich herrschte fast unnatürliche Stille, ohne all die vertrauten Gesichter und Temperamente. Eine Nacht und einen Tag durfte ich nur in diesem Haus bleiben und es daraufhin nicht mehr betreten. Ich schlief in jener Nacht nur wenig, doch war ich nicht unruhig über das, was mir bevorstand. Einen Tag hatte ich noch, einen Tag zur innerlichen Vorbereitung auf das, was das bisher größte Wagnis werden sollte.

Als die Dämmerung hereinbrach, schlief ich endlich ein. Es war fast Mittag, als ich erfrischt und ausgeruht aufwachte, bereit, all die wichtigen Hinweise für den kommenden Abend aufzunehmen.

Tante Jo war wie immer sehr ruhig, und ich ebenfalls. Es schien jetzt ein erregendes Spiel zu sein, der Verhaftung und dem Tod fortwährend und auf so mannigfache Weise zu entrinnen. Nach dem Essen begaben wir uns in Domies Arbeitszimmer, und Tante Jo begann zu reden. Ihre Anweisungen waren kurz, prägnant und nüchtern. Nur am Ende fügte sie lächelnd hinzu: „Denke daran, daß geschrieben steht: ‚Siehe, ich bin bei euch alle Tage bis an der Welt Ende!'"

Mit einem Kopfnicken versicherte ich ihr, daß ich das verstand. Natürlich wußte ich, daß ich mit Gottes Gegenwart rechnen konnte in aller Gefahr bis in die Geborgenheit eines neuen Zuhause.

In den Abendstunden gab es nur noch spärliche Unterhaltung.

Was konnten wir denn sagen? Unser aller Leben war so aus den Fugen geraten, so zerrüttet und einsam. Tante Jo mußte den Rest des Krieges auf sich allein gestellt bleiben. Onkel Bas konnte nicht mehr nach Hause kommen. Haft und vielleicht die Todesstrafe warteten seiner, wenn man ihn aufgriff. Doch in einer gelegentlich sehr dunklen Nacht tauchte eine hohe, schlanke Gestalt aus dem Kornfeld auf, und dann war wieder das vertraute Geheimzeichen an den Fensterläden zu hören. Er verbrachte nur einen kurzen Augenblick mit seiner geliebten Frau, seiner Gefährtin und Gehilfin in diesen schweren Jahren. Seinen Sohn konnte er aber weder sehen noch berühren, denn der Junge war jetzt in einem Alter, in dem er voller Begeisterung jedem sagen würde, daß „Vati zu Hause gewesen war".

Unser gedankenverlorenes Schweigen wurde nur von den Liedern unterbrochen, die Tante Jo immer wieder und wieder spielte, so, als sollte sich ihre Bedeutung tief in mein Herz einprägen. Tantje hatte sich zu uns gesellt. Worte waren überflüssig. Das Zimmer war angefüllt mit seiner Gegenwart, der unsere Sicherheit und unser Freund war. Ein gelegentliches Mitsummen einer Melodie war der einzige weitere Laut.

„Onkel Bas, der Hirte der Schafe, jener wahre Seelsorger der Bedürftigen, hätte mit uns gebetet", dachte ich. „Sicherlich könnten Tante Jo und Tantje das auch tun", überlegte ich, mich einfach der Obhut des Allmächtigen anzubefehlen. „Das wäre schön", dachte ich, ähnlich wie mein Vater an jenem dunklen Abend, als er verhaftet wurde, seine Hände auf meinen Kopf gelegt hatte. Ich konnte in dem Augenblick fast seine beiden Hände auf meinem Kopf spüren und gemurmelte Worte hören. Ja, ich würde um Gebet bitten.

„Tantje, könnte ich dich einen Augenblick sprechen? Allein?" Überrascht schaute sie mich an und nickte mit ihrem eigenen breiten Lächeln.

Sie winkte mir, ihr zu folgen, und verließ das Zimmer. „Nun?" fragte sie im Flur.

„Würdest du für mich beten, Tantje, jetzt, bevor ich weggehe?"

Innerhalb von Sekunden war ihr Gesicht wie mit Blut übergossen. Da wußte ich, daß sie vorher noch nie jemand darum gebeten hatte.

Wir gingen in ein anderes Zimmer. Sie machte kein Licht, weil die Verdunkelung noch nicht heruntergezogen war. Erwartungsvoll setzte ich mich auf den nächsten Stuhl, faltete meine Hände und schloß meine Augen.

Nach einer kurzen Stille begann Tantje langsam und schlicht zu sprechen. Sie redete voller Ehrfurcht unseren unsichtbaren Meister an. Vertrauensvoll bat sie ihn, uns alle in der kommenden Nacht zu bewahren, alle Pläne gelingen zu lassen, den Feind in Schach zu halten und alle satanischen Razzien und Verhaftungen zu vereiteln. „Laß alles heute nacht ruhig bleiben, damit diese Menschen fliehen können." Nach dem „Amen" gesellten wir uns wieder zu den anderen. Tante Jo sagte uns, daß es jetzt an der Zeit sei. Alles war zeitlich genau eingeteilt, wir mußten uns strikt an den Plan halten.

Das war der endgültige Abschied. Wir wußten es alle und machten es kurz.

Das Wetter hatte zu unseren Gunsten umgeschlagen. Es war stürmisch, dunkel und trocken, als Nopje und ich dieses mir so liebgewordene Haus verließen. Der strömende Regen während des Tages hatte den harten Lehmweg und die Gleisanlagen durchweicht. Der Boden war glitschig, und unsere Gummistiefel blieben wiederholt im schlüpfrigen Schlamm stecken. Das Gehen war Schwerarbeit, aber wir mußten weiter. Unser Ziel war der „Urlauberzug" für Wehrmachtsangehörige, der die Grenze um 1.15 Uhr morgens passierte.

Wir waren um 11.30 Uhr aufgebrochen und befanden uns um Mitternacht bereits tief in der Einöde. Es war stockdunkel, und wer konnte es uns verdenken, daß wir vor Kälte und Angst schlotterten, als wir zwei kleine Lichter auf uns zukommen sahen? Der Befehl: „Hinwerfen, nicht bewegen" wurde sofort befolgt. Als die Patrouille vorbei war, und ihre Lichter in der Ferne verschwanden, nahmen wir unseren Weg wieder auf. Bald erreichten wir die Bahnlinie. Nopje steckte ihren Stock mit einem weißen Socken daran fest in den Boden. Der mußte ihr den Heimweg zeigen. Wenn sie von diesem Punkt geradeaus ging, würde sie das Pfarrhaus sicher wieder erreichen.

Wir kämpften uns auf der rechten Schienenseite zur Station vor. Das würde der längste Weg sein, fast eine Stunde, und der

Lehm war so weich und schlüpfrig. Ziemlich zum Ende kamen zwei weitere Menschen in unserer Richtung gegangen. Einer trug ein Licht, und wir verbargen uns einen Augenblick. Dann folgte Nopje ihnen, und ich sah, daß einer von ihnen sehr groß war. Domie! Der andere, ein Offizier, ging uns voran, und wir folgten seinem Zeichen. Wir schritten rüstig und zielbewußt aus, um keinen Verdacht zu erregen. Schließlich hatten wir den festen Asphalt des Bahnsteigs unter unsern Füßen. Wir zogen unsere Gummistiefel aus und schlüpften in saubere Schuhe.

Alles hing von den nächsten fünf Minuten ab. Keine Angst durfte in unseren Herzen sein, doch meins klopfte und hämmerte im Rhythmus mit der Dampflok.

Nopje preßte liebevoll und fest meine Hand, dann ging ich mit Domie weiter. Er öffnete die Tür des nächsten Wagens. Wir befanden uns „in der Höhle des Löwen“. Das war zweifellos der Urlauberzug. Er war vollgepackt mit Angehörigen der Wehrmacht, die vom Heimaturlaub kamen und zum Einsatz zur Front zurückkehrten.

Ich wunderte mich über die äußerliche Ruhe, mit der Domie mich für die lange und gefährliche Reise unterbringen wollte. In Ausdruck und Benehmen paßte er sich gut den anderen Soldaten in Uniform und Zivil an. Heftig eine Abteiltür nach der anderen aufreißend, schrie er. „Nirgends Platz? Schrecklich.“ Er mußte deutsch reden, denn das erregte keinen Verdacht. Ich hielt mich dicht hinter ihm und fragte mich, wo er mich wohl endlich unterbringen würde. Dann war mein Schicksal entschieden. Er stieß mich hinein und rief: „Na, endlich! Auf Wiedersehen, und gute Reise!“

„Bis Utrecht“, fügte er leiser hinzu und schaute mir tief in die Augen. Das bedeutete mir alles. Dann gab er mir seinen pastoralen Segen und empfahl mich der Obhut des Hirten unserer Seelen. Die Abteiltür schlug zu, und ich bahnte mir in dem trüben Licht einen Weg zu dem einzigen freien Sitzplatz. Man sollte sich nur einmal vorstellen, ich — hier! Wer glaubte nicht mehr an Wunder?

Meine sieben Mitreisenden in Uniform blinzelten mich verschlafen an. Ich entschuldigte mich in gutem Deutsch, und alle fielen wie von höherer Macht gezwungen wieder in Schlaf. Seltsamerweise war ich ebenfalls schlafbedürftig, setzte mich bequem zwischen ihnen zurecht und segelte ins Traumland.

Da dies die einzige Haltestelle jenseits der Grenze war, ratterte der Zug weiter durch bis Utrecht. Als er endlich mit einem Ruck zum Stehen kam, wachten alle fast gleichzeitig auf und lächelten einander verlegen an.

Langsam und ruhig erhob ich mich, streckte mich und rieb meine Augen noch einmal und stieg mit einem freundlichen „Auf Wiedersehen, alles Gute!" aus.

Da war ich also! Ich fühlte mich erfrischt, als ich auf dem Bahnsteig landete, der schon von Menschen wimmelte. Ganz normale Menschen, Männer und Frauen, die zur Arbeit gingen. Es war einfach herrlich, sich unter Menschen zu mischen und einer von vielen zu sein. Während ich meine augenblickliche Lage noch in vollen Zügen genoß, kam jemand auf mich zu und redete mich wieder in irreführendem Deutsch an. Ich wurde wie eine alte Bekannte begrüßt. „Gute Reise gehabt?"

Das war das Kennwort. Ich beteiligte mich also an dem Spiel und ging neben ihm her auf das nächste Glied in der Kette zu.

Es war ein anderer Zug auf einem anderen Bahnsteig, und mein Begleiter brachte mich in ein besonderes Abteil. Zwei Menschen lächelten mich an. Sie schienen Vater und Sohn zu sein, und ich lächelte zurück. Der Kontakt war geknüpft, doch behielten wir auch weiterhin den Anschein bei, daß keinerlei Verbindung zwischen uns bestand.

Dieser Teil der Reise war fast normal zu nennen. Es war wunderbar, frei zu sein und herumzuschauen, sich frei zu bewegen und zu handeln wie ein normaler Mensch. Da es noch früh am Morgen war und ich niemand hatte, mit dem ich mich unterhalten konnte, begann ich, glücklich und zufrieden vor mich hinzuträumen.

Ich war sehr hungrig, meinte aber, daß Essen wohl nicht in Frage käme. Ich steckte mir noch ein Stückchen Zucker in den Mund und war restlos befriedigt. Mit geschlossenen Augen träumte ich weiter.

Das sollte ein langer Tag und eine lange Reise werden. Es war ein Glück für mich, daß mich meistens ein gesunder Schlaf übermannte. Ich hatte keinen Hunger mehr. Der Körper akklimatisiert sich an solche Situationen. Das Schweigen meiner Mitreisenden fiel kaum auf; jeder schien mit seinen eigenen Gedanken beschäftigt, und niemand fühlte sich danach, das Schweigen zu brechen.

Gegen Abend erreichten wir den südlichen Teil Hollands. Hier war ich noch nie gewesen. Selbst die Landschaft sah hier anders als daheim aus. Überall gab es Hügel und Täler, hübsche Dörfer und viel mehr Kirchen. Es sah so aus, als ob der abendliche Berufsverkehr begonnen hatte. Die Stationen, an denen wir vorüberfuhren, waren voller Menschen, und die Straßen waren sehr befahren. Unser Zug hielt nicht auf jeder Station, doch trotzdem begann sich das Abteil allmählich zu leeren. Zuletzt waren die beiden Männer und ich allein. Der ältere Mann war ungefähr 45 Jahre alt, und der jüngere, der mir als sein Sohn Dirk vorgestellt wurde, ungefähr achtzehn. Nach einem freundlichen Grüßen gaben sie mir eine Butterbrotdose, die noch frisches Brot und Käse enthielt. Der Junge hatte einen kleinen Obstladen in seiner Tasche, und die Orange, die er hervorbrachte, gab mir neuen Lebensmut! Viel wurde nicht gesprochen, bis sie erkannten, daß ich für den nächsten Schritt bereit war.

Heerlen! Wir stiegen aus und mischten uns unter den abendlichen Strom von Menschen. Alles war wohl durchdacht. Sie brachten mich zu einem einsamen Bauerngehöft draußen vor der Stadt, wo uns ein herrliches Mahl erwartete. Ich durfte mich waschen und umziehen. Wenn meine Kleider gewaschen waren, würden sie einem anderen Mädchen zugute kommen. Meine neuen Sachen paßten mir ausgezeichnet. Ich begann die Erregung des Abenteuers zu verspüren.

Oom Henk und meine Wirtin zogen sich zurück, um die Vorkehrungen für die nächsten vierundzwanzig Stunden zu besprechen. Dirk und ich unterhielten uns über oberflächliche Dinge, die ewigen Bemerkungen über das Wetter nicht ausgenommen.

Als die älteren Herrschaften zurückkamen, erfuhren wir, daß sie sich entschlossen hatten, noch die letzte dunkle Nacht zu benutzen, um mich sofort nach Mitternacht weiterzuleiten. Hier wurde ich offiziell Franziska genannt, da meine falsche Kennkarte mich als solche ausgab. Ich führte jetzt ein Doppelleben. Bald lernte ich, nur mein neues Leben zu führen. Mein neuer Name wurde ein Teil von mir, und mein Alter, Beruf und meine Adresse wurden für mich praktisch Realität. Ich lebte und fühlte mich als Franziska Dobber.

Unser Weg führte uns durch Kornfelder. Es war dunkel, aber nicht kalt und weit friedlicher und weniger angsterregend, als die vergangene Nacht auf der Reise nach Süden. Eine sanfte

Brise bewegte das Korn leicht hin und her. Dabei ertönte ein leise zischendes Geräusch.

Warum gab es diese Sorge und Liebe und Aufmerksamkeit bis in alle Einzelheiten, um mich durchzubringen? Warum setzten so viele ihr eigenes und das Leben ihrer Familien aufs Spiel? Für mich?

Ich erfuhr von meinen Reisebegleitern, daß meinen Mitgenossen im Untergrund Schlimmes zugestoßen war, während ich in Sicherheit gebracht wurde. Man hatte die Mäuse aufgespürt, nachdem man sie durch Menschen wie Oom Henk, Dirk und Domie in auserwählte Familien gebracht hatte. Einige Verräter hatten die Illegalen aufgespürt und sie um materiellen Gewinn verraten. Der Maulwurf, der beste Freund der Mäuse,.hatte sie auf ihren Reisen geführt und begleitet, aber auch ihn hatte man ergriffen.

Er war stark und gesund und hatte wenigstens eine Überlebenschance, aber die Mäuse, besonders die kleine, würden das nicht aushalten. Nach ihrer plötzlichen Gefangennahme schleppte man sie in ein Gefängnis in Amsterdam, dann in das Lager nach Westerbork und von dort ...

Das Schlimmste wurde durch einen Brief bestätigt, der Tante Jo einige Zeit später erreichte:

„Als ich Freitag nachmittag auf der Station in W. stand, sah ich einen langen Zug vorbeifahren, der vom Zentrallager in Westerbork kam. Aus einem Viehwaggon riefen drei Frauen mir durch eine offene Luke, die mit Stacheldraht gesichert war, etwas zu. Ich konnte nicht näher herangehen, weil die ganze Station von feindlicher Polizei wimmelte, die alle Menschen daran hinderte, näher heranzukommen. Ich wußte, daß diese armen Menschen mir verzweifelt etwas sagen wollten, dann fing ich Ihren Namen und Ihre Adresse auf. Sie wollten Sie noch einmal grüßen. Hiermit entledige ich mich meines Auftrages.

Hochachtungsvoll,

Hauptmann K.“

Würde die Weltmeinung den Feind nicht endlich dazu bringen, aufzugeben? Wie lange konnten wir und alle in ähnlicher Lage noch aushalten? Wie viele Tausende mußten noch durch Bomben, Hunger, Mord, Folter, Gaskammern und Terror umkommen, bevor das Ende in Sicht war?

Selbsterhaltung? Man mußte einfach weitermachen. Wir konnten uns keine weitere Auslieferung leisten, nun, da wir so lange und mit so großem Kostenaufwand gerettet worden waren.

Wir erreichten eine stille, kleine Straße, und Oom Henk klopfte seinen Geheimkodex ans Fenster. Eine Tür öffnete sich, und wir betraten das dunkle Haus. Nachdem alles wohl verschlossen war, ging in einem kleinen Zimmer das Licht an. Da ich fast zwei Stunden draußen in der Dunkelheit gewesen war, fiel es mir zuerst schwer, etwas zu sehen.

Wir begrüßten uns flüsternd, und ich sagte meine üblichen Dankesworte dafür, daß sie mich „aufgenommen“ hatten. Eine Tasse Tee wurde eingeschenkt, und nachdem sie etwas gegessen hatten, machten sich Oom Henk und Dirk wieder auf den Heimweg.

Es tat mir so leid, sie gehen zu sehen. Sie waren meine letzte Verbindung mit meinen Lieben oben im Norden. Oom Henk versicherte mir jedoch, daß er in einigen Tagen wieder hier sein würde.

Leise führte mich meine neue Hausmutter in ein Zimmer mit einem Doppelbett. Ihre etwa gleichaltrige Tochter schlief schon, und ich mußte mich neben sie legen. Sie wußte, daß ich kam, und würde mich morgen begrüßen, wenn ich aufwachte, bevor sie zur Arbeit ging.

Zögernd ging ich auf Zehenspitzen in dem unbekannten Zimmer hin und her. Zögernd versuchte ich das Unvermeidliche zu vermeiden: nämlich, im gleichen Bett mit einer völlig Fremden zu schlafen. Schwester Moony war schon schlimm genug gewesen, und jetzt auch noch dies. Doch während der ganzen Zeit schlug mein Gewissen voller Entrüstung. Wagte ich es, diejenigen in Frage zu stellen oder abzulehnen, die ihr eigenes Leben aufs Spiel setzten und ihre Bequemlichkeit aufgaben, um mich zu retten? Und was war mit all den Tausenden, die diesen Luxus, der mir angeboten wurde, nicht kannten? Der Gedanke an sie brachte mich zurecht, und ich fügte mich.

Nachdem ich mich sorgfältig fertig gemacht hatte, stieg ich ebenso sorgfältig in das „vorgeheizte“ Bett. Völlige Erschöpfung übermannte mich, und bald wußte ich von nichts mehr.

Die Sonne stand schon hoch am Himmel, als ich meine Augen öffnete. Der Platz neben mir war kalt, und ich entnahm daraus, daß meine Bettgenossin das Bett lange vorher verlassen hatte. Mit offenen Augen zu träumen war mir zu einer lieben Beschäftigung geworden.

Das Zimmer war nur notdürftig möbliert, nur das Nötigste und einige billige Schmucksachen lagen auf einer recht abgenutzten Kommode. Das Bett hatte, na ja, nicht eben saubere Laken, und das ließ mich das obere Laken von meinem Kinn wegziehen, doch ... ich war in Sicherheit.

Niemand in den Lagern hatte Wärme und Schutz wie ich. Wie schrecklich für die Mäuse und den Maulwurf. Insgeheim wünschte ich für sie, was ich auch für meine eigenen Verwandten gewünscht hatte, daß ihre Leiden bald zu Ende sein würden.

Die Tür wurde langsam und leise geöffnet. Ein fröhliches und gesund aussehendes Gesicht schaute um die Ecke. „Bist du wach?" fragte meine Wirtin. „Hier, zieh diese Hausschuhe an, wenn sie dir passen. Ich habe frischen Kaffee für uns gebrüht."

Diese Frau gefiel mir. Solch ein mütterliches, herzliches, wohltuendes Wesen. Mein Ideal von einer Bauersfrau? War sie eine? War dies ein Bauernhof? Wer war sie, und wo befand ich mich? Machte das etwas aus? Natürlich nicht. Man fragte nicht und wollte nichts wissen. Sie nannte mich Franziska, und ich nannte sie Moeke. Jeder war einfach Mutter und Vater.

Der Tag verging langsam. Ich half bei einfachen und stillen Arbeiten. Wenn man zwei Hände und ein williges Herz hatte, schien man überall angenehm zu sein. Dieses Haus bildete keine Ausnahme. Dann und wann gab mir ein belohnendes Lächeln zu verstehen, daß meine Moeke mit ihrer Pflegebefohlenen zufrieden war.

Schließlich war es Zeit zum Abendessen. Ich wurde ihrer Tochter vorgestellt. Ein nettes, offenes Mädchen, das aber ein kleines, nervöses Zucken in den Augen hatte. Ziemlich hübsch, dachte ich.

Als wir uns am Abend unterhielten, spürte ich, daß sie mir noch Kummer bereiten würde. Hier saßen wir zusammen, sprachen über Dinge von gleichem Interesse und lebten doch meilenweit entfernt von einander. Die eine hatte Freiheit, die andere war eine Gefangene. Eines war ein Leben voller Pläne, das andere nur ein geduldiges Warten. Ihres war ein Leben voller Aufopferung, meins notwendigerweise das eines hilflosen Empfängers. Ihr Wesen reflektierte die wahre und aufrichtige Freundlichkeit ihrer Mutter. Es gab nur eine Sache, die mich voller Entsetzen und Angst erschauern ließ . . . in ihrem Haar lebte es. Und ich hatte in der vergangenen Nacht so nahe bei ihr gelegen und würde das auch in den folgenden Nächten tun müssen. Doch ich haßte diese kleinen Biester so. Nein, ich durfte meiner neuen Freundin nicht meine Angst zeigen. Sie mußte sich an ihre Mitbewohner gewöhnt haben, denn ab und zu liebkoste sie sie mit einer zierlichen Geste ihrer Fingernägel. An jenem Abend erfand ich eine Entschuldigung und legte ein Handtuch auf meinen Teil des Kopfkissens und wickelte es dann wie selbstverständlich um den Kopf. Scherzend sagte ich ihr, daß es nachts ziehen würde. Sie meinte, das sei sehr komisch, doch versuchte sie mir nicht dreinzureden. Bald verstummte unsere Unterhaltung, und ein gesunder Schlaf übermannte uns.

Bei Einbruch der Dämmerung rieben wir beide uns wieder die Augen. „Habe ich dich gestört?“ fragte ich. Wahrscheinlich war sie auch nicht daran gewöhnt, das Bett mit jemand zu teilen. Sie versicherte mir aber, daß es nur mal wieder „so eine Nacht“ gewesen sei und daß es nichts mit mir zu tun hätte. Das bezweifelte ich, doch war ich dankbar für ihr Taktgefühl.

Morgen würde der dritte Tag sein, und Oom Henk würde vorbeikommen, um zu prüfen, ob ich mich eingelebt hatte und Moeke mich behalten wollte. Dies war ein Versuch, und die Familie überlegte sorgfältig, ob sie einen Dauergast aufnehmen konnte. Würde ich das sein? Ich hoffte inständig, daß dem nicht so sein würde. Das Haus, die Menschen und die Atmosphäre machten mir nichts aus, aber ich haßte diese Krabbeltiere, die mir nachts immer so nahe kamen. Konnte ich sie vor Oom Henk erwähnen? Man konnte Moeke einfach nicht weh tun, und doch sollte sie es wissen, denn andere würden genauso fühlen wie ich, wenn nichts getan wurde, um sie auszurotten. Eine schwierige Situation, die zu normalen Zeiten wahrscheinlich komisch gewesen wäre.

Sorgfältig kämmte ich am nächsten Morgen mein Haar. Wirklich sehr sorgfältig! Wie nie zuvor prüfte ich Kamm und Spiegel. Wild bürstete ich drauf los, während ich mich wie vor einem Thron nach vorn beugte. Sollte irgend etwas herauskommen, dann würde es wenigstens gleich auf den Fußboden fallen und nicht auf meine Schultern, um auf meinem Hals zu landen ... igitt ... wie mancher Schauer lief mir den Rücken entlang!

Irgendwie muß der Feind meine Einstellung gespürt haben. Es schien so, als ob er mich einer Invasion und ständigen Besetzung für unwürdig erachtete. Keiner hatte die Lust verspürt, meine Insel auszuprobieren. Ich war noch allein.

Eine erfreute Franziska hieß Oom Henk an jenem Nachmittag willkommen. Er meinte, ich sehe so viel besser und gut ausgeruht aus. Er fragte mich, wie ich mich eingelebt habe und ob ich hierbleiben wolle. Als Antwort darauf sprach ich längere Zeit über Moekes Freundlichkeit und Warmherzigkeit, das gute Essen und die fröhliche Atmosphäre im Haus. Ich versicherte ihn meiner Dankbarkeit für all sein sorgfältiges Planen und sein Opfer an Zeit und Geld. Er wurde immer verwunderter und runzelte fragend die Stirn.

Als der Strom meiner Komplimente verebbt war, fragte er ruhig: „Was hast du eigentlich auf dem Herzen, meine Liebe?" Einen Mann mit soviel Scharfblick konnte man nicht an der Nase herumführen. Zögernd informierte ich ihn dann, daß meine Bettgenossin — Läuse habe.

Eine tödliche Stille trat für eine lange Zeit ein. Er nickte verständnisvoll und murmelte: „Ach so, ach so." Ich murmelte ebenfalls: „Es tut mir so schrecklich leid." Ich wußte nicht, was ich noch sagen sollte. Wie dumm, sich über Läuse aufzuregen, wenn Millionen Grausamkeiten und den Tod erduldeten. Ja, es tat mir leid, sehr leid, daß mir diese unschuldigen kleinen Kreaturen etwas ausmachten.

Oom Henk schaute ernst aus, doch schienen seine Augen und sein Gebaren von der Armee meiner kleinen Kreaturen wenig beeindruckt zu sein. Irgend etwas stimmte nicht. Man hatte gelernt zu spüren, wenn etwas in der Luft lag. Der Feind mußte uns auf den Fersen sein. So fragte ich geradeheraus, was schiefgelaufen wäre.

„Fransje", sagte er mit einem tiefen Seufzer, „wir haben es gerade noch geschafft. Die Nachricht ist durchgekommen, daß sie das Pfarrhaus durchsucht haben, um nach Illegalen zu forschen.

Danke Gott, daß du fort warst. Die eine Nacht, die du noch dort verbrachtest, setzte offensichtlich neue Gerüchte in Umlauf. Nur Tante Jo, Tantje und das Baby waren da. Und da es zehn Uhr abends war, als sie kamen, war der kleine Mann schon im Bett und schlief fest."

Es war furchtbar, von diesen Soldaten in unserem Pfarrhaus zu hören, wie sie durch den Obstgarten rannten und alle nach einem „Loch in der Hecke" ausfragten. Es war ein bequemer Fluchtweg in die Felder dahinter, doch das ging sie nichts an. Sie hatten Tante Jo pausenlos verhört, wurde mir erzählt. Sie hatte an ihre menschlichen Gefühle appelliert, indem sie ihnen erzählte, daß sie ein Baby erwarte. Die brutale Antwort darauf war gewesen, daß es nicht das geringste ausmachte, selbst wenn sie drei Babys erwarte. Dann gebrauchten sie das ungeborene Baby als Waffe, um ihren Widerstand zu brechen und diejenigen zu verraten, für die sie schon so lange gelitten hatte.

Nein, sie hatte uns nicht verraten, obgleich der diensthabende Offizier, man bedenke die Ironie, ihr in „väterlicher" Weise versicherte, daß es absolut dumm wäre, ihre eigene Sicherheit und die Sicherheit ihrer ganzen Familie für Juden aufs Spiel zu setzen . . . Als das keinen Einfluß auf ihre Standhaftigkeit hatte, wurde er wütend und befahl seinen Männern, daß sie sie in den Lastwagen verladen sollten, damit sie nach einer Nacht in einer Zelle im Hauptquartier weiter verhört werden könne. Sie machten nicht die geringste Andeutung über den Verbleib des kleinen Jungen, und so hatte Tantje ihn in eine Decke gerollt und ihn schnell bei einem seiner „Bauernonkel" untergebracht.

Bevor sie Tante Jo wegbrachten, hatten sie sogar die Kirche auf der gegenüberliegenden Straßenseite durchsucht, nachdem sie um Mitternacht den Küster aufgeweckt hatten, mit dem Befehl, den Schlüssel herauszugeben. Wir waren dankbar, daß sie offenbar selbst dort keinen Erfolg gehabt hatten. Wer würde daran denken, daß in der Spitze des Kirchturms ein Radioempfänger verborgen war!

Oom Henk hatte mir viel Stoff zum Nachdenken gegeben; ich fragte mich nur immer wieder verwundert, wie alle diese Nachrichten ohne Post und Telefon zu uns gelangten. Die Organisation arbeitete vorbildlich.

Wir sprachen lange und ausführlich über den plötzlichen Zusammenbruch der Sicherheitsmaßnahmen oben im Norden. Wir sahen ein, daß wir die allergrößte Vorsicht bei jeder vorgesehenen Maßnahme hier im Süden walten lassen mußten.

Oom Henk stimmte zu, daß mein Unglücklichsein in diesem Haus aus Sicherheitsgründen ein Ärgernis sein könnte. Er würde mich noch am gleichen Abend umsiedeln und Moeke irgendwie erklären, daß ich für dieses Obdach nicht geeignet war. Gründe wurden nie angeführt.

Es war nicht ganz so dunkel wie am Abend meines Eintreffens hier, als Oom Henk und ich uns wieder auf die Flucht begaben. Diesmal dauerte sie nicht lange. Wir landeten in einem Haus auf der anderen Seite des Kornfeldes. Ein bewußt frommes Haus, das jedem, der eintrat, sofort auffiel. Da befanden sich Becken mit heiligem Wasser an allen Ecken. Kleine und große Kruzifixe schmückten die Wände des Flurs und der Schlafzimmer, und meine neue Moeke trug ein goldenes Kreuz an einer Kette um den Hals. Sie war jung und sehr hübsch. Als sie mir ihre beiden Kinder vorstellte, erstarrte ich vor Angst. Das Mädchen war gerade sechs und der Junge vier geworden. Sie sahen meine Angst und versicherten mir, daß die Kinder „in Ordnung" seien. Sie würden nicht sprechen; sie verstanden, daß wir verborgen bleiben und von ihnen beschützt werden mußten. Dieser Gedanke gefiel ihnen, und sie versprachen, nicht über uns zu sprechen. Uns? Ich machte Einwendungen. Sie lächelten und zogen mich jene Treppen hinauf. Mit wem als nächstes, dachte ich? Sie würden mir doch das nicht antun? Ich sollte nicht mehr lange auf die Folter gespannt bleiben: ich erkannte meine Zimmerkameradin sofort, und lächelnd ging ich auf sie zu und nahm ihre ausgestreckte Hand — es war die zweite Köchin aus unserer Küche in Amsterdam. Wir waren erfreut, einander wiederzusehen.

In diesem Vorstadthaus führte ich ein ziemlich normales Leben. Natürlich waren Mami und ich von aller Aktivität unten ausgeschlossen, doch oben wurden wir dafür entschädigt. Wir genossen einen herrlichen Ausblick von unserem Fenster. Direkt vor uns lag der Weg durch die Kornfelder. Oft sahen wir Oom Henk, lange bevor er an unserer Tür erschien. Er kam öfter hierher und brauchte dieses Haus als eine Art Hauptquartier für die Familien in dieser Gegend. Er war einer der vielen Besucher dieses Hauses, und seine Besuche wurden deswegen auch nicht als ungewöhnlich betrachtet.

Der Distrikt gehörte zu einer betont religiösen Gemeinde. Mami bestätigte mir das und erzählte mir von den vielen religiösen Feierlichkeiten, die sie beobachtet hatte. Viele Prozessionen waren an ihrem Fenster vorbeigezogen, und Priester in fließenden Gewändern besuchten die umliegenden Häuser. Engelhaft angezogene Chorknaben schwenkten Weihrauchfässer hin und her oder vor und zurück, und manchmal ertönte eine Glocke.

Ich erzählte ihr vom religiösen Brauch in meinem Heim oben im Norden, und wir verglichen beides miteinander. Wir waren uns beide darüber einig, daß dies gute Christen waren, und doch waren sie ganz anders als die Jungen, Onkel Bas, Tantje, Nopje und all die Christen im Norden.

Mami und ich hatten manches ernsthafte Gespräch. Sie hielt mich jedoch für dumm, als ich ihr erzählte, daß die Christen unsere Bibel lasen und unsere Propheten verehrten. Ich erzählte ihr, wie ich Jesus Christus, den jüdischen Propheten, gefunden hatte, der behauptete, Gott und Mensch zugleich zu sein.

Sie warnte mich davor, mich mit solchen Dingen zu beschäftigen, da die jüdischen Gelehrten seit den Tagen seines Ursprungs von ihm gewußt hatten. Sie riet mir, mich vor falschen Lehren vorzusehen und demütig alles über meine eigene Religion zu lernen. Das war mir ein Rätsel. „Aber das ist doch unsere Religion", beharrte ich, „die Schwierigkeit ist nur, daß unser Volk das nicht weiß. Es muß ihnen gesagt werden, Mami, es muß ihnen einfach gesagt werden."

Ich konnte nicht verstehen, warum sie mir riet, ruhiger zu werden. Sie meinte, es wäre besser, die ganze Sache fallenzulassen. Als ich sie inständig bat, Jesu Ansprüche in Betracht zu ziehen und selbst nach der Wahrheit zu forschen, bat sie mich wiederum höflich, solche Themen nicht mehr anzuschneiden, da sie die gegenwärtige Unruhe in der ganzen Welt doch nicht ändern konnten. Sie traf mich tief mit der Behauptung, daß wenn dieser Jesus Christus sich wirklich um uns kümmerte, wir noch daheim bei unseren Familien säßen, anstatt hier in der Gefangenschaft.

„Aber die Menschen wollten ihn doch nicht", hielt ich dagegen. „Er lebt, doch erzwingt Er sich nicht den Zugang in das Leben von den Menschen. Er möchte eingeladen werden, in einem menschlichen Wesen zu leben. Dann und nur dann wird Er das Leben regieren und dadurch andere gewinnen. Die augenblickliche Unruhe in der Welt ist nur deshalb da, weil die Mehrzahl aller Menschen aus allen Völkern nicht *wollen,* daß er über sie regiert."

Sie zuckte die Schultern und fragte dann rundheraus: „Glaubst du, daß er noch lebt?" Ich versicherte ihr, daß ich das bestimmt wußte. Er lebte jetzt in mir, als das Kontrollzentrum meines tiefsten Inneren, meines Verstandes, meiner Ziele und meiner Handlungen.

„Nein, Fransje", seufzte sie. „Du bist keine Jüdin mehr. Solch ein Glaube macht dich zu einer Christin; dann kannst du ja auch gleich dein Versteck verlassen und dich unter die andern mischen."

Jetzt war ich an der Reihe, schockiert zu sein. Es war fast zu komisch für Worte. „Du gehst einfach zu weit, Mami. Man hört ja nicht auf, Jude zu sein, wenn einem der Glaube der Väter schließlich aufgeht und man seine Realität tief im Innern verspürt."

Sie dachte da anders, und so verbrachten wir den Nachmittag tief in Gedanken versunken. Sie war die erste Jüdin, mit der ich mich über meinen neugefundenen Glauben unterhalten hatte, doch konnte ich nicht ergründen, warum dieser Glaube „nicht-jüdisch" sein sollte, und es ließ mich fast erschaudern. Es war und blieb mir weiterhin ein Rätsel, warum nicht-jüdische Menschen sich unserer Vergangenheit rühmten.

Die Welt war tatsächlich auf verschiedene Art völlig durcheinandergeraten.

Kapitel 16

In der gleichen Woche bat ich meine Pflegeeltern, ihren Pfarrer zu bitten, mich zu besuchen. Mami war sehr abweisend geworden, und ich mußte mich einfach bei ihrem Pfarrer über einige Dinge erkundigen. Es wurde in meinem Neuen Testament erklärt, daß das Abendmahl wichtig war, und daß wir diese Gemeinschaft mit Christus in Brot und Wein darstellen konnten, das er einstmals mit seinen Jüngern eingenommen hatte. Dieser Gedanke fand bei mir Anklang. Ich hatte mich deshalb entschlossen, solch ein Abendmahl und den daraus erwachsenden Segen von ihrem Priester zu erbitten. Ein oder zwei Wochen vergingen, bevor ich ihn auf unserer Straße sah. Dann wußte ich, daß es an jenem Tage sein würde. Das hatte mir wenigstens die Möglichkeit gegeben, mein Herz und meine Gedanken auf diesen großen Augenblick vorzubereiten.

Der arme Priester. Erschreckte ich ihn ebenfalls? Zuerst Mami und jetzt er. Er war von meinem Ansinnen schockiert und antwortete darauf, indem er mir einige „hochwichtige" Fragen stellte. War ich ein Mitglied der römisch-katholischen Kirche? Lächerlich, natürlich war ich das nicht. Welches war dann meine Kirche, wollte er wissen. Keine natürlich. Er war völlig verwirrt. Ich erklärte, daß ich nichts von Kirchen und ihren Mitgliedern wußte, und daß ich das Abendmahl nur wollte, weil es der Wunsch Jesu Christi war, daß wir „solches zu seinem Gedächtnis tun sollten". Sicherlich konnte solch ein Wunsch erfüllt werden. Es war ja schließlich sein Wunsch. Das könnte ich aber nur durch eine Kirche erhalten. Es machte mir nichts aus, wo es herkam. Die Priester wußten, wie man es verabfolgt, und so sollten sie es mir bewilligen und mir geben.

Erst Monate später erkannte ich, daß dieses „Abendmahl" nichts weiter als das normale Brotbrechen und Weintrinken war, das regelmäßig in den meisten jüdischen Häusern praktiziert wurde. Jesus Christus hatte diesen Brauch selbst befolgt, doch dann hatte er ihm an einem Abend eine besondere Bedeutung gegeben, einen ewigen Wert, der diesen Akt ein tiefes Band zwischen ihm und dem Teilnehmenden knüpfen ließ, ein Band für Zeit und Ewigkeit.

An diesem Tag jedoch verweigerte mir ein menschliches Wesen diese heilige Handlung, als ob irgendein menschliches Wesen das Recht dazu hatte.

Das konnte doch nicht richtig sein. Jesus hatte gesagt: „Wer da will, der komme her“, und „Kommet her zu mir alle, die ihr mühselig und beladen seid.“ Er machte keine Ausnahmen. Er hatte niemals ein menschliches Wesen gefragt, ob er oder sie ein Mitglied der römisch-katholischen Kirche sei. Ich wußte sofort, daß ich auf dem falschen Weg war, was auch immer jemand sagen mochte. Keine Erklärung war dazu gut genug. Nach diesem Vorfall hatte ich eine Abneigung gegen all die Abbilder um mich herum. Es waren Abbilder von Jüngern, Aposteln, von Jesu irdischer Mutter und einem toten Christus am Kreuz. Stand es nicht klar in den zehn Geboten, daß wir uns kein Bildnis machen sollten, weder von Dingen, die im Himmel, auf Erden, noch unter der Erde sind! Nein, dies war kein Weg, den es sich lohnte, zu verfolgen. Onkel Bas' Frömmigkeit war so anders gewesen, so rein und sauber, so freundlich und voller verstehender Liebe. Eines Tages würde ich alles darüber wissen.

Meine Pflegeeltern waren jedoch reizend. Ich erwähnte meine Unterhaltung mit dem Priester und deren Wirkung auf mich nicht. Sie sollten ruhig denken, daß ich nur seelsorgerlichen Rat gebraucht hatte. Die Priester waren einige von denjenigen, die man über die Illegalen einweihen konnte. Man hatte Angst, sie in unser Zimmer zu schicken.

Mami hatte sich während unserer Unterhaltung zurückgehalten. Sie muß etwas gehört haben, dachte ich, aber sie sprach nicht über unsere Begegnung. Wir kamen gut miteinander aus, trotz unserer Verschiedenheit im Glauben, und viele gemeinsame Interessen wurden heftig diskutiert. Wir lachten viel und waren glücklich in unserer verhältnismäßigen Freiheit. Diese erfreuliche Situation kam an einem sonnigen Nachmittag zu einem abrupten Ende.

Offenbar trugen wir nicht die gleiche rauhe und praktische Unterwäsche, die in dieser Bauerngegend üblich war. Es waren meine Seidenschlüpfer, die uns verrieten, und die kleine Sechsjährige, die uns rettete. Erregt kam sie in die Küche gelaufen: „Mutti, die Nachbarn fragen nach den rosa Schlüpfern auf der Leine. Sie gehören Fransje, Mutter. Wer hat sie herausgehängt?“ Es war genug; ein hastiger Kuß für unseren kleinen Retter, dann wurde Oom Henk herbeigerufen. Ja, sicherlich, es war nur ein Verdacht, das wußten wir alle, doch konnte man sich nicht leisten, solch ein Gerücht in Umlauf zu bringen. Um unserer Gastgeber und unsertwillen mußten wir noch in jener Nacht fort.

Wie viele weitere Umzüge noch, wie viele Häuser und Betten? Dutzende. Kann ich mich noch an alle erinnern? An die meisten von ihnen, aber nicht mehr an alle. Eine Nacht hier, eine Nacht dort. Der Instinkt sagte mir, mich nirgends einzuleben und meine Habseligkeiten zusammenzuhalten. Ich lernte aus der Not heraus, sehr eigen zu sein.

Jene erste Nacht verbrachten wir nur vorübergehend in einem anderen Haus. Es war Oom Henks eigenes Haus. Für mich war das wie das Pfarrhaus oben im Norden. Herein und hinaus. Niemand von seinen heranwachsenden Söhnen machte sich Gedanken darüber, wer kam und ging. So war es kein umwälzendes Ereignis, als ich an jenem Abend ihr Haus betrat. Da war das ständig bereite Notbett im Schrank der Wohnzimmerwand, und ich schlief gut, überzeugt von der abgeschlossenen Sicherheit dieses Hauptquartiers.

In der nächsten Nacht befand ich mich wieder auf Safari. Wieder einmal? Wie hätte ich die nächsten Monate ertragen können, wenn man mir gesagt hätte, daß ich wie ein Frosch leben würde, nämlich von einem Ort zum andern hüpfen? Hierhin und dorthin und sonst noch wo. Herein und hinaus aus den Häusern, Kuhställen, Feldern oder Büros. Mit klopfendem Herzen und keuchendem Atem. Manchmal wagte ich nicht zu atmen und horchte mit geschärften Sinnen auf die herannahende Gefahr.

Ich brauche wohl nicht zu sagen, daß es ein großer Schock für mich war, als mich eines Abends niemand aus dem Haus abholte, in dem ich die vorangegangene Nacht verbracht hatte. Konnte es wahr sein, daß ich in diesem hübschen kleinen Fertighaus einer Bergmannsfamilie bleiben durfte? Ein Bergmann, der um vier Uhr morgens aufstand — ein aufregendes Erlebnis. Hier würde es wirklich schwierig sein, mich zu verstecken. Häuser, nichts als Häuser auf dieser und der gegenüberliegenden Straßenseite. Es war einfach: es bedeutete im hinteren Schlafzimmer tagsüber zu bleiben, und spät am Abend, wenn die Kinder schliefen, ins Kinderzimmer überzusiedeln. Hier wurde mir ebenfalls gesagt, keine Angst zu haben, wenn die Mädchen mich sehen sollten. Sie waren vollkommen „sicher". Man stelle sich doch vor, wieder vier- und sechsjährige Plappermäulchen. Das war ein rechtes Versteckspiel — keine Bewegung weder tagsüber noch abends. Nur Schweigen, völliges Schweigen und keine Gesellschaft. Jo war wie üblich im Haushalt beschäftigt, und Wiel war entweder im Bergwerk oder schlief in dem Zimmer, in dem ich ständig auf der Hut war. Es mochte wie eine unmögliche Situation erscheinen, doch sind wir nicht alle „Gewohnheitstiere"? Man gewöhnt sich an alles.

Mein Sommer in diesem fröhlichen, römisch-katholischen Haus weist nur schöne Erinnerungen auf. Dies war eine wirklich fromme Familie, fast kindhaft in ihrem Glauben und in ihren religiösen Bräuchen. Wir waren eins in unserem Glauben an Christus und unserem Wunsch, ihm wohlzugefallen und ihm zu dienen nach unserem besten Können; ständig nach seiner Hilfe, Kraft und Weisheit suchend, da wo die unsere nicht ausreichte.

Wir alle hatten gehofft, das Ende dieses Krieges zusammen zu feiern. Wenn wir in unserem Häuschen zusammensaßen, dann machten wir wagemutige Pläne für die Feierlichkeiten auf der Straße und im Gemeindezentrum. Deshalb kann man sich wohl unseren Schreck und Schock vorstellen, als ohne vorherige Warnung, der jetzt nur noch selten zu sehende Oom Henk an unserer Tür erschien. Die Anweisungen kamen ohne Erklärungen, kurz und prägnant, wie gewöhnlich. Er blickte fortgesetzt in den noch hellen Himmel. „Es scheint so, als ob es heute abend nicht dunkel werden will", lächelte er. „Du mußt hier sofort verschwinden, Frans", sagte er ernst, „jemand hat geredet."

Traurig verabschiedeten wir uns an jenem Abend, die wir so glücklich als eine Familie gelebt hatten. Wie gern würde ich all diese treuen Menschen einmal wiedersehen, eine Pilgerreise der Dankbarkeit machen und an die vielen, so lange zurückliegenden Erlebnisse zurückdenken! Was ist aus ihnen allen geworden? Die Älteren zum Beispiel? Weilten sie noch in dieser Welt der Tränen und des Lachens? Oder waren sie bereits in die Ewigkeit gegangen? Was ist aus jenen Kleinen geworden? Ob sie sich so weit zurückerinnern konnten? An den Krieg und jene fremden Menschen in ihrem Haus?

Viele von ihnen werden verheiratet und überall in der Welt verstreut sein und vielleicht versuchen, eine Last mitzutragen oder einen Kummer zu stillen, wie sie es vor so vielen Jahren ihre Eltern haben tun sehen.

Ich machte Abend für Abend weitere Sprünge, bis schließlich eine weitere Pflegestelle ihre Türen öffnete. Hier wurde ich wieder auf den Boden gesteckt. Nicht um dem Kind aus dem Wege zu gehen, denn es war noch ein kleines Baby, aber Mary hatte Angst vor ihrem eigenen Vater. Beide, sie und ihr Mann, hatten monatelang nach einem Weg gesucht, um das Leben der Verfolgten annehmbar zu machen. Das Problem war, wie sie ihren Vater hinters Licht führen konnten, der offensichtlich mit der Besatzungsmacht sympathisierte. Das Geheimnis mußte streng gewahrt bleiben. Sie würden ein verfolgtes Kind oder eine Frau aufnehmen, die unter den Balken des Bodens leben müßten. Einem Menschen, der keine Lebenschance mehr hatte, würde es nichts ausmachen, sich einzuschränken, meinten sie, und es brachte in diesen schwierigen Tagen immer ein extra Stück Geld für den Haushalt. Die Organisation würde für den Unterhalt bezahlen, und ganz abgesehen davon ... gab es obendrein noch ein Abenteuer, wenn auch ein gefährliches.

Dort verbrachte ich die meiste Zeit in richtiger Einzelhaft, mehr geistig als körperlich. Meine Gedanken waren immer mein eigen gewesen, doch hier war es anders; man konnte diese Gedanken nicht aussprechen, äußern und diskutieren, um wieder neue Ideen zu haben.

Nie zuvor hatte ich so enge Gemeinschaft mit ihm, dem unsichtbaren Christus, dessen Existenz die Menschen leugnen. Ich lernte ihn genau kennen, unsere Freundschaft wurde gefestigt, und meine Abhängigkeit von ihm war absolut unverrückbar, eine Tatsache, die ich bis in die kleinsten Einzelheiten bis zu diesem Tag unter Beweis gestellt habe.

Etwas war mir jedoch immer noch ein Rätsel. Ich verstehe die Tiefe seiner Leiden für diejenigen, die Verbindung mit ihm suchen, immer noch nicht. Den freien Zugang zu einem lebendigen Verhältnis mit ihm, wenn ein Mensch an das göttliche Blut glaubt, das für ihn oder für sie vergossen wurde. Ich habe diese Verbindung mit Christus erlebt und habe auch erfahren, daß seine Verheißungen zuverlässig und bedeutsam sind und auch eintreffen. Mit ihm kann man das schlimmste Problem durchleben, die gefährlichste Situation und die größte Einsamkeit. Er hatte verheißen, immer mit uns zu sein, und er steht uns in jeder Schwierigkeit bei. Man kann einfach nicht an ihm zweifeln, wenn er sich in jeder Lebenslage als zuverlässig erwiesen hat.

Mit seiner warmen Liebe umgab er mich auf jenem kahlen Boden. Er gab mir Mut, wenn die Alarmsirenen mit ihrem gräßlich durchdringenden Ton erklangen. Wenn die anderen in die Bunker liefen, blieb er bei mir. Sein Heiliger Geist, der überall gleichzeitig sein kann, bewahrte mich. Ich wußte, daß ich geliebt wurde, selbst wenn kein menschliches Wesen sich meiner inneren Not annahm. Sein Kreuz wurde für mich zum Symbol des endgültigen Sieges. Ich wollte eins haben, um es zu halten und zu berühren. Ich wollte eins als sichtbare Ermutigung, wenn die Tage schwarz aussahen und Traurigkeit mein ganzes inneres Wesen überwältigte, wenn das Heimweh und die Sehnsucht nach meinen Verwandten mich in zerstörendes Selbstmitleid trieben. Es war das Kreuz, das zu allen Zeiten auf den Sieg hinwies.

Das Kartoffelmesser war stark und scharf. Damit schnitzte ich mir zwei Stückchen Holz von der gleichen Größe zurecht, die ich unter den Balken gefunden hatte. Da ich sie nicht zusammennageln konnte, weil ich ja nicht hämmern durfte, preßte ich einige Stifte in die Mitte und hatte bald mein eigenes Kreuz gezimmert. Zufrieden mit meiner Arbeit, machte ich mich daran, es mit Schuhcreme einzureiben und es dann blank zu putzen. Von da an steigerte Möbelpolitur seine Schönheit noch. Wenn du es heute sehen könntest, würden dich keine rauhen Holzsplitter mehr an seinen Ursprung erinnern.

Das Kreuz begleitete mich auf manch einer Reise. Die erste fand gleich nach seiner Vollendung statt und ging „nur um die Ecke". Seit einigen Tagen hatte ich ein allgemeines Krankheitsgefühl gehabt. Das Essen, das ich in regelmäßigen Abständen durch die Luke im Fußboden bekam, wurde kaum angerührt. Ich konnte einfach nicht essen. Ich wollte nur immerzu trinken, alles, was meinen Durst löschen konnte. Ich bekam Husten, einen furchtbaren Erstickungshusten. Er versetzte mich sowie meine Wirtin in große Sorge. Würde mich jemand hören? Das durfte nicht sein. Es könnte unsere Sicherheit und schließlich unser Leben kosten. Plötzlich geschah es . . . der Husten wurde von einem Keuchen eingeleitet. Ich wußte genug über ansteckende Krankheiten, um zu erkennen, daß ich Keuchhusten hatte. Ich war zutiefst entsetzt. Wie konnte ich als junges

Mädchen, als Krankenschwester, diese Kinderkrankheit hier oben in meiner Einzelhaft bekommen haben? Ich konnte einfach nicht aufhören zu husten. War das das Ende? Mary war nicht sehr erfreut über die ganze Angelegenheit. Konnte man es ihr verdenken? Aber wer würde mich sonst noch wollen? Der Herr mußte mir helfen und mir einen Weg aus dieser verzwickten Lage zeigen.

Keuchhusten ohne das Keuchen? Konnte das die Antwort sein? Offensichtlich nicht. Der Husten wurde schlimmer, ebenso das Keuchen, nur daß ich mich zwischen den Anfällen wieder ein bißchen besser fühlte. Natürlich war ich erschöpft, aber ich konnte mich auf meine Matratze in der Ecke legen, wenn ich wollte. Hier konnte ich nachdenken, vor Selbstmitleid weinen, und ärgerlich auf mich sein, weil ich aufgab. Ja, meine Matratze und die Decken darauf, war die Antwort. Doch dann hatte ich einen anderen Gedanken. Ich hatte von Spritzen gegen Keuchhusten gehört. Könnten wir nicht einen Arzt bitten zu kommen, um mir Spritzen zu geben? Davon wollte Mary jedoch nichts wissen. Sie war zu Tode erschrocken. Kein Außenstehender sollte über meine Anwesenheit in ihrem Hause etwas wissen. Das ging einfach nicht. Nachdem sie es mit ihrem Mann besprochen hatte, überbrachte sie mir ihre Entscheidung. Der Keuchhusten mußte Montag früh aus dem Haus. Ich sollte hinausgehen und so machen, als sei ich ein Besuch. Ich mußte mich an der Gartenpforte umdrehen und zurückwinken. Ich sollte mich rechts halten und stracks auf die Stadt zugehen. Dort sollte ich an den Namensschildern der Straßen entlang schauen und selbst einen Arzt suchen. Ich mußte meiner Gastgeberin versprechen, ihren Namen und ihre Adresse nicht zu nennen; es war ganz allein meine Sache. Sie würden mir Geld geben, um die Rechnung zu bezahlen, dann stellten sie das Oom Henk und der Organisation wiederum in Rechnung.

Ich sah das ein, ich verstand. Wenn ich den richtigen Arzt erwischte, dann würde alles gut gehen. Sollte ich jedoch an die falsche Adresse kommen, dann war das das Ende.

Das war ziemlich beunruhigend, besonders da die Alliierten so nahe waren. Der Krieg kann sicherlich nicht mehr lange dauern, dachte ich. Die Amerikaner standen bereits vor Maastricht. In einigen Wochen konnten sie hier sein. Draußen herrschte eine gespannte, erwartungsvolle Atmosphäre und drang durch meine Gastgeber auch in unser Haus ein.

„Vielleicht kann mir die Atmosphäre draußen Deckung und Schutz gewähren?“ dachte ich. Ich mußte sofort eine Entscheidung treffen. Tag und Nacht wurde ich von dem Husten und seinen Begleiterscheinungen geplagt.

Am nächsten Morgen sollte es also sein. Um Viertel vor zehn machte ich mich mit klopfendem Herzen und fröhlichem Gesicht auf, um aus meinem Gefängnis in die Freiheit einer völlig fremden Stadt zu gehen. Ich winkte fröhlich an der Gartenpforte, wie mir befohlen war, machte sie wie selbstverständlich zu und verließ das Haus wie ein normaler Besucher.

Rechts halten, hatte man mir gesagt. Ich schritt rüstig aus, bis ich mich sicher fühlte. Plötzlich erkannte ich, daß es Spaß machte, und ein Gefühl der Freude überkam mich. Ja, ich würde einen Arzt finden, aber noch nicht so nahe. Der Spaziergang sollte mich noch ein bißchen weiter „in die Freiheit“ führen.

Bald erreichte ich die „Ärztestraße“ der Stadt. Indem ich einfach eins, zwei, drei zählte, klingelte ich am dritten Haus, für das ich mich entschieden hatte. Tapfer fragte ich nach dem Arzt. Die Sprechstundenhilfe führte mich ins Wartezimmer. Wie würde er reagieren? Ach, immer wieder dieser entsetzliche Husten. Ich wünschte sehr, er würde sich beeilen. Würde er Einspruch erheben gegen die Infektion seines Sprechzimmers? Die Klingel ertönte . . . er war ein gutaussehender, jüngerer Mann Anfang vierzig und in einen peinlich sauberen weißen Kittel gekleidet, die bei unseren Ärzten auf dem Kontinent so üblich sind.

„Guten Tag, Fräulein . . . ?“ sagte er fragend.

„Fräulein Dobber“, antwortete ich schnell.

Höflich bot er mir einen Platz seinem Schreibtisch gegenüber an und fragte mich direkt, was mir fehle. Keine Worte waren vonnöten, um ihn hierüber aufzuklären, denn ein neuer Hustenanfall gab auf diese Frage Antwort.

Lächelnd zog er seine Augenbrauen hoch, und ebenfalls lächelnd begann ich meine Geschichte, sobald ich wieder Atem schöpfen konnte. Ich brauchte nicht lange, um festzustellen, daß der Fremde vollkommen „in Ordnung“ war. Mit einem Gefühl großer Erleichterung verließ ich das Haus Nr. 3. Eine mit den Daten der nächsten Injektionen versehene Karte steckte in meiner Tasche.

Tiefer Dank strömte aus meinem Herzen himmelwärts. Fast ein bißchen traurig ging ich wieder heimwärts, ganz von dem Gedanken an die Injektionen erfüllt, die ich noch bekommen würde, und die damit verbundenen Ausgänge.

In jener Nacht fühlte ich mich körperlich wie auch seelisch wesentlich besser. Ich hatte über vieles nachzudenken. Meine Gedanken weilten bei meinem Spaziergang, bei den Menschen, die an mir vorübergegangen waren, bei dem lärmenden Spielplatz, bei den Fetzen von Unterhaltungen, die ich an den Verkehrsknotenpunkten aufgefangen hatte, und bei dem allgemeinen Gefühl der Erwartung, das man auf so vielen Gesichtern lesen konnte.

Konnte es denn wirklich wahr sein? Befanden sich die Amerikaner vor Maastricht? Waren die Alliierten auf dem Vormarsch, oder waren es nur Gerüchte? Es mußte einfach wahr sein. Unser Volk sorgte sich über die Hungersnot in den Städten, und wenn die Lage sich verschlimmerte, würden wir auch davon betroffen werden. Wer würde dann noch willig sein, solchen, wie mir, zu helfen?

Am nächsten Morgen machte ich eine Liste der Injektionsdaten hinten auf meinen Kalender. Auch den kommenden Auferstehungstag, Sonntage und Sabbattage fügte ich hinzu. Das würde mich bis in den August bringen und zu meinem neunzehnten Geburtstag. Man lernte, in der elendsten Umgebung Pläne zu schmieden und besondere Anlässe zu genießen.

Natürlich würde ich meinen Geburtstag feiern. Ich hatte soviel, worüber ich glücklich sein konnte, und glücklich würde ich sein, besonders an den von mir ausgesuchten Tagen hinten auf dem Kalender.

Während das Leben auf meinem Boden trübseliger wurde, kam mir mein Herr noch näher, und während es gefährlicher wurde wegen Herrn Metzger, Marys Vater, gab die Nachricht von den vormarschierenden Truppen mir wieder neuen Mut.

Wir mußten es einfach schaffen! Es ging einfach nicht anders. Nichts durfte jetzt passieren. Wenn Mary mich doch nur behalten würde, nur noch ein Weilchen länger. Mein Husten wurde täglich durch die Injektionen besser, und unzweifelhaft half auch die frische Luft während meines Ausgangs dem Heilungsprozeß. Ich versicherte ihr wiederholt, daß ich mich sehr still verhalten würde, wenn ihr Vater das Haus betrat. Seine Stimme konnte man unmißverständlich erkennen, doch Mary hatte Tausende von Einwänden, wie zum Beispiel diesen: „Und wenn er auf dem Boden arbeiten möchte, etwas modernisieren oder vielleicht den Wassertank ausbessern?“

Es fiel mir nicht schwer zu bemerken, welche Angst sie jetzt hatte. Fast tat es ihr leid, in illegale Geschäfte verwickelt worden zu sein. Ich konnte sie einfach nicht verlassen. Oom Henk hatte mich viele Wochen nicht besucht. Er wußte nichts von dem Keuchhusten, meinen Spaziergängen und von der Tatsache, daß Herr Metzger „ein Anhänger der Besatzungsmacht“ war. Wie konnte Oom Henk jetzt noch einen anderen Platz für mich finden? Die Luft vibrierte nur so vor Erwartung auf Befreiung. Wer wollte sich jetzt noch mit Illegalität abmühen?

Persönlich hatte ich mich entschlossen, tapfer zu sein und bis zum Ende durchzuhalten, was auch immer das Ende sein würde. Ich flehte den unsichtbaren Allmächtigen an, mich geistig normal zu erhalten und mir Kraft zu geben, falls ich zu Hitler und seinem Gefolge über dem ganzen Kontinent zurückkehren mußte. Ich glaubte fest daran, daß es für ihn noch nicht zu spät war, seine törichten Entscheidungen rückgängig zu machen, bevor noch mehr Schaden getan werden konnte. Wenn er doch nur offen sein Versagen eingestehen und aufgeben würde! Ich betete und flehte für ihn und seine Getreuen, wie Herrn Metzger . . . aber es sollte nicht sein. Sie waren ebenfalls entschlossen, bis zum Ende durchzuhalten, selbst wenn das Ende totale Zerstörung war.

Die Bombenangriffe nahmen zu, während die Truppen direkt auf unsere Stadt zumarschierten. Granatexplosionen waren scharf und zerstörerisch. Oft hielt ich mir beide Ohren mit den Händen zu, um den Einschlag nicht zu hören, der dem unheimlichen Herannahen folgte. Jedesmal dankte ich aus tiefstem Herzen, wenn meine Gastgeber aus dem Bunker zurückkehrten und ich einen weiteren direkten Treffer von Granatsplittern auf meinem Boden überlebt hatte.

Die letzte Spritze sollte ich einen Tag vor meinem Geburtstag erhalten. Innerlich feierte ich ihn schon an jenem Tag und erstreckte die Feier auch noch auf den nächsten Tag. Nie zuvor war ich so aufgeregt gewesen wie an jenem Tag. Man hätte meinen können, wir seien schon frei. Die holländischen Frauen trugen einfach ihre blauen Röcke, weiße Blusen mit rot gestickten Rosen oder einfachen roten Schleifen. Niemand konnte sie beschuldigen, die nationalen Farben zu tragen. Die Erklärung dafür war: „All unsere anderen Sachen sind abgetragen, und neue Bezugsscheine hat es schon seit langer, langer Zeit nicht mehr gegeben."

Man hatte fast Mitleid mit den Deutschen in unserer Stadt. Sie eilten fast schüchtern herum, ihre eigene Uniform brachte sie in Verlegenheit. Für mich waren sie einfach Männer, Ehemänner und Väter, die weit von zu Hause und ihren Lieben entfernt waren, der Herde folgen mußten, um für ihr Volk und ihren Führer zu kämpfen. Und jetzt war für sie, ebenso wie für uns, das Ende in Sicht. Würde man ihnen erlauben, ihre Zeit als Kriegsgefangene zu verbringen, oder würde sie ihre Wehrpflicht in die Kampfzone verbannen? Dachten sie jetzt noch an ihre Zukunft? An Leben oder Tod durch Kampfhandlungen?

An jenem Tag, dem 29. August 1944, zog ich meinen Ausgang solange wie möglich hin, und dachte nicht einmal daran, wieviel Angst Mary ausstehen mußte. Ich lief und lief an ruhigen Landstraßen entlang und durch geschäftige Straßen. Die Fenster waren mit Bildern und Blumen dekoriert. Doch in den Schaufenstern lagen nur wenige Waren, die noch zum Verkauf angeboten wurden. Es sah zwar sehr nett und attraktiv aus, doch waren die Rationen sehr klein.

Gewiß, es war Sommer, doch für mich war es mehr wie Frühling. Frühling in der Luft und Frühling auch in den Herzen der Männer und Frauen, ja selbst die kleinen Kinder wurden davon betroffen. Der Vormarsch ging ständig weiter, der Rückzug der deutschen Truppen war andererseits nicht zu übersehen.

Oben im Norden sah es ganz anders aus. Dort gab es Verzweiflung und gebrochene Herzen, selbst unter denen, denen ich soviel verdankte, ja mein ganzes Leben.

Der Monat August brachte dem Pfarrhaus ernste Unannehmlichkeiten. Einmal waren die Deutschen gekommen, um das Haus zu durchsuchen. Diesmal suchten sie illegale Nahrungsmittel wie Korn und Weizen, der oben in Säcken aufgehoben wurde. Sie beschlagnahmten sie und stellten sie zur Abholung bereit. Schließlich würde das Getreide unzweifelhaft seinen Weg in den Magen irgendeines deutschen Offiziers finden. Warum sie allerdings Gewehre mitgebracht hatten, wußten wir nicht. Tante Jo bestand darauf, daß man sie aus dem Haus schaffte, nachdem ein junger Soldat sein Gewehr zufällig an der Hintertür stehenließ.

Einige friedliche Wochen waren gefolgt, zu friedlich, um nicht angsterregend zu sein. Dann kam Nopje eines Tages den Weg zum Haus hinaufgeradelt. Der kleine Mann bekam wie üblich seinen Kuß an der Pforte, doch Nopjes Gedanken waren ganz woanders, wie Tante Jo mir später erzählte. Sie hatte wie abwesend das Pfarrhaus angestarrt, als Tante Jo die entsetzliche Frage stellte, die Frage, die vor allem am wichtigsten war. Nopje nickte bejahend. Ja, man hatte Domie verhaftet.

Ein junger einheimischer Polizist hatte, nachdem er Domies Vertrauen gewonnen hatte, soviel wie möglich geheime Informationen gesammelt und ihn dann der Gestapo verraten. Als die Verhaftung erfolgte, ließ er sich ebenfalls gefangennehmen. Deshalb wußte Domie nie, wer eigentlich untreu gewesen war und ihn und viele andere in die Hölle gebracht hatte. Seine Bezahlung? Etwas Geld und das Versprechen einer Beförderung.

Nopje brachte auch ein kleines Briefchen, das von Haarlem kam. Es enthielt diese Worte: „Sie werden jetzt wohl erfahren haben, daß man Ihren Mann in Haarlem verhaftet hat. Er sitzt im Hauptgefängnis und ist unter den gegebenen Umständen sehr tapfer, weil er weiß, woher er seine Kraft schöpfen kann. Er möchte Sie wissen lassen, daß er Sie sehr liebt und daß Sie auch tapfer sein müssen. Bald wird etwas geschehen. Haben Sie Mut."

Später kamen noch genauere Nachrichten. Domie war in Gesellschaft zweier deutscher Offiziere, die desertiert waren, und einer weiteren jüdischen Person gefangengenommen worden. Während des Kreuzverhörs hatten sie alles in ihrer Macht getan, um ihn dazu zu bringen, Namen von Geretteten zu nennen. Sie hatten ihn auch gefoltert, um ihn „weich" zu machen. Sein Nasenbein war gebrochen und sein Trommelfell geplatzt. Es war ein Wunder, daß seine Augen nichts abbekommen hatten, als sie mit Gummiknüppeln auf ihn einschlugen.

Natürlich tat die Organisation der Illegalen alles, um Domie zu befreien, obgleich es fast unmöglich schien. Doch hatte man den Plan, ihn an einem Samstag aus diesem Gefängnis zu befreien. Alles war wohl vorbereitet, und es gab keinen Grund, ein Mißlingen zu erwarten. Dann, am Freitag, wurde er plötzlich in das infame Gestapo-Gefängnis in Amsterdam überführt. Von dort war kein Entkommen möglich.

Das war es also, was der Schreiber jenes Zettels gemeint hatte, als er erwähnte, daß „bald etwas geschehen würde". Es sollte nicht sein. Jetzt schien er wie mit eisernen Ketten gebunden. Der arme, liebe Domie.

Ja, der helle, hoffnungsvolle Monat August im Süden bei uns war schwarze Nacht bei meinen Lieben oben im Norden.

An diesem schicksalhaften Tag, als Nopje diese schlechte Nachricht brachte, traf Tante Jo Vorkehrungen, das Haus zu verlassen. Sie würde ebenfalls auf der „Verdächtigen"-Liste stehen. Die Sicherheit war für sie und den Jungen wichtiger als alles andere, außerdem war sie hochschwanger.

Maria, die Mutter Jesu, machte sich auf einem Esel auf, um vor ihren Unterdrückern zu fliehen und woanders Obdach für sich und das Kind Jesus zu finden. In jener Nacht machte sich Tante Jo auf ihrem Fahrrad auf den Weg ins Ungewisse. Es war neun Uhr abends. Der Junge saß in seinem Körbchen am Lenkrad, ein kleiner Koffer war hinten auf dem Gepäckträger befestigt. Der enthielt all ihren irdischen Besitz.

Müde und einsam radelte sie vorsichtig viele, viele Kilometer und wußte nicht, wie sie die vielen, ständigen Fragen ihres kleinen Sohnes beantworten sollte.

Nein, sie wußte es selbst nicht, wann sie wieder nach Hause zurückkehren würden. Sie wußte auch nicht, wann er ins Bett gehen würde. Sie war müde, ach so müde. Als es dunkel wurde, bat sie um ein Obdach im nächsten Pfarrhaus. Danach ging es Nacht für Nacht von einem Pfarrhaus zum anderen. Sie vermied es, irgendwo zu lange zu bleiben. Endlich erreichte sie Winschoten, wo sie ihren zweiten Sohn Erik gebar.

Es würde noch weitere sechs bis acht Wochen dauern, bis es sicher war, wieder in ihr eigenes Haus zurückzukehren. Die christliche Jugend war wunderbar gewesen. Unter Tantjes fachmännischen Anweisungen hatte sie das ganze Gebäude gereinigt, es wohnbar gemacht und es wieder für das traurige Heimkehren ihrer Pfarrfrau und der Kinder vorbereitet.

Während ich am Straßenrand, eingequetscht unter anderen Zuschauern, stand, die alle den allmählich herannahenden amerikanischen Panzern zuwinkten und zujubelten, ließ ich den Tränen, die mir über die Wangen rannten, freien Lauf. Hier erlebte ich die Befreiung, ich war frei! Der Alptraum war vorüber, für immer vorbei, doch . . . da war kein Onkel Bas, dem ich meine Dankbarkeit zum Ausdruck bringen konnte. Niemand stand mir nahe, niemand gehörte mir, und ich gehörte niemandem, außer Ihm, dem Schöpfer des Universums, der sich mir in der Person Jesu Christi offenbart hatte, und der mich in Form seines Heiligen Geistes durch diese Zeit der Angst und Gefahr hindurchgetragen hatte.

Wir waren frei, doch Holland selbst befand sich immer noch im Griff des Feindes. Dieser letzte Winter war der schlimmste für die Bewohner Hollands und besonders des Nordens. Es war der berüchtigte Hungerwinter 1944/45. Die Menschen tauschten ihr Gold und Silber für Kartoffeln und Brot ein. Der schwarze Markt blühte. Einige wurden über Nacht reich, während andere zum erstenmal in ihrem Leben wirklich Armut und Hunger durchmachten.

Dieser Winter geht als der schwärzeste Winter seit Jahrhunderten in unsere Geschichte ein. Doch hier in Limburg begannen die Menschen zu leben. Unser Leben hatte einen neuen Aufschwung bekommen. Wir waren frei, glücklich und begierig, wieder frei zu atmen. Dieses körperliche und geistige Aufatmen zeigte sich überall auf mannigfache Art und Weise.

Mary sagte mir rundheraus, daß sie mich nicht mehr weiter behalten könnten. Sie hatten von der Organisation nichts weiter gehört, was mit anderen Worten hieß, daß der ‚Geldstrom' versiegt war. Ich verstand den Wink mit dem Zaunpfahl und informierte sie davon, daß ich am Wochenende ausziehen würde. Als sie mich verwundert fragte, wo ich sobald ein neues Zuhause gefunden hätte, sagte ich ihr einfach, daß das „Zuhause" schon auf mich gewartet hätte. Das war natürlich ein echter Glaubensschritt im Vertrauen auf ihn, der soweit den Weg für mich geebnet hatte.

Am Mittwoch wanderte ich wieder durch die Straßen. Ich besaß kein Geld, nicht einen einzigen Pfennig. So bestand all meine Freude in meinem frohen Herzen und in Dankbarkeit für die unzähligen Menschen, die bewußt oder unbewußt zur Erhaltung meines Lebens beigetragen hatten. Es machte mir Freude, nachzudenken und zu planen, und ich war fest entschlossen, die Gesundheit und die Kraft, die mir verblieben war, zum Segen aller einzusetzen, mit denen ich in Kontakt kam, so wie andere gesegnet und geliebt hatten nach all ihrem Vermögen.

Jesus sagte: „Ein Beispiel habe ich euch gegeben, daß ihr tut, wie ich euch getan habe . . . so ihr solches wisset, selig seid ihr, so ihr's tut“ (Joh. 13, 15. 17).

Ich hatte viele, unzählige Beispiele. Ich hatte Christus in Menschen verschiedener Altersgruppen, Berufe und sozialer Verhältnisse wirken sehen. Sie hatten nur eins gemeinsam: die selbstlose Hingabe an Christus, der auch mein Meister und Herr geworden war. Mein Gedanke war: „Würde ich ihm in so selbstloser Weise im Dienste meiner Mitmenschen dienen können? Würde ich fähig sein, Mißverständnisse, Spott, kalte Schultern, Unfreundlichkeit und fortgesetzte Herzenshärte hinzunehmen, wie er es getan hatte?“ — „Ein Knecht ist nicht größer, denn sein Herr“, hatte Jesus gewarnt.

Würde ich dazu fähig sein? Ich wagte solch eine forschende Frage nicht einmal mir selbst zu beantworten. „Niemand hat größere Liebe denn die, daß er sein Leben läßt für seine Freunde“ (Joh. 15, 13). Das war's, was Domie, mein Onkel Bas, für mich getan hatte. Ich würde eines solchen Opfers nie würdig sein. Mit Christi Hilfe würde ich versuchen, ein Leben der Liebe, des Gebens und Teilens alles dessen, was ich hatte, zu führen. Ja, die größte Lektion für mich war die Erkenntnis gewesen, daß das wertvollste Geschenk an andere das Geschenk meiner selbst war. Keine Güter dieser Welt sind mit dem Wert vergleichbar, Liebe, Zeit, Hingabe und Aufrichtigkeit mit anderen zu teilen. Dies ist das Geschenk, das so kostspielig ist, nicht an Geld, doch an Zeit und Liebe. Dies ist das Geschenk, das die Menschheit am meisten braucht und nach dem sie sich wirklich sehnt. Jedes menschliche Wesen möchte wissen, daß er oder sie von Bedeutung ist, von so viel Bedeutung, daß er oder sie ein Opfer wert ist. Christus zeigte den Weg, und Domie folgte. Er gab sich selbst. Ich war so tief in Gedanken versunken, daß ich nicht bemerkt hatte, daß ich wieder an dem Haus angelangt war, in dem Mary lebte. Zögernd stand ich einen Augenblick da, als mir jemand auf die Schulter klopfte. Ich wandte mich um. Da stand Frau Hemskerk, unsere Nachbarin von gegenüber. „Kommen Sie zu einem Plausch in den Garten?“ fragte sie freundlich. Natürlich wollte ich. Alles, was nur annähernd normal war, war immer willkommen. Es war nur ein winzig kleiner Vorgarten, aber für mich war es der Garten Eden.

Mit einem mütterlichen Klaps auf die Schulter versicherte sie mir, daß noch eine Tasse Tee in der Kanne sei.

Sie ging ins Haus und kehrte sofort wieder mit dem Tee und einem extra Stuhl zurück. Innerhalb von Minuten befanden wir uns in der anregendsten Unterhaltung, so, als ob wir einander schon jahrelang gekannt hatten, und doch war dies unsere erste Begegnung. Sie hatte mich von Marys Haus kommen und gehen sehen und sich ihre eigenen Gedanken darüber gemacht; sie wußte, daß ich eine Illegale war. Sie fragte mich, was ich nun vorhätte.

Während ich Moeke Heemskerk antwortete, wurde ich mir über meine eigenen Gedanken klar. Ich hörte meine eigene Stimme ihr von meiner mißlichen Lage, meinen Hoffnungen, meinem Entschluß und meinen Plänen, zu arbeiten, erzählen. Es war ein ziemliches Urwalddickicht.

Ein langes Schweigen folgte, und selbst, als ich mich gedrungen fühlte, zu reden, kamen keine Worte. Schließlich fragte Moeke mich mit ruhiger und warmherziger Stimme: „Möchten Sie nicht zu uns kommen und ein kleines Weilchen bei uns bleiben, Fransje? Nur um die Atmosphäre eines normalen Zuhause wieder zu verspüren? Ich habe drei Mädchen, eins ist in Ihrem Alter. Es würde Ihnen gefallen, Frans. Tun Sie, was Sie wollen, doch lernen Sie wieder normal zu leben."

Wurde ich zu gefühlvoll? Tränen standen mir in den Augen. Ich konnte ihr nicht antworten. Hier war meine offene Tür, schon vor dem Wochenende bereit. Was würde Mary von ihrer Nachbarin denken . . . Dann wurde mir meine materielle Armut wieder bewußt. Ich sagte Moeke, daß ich kein Geld für meinen Unterhalt hätte, und daß wir seit langer Zeit nichts von der Organisation gehört hatten. Natürlich würde ich mich sofort nach Arbeit umschauen und ihr alles geben, was ich konnte. Sie unterbrach meinen Wortschwall damit, daß sie mir versicherte, daß ich zur Familie gehören und alles mit ihnen teilen würde, was sie sich leisten konnten. Mein nächster Einwand war die Zustimmung ihres Mannes und ihrer Kinder. Sie wußten ja nichts von ihrer Entscheidung und würden wahrscheinlich Einspruch erheben. Diese Behauptung ließ sie herzlich lachen. Sie zerstreute alle meine Befürchtungen mit einem Satz. „Ich brauche sie nicht zu fragen. Wir alle würden dich gern in unserer Mitte haben. Ich bin die Mutter, ich kenne meine Familie." Das klang in meinen Ohren fast wie die Stimme dessen, der da sagt: „Ich bin der gute Hirte und erkenne die Meinen." Sicherlich waren die Heemskerks auch einige seiner Schafe, darüber hatte ich keine Zweifel mehr. Ich verspürte das unsichtbare Erkennungszeichen.

Glückselig verließ ich den Vorgarten und ging stracks auf meinen Boden in Marys Haus. Dort, wo niemand mich sehen konnte, ließ ich mich auf meine Knie nieder und dankte ihm aus demütigem Herzen, der so ununterbrochen über mir gewacht hatte.

Nach dem Abendessen lag ich still und gedankenvoll auf meiner Matratze, mit Papier und Bleistift in meiner Hand. Ich hatte viel zu planen und notwendige Dinge zu erledigen. Das größte Sehnen meines Herzens konnte jedoch nicht gestillt werden. Wie konnte ich beginnen, nach meinen Eltern, Brüdern und anderen Verwandten zu suchen? Holland befand sich noch im Krieg und machte Schweres durch. Keine Post würde bis zu unserem Rote-Kreuz-Hauptquartier durchgehen. Trotzdem würde ich alle Formulare ausfüllen und alle Einzelheiten bereit haben zur offiziellen Suche, wann das auch immer sein würde.

Am Samstag würde ich zu den Heemskerks ziehen und einen richtigen Sonntag in einem christlichen Häus verbringen. Auch würde ich meinen ersten Kirchgang zu ihrer Kirche machen. Ich konnte es kaum abwarten. Wenn Onkel Bas das doch nur gewußt hätte . . . wie würde er diesen Sonntag verbringen? Wie alle anderen Tage? In der Ungewißheit, wann er zu einem weiteren Kreuzverhör geholt werden würde, wann man ihn erneut verlegen würde, wie lange er noch zu leben hatte oder ob man ihn plötzlich entlassen würde. Ich betete: „Ach, Onkel Bas, möge der Allmächtige auch in jenen Wänden sein, in dir, um dich zu stärken und die harten Schläge zu lindern durch das Vorbild seines eigenen Leidens unter Verfolgung."

Am Sonntag drückte er in Zelle A 119 mit einem Bleistiftstummel auf einem Stück Toilettenpapier seine tiefsten Gefühle aus:

Ich weiß, du wachst über die Demütigen
und die deiner harren,
deshalb habe ich die Gewißheit, nie allein
zu sein;
und zu deiner Zeit wirst du mein gebrochenes Herz heilen.

Aber ich ahnte nicht, daß du dich durch diese
niedrige Tür bücken würdest,

um zu sehen, wie goldenes Licht durchs Fenster
strömt
und unser Kerker hier mit herrlicher Musik erfüllt wird.

Ehrfürchtig erheben sich diese Wände vor dir,
verkündigen ein dreifaches „Heilig deiner Majestät",
mit gefalteten Händen muß der kahle Bau dich preisen,
denn jetzt und ewig sind deine Wege voller Gnade.

Und ich? Für Brot und Wasser sei dir Dank.
So teile ich das Abendmahl mit deiner ganzen, in die
Irre gehenden Kirche.
Hier drinnen erheben Engel und ich Armseliger deinen
Namen . . .
Doch draußen die Schöpfung kann nicht anders als deine Werke
sehen.

Wie konnte ich so bald diese Einheit mit dir, mein Herr,
verlieren,
hier mit dir reden, wenn doch dein Wille mein und
meiner dein ist?

Meine gefalteten Hände ruhten in deinem Griff;
mein Herz schlug allein durch die Kraft deiner Lippen.
Meine Augen sehen nur die Größe deiner Macht;
in Schwachheit hat deine Kraft mich froh gemacht.

Dann kam, oh, welch ein Schock, das Klopfen,
das mich zu meinem letzten Gang rief!
Alles in mir ist Friede . . .
deine himmlische Musik, mein ew'ger Trost.

In Frieden wandelt der, der deinem Wort vertraut,
mit zum Segen erhobenen Händen und innerem Mut.
Da ich dir mit Leib und Seele gehörte,
ist Tod Leben! Mein Ziel ist erreicht!

Ja, er wußte, wenn es Sonntag war. Er ermutigte seine Zellennachbarn, schrieb Predigten auf endlose Rollen Toilettenpapier und schickte sie eng aufgerollt durch die Risse in der Wand in die benachbarten Zellen. Einmal hatte man einen Jungen davon unterrichtet, daß man ihn bald zu seinem letzten Gang abholen würde. Dort, auf dem Übungsplatz, würde man ihn samt anderen seines „Kalibers" hinrichten. Der junge Bursche war außer sich und wurde während des Nachmittags hysterisch. Jeder nägelbeschlagene Stiefel auf dem Steinfußboden des Korridors ließ ihn bis ins Innerste erzittern und machte ihn schnell zu einem Nervenbündel.

Sanft mischte Domie sich ein. Er beruhigte den Jungen, so wie nur er es tun konnte. Er stärkte ihn und wies ihn auf die Quelle der Sicherheit hin, von welcher er ebenfalls Kraft schöpfte.

Domie brauchte nicht nur seine Sonntage, sondern alle seine Tage und Nächte, um die Hoffnung dieser Welt in Jesus Christus darzustellen, dem einzigen Mittler und Heiland der Menschheit.

An diesem Sonntag würde ich zum erstenmal ein Kirchengebäude betreten. Wirklich ein großer Augenblick! Mein Herz und meine Seele würden voller Erinnerungen und Dankbarkeit sein, voller Gebete und inniger Bitten, aber vor allem voller Gewißheit, daß der unsichtbare Gott meinen ersten Schritt in seinen irdischen Tempel billigen würde.

Mit aufrichtigem Dank verließ ich mein letztes Versteck und sagte Mary und ihrem Mann ein fröhliches „Auf Wiedersehen". Ich versicherte ihnen, daß ich sie oft besuchen würde, was ich auch tat.

Als ich das Heemskerkhaus betrat, kam ich mir wie eine zurückkehrende, lang abwesende Verwandte vor. Ich war angelangt. Jetzt, da ich in der Lage war, meine Situation richtig einzuschätzen, konnte ich auch an die Zukunft denken. Ich mußte eine Stelle finden, voraussichtlich Krankenpflege.

Am Samstagnachmittag wurden wir vom Besuch eines amerikanischen Feldwebels überrascht. Er war ein freundlicher, ein wenig plumper Mann. Nachdem er eine Tasse Tee bei uns getrunken hatte, brachte er seinen Wunsch vor. Würden wir einem seiner Männer, dem Divisionskoch, Quartier geben können? Das Küchenzelt würde auf dem grünen Rasen, dem Haus gegenüber, errichtet werden, und seine Männer würden in dem angrenzenden großen Zelt essen.

Er suchte in dieser ganzen Gegend nach Quartieren.

Wieder einmal war es Mutter, ermuntert von Vater, die ihm ihr großzügiges „Ja" gab. In jener Nacht schliefen zwei neue Bewohner unter dem Dach der Heemskerks, der Befreier und die Befreite.

Billy und ich wurden gute Freunde; wir waren beide weit von zu Hause entfernt und hatten deshalb vieles gemeinsam. Unsere größte Gemeinsamkeit entdeckten wir jedoch gleich am nächsten Tag, als die ganze Familie, Bill und ich eingeschlossen, zur Dorfkirche ging. Wir alle sagten gemeinsamen Dank.

Am ersten Sonntag unserer Freiheit war die Dorfkirche erfüllt mit Männern, Frauen, Kindern und amerikanischen Soldaten. Es gab wenige trockene Augen an jenem Morgen. Anbetung und Dank kam aus unser aller Herzen. Später erfuhr ich, daß viele junge Männer aus dieser Gemeinde in dem Gefecht vor ungefähr vier Jahren gefallen waren. Ihnen zollte man Tribut sowie auch allen Hinterbliebenen. Es war ungemein beeindruckend, einem Gottesdienst beizuwohnen, in dem Gebet und Gesang in Holländisch waren. Ich verfolgte jedes Wort, pries meinen und ihren Herrn und erkannte dann plötzlich, daß es eigentlich unser Herr war.

Als Bill an jenem Sonntagabend, spät vom Dienst kommend, das Haus betrat, brachte er ein herrlichduftendes, gebratenes Hähnchen in einer Schüssel mit. „Das ist für euch zum Abendessen", grinste er. Die ‚Ohs' und ‚Ahs' wurden von zwei schmatzenden Küssen begleitet, die Mutter auf Bills Wangen pflanzte. Vater stellte den Kessel noch einmal aufs Feuer, während Mutter die Schüssel in den Ofen schob. Wir Mädchen liefen geschäftig herum, deckten den Tisch, holten einige Blumen, um ihn für diesen besonderen Anlaß zu schmücken, und machten viel Aufhebens um Bill, der scheinbar endlose Überraschungen in seinen Taschen hatte. Diesen frohen Abend dehnten wir so lange wie möglich aus, selbst die Jüngste blieb auf, bis sie ihre Augen nicht mehr aufhalten konnte.

Montagmorgen rief uns alle die Pflicht. Jeantje war früh aus dem Haus, und auch Vater hatte das Haus beim ersten Dämmerschein verlassen. Bills Diwan war wieder wie üblich zurechtgeschoben, seine Decken sauber auf einem Stoß zusammengelegt. Die Kleine spielte mit ihren Puppen, und Betty war zur Schule gegangen. Nachdem ich Mutter mit dem Abwasch und der allgemeinen Hausarbeit geholfen hatte, machte ich mich ebenfalls auf, um meine „Geschäfte" zu erledigen.

Zuerst einmal zum Roten Kreuz. Ich ließ meinen Namen und augenblickliche Adresse dort, sollte mich jemand suchen. Sie fragten mich über meine Familie und Verwandten aus, und ich gab ihnen in allen Einzelheiten Auskunft. Mein Beruf? Ja, vermutlich konnte ich mich Krankenschwester nennen. Und Krankenschwester ist mein Beruf auch weiterhin geblieben. Wo arbeitete ich? Nun, leider noch nirgends. Fast inständig baten sie mich, doch einige Wochen in ihrem Notkrankenhaus auszuhelfen. Ich war so erleichtert wie sie, als wir uns an jenem Morgen trennten. Schon eine Stelle! Frohlockend kam ich zu einem späten Mittagessen nach Hause. Mutter nahm mich fest in die Arme. Wir tanzten im Zimmer herum. Eine Stelle! Jetzt konnte ich etwas Geld verdienen. Verdienen, indem ich mit allen Kräften in dem von mir erwählten Beruf arbeitete. Zu schön, um wahr zu sein!

In den nächsten glücklichen Monaten fühlte ich mich wieder „jung". Ich lernte wieder zu lachen, laut zu lachen, ein verbotener Luxus im vergangenen Jahr. Es machte Spaß, mit Mädchen in meinem Alter zusammen zu sein und von den Pflegern im Krankenhaus geneckt zu werden. Wir arbeiteten gut zusammen, und ich kann mich an keine Selbstsüchtigkeit unter den Mitarbeitern erinnern. Da war ein Verständnis, das weit über das allgemeine Interesse aneinander hinausreichte. Da war ein Eifer, hilfreich zu sein, zu trösten und „des anderen Last zu tragen".

Es war wirklich ein Notkrankenhaus. Wir mußten uns mit vielen improvisierten Materialien begnügen. Die meisten Betten waren Feldbetten. Die Patienten blieben nur so kurz wie möglich bei uns. Wenn die Behandlung abgeschlossen war, ging die Genesung zu Hause weiter. Da waren die seltsamsten Fälle; Patienten, die sich als ‚Vertriebene' wiederfanden, weil Holland erst teilweise befreit war. Da waren solche, die durch Granatsplitter oder herumfliegenden Schutt verletzt worden waren, oder auch Waisenkinder, die auf Einweisung in eine Pflegestelle warteten. Die Alten waren jedoch unsere Hauptsorge. Sie brauchten ständige Pflege und Behandlung, doch darüber hinaus Liebe und Verständnis.

Das Rote-Kreuz-Notkrankenhaus hatte seinem Zweck in den ersten Tagen nach der Befreiung gedient. Man zog eine Umgruppierung von Personal und Patienten in Betracht, um eine gründliche Krankenpflege und eine verwaltungstechnische Reorganisation zu gewährleisten. Ich war unter denen, die überflüssig wurden. Es war unvermeidlich. Ich hatte in der Zwischenzeit gut verdient. Mutter hatte nur das absolut Notwendigste von mir genommen und mich ermutigt, das übrige zu sparen. Ich hatte ihren Rat befolgt und einen kleinen Sparstrumpf angelegt.

Als ich die Kirche am Ort sechs Wochen lang besucht hatte, meinte ich, es sei an der Zeit, dort Mitglied zu werden. Der Pfarrer erklärte sich bereit, mich zu einer vereinbarten Zeit zu empfangen. Da ich zum erstenmal mit ihm persönlich gesprochen hatte, war er von meiner Anfrage ein wenig überrascht. Hatte ich für ein langes Gespräch Zeit? Ich hatte soviel Zeit, wie nötig war. Frau Furnee machte Kaffee, während ihr Mann mich zu prüfen begann. Er erklärte, daß ich seiner Kirche nicht beitreten könne, ohne Konfirmationsunterricht genommen zu haben. Ich fragte, was er damit meine. Es war eine Reihe von Lektionen, die man wissen mußte, bevor man als Kirchenmitglied und zum heiligen Abendmahl zugelassen werden konnte.

Fragen sollten beantwortet werden? Ich würde gern jede Frage beantworten, versicherte ich ihm. An diesem Punkt muß ich ihn überrascht haben. Er wollte wissen, wo ich alle meine Lektionen gelernt hatte und wer mein Lehrer gewesen sei. Eifrig erzählte ich ihm, daß ich das Neue Testament immer wieder und wieder gelesen hatte und fast sicher war, daß ich alles wußte, was Christus von mir verlangte. Jesus Christus hatte mich unterrichtet. „Na gut“, lächelte er. „Kommen Sie am Freitagabend in die Sakristei. Ich werde versuchen, die Kirchenältesten zu benachrichtigen, und sie bitten, ein wenig eher zu kommen, um Sie kennenzulernen. Es kann möglich sein, daß Sie schon am Sonntag der Kirche beitreten können, getauft werden, ein öffentliches Bekenntnis Ihres Glaubens ablegen und zum heiligen Abendmahlstisch zugelassen werden. Wir werden sehen.“

Es fiel mir schwer, meine Begeisterung und Freude in solch würdiger Gesellschaft zu unterdrücken. Höflich schüttelte ich seine Hand und versprach, daß ich mein Bestes tun würde, um ihn am Freitag nicht zu enttäuschen. Ich würde das Neue Testament noch einmal studieren.

Als ich Mutter davon erzählte, behandelte sie mich fast wie ein Geburtstagskind. Besondere Vorbereitungen für das Wochenende wurden sofort in Angriff genommen. Ich brauchte ein neues Kostüm. Ein Kostüm von Jeantje würde es mit wenigen Änderungen tun. Sie bestand darauf, daß ich es „allen meinen Freunden“ sagen sollte. Das war nicht schwer. Es hieß Mary und ihre Familie zu benachrichtigen, den armen Herrn Metzger eingeschlossen, der sich jetzt sehr klein vorkam und sich dementsprechend aufführte. Zu schade für ihn, daß der Krieg so geendet hatte. Auch Herrn Keunings, unserem Kirchendiener, sagte ich es. Ich mochte ihn und seine Familie gern.

Am Freitagabend war ich von vielen älteren Herren in schwarzem Anzug und dunklem Schlips umgeben. Alle brachten es fertig, ein bißchen zu lächeln, während sie meine Hand schüttelten. Äußerstes Stillschweigen herrschte einen Augenblick, nachdem jeder seinen Platz eingenommen hatte. Dann sprach Herr Furnee einige einführende Worte, bevor er begann, mir viele Fragen zu stellen. Ich empfand persönlich, daß er und die anderen daran Freude hatten. Die Atmosphäre entspannte sich mit der Zeit etwas, und auch andere deuteten an, daß sie „einige Fragen" stellen wollten. Ich genoß den Abend in vollen Zügen und wünschte, daß er noch ein wenig länger gedauert hätte.

Samstag beim Mittagessen beklagte ich mich, daß es scheinbar nie Sonntag werden wolle. Mutter schlug vor, daß ich mich ein bißchen zurückziehen sollte, um mich „in Gedanken und Gebet ein wenig zu sammeln". Ein guter Rat, den ich gerne befolgte, denn ich war innerlich sehr angespannt.

Immer, wenn ich allein war, gingen die Gedanken traurig viele, viele Kilometer zurück ins Ungewisse. Wo waren meine Eltern? Hatte ich noch welche? Waren meine Brüder noch am Leben? Hatten sie entfliehen können? Wie hätten meine Verwandten den morgigen Akt meiner persönlichen Entscheidung angesehen? Viele verdammen einen getauften Juden. Ich hatte in der Vergangenheit ebenfalls mit Abscheu an solche Menschen gedacht. Verräter und Überläufer, die ihrem eigenen Volk den Rücken kehrten! Wie lächerlich! Ich war entschlossen, meinem Volk zu zeigen, daß dies eine Behauptung war, die niemand verantworten konnte. Indem er sich Christus zuwendet, wird ein Jude erst vollkommen. Das hat nichts damit zu tun, zu einer neuen Religion zu konvertieren. Die alte war nur sehr bedeutungsvoll geworden. Jesus Christus erfand keinen neuen Weg, er reinigte und belebte den alten. Er und seine Jünger waren meine jüdischen Brüder, unter denen ich mich richtig wohl fühlte. Zugegeben, seit jener Zeit hatten sich viele Heiden um ihn geschart. Menschen aus verschiedenen Völkerstämmen und Nationalitäten hatten durch Jesus Christus ihren Weg zu Gott gefunden, doch das änderte nichts an der Tatsache, daß er zu „den Juden vornehmlich", doch „auch zu den Griechen (Heiden)" gekommen war.

Nein, ich hatte keine Gewissensbisse über meine morgige Taufe.

Voller Freude erwartete ich diese große Ehre und dieses Vorrecht, ihn öffentlich als meinen Herrn und Meister zu bekennen, den allmächtigen Gott!

In jener Nacht hatte ich einen kerngesunden Schlaf. Früh am Sonntagmorgen nahm ich ein herrliches Bad. Ich fühlte mich wie neugeboren. Jeantje sagte mir, daß Mutter zugestimmt hatte, daß ich das Kostüm behalten sollte; als Konfirmationsgeschenk. Die Kleinen hatten Blumen auf den Tisch gelegt. Das war ihr persönliches Geschenk an mich. Vater sah in seinem schwarzen Anzug sehr würdig aus. Ich hatte ihn darin noch nie gesehen. Das sei zu meinen Ehren, meinte er. Ich gehörte zu ihnen, nicht wahr? Sie waren stolz darauf, mich zur Kirche zu begleiten. Und ich? Ich fühlte mich beschützt und von ihnen geliebt.

Um zehn Minuten vor zehn Uhr fand ich mich in der Sakristei als erste ein. Einen Augenblick später erschienen die Kirchenältesten, einer nach dem andern, und zuletzt kam Pfarrer Furnee. Er fragte, wer von den Ältesten mich in die Kirche und zu meinem Platz führen wollte. Ein netter Mann trat vor. Es war der Metzger am Ort und Sonntagsschulleiter, Herr Volbeda. Ich stehe bis zum heutigen Tag mit ihm in Verbindung.

Nachdem ein Ältester mit uns gebetet hatte, ging der Pfarrer langsam allen voran, den Mittelgang hinunter zu seiner Kanzel. Herr Volbeda und ich folgten, dann kamen die anderen 24 Ältesten, die zu ihren entsprechenden Bänken gingen. Ich wurde ganz nach vorn zu der Bank neben der Frau des Pfarrers geführt. Hinter mir bemerkte ich Mutter und Vater Heemskerk, die mich ermutigend anlächelten.

Schweigen senkte sich auf die Gemeinde, als der Pfarrer die Bibel öffnete: Markus 10, 46—52. Der blinde Bartimäus mit seinem verzweifelten Schicksal. Jesus fragte einfach: „Was willst du, daß ich dir tun soll?“ — „Herr, daß ich sehend werde.“ Einfach und ohne Umschweife. Eine Unterhaltung zwischen einem verzweifelten Mann, der wußte, daß ihm wirklich niemand helfen konnte, und demjenigen, der Bartimäus' letzte Hoffnung war. Er *mußte* sich einfach an diesen Jesus wenden. Er erwartete die Hilfe ganz von ihm. Deshalb sprach der Herr: „Gehe hin, dein Glaube hat dir geholfen.“ Sogleich empfing er sein Augenlicht und ... folgte Jesus.

Eine wunderbare Geschichte. Ich hatte ebenfalls mein Augenlicht empfangen. Ich sah die Welt ebenfalls mit anderen Augen an. Meine Motive, Absichten und Ziele waren völlig neu.

Der Himmel strahlt in hellem Blau,
die Erde sprießt im satten Grün,
und etwas lebt in jedem Schimmer,
das gottlos' Augen sehen nimmer.
Die Vögel singen Lieder froh,
die Blumen duften selten so,
seitdem ich ohne Zweifel weiß,
daß ich sein Kind auf ewig heiß.

Als die Orgel verklungen war, hörte ich den Pfarrer meinen Namen sagen. Er bat mich nach vorn zu kommen. Sehr langsam befolgte ich seinen Wunsch. Plötzlich fühlte ich mich so verlassen, so seltsam erhoben und zu dem Christus gezogen, der mir zu Ostern unter den Dachbalken oben im Norden begegnet war, während Schwester Moony ihre Kartoffeln weiterschälte.

Demütig kniete ich auf dem besonderen Schemel, der für solche Anlässe vorgesehen war. Indem ich meine Hände faltete und die Augen schloß, durchlebte ich wirklich einen hohen und heiligen Augenblick. Es schien, als ob Gott selbst gekommen war, um seine Hand auf mich zu legen. Ein Augenblick, der in der heiligen Taufe gipfelte. Er war mein Vater, ich hatte das so oft erfahren, doch jetzt schien er mir zu versichern: „Ich will euch nicht Waisen lassen; ich komme zu euch" (Joh. 14, 18). Er, der Vater der Waisen. Mein irdischer Vater war nun nicht mehr bei mir. Jetzt war er gekommen, damit ich immer einen Vater hatte. Bis zu diesem Tage ist er das gewesen.

Während ich dort kniete, identifizierte ich mich mit Bartimäus: „Herr, laß mich sehen, *immer.*" Ich war entschlossen, die Fülle des Geistes Christi zu empfangen.

Eine Stimme unterbrach meine Gedanken. Es war die Stimme des Pfarrers. „Johanna-Ruth Dobschiner, ich taufe dich im Namen des Vaters, des Sohnes und des Heiligen Geistes. Amen."

Wieder an meinem Sitzplatz angelangt, blieb ich stehen, während ich ein offizielles Bekenntnis meines Glaubens ablegte. Ich beantwortete alle Fragen mit „Ja".

Jeder setzte sich wieder hin. Der Pfarrer redete mich an: „Johanna-Ruth, ich versichere dir, daß die Kirche, so wie sie hier versammelt ist, dankbar ist, heute morgen Zeuge der Tatsache zu sein, daß du ihr als Mitglied beitrittst.

In ihrem Namen gratuliere ich dir sehr herzlich zu diesem besonderen Ereignis in deinem Leben. Wir wünschen dir von ganzem Herzen Gottes reichsten Segen. Es wird wohl schwierig sein, in Worte zu fassen, was in den letzten Wochen in deinem Herzen vorgegangen ist, und besonders in dieser Stunde. Dies ist etwas zwischen dir und Christus.

Was wir wissen, ist, daß ein Lebensabschnitt hinter dir liegt und eine vollkommen ungewisse Zukunft vor dir. Ich wage nicht, vorzuschlagen, daß du ein völlig neues Glaubensleben beginnst. In deinem Verhältnis zu Gott hast du dich immer an den Gott Abrahams, Isaaks und Jakobs gehalten, der auch der Gott und Vater unseres Herrn Jesu Christi ist: der dich auch in Zukunft in seiner einzigartigen, nie vergehenden Treue führen wird.

Das Neue für dich wird jedoch die Tatsache sein, daß du nun das Vorrecht hast, an die ganze Offenbarung des Gottes deiner Väter zu glauben: nämlich an seinen Sohn Jesus Christus. Das Neue für dich ist also, daß Gott dir Jesus Christus als den Messias offenbart hat. Der zugleich König, Priester und Prophet ist, nach dem sich Abraham, Salomo und Jesaja von ganzem Herzen sehnten.

Und was mußt du jetzt mit diesem neu gefundenen Glauben tun? Du wirst einen wunderbar reichen Segen verspüren. Denn dieser Glaube macht dich froh, tröstet dich und gibt dir Kraft in allen Umständen. Er gibt dir die innere Gewißheit, daß, dank Christi Leiden und seinem Tod, nichts dich je von der Liebe Gottes trennen kann, und daß alles schließlich zum Besten dient.

Auf der andern Seite wirst du es mit deinem neugefundenen Glauben nicht immer leicht haben. Weder äußerlich noch innerlich. Viele deiner früheren jüdischen Freunde werden sich über dich ärgern und dich als verlorene Seele und Verräterin anschauen. Andere werden dir ihren Rücken zuwenden und dich sogar hassen. Aber dies sind nur einige der äußerlichen Schwierigkeiten. Innerlich wirst du von Zweifeln und Fragen, wie dieser, geplagt werden: ‚Habe ich nicht doch falsch gehandelt, vielleicht hatten die alten gelehrten Rabbiner doch recht?' Oder: ‚Was fühle ich denn noch von Christi Gegenwart? Ich habe das alles verloren; existiert er überhaupt noch?' Und was wirst du dann machen?

Nimm dir den Apostel Paulus als Beispiel. Paulus hatte ebenfalls viele Kämpfe nach seiner Hingabe an Christus zu bestehen. Wie hat er es geschafft? Wie hat er gesiegt? In Philipper 3, 12—14 sagte er: ‚Nicht, daß ich's schon ergriffen habe oder schon vollkommen sei; ich jage ihm aber nach, ob ich's wohl ergreifen möchte, nachdem ich von Christus Jesus ergriffen bin . . . Eins aber sage ich: Ich vergesse, was dahinten ist, und strecke mich nach dem, das da vorne ist, und jage nach dem vorgesteckten Ziel, nach dem Kleinod der himmlischen Berufung Gottes in Christus Jesus'.

Nachdem ich ergriffen bin. Das war seine größte Gewißheit und Zuversicht und wird auch deine größte Gewißheit und Zuversicht sein. Die Tatsache, daß du im Glauben zu Jesus Christus gekommen bist, als deinem einzigen Mittler und Heiland, ist kein menschliches Werk. Es ist das Werk Gottes. Gottes Heiliger Geist hat dieses Glaubensleben in dir begonnen. Wo Gott das gute Werk beginnt, da entwickelt er es auch und vollendet es.

Der Gott Abrahams, Isaaks und Jakobs, der Gott und Vater unseres Herrn Jesu Christi hat dir, Johanna-Ruth, die gleiche Verheißung gegeben wie Josua, als er das verheißene Land betrat: ‚Ich will dich nicht verlassen, noch von dir weichen!' Dieser Gott hält, was er verspricht. Er ist der Weg, die Wahrheit und das Leben. Halte dich daran! Amen!"

Wir sangen noch gemeinsam ein holländisches Kirchenlied, um diesen denkwürdigen Gottesdienst zu beschließen.

Glücklich gingen wir nach Hause. Eine festliche Stimmung herrschte in der Familie, und Bill brachte noch einige Delikatessen, als er vom Dienst kam.

An jenem Abend wollte ich allein einen Spaziergang machen. Ich wollte nachdenken und das Gefühl der Freiheit auskosten, das zu tun und zu lassen, was ich wollte. Nur eine Woche lag zwischen dem heutigen, eindrucksvollen Gottesdienst und dem heiligen Abendmahl am nächsten Wochenende. Während des heutigen Gottesdienstes war ich glücklich gewesen, doch vor dem Gottesdienst in der nächsten Woche hatte ich Angst; denn es war das heilige Abendmahl zwischen Christus und denjenigen, die sein Innewohnen suchen, um ihr Leben reinigen und läutern zu lassen, um seinen Tod und seine Vergebung anzunehmen und seine Geduld, Liebe und Gemeinschaft zu erfahren. Ich erwartete viel von der nächsten Woche und war bereit, mich völlig vor ihm zu demütigen, der das Alpha und Omega ist, mein Herr und mein Gott.

Meine Freunde waren zu Hause, und wir tauschten Kriegserinnerungen aus. Ich erzählte ihnen meine „große Neuigkeit“, und sie waren sehr erfreut.

Wir sprachen über Arbeitsstellen, und ich erzählte ihnen alles über das Rote-Kreuz-Krankenhaus. Überrascht, daß dies schon wieder zu Ende sei, fragten sie, was ich nun zu tun gedenke. Ich erklärte ihnen, daß ich das nicht wüßte. Ich mußte meinen Lebensunterhalt verdienen, doch wußte ich so wenig über die Arbeitsmöglichkeiten und das Leben in diesem Teil des Landes. Zögernd fragte ich Jo und Wiel, ob sie nicht von etwas wüßten und mir einen Rat geben könnten.

Mit einem breiten Grinsen nickte Wiel. O ja, er wußte von einer Arbeit, doch würde mir das gefallen? Würde es nicht zu schwer oder zu ermüdend für mich sein? Was in aller Welt konnte diese geheimnisvolle Arbeit wohl sein? Warum war er so langatmig? Als er es mir dann sagte, verstand ich seine Zurückhaltung. Doch wie unnötig war sie! Sie brauchten noch einige Putzfrauen für die Büros im Bergwerk. „Es ist ziemlich modern“, versicherte er mir. Räume, die durch Glaswände geteilt waren, Linoleumfußböden und ziemlich geräumig: es war ein schöner, moderner Büroblock. Der einzige Kummer war, daß ich morgens um 4.30 Uhr beginnen mußte. Ich würde von Treebeek keine Transportmöglichkeiten haben. Würde ich wieder bei ihnen wohnen wollen? Ich war entzückt, doch mußte ich es zuerst Mutter Heemskerk erzählen. Außerdem konnte ich erst am Montag nach meinem ersten heiligen Abendmahl anfangen. In der Zwischenzeit wollte er im Bergwerk anfragen, ob ich im Bergarbeiterbus mitfahren könnte, wenn ich wieder bei ihnen wohnte.

Die Heemskerks hörten von meinem neuen Vorhaben mit herzlichem Lachen. Fransje in einem Bergwerk. Es war zu komisch. Persönlich sah ich das nur als ein weiteres Abenteuer an, das sich meinen vielen Eskapaden der Vergangenheit anschloß.

Dann kam der große Augenblick, das Abendmahl am Sonntag. Die Männer waren fast alle in schwarzen Anzügen, und die Hüte der Damen waren ebenfalls schwarz. Ziemlich seltsam, dachte ich. Es sah wirklich mehr nach einem Begräbnis aus als nach einem frohen Zusammensein, um unserem Herrn und Heiland im Abendmahl zu begegnen. Ich konnte es einfach nicht verstehen. Die Kirche war voll, genauso wie letzte Woche während des Gottesdienstes. Vorne stand jedoch ein langer Tisch mit einem Tischtuch bedeckt. Etwas stand in der Mitte des Tisches, doch wurde es von einer großen Serviette zugedeckt. Das mußten Brot und Wein sein, genauso wie an einem Sabbat zu Hause. Hier hatten sie jedoch eine tiefere Bedeutung.

Der Gottesdienst begann wie gewöhnlich, doch die Lieder waren feierlicher und handelten alle vom Abendmahl. Bald darauf nahm der Pfarrer seinen Platz am Tisch ein, Frau Furnee führte mich zu einem Platz und andere folgten. Der Kirchendiener ließ nur so viele Leute heran, wie am Tisch zuerst Platz hatten. Aufmerksam verfolgte ich alles, was der Pfarrer sagte. Er erhob den Abendmahlskelch mit dem Wein, segnete ihn und erklärte, daß er uns an Jesu Blut erinnere, das für unsere Sünden vergossen wurde. Als er das Brot brach, sagte er, es sollte uns an Christi Leib erinnern, der zur Vergebung unserer Sünden gebrochen wurde.

Christi Leib und Christi Blut! Wie grausam war es, daß er all das für uns erdulden mußte. Welche Not und Einsamkeit muß er erlebt haben! Wie konnten die Menschen zu dem einen nur so grausam sein, der nur Liebe, Güte, Freundlichkeit, Sanftmut und Reinheit war? Wahrscheinlich weil das Licht seines Lebens das Böse in ihrem Leben bloßstellte!

Der Teller mit dem gebrochenen Brot kam an mir vorbei. Der arme Christus, das war sein zerbrochener Leib, zerbrochen für uns, für mich. Jetzt kam er in seiner auferstandenen Gegenwart, um uns alle zu weiden. Einstmals waren die Brotstücke ein ganzer Laib gewesen, jemand hatte ihn in Stücke zerbrochen. Ich schluckte das Brot langsam unter und neigte meinen Kopf. Danke, Herr! Bleibe für immer bei mir, betete ich.

Wir standen vom Tisch auf und gingen wieder an unsere Plätze. Dies wiederholte sich, bis alle an die Reihe kamen, und der Pfarrer wiederholte die Einsetzungsworte für jede neue Gruppe. Ich hörte sie an jenem Morgen viele Male, und selbst heute, wenn das heilige Abendmahl eingenommen wird, wenn wir in besonderer Weise Jesus Christus begegnen, erlebe ich die gleiche Fülle seiner Gegenwart wie bei jenem ersten Abendmahl am Sonntag, dem 19. November 1944.

Später an jenem Nachmittag zog ich wieder einmal um und richtete mich bei den Lenssens wieder ein. Ich verließ Mutter und

Vater sehr ungern, denn ihr Heim war das erste warme Nest seit meiner Befreiung gewesen. Wir waren traurig, doch das Leben ging weiter, und meine Reisen sollten erst beginnen.

Mutter unterdrückte ihre Tränen, als sie mir beim Fortgehen einen Brief gab und sagte: „Behalte ihn, Liebes, und lies ihn in den kommenden Jahren. Wir werden dich nicht vergessen."

Natürlich las ich ihn im Bett bei den Lenssens.

„Liebe Fransje", hieß es. „Ich möchte dir noch einige Worte mitgeben, jetzt, da du unseren heimischen Familienkreis verläßt: Gott wird dich beschützen!

Liebe Fransje, wir alle hoffen, daß es dir auf deinem Lebensweg wohlergehen wird und daß in deiner Zukunft die Sonne sehr oft scheint und dir alles zurückgibt, was dir einstmals lieb und wert war, doch über allem ein richtiges, warmherziges Familienleben. Möge Gott bald Frieden schenken, so daß alle bald wieder nach Hause zurückkönnen.

Dies sind nur wenige Zeilen, die mit viel Liebe von deiner Pflegemutter, deinem Pflegevater und deinen Schwestern Jeantje, Betty und Fientje geschrieben werden."

Natürlich las ich diese Zeilen oft. Ich las all die guten Wünsche der vielen, vielen Menschen im ganzen Land mit hinein, die ich wahrscheinlich niemals wiedersehen werde. Ich habe ihre Wünsche, ihre Photographien, ihre Liebe und ihre Gebete behalten und werde mich immer an sie erinnern. Ihnen verdanke ich mein Leben, meine Gesundheit, meine geistige Zurechnungsfähigkeit und meine Hoffnung, wenn zeitweilig alles verloren schien.

In Gedanken grüße ich sie alle — Männer, Frauen und Kinder —, von hoch oben im Norden bis in den tiefen Süden. Jeder tat das Seine, um in mir ein wirklich dankbares Herz zu schaffen.

Es machte großen Spaß, um 4 Uhr morgens zur Arbeit zu gehen. Jeder Bergmann auf jenem Lastauto verfiel sofort wieder, den Kopf auf die Schulter des anderen gelegt, in tiefen Schlaf, nachdem er eingestiegen war. Für einen Augenblick öffneten sich ihre Augen ein wenig bei jeder Haltestelle, an der neue Bergarbeiter zustiegen. Als Wiel und ich den hohen Absatz hinaufstiegen und unsere Plätze einnahmen, sah man hier und da ein verschlafenes Grinsen. Ich grinste zurück, fast den ganzen Weg bis zum Kohlenbergwerk. Alle möglichen komischen Gedanken kamen mir in den Sinn. Wenn meine Eltern und Brüder mich doch hier hätten sehen können, wie ich mit diesen prächtigen Bergleuten die Straße entlang ratterte. Es gab eben einfach kein anderes Verkehrsmittel zu der Zeit am Morgen, und man mußte ja schließlich arbeiten. Die Bezahlung war gut, und ich brauchte jeden einzelnen Pfennig, um zu Tante Jo in den Norden zurückzugelangen, wenn der Krieg vorüber war. Nach Onkel Bas zu forschen, war für mich das wichtigste Ziel. In der Zwischenzeit war aller Kontakt mit Zentralholland abgebrochen. Es wurde bitter an allen Fronten gekämpft. Wie lange würde es noch dauern?

Das Lastauto ließ mich vor dem Hauptgebäude aussteigen. Wiel versicherte mir, daß ich um 8 Uhr morgens mit einem normalen Verkehrsmittel wieder nach Hoemsbroek zurückgelangen könnte. Ich war allein. Ich meinte, das Beste sei, einfach loszugehen, bis ich jemand fand. Das Vernünftigste war, nach unten zu gehen. Irgendwo mußte doch ein Keller für die „Unterwelt" sein. Ich begegnete einer Frau, die mit Eimer, Wischlappen, Staubtüchern und einem Fensterleder, das aus einer Tasche ihres Overalls hing, die Treppe heraufkam. Es schien gegeben, sie nach dem Weg zu fragen. „Die Chefin ist unten", nickte sie und stellte die kluge Frage: „Sind Sie neu?"

„Sehr neu", meinte ich. Ich kam mir vor wie im Bergwerksschacht. Das Hinunterkommen war für meine Begriffe zu lange und zeitraubend.

Schließlich erreichte ich die Stelle, wo der Lärm eine Kombination von Blecheimern, spritzendem Wasser und einem Durcheinander von verschiedenen Dialekten war. Ich wußte, daß ich noch rechtzeitig war, und war daher überrascht, als die Chefin in unmißverständlichem Ton meinte: „Prüfen Sie all Ihr Gerät, und bringen sie es um 8 Uhr in bestem Zustand wieder zurück."

„Gut", nickte ich ernsthaft, als wenn ich gerade die verantwortungsvollste Aufgabe im Geheimdienst erhalten hätte. Als ich mich umwandte, um ins Ungewisse zu gehen, rief sie mir nach: „Büro Nr. 9." „Gut!" erwiderte ich wiederum und wandte mich höflich in ihrer Richtung um. Es schien, als ob wir, die wir die Büros zu reinigen hatten, ebenfalls nur Nummern für unsere Chefin waren.

Büro Nummer 9 machte mir Spaß. Es war ein modernes, geräumiges und leicht zu reinigendes Büro. Wenn die großen, hohen Glastrennwände abgeledert werden mußten, halfen wir Frauen uns untereinander. Da sich mein Büro an Nr. 10 anschloß, hielt die Reinemachefrau dort meine Leiter und ich die ihre. Es war einfach zu gefährlich, diese Arbeit allein zu verrichten.

Lange vor 8 Uhr kehrte ich mit meinen Utensilien in den Keller zurück. Die Chefin sah immer noch so grimmig aus. Mit einem gezwungenen Lächeln zeigte ich ihr mein „Gerät". „Danke", sagte sie verächtlich. „Werden Sie morgen auch kommen?"

Erstaunt antwortete ich: „Natürlich." Es schien, daß viele hier nur Gelegenheitsarbeiter waren, einen Tag hier, einen Tag dort. „Oh nein, es gefällt mir recht gut hier. Ich werde zurückkommen."

Wieder einmal konnte ich sparen und für meinen Unterhalt aufkommen. Ein wirklich großartiges Gefühl!

Kapitel 17

Jene glücklichen Wochen in den Bergwerkbüros wurden von niederschmetternden Nachrichten von Tante Jo im Norden unterbrochen. Ein Brief mit allen Einzelheiten war umadressiert worden und hatte mich schließlich bei den Lenssens erreicht. Ich war wie vor den Kopf geschlagen. Es konnte doch nicht wahr sein! Aber da stand es schwarz auf weiß vor mir. Es war Tante Jos Handschrift:

„Liebe Fransje,

ja, liebes Kind, die Gerüchte, die du gehört hast, sind wirklich wahr. Sie haben unseren lieben Onkel Bas erschossen. Und ich wünschte nur, sie hätten mit mir das gleiche getan. Es geschah am 20. November, einen Tag nach deinem ersten Heiligen Abendmahl, bei dem du daran dachtest, wie der Heiland sein Leben für dich gab. Jetzt hat auch Onkel Bas sein Leben für dich und andere gegeben. Schlage bei Johannes Kapitel 15, Vers 13 nach und lies, was dort steht. Diesen Vers druckten sie auf die kleinen Karten, die man in Driebergen verteilte, als man Onkel Bas' Leichnam von Veenendaal dorthin brachte, nachdem er widerrechtlich in Veenendaal beerdigt worden war. Jetzt ruht er im Familiengrab.

Der Körper von Onkel Bas. Was hat er nicht alles erdulden müssen! Endlich ruht er aus. Doch sein brennender Geist ist lebendig. Ich glaube, daß er sehr nahe ist und mich inspiriert, sein Werk fortzuführen. Darin sehe ich eigentlich die Erfüllung in meinem Leben. Bas-Janneke spricht viel von seinem Vati. Der kleine Erik (sein Bruder) war erst sechzehn Tage alt, als man seinen Vater zu seinem letzten Gang abholte. Auf diesem Gang faltete er eine Seite seines Liederbuches bei Lied 139, Vers 10 und 11, wahrscheinlich für uns, die wir zurückgeblieben sind. (Ein holländisches Lied, das von des Vaters wahrer Fürsorge spricht, daß uns wirklich nichts geschehen kann, was er nicht zuläßt. Er hat uns verheißen, mit uns in allen Umständen und Situationen zu sein und uns durchzubringen.)

Sie holten ihn aus dem Gefängnis in Amsterdam für etwas, wovon er nichts wußte. Man hatte versucht, einen Anschlag auf einen hohen deutschen Beamten auszuüben. Zuerst war beschlossen worden, daß die Leute von Veenendaal dafür büßen sollten.

Der Bürgermeister hatte sich jedoch für seine Stadt verwendet, und so wurde eine Abmachung getroffen, sechs Gefangene aus dem Gefängnis in Amsterdam in alphabetischer Reihenfolge auszuliefern. Ader war der erste. Einige hat man nie identifizieren können. Doch Onkel Bas hatte sein Gesangbuch mit seinem Namen bei sich. Man fand es auf seinem Leichnam.

Wenn du nach hier in den Norden kommen kannst, liebes Kind, werden wir über deine Zukunft sprechen können. Und denke immer daran, daß wir auf allen Seiten von der Welt der geistlichen Werte umgeben sind. Mit viel Liebe, von Tante Jo."

Benommen und kalt, mit wild klopfendem Herzen saß ich lange, lange da mit dem Brief in der Hand. Onkel Bas tot, erschossen. Unser Onkel Bas! Wie konnten sie das nur getan haben? Nicht Wut, sondern äußerste Bestürzung erfüllte mich. Er starb, um mein Leben in dieser Welt zu sichern.

Christus starb, um mein Leben in der nächsten Welt zu sichern. Das Leben hier und das ewige Leben erreicht man durch das Vergießen von Blut.

„Niemand hat größere Liebe denn die, daß er sein Leben läßt für seine Freunde" (Joh. 15, 13).

Es gibt keine größere Liebe als diese. Der höchste Grad der Liebe ist das Opfer.

Würde ich wahrer, selbstloser Liebe fähig sein, die ein wirkliches Opfer nach sich zieht? Ich war davon überzeugt, daß ein solches Opfer in Zeiten des Friedens möglich sei. Doch Opfer bringen, umschließt nicht nur große heroische Taten, sondern kann auch im täglichen Leben erforderlich werden. „Herr, mache mich eines solchen Opfers würdig, nun da ich das Vorrecht habe auf solche Kosten zu leben — Domie und Christus." Das war mein Gebet.

Die schlaflosen Nächte verbrachte ich meistens damit, meine nächsten Schritte zu planen. Ich mußte einfach in den Norden. Es war eine lange Reise, und ich konnte nur so schnell wie die Truppen vorankommen, denn ganz Holland war noch nicht befreit. Von Stadt zu Stadt würde ich mir meinen Weg bahnen, hauptsächlich per Anhalter mit Truppentransportern. Ich konnte arbeiten, wo ich wollte und alles sparen, was ich konnte. In der Zwischenzeit plante ich, noch im Bergwerk zu bleiben und erst nach Weihnachten fortzugehen.

Wieder einmal lag eine unbekannte Zukunft vor mir und ein langer Pfad der Liebe und Geborgenheit hinter mir.

In jeder großen Stadt trug ich mich wie gewöhnlich beim Roten Kreuz ein. Würde ich meine Pläne umwerfen müssen? Hatte man meine Eltern gefunden? „Es tut uns leid, noch nicht, wir werden es weiter versuchen, verlieren Sie nicht den Mut.“ Diese und ähnliche Antworten klangen mir weit öfter in den Ohren, als ich hören wollte.

Ein Hauptquartier des Roten Kreuzes insbesondere hatte einen sehr menschlichen Armeeoffizier . . . eine Dame. Sie war mit der amerikanischen Abteilung des Roten Kreuzes verbunden. Sie war für die Rückführung polnischer Soldaten verantwortlich und suchte noch nach Helfern für die Desinfizierung der vernachlässigten und verlausten Männer. Sie mußten frisch eingekleidet, ernährt und mit neuen Schlafquartieren versehen werden. „Würden Sie sich dafür interessieren, dem Roten Kreuz der US-Armee beizutreten?“ fragte sie. Nichts war mir willkommener. Das brachte mich wieder zurück zur Krankenpflege, meiner ersten Liebe.

Hier stand ich wirklich mittendrin. Den ganzen Tag über war es hektisch. Versehen mit langen, hohen Gummistiefeln und einem noch längeren, weißen Kittel, Hauben und riesigen Mengen von DDT machten wir uns an die Arbeit. Man kümmerte sich nicht darum, wie lange man arbeitete und wann man frei hatte, obgleich es immer sehr willkommen war, wenn man gesagt bekam, man könne nach Hause gehen.

Hunderte und aber Hunderte von Männern mußten tagein, tagaus behandelt werden. Es wurde ein Kinderspiel, diese Gummischläuche hinten in ihren Rücken und vorn in die Halsöffnung zu stecken und dann tüchtig auf den Gummiballon zu drücken. Große Wolken von DDT vernichteten diese ungewollten, kleinen Kreaturen, die diese armen Männer plagten.

Diese Aufgabe näherte sich ebenfalls ihrem Ende, da es seltsamerweise keine weiteren Soldaten zu desinfizieren gab.

Da erhielt ich eine Chance, nach Norden zu gelangen. Am Freitag würde ein Lastwagen abfahren. „Könnten Sie bis dahin bereit sein?“ wollte mein Freund, der weibliche Offizier, wissen. „Natürlich, ich bin immer bereit.“ „Die Reise würde in US-Uniform sicherer sein“, versicherte man mir. „Nur im Falle mich eine dienstfertige Person für eine Zivilistin hielt und mir befahl, auszusteigen." Solange ich meine Uniform zur Ehre der US-Armee trug, könnte ich sie behalten. Sollte ich sie nicht mehr brauchen, wurde ich gebeten, sie beim nächsten US-Stützpunkt abzugeben. Auf der Reise trug ich sie voller Würde und Stolz. Hatte nicht die Oberschwester in meinem Krankenhaus mir einmal gesagt: „Deine Tracht ist ein Aushängeschild für die Schule deiner Ausbildung, trage sie zu unseren Ehren."

Schließlich erreichte ich die Hauptstadt des Nordens.

Es erregte ein nettes Aufsehen, als eine US-Armee-Rote Kreuz-Helferin, die perfekt Holländisch sprach, das Krankenhaus betrat und sich nach Schwester Kroese erkundigte. Ich wurde nicht erwartet und doch in überwältigender Weise willkommen geheißen. Sie machte es mir in ihrem Zimmer bequem und betonte, daß sie in wenigen Augenblicken zurück sein würde. In den folgenden anderthalb Stunden beschäftigte ich mich vergnügt damit, einige Male einzunicken und dem luxuriösen Gefühl nachzugeben, mein Ziel erreicht zu haben.

Schließlich trat eine zerplagte Ida ein. Sie war auf der Station so beschäftigt gewesen. Es hatte zwei Neuzugänge gegeben, und alles war schief gelaufen. Sie mußte auch auf die Oberschwester warten und sie um Erlaubnis für meinen Verbleib im Krankenhaus bitten. Darin bestand keine Schwierigkeit. Ich konnte bei meiner Freundin bleiben, mit den Schwestern im Speisesaal essen und im Schwesternheim wohnen. Die Oberschwester wollte mich später sehen, nachdem ich mich ganz ausgeruht hatte. Diesen warmen Empfang erhielt ich in allen Krankenhäusern, die ich auf meinen Reisen besuchte.

Während Idas Freizeit machten wir Ausflüge aufs Land und in das Seengebiet.

Am ersten Samstagabend wurde ich ihrer „Vereinigten Christlichen Gemeinschaft" von gegenüber vorgestellt. Es war ein geselliges Zusammensein von jungen Männern aus verschiedenen Streitkräften, die „Christliche Gemeinschaft" wollten. Die Unterhaltungen wurden in Englisch geführt, absolut böhmische Dörfer für mich. Der amerikanische Feldgeistliche, der die Leitung hatte, war sehr großzügig. An meinem ersten Abend dort gab er mir ein übergemeindliches Gesang- und Gebetbuch, das ich bis zu diesem Tage habe.

Krankenschwestern und andere Mädchen aus dem Ort versammelten sich an solchen Abenden mit den Soldaten und lernten dabei einige englische Ausdrücke und einfache Konversation.

Jeder wollte sein Schulenglisch ausprobieren, von dem ich natürlich nichts hatte.

Beim Singen fielen alle mit ein. Wir sangen von abgezogenen Gesangblättern, von denen wir eine große Anzahl hatten.

An diesem Ort hielten wir auch unseren Sonntagsgottesdienst während der beiden Wochenenden ab, die ich in dem Krankenhaus verbringen konnte.

Ich kam mir zu auffällig in meiner Armeeuniform vor, und so vertauschte ich sie gegen eine von Idas Trachten. Die Oberin hatte nichts dagegen, da sie wußte, daß ich keine anderen Kleider hatte.

Und so geschah es, daß eine „holländische Diakonisse" an einem schönen Tag im Pfarrhaus in Domies Dorf ankam. Diesmal war ich allein gekommen, sehr zögernd angesichts der Begegnung mit Tante Jo, und doch begierig, wieder das Pfarrhaus zu betreten, mein Pfarrhaus, meinen Hafen der Geborgenheit und Ruhe. Als ich den langen Weg auf das Dorf und die Kirche zuging, wußte ich auf einmal, warum wir bei früheren Gelegenheiten ein Fahrrad benutzt hatten, um den Weg zu verkürzen. Solch ein langer Spaziergang wäre zu riskant gewesen. Ich erkannte keinen von den Vorübergehenden, doch müssen sie sich wohl gefragt haben, was mit dieser fremden Krankenschwester los war. Doch jeder grüßte mich höflich.

Da stand das Haus. Unser Pfarrhaus! Dieses seltsame Gebäude, dessen Wände ganze Geschichten erzählen konnten, ein stolzes Erbe für alle diejenigen, die in künftigen Jahren das Vorrecht haben würden, hier zu dienen. Es herrschte tiefe Stille. Wenn ich doch nur weglaufen könnte, um nie wieder zurückzukehren! Doch war ich nicht buchstäblich hierher gezogen worden? Tante Jo begegnete mir freundlich wie immer und bat mich heiter, doch „einzutreten". Doch ach, unser Wiedersehen war nichts weiter als ein Zusammentreffen nach einem morgendlichen Einkauf. Wenn sich doch nur der Boden auftun würde, um mich zu verschlingen. Doch solche Wunder geschehen nicht. Ich wurde eingeladen, in das Zimmer gleich links zu gehen und hörte, wie Tante Jo sagte, daß sie gleich nachkommen würde.

Die Unterhaltung war höflich und oberflächlich, und ich fühlte mich sehr unwohl in meiner Haut. Tante Jo hatte nicht viel zu sagen. Natürlich muß meine Gegenwart viele Erinnerungen in ihr wachgerufen haben. Ich beschloß, so viele Fragen wie möglich zu stellen, bis wir einen gemeinsamen Nenner erreichten. Wie ging es ihr? Wo waren die Kinder? Wie lange war sie jetzt wieder im Pfarrhaus? Sie folgte meiner Führung jedoch nicht, sondern gab der Unterhaltung eine andere Richtung. Sie sagte mir, daß sie bald aus dem Pfarrhaus ausziehen müsse. Ein neuer Pfarrer würde kommen, um die Gemeinde zu übernehmen.

Wir hatten eine Sackgasse erreicht. Sie mußte wegen Menschen wie mir, von hier fort. Es war unsere Schuld, daß Domie nicht mehr war. All das konnte man verspüren, obwohl kein Wort darüber gesprochen wurde.

Ich hatte so gehofft, einige Wochen hier zu bleiben und enge Gemeinschaft mit ihr zu haben, der ich soviel verdankte. Statt dessen kündigte ich an, daß ich leider früh am nächsten Morgen wieder fort müsse. Es gab vieles zu erledigen, und ich wurde in Amsterdam erwartet. Keine Einwände wurden gemacht, und ich war froh, daß ich so gehandelt hatte. Feinfühligkeit nennen die Deutschen es. Man muß die richtige Einstellung für die richtige Gelegenheit „fühlen", mit anderen Worten, Takt haben.

Die Nacht war still, als ich in meinem wohlbekannten Zimmer lag. Doch niemand befand sich neben mir im Bett, da waren keine Jungen nebenan, keine Mäuse auf dem Boden . . . und niemand, vor dem man Angst haben mußte. Keine plötzlichen Alarmsignale, keine flüsternden Stimmen, niemand außer Tante Jo und mir, beide mit unseren persönlichen Gedanken und unausgesprochenen Worten.

Es stimmte, daß Domie für solche wie mich gestorben war, doch hatte er nicht aus tiefer Überzeugung gehandelt, weil er „einfach nicht anders konnte"? Die Pflicht mußte getan werden, doch so wenige taten sie. Es würde nie Frieden auf Erden herrschen, hatte er mir versichert, selbst nicht in normalen Zeiten. Der Kampf gegen das Böse ging weiter, bis der Tag dämmerte und der Stern in den Herzen der Menschen aufging.

Warum war er, ein Mann seines Kalibers, hinweggenommen und aus der Kampflinie gezogen worden? Seiner Ansicht nach wurde nie jemand „zurückgezogen". War Stephanus, der der ersten christlichen Gemeinde angehörte, je „zurückgezogen" worden? Was oft während unserer Lebenszeit nicht erreicht werden kann, wird Erfüllung finden, wenn unser Leib zur Ruhe gebettet wird. Das war Domies Einstellung gewesen. Er hatte mehr Menschen nach seinem Tod als zu seinen Lebzeiten erreicht. Selbst derjenige, der ihn zweimal durch den Kopf und das Herz geschossen hatte, war bis ins Innerste von Domie angerührt worden, bevor er seine Tat vollbrachte. Er versicherte Tante Jo, daß er seither „nicht mehr der gleiche gewesen sei". War es das alles wert gewesen? War er für nichts gestorben?

Er hatte nicht überlegt, ob es den Preis wert sei, den Preis seines Lebens. Wenn man von der Liebe Christi gedrungen wird, stellt man den Preis nicht in Frage. Einstmals hing jemand am Kreuz. Er war Jude. Er starb dort für die ganze Welt, für Juden und Heiden, für dich und für mich. Waren wir es wert? Wert genug, daß er für uns starb?

In jener Nacht blutete mein Herz für Tante Jo. Sie mußte das Leben alleine meistern. Noch zu verwirrt, um ihr Leben in der richtigen Perspektive zu sehen, mußte sie dennoch die Tatsachen akzeptieren. Meine Gegenwart hatte ihr mehr Kummer bereitet, als das Wiedersehen wert gewesen war. Es stand jedoch mit Sicherheit fest, daß sie sich wieder erheben würde, erheben über ihrem Herzeleid, um aus allen Kräften für ihre beiden Jungen Vater und Mutter zugleich zu sein. Unser himmlischer Vater würde dazu und zu jedem weiteren Schritt Weisheit und Führung geben, dessen war ich sicher.

Es war eine verwirrte, scheue und sehr demütige Franziska, die sich am nächsten Morgen wieder auf den Weg machte. Es schien mir, als ob ich ein Stück meines Lebens dort ließ, das niemals wieder berührt werden würde. Onkel Bas war nicht dort gewesen, der Ort war kalt und schweigsam.

Ida wollte alles wissen, was sich ereignet hatte, und ob ich eine schöne Zeit im Pfarrhaus gehabt hätte. Warum war ich nicht ein bißchen länger geblieben, nun da ich soviel Zeit hatte?

Konnte sie es denn nicht verstehen, nicht einmal ein bißchen? Ernsthaft sagte ich ihr, daß Amsterdam mich rief. Ich mußte einfach versuchen, dorthin zu gelangen. Ich mußte all die alten Plätze wieder besuchen und besonders das Hauptbüro des Vormundschaftsgerichtes. Sie würden wahrscheinlich Listen von Lagerinsassen haben und von ihrem Schicksal wissen. Ja, ich mußte nach Amsterdam gehen. Das Pfarrhaus und mein Erlebnis dort sollten nur noch in meiner Erinnerung fortleben.

An einem Montagmorgen machte ich mich auf die letzte Runde. Die letzte Runde? Das erwies sich als Scherz. Die letzte Runde würde sich von 1945 bis zum Sommer 1953 erstrecken.

In einer großen Hauptstadt anzukommen, niemand zu kennen und nichts als seine Erinnerungen zu haben, kann ein sehr unheimliches Erlebnis sein.

Wo war all die Fröhlichkeit geblieben? Warum lächelte niemand? Wir waren doch befreit worden! Jeder ging seinen eigenen Weg. Ich konnte die kleinen Gruppen von Menschen nicht findn, an die ich mich so gewöhnt hatte. Es war so kalt hier, obwohl bei meiner Ankunft die Sonne hell schien. Waren die Menschen im Süden warmherziger? Waren weniger Menschen auf den Straßen? War das nicht bloße Einbildung? Doch, es mußte stimmen. Es war ja Krieg gewesen. Fünf lange Jahre. Keine Stadt kann ohne Wunden überleben. Wunden! Wer erwähnte Wunden?

Meine Stadt, mein Zuhause, der Ort meiner Schulzeit, der Ort, wo ich wahre Liebe erfahren hatte und die Geborgenheit eines Familienlebens.

Während ich langsam zum Stadtzentrum ging, fiel es mir schwer zu glauben, daß alles Wirklichkeit war. Unglaublich, ich war jetzt neunzehn Jahre alt. Während meiner Schulzeit war ich auf diesen Straßen immer so glücklich gewesen. Konnte es möglicherweise nur ein langer Alptraum gewesen sein? Mußte das Leben, so wie es war, weitergehen? Doch ich hatte mich auch verändert, ja sogar sehr verändert. Sicherlich, ich war älter geworden. Doch mehr als das: ich war zu einem Menschen geworden, der sich einer Sache geweiht hatte. Ich hatte den König aller Könige gebeten, mich als seinen Nachfolger anzunehmen. Lächerlich! War alles nur ein Traum gewesen? Würde ich bald erwachen?

„Der König der Liebe ist mein Hirte,
dessen Güte nie versagt.
Mir mangelt nichts, wenn ich ihm gehöre,
und er mir auf ewig."

Der König der LIEBE ist mein Hirte.

Wenn doch nur die ganze Menschheit willig wäre, dem größten Führer in diesem Leben und im kommenden zu huldigen: Jesus Christus, dem Sohn des lebendigen Gottes. Dann, und nur dann, wird Liebe unsere Herzen erfüllen und sich auf alle ergießen, die willig sind, von diesem Liebesstrom angesteckt zu werden.

Diese Wonne ist unserer Erfahrung im Leben jetzt noch fremd. Wir müssen weiter wirken, aushalten und mit den kalten Schultern der Männer, Frauen und jungen Menschen fertigwerden, die sich selbst ein Gesetz sind und kein Verlangen danach haben, sich vor einem höheren Wesen zu beugen, dem Allmächtigen, dem König der Schöpfung. Er, der beschloß, sich vor Jahrhunderten in Palästina durch Jesus Christus zu offenbaren. Sein Geist ist heute noch lebendig, und ich war mit ihm, als meinem Meister, nach Amsterdam zurückgekehrt.

Meinem Meister? Ja, und mehr als das. Auf der ganzen Reise war er mein Trost, meine Führung, mein Ratgeber, Prophet, Priester, mächtiger Gott, ewiger Vater und Friedefürst.

Ich kam mir vor wie auf einem Touristenausflug. Was sollte ich mir zuerst ansehen? Unser Haus! Auf dem Weg dahin ging ich über den großen Platz, auf dem Tausende von Männern und Jungen, meine beiden Brüder mit eingeschlossen, zusammengetrieben worden waren. Hier hatten sie auf diesem Kopfsteinpflaster fast eine Stunde lang niederknien müssen. Das war heiliger Boden. Langsam und behutsam ging ich hin und her. Befanden sich auch andere in der Menge auf einer Pilgerreise, so wie ich? Ich schaute mich um, sah aber kein Gesicht, das in irgendeiner Weise seine Gedanken verriet. Was ich aber erblickte, war ein Denkmal. Ehrfürchtig trat ich näher. Ja, es war eine Skulptur in Erinnerung an unsere Jungen. Wie großzügig! Wer konnte daran gedacht haben? „Lieber Werner und Manfred, ich habe keine Worte, ich schüttle nur meinen Kopf und beklage euch beide. Ich bewundere euren Mut. Ihr seid nicht mehr. Ihr hattet keine andere Wahl. Ihr habt die Schmerzen der Einsamkeit, des Hungers, der Folter und des Todes an eurem Körper erduldet."

Da, um die Ecke war der Kanal! Unser Kanal! Da war der Torflastkahn. Die Planke von der Straße zum Schiff. Sie schwankte wie gewöhnlich auf und nieder, wenn ein anderer Lastkahn vorüberfuhr. Ich ging schneller und befand mich jetzt fast gegenüber vom Haus. Da war es, mein Zuhause. Ich stand lange stumm da, in Erinnerungen versunken. Vor meinen Augen sah ich Vater, Mutter, die Jungen, Onkel Michael, Edith, Ruth . . . ich war nicht unter ihnen, ich war nur ein Zuschauer. Ich sah sie die terrassenförmigen Stufen hinauf- und hinuntergehen. Würde jemand die Vorhänge zurückziehen? Wer würde herunterschauen? Ich war oft zum Essen hinaufgerufen worden, während ich hier unten mit meinem Fahrrad oder mit Roßkastanien spielte. Doch dies waren nicht unsere Vorhänge. „Fransje, nicht aufgeben", ermutigte ich mich selbst. „Schau hinauf, aber nicht nur zu jenen Fenstern, sondern höher, viel höher! ‚Ich hebe meine Augen auf zu den Bergen, von welchen mir Hilfe kommt' (Psalm 121, 1)."

„Meine Zeit steht in deinen Händen,
warum sollte ich zweifeln oder mich fürchten,
meines Vaters Hand wird seinem Kind nie
eine unnötige Träne entlocken."

Meine Zeit steht in deinen Händen. So soll es sein. Ohne dich werde ich nirgends hingelangen, Herr, und ohne dich ist das Leben nicht lebenswert. Ich habe meine Hand an den Pflug gelegt und werde nicht zurückblicken. Ich bin entschlossen, dir blind zu vertrauen. Ich habe erfahren, daß du treu bist, Herr, und ich glaube von ganzem Herzen, daß du Immanuel, Gott mit uns, bist. Im Leben mit all seinem Auf und Ab. Erst die Ewigkeit wird uns die ganze Wahrheit offenbaren, doch ich glaube: Du bist Immanuel!

„Hallo, Fräulein Dobschiner, Sie sind es tatsächlich. Es ist schön, Sie wiederzusehen!" Der Sohn des Eigentümers des Lastkahns war über die Planke gekommen. Er blickte ebenfalls hinauf, dann wieder auf mich und zögerte, die bewußte Frage zu stellen. „Nein", sagte ich, „ich habe noch nichts gehört. Ich werde Sie unterrichten, doch wird es eine geraume Zeit dauern." Er nickte nur und schüttelte langsam den Kopf.

„Wer ist jetzt da oben?" wollte ich wissen. Er erklärte, daß es eine arme Familie sei. Sie hatten einige Kinder, und die Mutter erwartete bald ein weiteres. Der Vater war arbeitsunfähig, weil er TB hatte. Er ermunterte mich, sie kennenzulernen.

Wir hofften, uns wiederzusehen. Doch das ergab sich nie. Hier war also unsere Holztreppe, von jedem Mieter wurde ein Treppenabsatz hell und sauber geschrubbt. Einfaches, sauber geschrubbtes Holz. Dort zur Rechten hing die lange, dicke Kordel, die selbst dem Mieter im obersten Stock gestattete, die Haustür zu öffnen. Behutsam schloß ich die Tür hinter mir und stieg die engen Stufen hinauf. Auf dem ersten Treppenabsatz machte ich eine kleine Pause. Ich wußte, daß nun jeden Augenblick meine Zimmertür sichtbar werden würde. Mein Zimmer, das einzige Zimmer mit einem separaten Eingang, lag vor mir, als ich die letzte Treppenbiegung herumkam. Die Tür bestand aus buntem Glas und gestattete der Sonne, ihre hellen Strahlen in einem farbigen Kaleidoskop auf den Treppenabsatz zu werfen. Keine von meinen Freundinnen hatte einen separaten Eingang. Dadurch fühlte ich mich sehr erwachsen. Außerdem gab es dem alten, anheimelnden Gebäude, das noch aus der Zeit der ehemaligen holländischen Exportkaufleute stammte, eine weitere eigene Note. Wir hatten dieses Haus alle geliebt. Es hatte Charakter, pflegten unsere Jungen zu sagen. Es redete eine seltsame Sprache. Es war erbaut worden, um darin in vollen Zügen zu leben. Von hier konnte man die Lastkähne auf dem Kanal entlangfahren sehen.

Wie lange hatte ich wohl träumend auf dem Treppenabsatz gestanden? Ich mußte anklopfen. Welche Tür sollte ich wählen? Es gab drei Eingänge in unsere Wohnung. Meine Tür, die Wohnzimmertür und die Flurtür.

Da ich Stimmen hinter unserer Wohnungstür hörte, wählte ich entschlossen diese Tür. Ein sehr dünner, müde aussehender junger Mann fragte mich, was er für mich tun könne. Als er meinen Namen hörte, zog er mich herein und schloß die Tür. Ich war drin. Während ich taktvoll um mich schaute, mußte ich seine eifrigen Fragen über meine Eltern und Brüder beantworten. Doch ich wußte nichts. All dies, während ich noch an der geschlossenen Tür stand. Er hatte weder sich selbst noch mir die Chance gegeben, uns niederzusetzen. Kein Zweifel, da war etwas, das ihn sehr belastete. Jemand, der unsere Stimmen im Wohnzimmer gehört hatte, kam die Küchenstufen herunter und auf uns zu. Es war seine hochschwangere Frau, die mich fragend anblickte.

„Das ist Fräulein Dobschiner höchstpersönlich," informierte er sie.

Es war Frau Huigen, die jetzt vorschlug, daß wir uns erst einmal hinsetzen sollten, bevor wir noch Weiteres besprachen.

Noch Weiteres? Es unterstützte noch meinen Verdacht, daß irgend etwas vor sich ging.

Indem sie einander öfter unterbrachen, erzählten sie mir eine denkwürdige Geschichte und erbrachten auch innerhalb von Sekunden Beweise dafür. Vor mir, auf dem einfachen Holztisch ausgebreitet, erkannte ich die Uhren meines Vaters und meiner Mutter, ihren Ring, Ohrringe und ein Armband. Mehr noch:

aus einem Küchenhandtuch entnahm er einige Silberbestecke und den silbernen Drehbleistift meines Bruders. Auch eine alte Silbermünze, die meine Mutter zur Erinnerung an die Geburt der Zwillinge aufgehoben hatte, und eine Nachbildung der Steintafeln mit den zehn Geboten in Silber.

Erstaunt blickte ich von einem zum anderen. Dieser Augenblick des Stillschweigens sprach von Jahren der Entbehrung und dem starken, ehrlichen Charakter dieser anscheinend armen Menschen vor mir.

Wie in aller Welt waren sie dazu gekommen?

Frau Huigen begann die Geschichte. Man hatte ihnen diese Wohnung angeboten, nachdem die Deutschen all unser irdisches Gut beschlagnahmt hatten. Der Kohlenbunker war intakt geblieben, aber das war auch alles. Selbst das Linoleum hatte man von den Fußböden gerissen, und kein Vorhang war hängengeblieben.

„Als die kalten Tage kamen, wurden Kohlen und Torf bestellt und auf die schon im Bunker befindlichen Kohlen geschaufelt. Es hatte für den Winter gereicht, und man war froh, daß ein schöner Sommer vorausgesagt worden war. Im nächsten Winter, 1944/45, waren Nahrung und Brennmaterial sehr knapp, und das Geld noch knapper", fügte er mit einem verzerrten Lächeln hinzu. „Es war der härteste Winter meines Lebens. Wir ‚kratzten' buchstäblich alles zusammen, um durchzukommen. Aus diesem Grunde gruben wir tiefer und tiefer in die Kohlen hinein, die deine Eltern hinterlassen mußten. Wir verbrauchten alles, bis auf das letzte Stückchen, und dann . . . dann hörten wir etwas klirren und fanden diese Bestecke. Wir waren sprachlos und begannen, eifrig nach weiteren Gegenständen zu suchen. Doch nichts weiter kam zum Vorschein. Erst viele Wochen später, als wir unseren Flur mit einer guten, harten Bürste schrubbten, kamen wir zufällig gegen die Ventilationslöcher in der Bunkertür. Etwas fiel in die Schlacke, und als ich mich bückte, bemerkte ich einen Sonnenstrahl. Er fiel durch das jetzt offene Ventilationsloch. Erst dann erkannte ich, daß alle Löcher mit schwarzem Papier zugeklebt waren. Vorsichtig öffneten wir ein Loch nach dem andern und fanden harte Gegenstände innerhalb all der Papiere. Während die Kinder draußen beim Spielen waren, setzten wir unsere Schatzsuche fort. So ist es also gewesen, Fräulein Dobschiner: ihre Eltern trafen Vorsorge für die Zukunft. Es gehört Ihnen."

Was konnte man sagen oder tun, um solche Treue zu belohnen? Arme Menschen, die unzweifelhaft wie Tausende andere auch die Qualen des Hungers kennengelernt hatten. In ihrem Besitz befanden sich Gold und Silber, das sie mit viel gutem Essen vom Schwarzen Markt hätte versehen können. Eine goldene Uhr hätten ein bis zwei Laib frischen Brotes erbracht ... unglaublich ...

Mit einem Gefühl großer Demut nahm ich diese wohlbekannten und wertvollen Dinge an. Sicherlich empfanden sie, wie mir zumute war, und wie groß meine Dankbarkeit ihnen gegenüber war und immer sein wird.

Ich versprach, die Huigens, solange ich in der Stadt war, oft zu besuchen, und selbst danach habe ich den Kontakt nie abreißen lassen.

Eines Tages erreichte mich ein Brief von meiner vorherigen Adresse. Er war mir nachgeschickt worden und stammte von den Huigens. Sie hatte wieder einen Jungen geboren und beschlossen, ihn nach mir zu benennen. Sie gebrauchten den Namen, der meinem gleichbedeutend war: Hans, doch Hansje, während er noch klein war. Das erfüllte mich mit großer Freude und band mich erneut an das Haus meiner Jugend.

Kapitel 18

Es war noch früh am Morgen und bereitete keine Schwierigkeiten, nach dem Hauptquartier des Roten Kreuzes zu fragen und zu Fuß dorthin zu gelangen.

Endlich erreichte ich das Hauptquartier. Doch sandte mich ihre unverbindliche Antwort im gleichen Gemütszustand wieder auf den Weg, in dem ich das Gebäude durch diese Drehtüren betreten hatte.

Diese Stunden in meiner Stadt mußten erst verdaut werden. Ich machte mich auf den Weg zur Hauptstraße. Hilversum war mir seit meinem Besuch im Krankenhaus oben im Norden im Sinn gewesen, wo ich bei Ida gewohnt hatte. Während meiner Gespräche mit der Oberin hatte sie mir geraten, mich mit dem Krankenhaus in der Nähe von Amsterdam in Verbindung zu setzen, sollte ich dazu Lust verspüren. Es wäre ganz in Ordnung, ihren Namen zu nennen und meinen Verbleib in ihrem Krankenhaus zu erwähnen.

Bald stand ich vor der Hauptpforte des Krankenhauses, das mein Heim und meine Ausbildungsstätte für nahezu ein Jahr werden sollte. Ich erhielt dort eine gute Ausbildung, wobei besonders Gewicht auf den ethischen Aspekt der Krankenpflege gelegt wurde, ihre „hohe Berufung“ und die Fürsorge für den Menschen als Ganzes: Körper, Seele und Geist. Viel Zeit wurde aufgewandt, um eine neue Bewerberin wegen ihrer persönlichen Aufrichtigkeit, ihrer Hingabe an den Beruf und ihrer Gesundheit zu prüfen.

Schließlich wurde ich angenommen, und mir wurde erlaubt, unzählige Eimer Kartoffeln in der Krankenhausküche zu schälen. Bald wurde ich befördert: ich konnte die großen Töpfe und Pfannen scheuern, doch die Arbeit mußte gründlich getan werden. Stolz trug ich meine schwarzen Strümpfe und Schürze für diese Arbeit. Schließlich kam der große Tag, an dem die Teeküche in der Station mir ihre Türen öffnete. Hier war ich näher bei den Menschen, die ich pflegen wollte, die Patienten, doch . . . es war mir noch nicht gestattet, näher heranzukommen und sie zu berühren. Offensichtlich war ich dazu noch nicht bereit. Fröhlich wusch ich Geschirr, morgens, mittags und abends. Geschirr, Geschirr und abermals Geschirr. Kein Wunder, daß das Geschirrwaschen, das im Haushalt anfällt, mir heute nicht das geringste ausmacht.

Zu Weihnachten verrichtete ich meine erste offizielle Handlung, die vom ganzen Personal verfolgt wurde. Jede Novizin nahm am Anzünden der Kerzen am großen Weihnachtsbaum teil. Unsere kleine Gruppe war mit je einer Kerze versehen worden. Wir fanden sie an unserem Platz am Tisch vor. Nachdem der Pfarrer seine besondere Rede gehalten hatte, trat unsere Gruppe in alphabetischer Ordnung nach vorne. Vor dem Baum zitierten wir unsere gut gelernten Sprüche mit lauter, klarer Stimme, zündeten die Kerze an und steckten sie in den Kerzenhalter.

Sorgfältig beobachtete ich die anderen. Als ich aufstand, tat ich es ihnen gleich, doch zitierte ich meinen eigenen Spruch:

„Wohlan, alle, die ihr durstig seid, kommet her zum Wasser! Und die ihr nicht Geld habt, kommet her, kaufet und esset; kommet her und kauft ohne Geld und umsonst beides, Wein und Milch! Warum zählet ihr Geld dar, da kein Brot ist, und tut Arbeit, davon ihr nicht satt werden könnt? Höret mir doch zu und esset das Gute, so wird eure Seele am Fetten ihre Lust haben. Neiget eure Ohren her und kommet her zu mir, höret, so wird eure Seele leben; denn ich will mit euch einen ewigen Bund machen, daß ich euch gebe die gewissen Gnaden Davids“ (Jes. 55, 1—3).

Einen Monat später unterbrach eine weitere Feierlichkeit die „normale“ Routine, wenn man in einem Krankenhaus irgend etwas „normal“ nennen kann. Wir Neulinge wurden „behütet“, das heißt, wir erhielten endlich unseren „Hut“, unsere Haube, um es genauer zu sagen. Dies machte uns zu eigentlichen Krankenschwestern, das heißt, wir hatten es endlich so weit gebracht, daß wir Bettpfannen unterschieben und die Station saubermachen konnten . . .

Es war ein offizieller Anlaß, an dem das ganze Personal teilnehmen mußte. Der Pfarrer sprach zu uns über die Wichtigkeit unserer Berufung in dieses christliche Krankenhaus. Alle Anwesenden neigten dann ihre Köpfe, während wir im Gebet „vereidigt“ wurden.

Die älteren Mitglieder des Verwaltungsstabes gingen an uns vorbei und schüttelten uns die Hand, während überall Glückwünsche zu hören waren. Zuletzt wurden wir eine nach der anderen nach vorne gerufen, um „offiziell“ unsere Haube zu empfangen. Ich fühlte mich wie zum Ritter geschlagen, als ich hocherhobenen Hauptes aus der Halle schritt, mit der fest an meinen Kopf gehefteten Haube.

Wenn Ida mich doch an diesem Tag hätte sehen können, dachte ich. Wir waren wirklich Schwestern, waren gleich angezogen und dienten im gleichen Krankenhaus dem gleichen Meister. An jenem Wochenende trug ich meine Tracht auf der Straße zur Kirche.

Unsere Ausbildung war hart, unsere Disziplin streng. Uns wurde gesagt, daß es gut für die Patienten wäre und unseren Charakter formen würde. Wir hatten unser eigenes Zimmer. Unsere Freizeit wurde mit Lernen, Andacht und Entspannung ausgefüllt. Wir hatten nur wenig Freizeit, doch die allgemeine Atmosphäre war glücklich und froh. Es machte uns nichts aus, lange Stunden auf der Station zu arbeiten. Wir mochten es gern, denn wir hatten uns alle unsere Berufswahl genau überlegt.

Am Ende meines ersten Jahres traf ich Vorbereitungen, mein Land für immer zu verlassen. Als ich jenes Krankenhaus verließ, schärften mir viele Schwestern ein, „Schwester Hansje, vergessen Sie nie, die Tracht ist nicht nötig, um diesen Dienst an der Menschheit auszuüben.“

Und so verließ ich Hilversum, meine Freunde und meine Stelle mit der Erinnerung, daß die Pflicht zu allen Zeiten und überall ruft.

Wie üblich brachte mich der erste Teil meiner Reise zurück nach Amsterdam. Für mich war das ein Punkt von äußerster Wichtigkeit, bevor ich weitere Schritte unternahm in Richtung . . . in Richtung . . . ja, in welcher Richtung? Nein, ich wußte es nicht. Die Zukunft lag im Dunkel. Schritt für Schritt weiter, zuerst also: Amsterdam.

Diesmal reiste ich auf anständige Weise: per Zug.

Ich fragte mich, ob ich meine Freundin besuchen sollte? Sicherlich, wir waren vor dem Krieg eng befreundet gewesen, doch . . . seither war vieles geschehen, und sie hatte vielleicht auch einen schmerzlichen Verlust hinnehmen müssen. Ob sie wohl noch unter der alten Adresse zu finden war? Lächerlich! Niemand konnte sein altes Haus zurückerhalten, es sei denn, daß es zur Zeit leer stand.

Da ich mich nicht entschließen konnte, was ich sonst tun sollte, machte ich mich auf den Weg nach dem südlichen Teil von Amsterdam.

Da war das Haus. Hübsche Vorhänge. Alles so sauber! Es konnte stimmen. Der Milchmann nebenan polierte seine Kannen weiter. Während ich ihn und die Wohnung im Parterre nebenan beobachtete, entschloß ich mich, das Risiko einzugehen.

An der Tür die üblichen Namensschilder — der Name der Eltern: Hakker. Nun denn . . . die Klingel ertönte laut und klar. Schnelle Schritte und eine Stimme — Moekes Stimme. Es war tatsächlich Moekes Stimme! In ihrer üblichen schnellen Art öffnete sie die Tür weit. Sie riß den Mund auf vor Überraschung, dann füllten sich die Augen mit Tränen, während ein erfreutes Lächeln sich auf ihrem hübschen Gesicht breitmachte. „Hannnsssje . . ..“ rief sie laut aus.

Wir fielen einander in die Arme und umfingen uns lange und warmherzig, bis uns die offene Tür zum Bewußtsein brachte, daß es wohl besser wäre, unsere freundschaftlichen Gefühle drinnen auszudrücken.

Während sie mich ins Wohnzimmer hineinzog, schüttelte sie immer wieder ungläubig den Kopf und wiederholte meinen Namen ein ums andere Mal. Unbekümmert wischte sie sich die Tränen aus den Augen und stellte Frage um Frage. Wo war ich gewesen? Hatte ich irgendwelche Nachrichten von meinen Verwandten? Wann war ich zurückgekommen? Jede Frage gab ich zurück mit einer Frage über sie und ihre Familie.

Herr Hakker war nicht zurückgekommen, auch nicht ihr einziger Sohn. Es bekümmerte sie tief, von diesen unabänderlichen Tatsachen zu sprechen. Der Verlust ihrer einzigen Schwester, die ihr näher stand als ein Zwilling, hatte sie fast zerbrochen. Aber Sonny, die jüngste Tochter, war noch bei ihr.

Ein anhaltendes Klingeln kündigte ihre Ankunft an. Moeke preßte ihre Finger vor die Lippen zum Zeichen, daß ich schweigen sollte. Nein, ich würde kein Wort sagen. „Tut mir leid, daß ich soviel Lärm mache“, hörte ich sie rufen. „Ich konnte nur mit meinem kleinen Finger draufdrücken. Liebe Zeit, bin ich beladen. Ich hätte eine Einkaufstasche mitnehmen sollen." Nachdem Moeke und Sonny in der Küche verschwunden waren, verriet das Gepolter, daß sie ihre Last auf den Küchentisch fallengelassen hatte. Eine Diskussion folgte über Preise und Menschen, dann unterbrach Moeke ihre Tochter: „Komm ins Zimmer, ich habe eine Überraschung." „Ach, Papperlapapp!" erwiderte sie, was soviel heißen sollte wie: „Wen führst du an der Nase herum?"

Ich hörte, wie sie lebhaft auf das Zimmer zukam, indem ich verborgen war, die Tür flog auf und ... „Han ... n ... sje!" stieß sie hervor. „Was für eine schöne Überraschung. Du bist also zurückgekommen, wie gut für dich! Was hast du mit dir gemacht? Dein Haar sieht furchtbar aus, und wo in aller Welt hast du diese ‚modernen' Kleider aufgegabelt?"

Typisch Sonny! So, wie sie immer gewesen war! Ach, es tat so gut, hier zu sein. Fast instinktiv wußte ich, daß sie mich bitten würden, hierzubleiben.

Jedenfalls hoffte ich das, denn wo sollte ich für die Nacht hingehen?

„Wo wohnst du?" fragte sie. „Irgendwo in der Nähe?"

Das hatte mir Zeit gegeben, meine Antwort zurechtzulegen. „Nun", begann ich, „die Wahrheit ist, daß ich noch keine Adresse habe. Ich bin heute morgen hier in der Stadt angekommen und beabsichtige, irgendwo eine Arbeit zu finden; Krankenpflege oder etwas mit Kindern."

„So", nickten sie, und dann fast in einem Atemzug: „Warum bleibst du in der Zwischenzeit nicht hier?" Sie brachen beide in ein Gelächter aus, und ich konnte nur einstimmen und dankbar sein.

„Wie dem auch sei", fuhr Sonny resolut fort, „mache dir zunächst keine Gedanken darüber, wo du schlafen wirst, ich bin fast am Verhungern, und so werde ich erst einmal den Tisch decken." Wie gewöhnlich war sie Herrin der Lage. „Wir werden erst essen und später reden. Magst du immer noch Wiener Würstchen mit Senf, Hansje?" Ob ich sie mochte. Ich hatte sie seit jenem Tag in der Weesperstraat, als ich die Kinderkrippe verlassen hatte, nicht mehr gegessen.

„Ich mag alles", versicherte ich ihr.

„Gut!"

Systematisch zog sie den Tisch aus, rückte die Stühle zurecht, dann das Tischtuch, Geschirr, Bestecke, alles im Nu.

„Du kannst dich einfach ausruhen und sehen, ob du noch einige unserer Delikatessen in Erinnerung hast."

Der Teewagen quietschte durch die offene Tür und Moeke, immer noch mit einem glücklichen Lächeln auf dem Gesicht, stellte ihn vor mich hin.

Ich reckte meinen Hals, um alles zu bewundern, als Sonny meinte: „Später."

Bei dem folgenden Mahl sprachen wir über die Vergangenheit, Gegenwart und Zukunft. Ich erfuhr, daß Sonny nächsten Monat heiraten würde. Ihr zukünftiger Ehemann hatte fast seine ganze Familie verloren. Sie hatten einander in Liebe gefunden und beschlossen, zu heiraten. Ich wurde natürlich zur Hochzeit eingeladen . . . „Aber nicht in dem Kleid!" betonte Sonny. Mit einem herzlichen Lachen versicherte mir Moeke, daß wir einen „Traum" für mich finden würden. Es blieb mir keine Zeit, zu fragen, welcher Gestalt dieser „Traum" sein würde, da wir zum nächsten Thema übergingen.

Eine Arbeitsstelle. Das jüdische Krankenhaus konnte noch sehr viel mehr Personal gebrauchen. Wie wäre es, wenn ich am nächsten Morgen dorthin ginge?

Jetzt war ich an der Reihe, sie aufzuklären, und bei einer solchen Gelegenheit war das nicht ganz leicht. Ich wußte, wie sie reagieren würden. Es hätte mich in der gleichen Weise berührt. Es erschien einfach sinnlos und würde wie ein riesiger, dummer Witz klingen. Wie sollte ich beginnen? Es mußte gesagt werden.

Als Sonny mein Zögern bemerkte, rutschte sie ungeduldig auf dem Stuhl herum und wollte wissen, ob ich mich noch nicht stark genug fühle. Ich könnte eine kleine Weile bei ihnen bleiben, das würde mir guttun.

Es war an der Zeit, etwas zu sagen. Doch wie sollte ich beginnen?

„Moeke und Sonny, ihr mögt denken, daß ich etwas Schreckliches getan habe. Aber wenn ihr mir gestattet, es zu erklären, werdet ihr es vielleicht verstehen und mich nicht ganz so hart verurteilen."

Mit gerunzelter Stirn müssen sie sich wohl gefragt haben, was wohl auf sie zukam.

„Ich werde es so kurz wie möglich machen“, sagte ich, „dann könnt ihr sagen, was ihr wollt! Ihr werdet mich vielleicht für ziemlich seltsam und altmodisch halten, Moeke, aber, obwohl ich jung bin, glaube ich an Gott. Nicht, weil ich das in *Cheder* (der jüdischen Schule) gelernt habe, nicht einmal wegen meiner strikten jüdischen Erziehung, dem Einhalten der Essensgesetze in meiner Familie, noch anderer religiöser Praktiken. Nicht wegen der glücklichen, harmonischen Familienatmosphäre, die sie schufen, sondern weil ich das selbst durchdacht habe, Sonny. Habt Geduld, während ich es versuche zu erklären. Obgleich Gott unsichtbar ist, vertraute ich ihm, denn er war das einzige Wesen, auf das man sich verlassen konnte. Selbst als meine Familie und all die Millionen anderer Menschen nach der unmenschlichsten Folter ermordet wurden, selbst dann glaubte ich, daß ein Gott lebte, der diese leidenden Seelen an einem Ort der Erlösung empfangen würde. Jedenfalls hoffte ich das. Das war jedoch auch alles. Dann, als ich im Untergrund war, geschah vieles. Eines Tages werde ich es euch in Einzelheiten erzählen. Was jetzt wichtig ist, ist die Tatsache, daß ihr versteht, daß es mir damals viel Zeit zum Nachdenken gab. Wahrscheinlich stellte ich mir in meiner „Phantasie“ vor, daß unser unsichtbarer Gott eingreifen würde, sehr plötzlich vielleicht, wie zum Beispiel bei dem Wunder der Mauern von Jericho oder des Turms zu Babel oder der Teilung des Roten Meeres und dem Ertrinken der Verfolger, der Ägypter. Ich lebte glücklich in dieser Erwartung, doch erkannte ich allmählich, daß dies eine kindliche Vorstellung war.

Nach einer Weile las ich unsern *Tenach* (Bibel) auf holländisch. Erst dann lernte ich unsere Geschichte wirklich kennen, unsre guten und bösen Taten. Versprechungen, die wir dem allmächtigen Gott immer wieder und wieder machten, und sie dann nicht hielten. Kurz gesagt, es wurde mir klar, daß, obwohl wir Gottes erwähltes Volk, Abrahams Samen und Israeliten von Geburt sind, wir von Gottes Standpunkt dennoch Sünder sind, und *Joum Hakipuriem* (Der Tag der Versöhnung) kann uns vor Gott nicht gerecht und angenehm machen; denn am nächsten Tag sind wir wieder so schlecht wie je. Wir brauchen tägliche Reinigung und Vergebung, und das kann nicht ausgeführt werden, weil wir keinen Tempel mehr haben, wo die erforderlichen Opfer gebracht werden können.“

Unterdessen sahen beide sehr ernst aus. Ich entdeckte fast eine Spur echten Ärgers auf Sonnys Gesicht, während Moeke mich ungeduldig fragte: „Was in aller Welt willst du damit sagen? Hast du begonnen, Theologie oder irgend so was zu studieren? Du kommst mir beinahe wie ein ‚Geschmad' vor (eine Abtrünnige, eine jüdische Person, die in den christlichen Glauben getauft ist)."

Ich verlor fast den Mut; es ist so schwer, eine lebendige Überzeugung in Worte zu fassen, wenn der Zuhörer dich fast blind vor Wut anschaut. Doch ist das so natürlich. Der breiten Masse von Juden ist alles, was mit der Religion von Nichtjuden zu tun hat, „christlich".

„Da scheint sich etwas Sonderbares zusammenzubrauen", rief Sonny aus. „Doch ist es besser, wenn du es dir vom Herzen redest."

„Hans, bist du ein ‚Geschmad'?" fragte Moeke rundheraus.

Ich wußte, daß ich sie enttäuscht hatte, bevor ich antworten konnte, um zu versuchen, mein Handeln weiter zu erklären.

Es war wichtig, daß ich so schnell wie möglich zu Ende kam. Ich holte noch einmal tief Atem und versuchte alles, um freundlich zu sein, obwohl ich ihnen doch so weh tun mußte.

„Nennt mich nicht ‚Geschmad'", bat ich, „bevor ich euch nicht alles erzählt habe. Es ist nicht so kompliziert oder schrecklich, wie ihr meint. Ja, ich habe das Neue Testament gelesen, den Teil der Heiligen Schrift, den die Christen lesen, doch nicht bevor ich mich durch den *Tenach* gründlich durchgearbeitet hatte. Da lernte ich vieles, was ich in *Cheder* nie gehört hatte, zum Beispiel über die Geburt, das Leben und den Tod eines unserer eigenen Propheten mit Namen Jesus von Nazareth."

Es fiel mir sehr schwer, diesen wunderbaren Namen in ihrer Gegenwart auszusprechen, weil ich sah, wie er verabscheut wurde, doch mußte er genannt werden.

„Dieser Jesus wurde von vielen erwartet, und man hieß ihn willkommen, als er in diese Welt kam. Während seines Lebens nahm er ihre Huldigungen entgegen, und als er starb, ihre Verehrung. Er wurde als Jude geboren, lebte als Jude und starb als Jude. Das Ziel seines ganzen Lebens war der Auftrag des allmächtigen Gottes, als Mittler zwischen Gott und den Menschen zu wirken und schließlich das Opfer ein für allemal für die Sünden der Menschen zu werden. Nachdem er all das vollbracht hatte, erreichte er einen Höhepunkt, der auch für jedes menschliche Wesen erreichbar ist, das ihn als Meister und Herrn annimmt — nämlich das ewige Leben. Der Schrecken und die Einsamkeit, die der Tod in seiner scheinbaren Endgültigkeit mit sich bringt, werden nicht empfunden, und man kann dieses Abscheiden als Wiedergeburt in das eigentliche Leben ansehen. Für die Hinterbliebenen bedeutet es Kummer, Kummer durch die zeitweilige Trennung, doch dieser Kummer wird von der frohen Erwartung auf die Wiedervereinigung, da wo kein Tod uns trennen kann, getragen."

„Eine schöne Predigt, Hansje", unterbrach Sonny, „und so glaubst du all dies . . . dies . . . Zeugs."

„Ich glaube, Sonny, daß dieser Jesus der Messias ist, der uns durch die ganze Geschichte hindurch verheißen worden ist. Ich glaube, daß er lebt und regiert und bereit ist, durch seinen *Ruach-Hakoudesh* (seinen Heiligen Geist) in das Leben jedes Menschen einzutreten, der willig ist, ihn aufzunehmen. Ich glaube, daß er Gott ist. Der allmächtige Gott kam in menschlicher Form eine Weile zu uns, um uns zu erklären, wie er wirklich ist. Irgendwie haben wir, sein Volk, allen Kontakt mit ihm verloren und haben ihn mehr als eine religiöse Repräsentationsfigur angesehen, als lebendigen Freund, der auch König des Universums ist. Aus seiner göttlichen, unerklärlichen Liebe ersann er einen Weg, um sich zu offenbaren, so wie er wirklich ist, um gleichfalls einen Weg zu öffnen zur Reinigung unserer selbstsüchtigen, sündigen Natur. Er kam als menschliches Wesen, wurde in unglaublicher Weise in diese Welt geboren, und auch seine Handlungsweise mag verschiedentlich unglaublich und unerklärlich sein. Doch für diejenigen, die ihn im Glauben annehmen, bedeutet er Kraft und Erlösung. Er gestattete dem Bösen, das Gute zu töten, doch zeigte er allen, daß letztlich das Böse immer ein Verlierer ist."

„Das reicht, du hast genug gesagt", riefen beide zusammen aus. „Wir wissen es jetzt, du bist ein Geschmad!"

„Ich wünschte, ihr würdet mich nicht so nennen", bettelte ich noch einmal. „Ich nehme doch nur auf die natürlichste Art an, was uns verheißen worden ist. Es ist doch nichts Falsches daran, die Erfüllung von Gottes Plan anzunehmen."

Leiser fügte ich hinzu: „Ich weiß, wie ihr denkt und fühlt; ihr könnt keinen Gott entdecken, der an uns interessiert ist, mit all diesem Schrecken um uns herum, dem Tod und der Grausamkeit gegen unschuldige Menschen. Auch für mich ist das rätselhaft, aber schließlich ist es nicht Gott, der der Menschheit weh tut, sondern die Menschen selber, die einander weh tun wegen ihrer sündhaften Natur. Die Menschen, die all das an uns getan haben, handeln nicht nach Gottes Willen. Sie gehorchen den Befehlen der Menschen. Sie tun den Willen ihres Vorgesetzten oder ihren eigenen, aber nicht Gottes Willen. Wir wollen Gott nicht die Schuld dafür zuschieben. Er versucht immer wieder, die Menschen zu ändern, damit sie ihm zuhören und seinen Willen tun. Er wendet sich an Juden und Heiden, Arme und Reiche, Alte und Junge, Schwarze und Weiße jeder Nationalität . . . und er hat sich auch an mich gewandt. Ich möchte wirklich seinen Willen tun und ihm gehorchen. Deshalb folge ich Jesus Christus. Er macht mich fähig, ein Leben zu führen, das ihm unter meinen Mitmenschen nützlich ist. Wie? Das muß ich ihm überlassen. Ich habe nur das Vorrecht zu folgen.

Wie dem auch sei, Geschmad oder kein Geschmad, ich bin noch die gleiche Hansje wie früher, nur unter neuer Führung. Das ist alles!“

Ein verzerrtes Lächeln von Mocke, doch kein Wort von Sonny, und ein Schweigen, das eine Ewigkeit schien. Sie kaute an einem Keks. Ich wünschte, ich hätte in einem Loch im Boden verschwinden können. Moeke saß einfach da. Schließlich rettete Sonny uns alle, sich selbst mit eingeschlossen: „Komm, ‚Schmattie‘, mit all deinen Rosinen im Kopf, das Geschirr muß noch abgewaschen werden.“ Stumm räumten wir den Tisch ab, brachten das Zimmer in Ordnung, gingen in die Küche und wuschen das Abendbrotgeschirr ab.

„Es tut mir leid, wenn ich euren Abend verdorben habe“, wagte ich einzuwenden. „Seid nicht zu beunruhigt. Ich weiß, es war ein Schock für euch, doch mit der Zeit werdet ihr erkennen, daß dies einen Menschen nicht zum Schlechten verwandelt oder ihn seine Geburt und Erziehung vergessen läßt. Ich bin sehr stolz darauf.“

„Hmm, wir werden ja sehen. Laßt uns jetzt für den Abend alles aufräumen“, war die einzige Antwort.

Die Küche war in kurzer Zeit blitzsauber, weil ja sechs willige Hände da waren. Sonny erwärmte sich wieder. Die abkühlende Wirkung unserer Unterhaltung vergessend, machte sie den Versuch, für den Abend noch ein lohnendes Thema zu finden.

Es herrschte noch eine gemütliche und harmonische Atmosphäre, und wir tauschten Neuigkeiten über Freunde und Verwandte aus. Wir kamen uns in unserem Verlust und in unseren Hoffnungen für die Zukunft wieder näher.

Sie waren ehrlich daran interessiert, daß ich mich niederließ, meinen Lebensunterhalt verdiente und neue Freunde gewann, mit dem Ziel einer glücklichen und erfolgreichen Ehe. Traditionsgemäß bestanden sie darauf, die Rolle meiner Eltern zu spielen und darauf zu sehen, daß ich einen Mann bekam. Wir lachten viel und herzlich. Sie scheuten nicht einmal die Kosten, um ihren Schabernack mit mir zu treiben. „Zu deiner bevorstehenden Verlobung mit viel Liebe von Moeke und Sonny." Dieses hübsche Kärtchen steckte an einem großen Strauß dunkelroter Rosen. Oh, diese Schelme!

Am Wochenende wurde ich Sonnys Verlobtem vorgestellt. Ein gutaussehender, junger Mann, der nur wenig älter als sie selbst war, doch offensichtlich sehr verliebt. Ich konnte feststellen, daß er von meinem Treiben unterrichtet war, und daß er die Sache sehr ernst nahm, indem er seine Abscheu zum Ausdruck brachte.

Ich fragte mich, wohin ich mich nach ihrer Hochzeit wohl wenden würde. Diese Frage beschäftigte mich sehr. Welch unnötige Sorge! „Denn euer himmlischer Vater weiß, daß ihr des alles bedürfet." Unterdessen schlief ich in Moekes Bett.

Sie hatte es mir angeboten, während sie selbst mit ihrer Tochter in dem großen Doppelbett schlief. Diese holländischen Betten bereiteten mir Vergnügen. „Eines Tages möchte ich auch so eins besitzen", dachte ich oft. Das fertiggemachte Bett, das von drei Gummiriemen gehalten wurde, konnte gegen die Wand unter ein modernes Bücherregal gekippt werden. Vorhänge wurden vorgezogen und ließen das Ganze wie eine moderne Schrankwand wirken. Da ihr zukünftiger Schwiegersohn der Hersteller dieser Betten war, hatte Moeke eine extra Anfertigung. Ein hübscher Bücherschrank mit Glastüren befand sich über diesem Bett. Auf jeder Seite der Vorhänge hatte Moeke Einbauschränke machen lassen, einen für Kleider, den anderen für Wäsche und Unterwäsche. Nach Sonnys Hochzeit würde das junge Paar bei Moeke bleiben, und sie würde ihr eigenes Bett brauchen, während

Sonny und ihr Mann in das große Schlafzimmer mit dem Doppelbett ziehen würden.

Moeke bemerkte meine Besorgnis hinsichtlich der Zukunft und versicherte mir, daß dem jungen Paar meine Gegenwart nichts ausmachen würde, doch würde ich mich nach einer Arbeit umsehen müssen. Das mußte meine Hauptsorge sein. Eine Arbeit, wo ich essen, leben und meine Freizeit verbringen konnte. Nur ein Schlafquartier war jetzt sofort erforderlich.

Sonny hatte mich für das nahegelegene Waisenhaus interessieren können. „Es ist ein großes, modernes Gebäude, und ein christliches obendrein“, fügte sie schlau hinzu.

Der Leiterin kam ich „wie vom Himmel gesandt“! In der Bubenabteilung, die aus 12—14jährigen bestand, fehlte ihnen noch eine Dame. Durch Krankheiten wird das Personal immer gekürzt, und es war schwer, so schnell Ersatz zu bekommen. Wann könnte ich also anfangen?

„Morgen“, kündigte ich tapfer an.

Meine Abteilung hatte 22 Jungen: Corrie und ich taten alle Arbeit gemeinsam, nachdem unsere Gruppe zur Schule gegangen war. Einige kamen zum Mittagessen nach Hause, andere fielen erst zur Abendzeit wie Wölfe über ihre Mahlzeit her. Wir besserten Hosen, Socken und abgetragene Pullover aus; an regnerischen Wochenenden spielten wir Spiele und brachten sie an Feiertagen hinaus aufs Land. Wir schlichteten Streitigkeiten und hörten ihre Schwierigkeiten an. Kurz, wir waren vertretungsweise Mutter und Vater, und ich liebte meine Arbeit.

Wenn ich mich doch nur hätte niederlassen können, dann wäre dieses Waisenhaus eine Aufgabe gewesen, der ich mich ganz geweiht hätte. Doch in mir war eine Unruhe, und ich erkannte die Wahrheit des Sprichwortes: „Das Herz ist ruhelos, bis es seine Ruhe in dir findet.“ — „Wenn ich doch nur auf dem Wege des Herrn sein könnte“, dachte ich, „ihn erkennen und ihm folgen könnte, dann würde meine Ruhelosigkeit aufhören.“ Ich war fest entschlossen, seinen Willen zu suchen und ihm zu folgen. Dann, und nur dann würde dieses innere Streben aufhören.

„Lehre mich, Herr, deine Wege“, war mein Gebet, so wie es auch der Psalmist sagt. Nachdem ich um Führung gebetet hatte, ließ ich es dabei bewenden und setzte meine tägliche Arbeit im Waisenhaus fort. Am Sonntag machte ich mich auf den Weg nach

Begijnehofje im Zentrum von Amsterdam, wo die Kirche von Schottland wöchentliche Gottesdienste in Englisch abhielt. Der Pfarrer stammte aus Schottland, und die Gottesdienstbesucher setzten sich aus Touristen, Studenten, Schülern und echten Briten zusammen, die in Amsterdam wohnten und die einen Gottesdienst in ihrer Muttersprache besuchen wollten. Ich ging gern dorthin. Ich lernte neue Worte in einer fremden und schönen Sprache. Bis zu diesem Zeitpunkt hatte mein Vokabular nur aus einem einzigen Satz bestanden, den ich so oft von amerikanischen Soldaten gehört hatte: „Es regnet Bindfäden."

Obwohl ich dem Gottesdienst nicht ganz folgen konnte, war die Atmosphäre doch erfüllt von der Gegenwart des lebendigen Christus. Aus der Tiefe meines Herzens konnte ich ihn anbeten. Die Sprachschwierigkeiten existierten nicht mehr. Im Gegenteil, ich begann, eine neue Sprache zu lernen. Ich verfolgte die Lektion in meiner holländischen Bibel, während ich dem englischen Text aufmerksam zuhörte. Das machte Spaß. Bald brüstete ich mich damit, daß ich ein bißchen Englisch sprechen konnte, als einige Sätze aus meinem Mund kamen. Die Menschen müssen sehr höflich gewesen sein, um über meine komische, biblische Ausdrucksweise nicht zu lachen. Erst sehr viel später kam ich hinter diese Ausdrucksweise. Während des Singens lernte ich die Aussprache, doch der eigentliche Nutzen lag darin, ein „Gefühl" für die Sprache zu bekommen und zu hoffen, daß ich Schottland eines Tages zu Gesicht bekommen würde.

In dem Begijnehofje wurde dieses Verlangen geboren. Doch wie sollte ich nur so weit kommen? Keine Sprache, kein Geld, keine Aussichten: einfach lächerlich. Doch nur neun Monate später kam ich auf dem Hauptbahnhof von Glasgow in Schottland an.

Kapitel 19

Kommen Sie mit mir und sehen Sie, wie ich das erste und letzte Weihnachtsfest in der Stadt meiner Jugend verlebte. Hier in Amsterdam beteten wir das Kind von Bethlehem an.

Ich feierte es in einem Keller mit anderen jüdischen Jugendlichen. Der Keller befand sich in Moekes Haus. Sie und Sonny schliefen schon fest, doch hatte sie mir die Erlaubnis gegeben, meine Freunde hier einzuladen. „Schließlich ist das dein Zuhause“, hatten sie betont.

Wir waren sieben zusammen. Wir wohnten alle in jüdischen Familien, doch hatten wir alle die Gegenwart des lebendigen Christus erfahren und wurden durch den Wunsch zusammengeführt, ihn in besonderer Weise zu ehren, weil unser Volk seine lebendige Existenz geleugnet hatte.

Zwischendurch kündigte ein Klopfen am Kellerfenster die Ankunft eines weiteren Gläubigen an.

Seit Sonnys Hochzeit hatte ich mein Domizil im Keller unter Moekes Schlafzimmer bezogen. Ich liebte die Zurückgezogenheit dieses Raumes in der Geborgenheit eines Hauses, in dem wahre Liebe herrschte. Machten sie sich über meine Gegenwart hier unten Gedanken? Ich versicherte ihnen, daß ich diesen Raum nicht für die schönste Villa der Welt tauschen würde.

Jeden Abend nach meiner Arbeit im Waisenhaus öffnete ich die Luke und stieg in mein Privatgemach hinunter. Augenblicklich war es wie zu einer Gartenparty mitten im Winter geschmückt. Alle Kisten und Kästen waren zur Seite geschoben worden und mit bunt bedrucktem Stoff, alten Vorhängen und Läufern bedeckt. Mein Bett hatte eine besondere, saubere Bettdecke, und Moeke begrub mich fast mit Geschenken von Obst, Schokolade und Süßigkeiten.

Um 11 Uhr abends waren wir vollzählig und trafen letzte Vorbereitungen für einen gemeinsamen Aufbruch zum Mitternachtsgottesdienst. Meine Gäste informierten mich darüber, daß es draußen „fror“, und sie hatten alle alte Wollsocken mitgebracht, die sie über ihre Schuhe ziehen konnten, um gebrochene Glieder zu vermeiden. Hatte ich auch Socken? Natürlich nicht.

Doch als wir um 11.30 Uhr zum Aufbruch bereit waren, lag ein Paar direkt innen vor der Haustür. „Für Hansje von Moeke mit viel Liebe. Sei vorsichtig!"

Laß nur Moeke machen. Sie dachte auch an alles.

Ich vermied den Lärm einer zuschlagenden Tür, steckte meinen Schlüssel vorsichtig ins Schloß und schloß leise die Tür. Nachdem ich den Schlüssel meines Königreiches eingesteckt hatte, machten wir uns auf den Weg.

Der Himmel war voller Sterne, die eisige Luft schnitt in unser Gesicht, doch unsere Herzen waren erfüllt von Freude und Erwartung. Dies war die Nacht, in der wir an die Geburt unseres Heilands dachten. Unser Heiland. Teil solch einer Einheit zu sein, solch einer Gruppe anzugehören und sich als Nutznießer solch göttlicher Sicherheit und Geborgenheit zu fühlen. Worte vermögen nie das tiefe Erleben einer Seele auszudrücken.

Einer der Jungen in unserer Gruppe schrieb und komponierte ein Lied für diesen Abend.

„Köstliches Kind
mit einer Krone,
strahlend ist dein Ruhm in dieser Welt . . ."

Er sang es leise, während wir uns auf dem Weg zur Kirche befanden. Wir vermieden das Straßenpflaster und gingen auf dem mit Gras bedeckten Fußweg in der Mitte der breiten Allee, und so konnten wir in sein Lied der Anbetung mit einstimmen. Es dauerte nicht lange, bis wir die ganze Melodie und auch die Worte gelernt hatten. Wir sangen das Lied wieder und wieder. Eine Gruppe junger Nachfolger Jesu, wie in vergangenen Tagen. Heimliche Gläubige. Doch aus unserer Gruppe war niemand geheim. Im Gegenteil, eine ungestüme, entschlossene Flamme brannte fortwährend auf dem Altar unseres Herzens.

Sie waren bereit, von demjenigen zu zeugen, dem sie gehörten. Ihr Zeugnis war eine frohe Bestätigung des Vorrechts, dessen ein Jünger Jesu sich erfreut. Wir wußten uns gerufen, erwählt, geliebt und geführt. Jeder mit seiner eigenen Vergangenheit; jeder mit seiner individuellen Veranlagung und seinem Charakter; jeder mit seiner Arbeit und Ausbildung; unser Ziel war der gemeinsame Wunsch, dem allmächtigen Gott zu dienen und ihn zu lieben.

Der Mitternachtsgottesdienst war sehr eindrucksvoll. Wir beteten den Herrn an, doch auf dem Rückweg zu meinem Keller war diese Anbetung noch tiefer. Es wurden keine Worte gewechselt, keine Lieder gesungen. Viele von uns hielten einander bei den Händen, und unsere Häupter waren hoch erhoben: Der König der Herrlichkeit in unseren Herzen hatte Ehre empfangen.

Als ich schließlich den anderen in den Keller hinunter folgte, konnte ich meine Tränen fast nicht zurückhalten. Welch eine Überraschung erwartete uns. Moeke mußte das 25. Kapitel des Matthäusevangeliums gelesen haben, die Verse 31—40. War sie im geheimen auch eine Gläubige? Das war etwas zwischen ihr und ihrem Herrn, doch wie nett war es von ihr. Thermosflaschen mit heißer Schokolade, Nüsse, Kuchen, Gebäck, ein herrlicher Willkommensgruß für die Gruppe hebräischer Christen.

Um 3.30 Uhr morgens machten wir uns wieder auf den Weg. Sänger von der örtlichen Heilsarmee hatten uns eingeladen, sie beim Straßensingen zu begleiten. Es war eine gute Gelegenheit, unsern Glauben in Musik und Lied weiterzugeben. Es tat gut, die „Untergrundstille“ zu vergessen und aus vollem Halse zu singen: „Ehre dem neugeborenen König, dem König Israels.“

Um 7 Uhr morgens brauchten wir eine weitere Stärkung von heißer Schokolade und belegten Broten. Die ganze Gruppe wurde von der Heilsarmee bewirtet. Wir blieben noch zusammen bis zum Beginn des ersten Weihnachtsgottesdienstes, bei dem wir Kinderchöre hörten, die Ihm alle zur Ehre sangen.

An *Channuka* hatten die kleinen Lichter in Erinnerung an die Befreiung oben gebrannt, doch zu Weihnachten schien das große Licht der Liebe hell und klar durch die dicken Wände meines Kellers und direkt in unsere Herzen.

Eine Woche noch, und wir würden ein neues Jahr beginnen, ein gutes oder schlechtes (?) 1947 erwartete die Menschheit.

Das neue Jahr war voller Pläne. Großbritannien stand immer noch am Ziel meiner Wünsche. Insbesondere Schottland übte eine eigenartige Anziehungskraft auf mich aus. Es sollte mein „himmlisches Jerusalem“ auf Erden werden. Hatte ich irgendeinen Grund, solch hohe Erwartungen in ein Land zu setzen, von dem ich so gut wie nichts wußte? War dies Gottes unsichtbare Führung? Ich sah mich gezwungen, dies als die einzig mögliche Erklärung anzusehen.

Nachdem meine ganze Aufmerksamkeit einmal auf meine Wahlheimat gerichtet war, gingen alle Vorbereitungen reibungslos voran.

Moeke erlaubte mir, viel zu sparen und gab mir hier und da ein bißchen extra Geld für meine Reise hinzu. Ich machte im Waisenhaus Überstunden, um mehr zu verdienen. Doch war es noch lange nicht genug. Schließlich verkaufte ich das Familiensilber, das ich doch nie wieder gebrauchen würde, und auch die Bestecke, sowie die Leuchter und einige Dinge, die religiösen Charakter hatten.

Das neue Leben winkte mir. Meines Vaters einziger überlebender Bruder lebte in London, und ich sehnte mich danach, ihn wiederzusehen und mich um ihn zu kümmern. Er hatte ebenfalls seine ganze engere Familie verloren. Könnten wir gemeinsam ein neues Leben aufbauen und uns umeinander kümmern, wie unsere Familien es gewünscht hätten? Würde er willig sein, mich, ein „Geschmad", anzunehmen? Würde er, als (Beamter) jüdischer Würdenträger so verständnisvoll sein, wie Sonny und Moeke es gewesen waren? Es konnte sein, daß meine Wanderung noch nicht zu Ende war, selbst wenn ich ihn fand.

Kann ein aktiver Verstand aufhören zu denken? Kann ein lebendiges Herz aufhören, mit Liebe füreinander zu schlagen? Kann eine „errettete" Seele aufhören, sich nach der Errettung einer anderen zu sehnen? Gemüt, Herz und Seele verlangten innig danach, andern den höchsten, begehrtesten Schatz zu bezeugen, der den Menschen zur Verfügung steht: das Erbe in Christus!

Es war mir klargeworden, daß einen nichts im Leben so durch dick und dünn tragen kann wie der unsichtbare Geist des lebendigen Gottes in Christus. Ich würde ihn deshalb unter allen Umständen und zu allen Zeiten verkündigen. Niemand, weder Arme noch Reiche, können es sich leisten, ihn zu ignorieren. Diejenigen, die es tun und es beständig tun, gehen ein ernsteres Risiko ein als der wagemutigste Abenteurer.

Mit schwerem Herzen blickte ich in die Zukunft, da ich noch nicht begonnen hatte, die Freiheit zu begreifen, die in Johannes 15 verheißen ist: „Ohne mich könnt ihr nichts tun."

Es war das Jahr 1947; ich beabsichtigte auszuwandern.

Ich hinterließ wenig und traf Vorkehrungen, nur wenig mitzunehmen. Christus hatte mir versichert, daß er mich durchbringen würde. Nichts würde mir mangeln. Doch immer und unter allen Umständen sollte mein Ziel sein, „am ersten nach dem Reich Gottes zu trachten". Er wird das übrige tun, so wie er es in Markus 10, 29. 30 verheißen hat.

Unzählige Abschiedsfeierlichkeiten lagen hinter mir, doch die letzte und wichtigste sollte noch in Moekes Haus stattfinden. Es war eine Tafel, wie für eine Königin zubereitet. Sonnys Hochzeitssilber und ihr bestes Geschirr schmückten sie, komplizierte und schmackhafte Gerichte wurden zubereitet und serviert. War dies ein Abschied von Menschen, die meinen Glauben an den Abtrünnigen, den falschen Propheten ablehnten, haßten und verachteten? Diese Geschenke, guten Wünsche und warmherzige Liebe, waren es Geschenke kalter Gleichgültigkeit?

Der Allmächtige muß ständig mit unserem falschen und unkorrekten Urteil übereinander Nachsicht haben und riet Samuel und auch uns, das Urteil ihm zu überlassen, der es am besten weiß! „Ein Mensch sieht, was vor Augen ist; der Herr aber sieht das Herz an" (1. Sam. 16, 7).

Am nächsten Tag würde ich alle menschliche Geborgenheit hinter mir lassen. Doch die unsichtbare, verläßliche, göttliche Geborgenheit und Sicherheit lag wieder einmal vor mir. Ich mußte einfach hineinspringen. Kein Blick zurück! Der Tag erwartete: Handeln!

Als Sonny, Moeke und ich auf dem Bahnhof ankamen, waren wir einfach platt, so viele Freunde zu sehen, die gekommen waren, um mir „Auf Wiedersehen" zu sagen: die Jugendlichen, hebräische Christen, Alte und Junge, diejenigen, bei denen ich am Sonntag nach der Kirche zu Mittag gegessen hatte, diejenigen, mit denen ich am Samstag um die Orgel gestanden und gesungen hatte, meine Jungen aus dem Waisenhaus und Corrie mit ihrem Verlobten. Das war mein Tag.

Obgleich alle Auswanderungspapiere seit einigen Wochen vollständig in meiner Tasche lagen, mußte der eigentliche Akt noch vollzogen werden. Ich verließ mein Land, meine Freunde und meine Erinnerungen. Was nahm ich mit mir? Mein kleines, schwarzes Köfferchen und noch einen größeren. Ansonsten noch ein Bündel von Hoffnungen, Glauben und viele wertvolle Lektionen, die ich gelernt hatte.

Wo ich auch immer hinging, einer Tatsache konnte ich immer gewiß sein: was ich verließ, würde ich wiederfinden, denn Christi Botschafter sind in der ganzen Welt verstreut. Ein Christ kann einfach nicht einsam und verlassen sein, er kann nicht allein existieren. Der Christ muß schon von Natur seiner Schöpfung aus Gemeinschaft mit anderen haben. „Einer trage des andern Last, so werdet ihr das Gesetz Christi erfüllen."

Es gab wenig zu sagen, als ich am Fenster des Abteils stand. Immer nur das übliche „Paß auf" und mein wiederholtes „Vielen Dank für alles, für alles, was ihr getan habt". Schon hatte ich eine ganze Reihe von kleineren Andenken gesammelt, und andere wurden mir noch durch das Fenster gereicht. Jemand bestand darauf, zum Abschied noch einmal die holländische Delikatesse zu essen: frischer Hering mit rohen Zwiebeln. Ein denkwürdiger Abschied, als ich allen einen Kuß zum Abschied gab mit dem durchdringenden Geruch von rohen Zwiebeln. Ich konnte diesen „wohlmeinenden" Freund doch nicht enttäuschen. Allzu schnell ertönte das Signal. Ich winkte und winkte, bis der Zug in die Kurve fuhr.

„Holland, mein Holland, wie schön bist du." Plötzlich kam mir dieses Lied aus meiner Schulzeit in den Sinn, während die Räder in rhythmischem Takt auf die Schienen schlugen.

Plötzlich fühlte ich mich erwachsen. Diesmal wanderte ich ganz allein aus und suchte das Neue. Ich schuf mir ein neues Leben, in einer neuen Umgebung und Sprache und mit neuen Freunden. „Siehe, ich habe vor dir gegeben eine offene Tür, und niemand kann sie zuschließen ..." Dies wurde zu einer Wahrheit, auf die ich mein ganzes, junges Leben stützte.

„Siehe, ich bin bei euch alle Tage." Unzählige Verheißungen, wie diese, kamen mir in den Sinn. Ja, ich würde tapfer sein mit dem guten Hirten neben mir. „Dein Stecken und Stab trösten mich. Und ob ich schon wanderte im finstern Tal, warst du bei mir. Ich glaube fest, Herr, daß Gutes und Barmherzigkeit mir folgen werden mein Leben lang und dann ... dann werde ich bleiben im Hause des Herrn immerdar."

Träume nicht, Hansje, wir sind fast in Rotterdam. Andere würden warten, um mir einen Abschiedskuß zu geben. Paß auf, noch zwei Stationen, dann kommt Rotterdam. Dort waren sie: die ganze Familie Ornstein, ihre Nachbarn und Freunde und die unvermeidliche Tasse Kaffee durch das Abteilfenster, ein Brötchen mit Käse und eins mit Tomaten. Ich würde sie später essen. Das Signal . . . „Auf Wiedersehen, auf Wiedersehen, Gott segne euch alle!"

Hoek van Holland würde jetzt nicht mehr weit sein. Nimm deine beiden Koffer herunter, Hans! Die Züge gingen bis zum Kai. Was für ein großes Schiff! Wie ein Kind konnte ich es kaum erwarten, an Bord zu gehen. Formalitäten mußten noch erledigt, Zollvorschriften beachtet, Formulare ausgefüllt und Fragen beantwortet werden. Schließlich stieg ich die Gangway hinauf, hielt Ausschau nach einem Platz und legte dann meine Arme auf die Reling und starrte in das schmutzige Wasser hinunter.

„Nicht, Hansje", sagte ich zu mir selbst, „hinauf, hinauf!" „Ich erhebe meine Augen zu den Bergen" (Ps. 121, 1). Die Berge: Schottland!

Als freier Mensch ging ich mit erhobenem Haupt zu meinem Sitzplatz an Deck. Ich machte es mir in einem Stuhl bequem und dachte über die vergangenen Jahre nach.

Ein langes, furchtbares Gewitter! Es war furchterregend und manchmal sehr gefährlich. Den rollenden Donner von Drohungen und Gerüchten hörte man ständig, dann kamen die furchtbaren Einschläge näher und immer näher. Würde der Blitz heute nacht einschlagen? Der Blitz schlug links und rechts und in der Mitte ein, dann traf er uns schließlich auch und verbrannte alles, was einem wert und teuer war. Doch der Sturm brauste weiter. Furchtbar, grollend und überall auf diesem und anderen Kontinenten einschlagend.

Gewitter trafen Kontinente, Völker, Länder, Städte, Dörfer und Häuser. Doch Gewitter müssen vorüberziehen! Natürlich hinterlassen sie Verwüstung, Zerstörung und Tod.

Ein Sturm herrschte ebenfalls, als der König des Universums für uns den Tod erlitt.

Jedesmal, wenn ein Gewitter dein Haus oder deine Familie trifft, denke an den Sturm, der Golgatha erschütterte! Erlaube ihm, der Maßstab für die Umstände zu sein, die deinen Sturm verursachen.

Der Himmel wird sich wieder klären, und du wirst die tödliche Stille der Einsamkeit, Verzweiflung und Gleichgültigkeit, den Lebenskampf fortzusetzen, verspüren, und dann . . . nach jener Stille, der Zeitspanne, zu der wir alle kommen müssen, werden wir wieder Farben sehen. Herrliche Farben! Wie ein Regenbogen nach dem Regen. Dieser Regenbogen ermutigt uns dazu, unsere Häupter zu erheben und uns das Wunder der Natur anzuschauen, diese Verheißung des allmächtigen Gottes aus 1. Mose 9, 13—16. Augenblicklich wird dir auch wieder die Sonne scheinen.

Golgatha, Sturm, Regenbogen und dann . . . der herrliche Sonnenschein! Auferstehung! Auch für dich!

Glaube es! Warte darauf! Erhebe dein Herz, hebe es hinweg von dem dunklen und zerstörerischen Grollen des Zweifels und der Furcht!

Erhebe dein Herz, Gemüt, Haupt und deine Augen. Hinauf, hinauf, dort wirst du wieder Farben sehen, Helligkeit und Verheißungen, die mit Sicherheit erfüllt werden.

Während die Wunden, die der Blitz geschlagen hat, noch wehtun und brennen und unzweifelhaft für immer Narben hinterlasssen, wirst du von der Wärme und den Strahlen der Liebessonne Gottes umgeben. Du wirst braungebrannt und gesund werden und dich stärker auf zukünftige Stürme einstellen können.

Du wirst dann auch zu den Millionen gehören, die still und demütig, doch von ganzem Herzen sagen können:

„Wir wissen aber, daß denen, die Gott lieben, alle Dinge zum Besten dienen, denen, die nach dem Vorsatz berufen sind" (Röm. 8, 28).

Das Schiff hatte den Kanal erreicht. Umgeben von Himmel und Wasser, dachte ich über die eigentliche Sinnlosigkeit materieller Besitztümer nach. Ich sah kein Land, keine menschlichen Behausungen. Ich wußte, daß ich nichts hinterlassen hatte und daß nichts auf mich wartete.

Eine unsterbliche Seele wandte sich an ihn, dessen fortgesetztes Trachten nur ein Ziel ist: willige Seelen zum Leben zu erwählen.

„Meine Seele preise den König des Himmels!"

König des Himmels, Vater der Menschheit. Mein Vater und mein

König. In diesem Verhältnis zum König kann keine Armut und kein Tod wehtun.

Laß dich überzeugen, wenn du seine Stimme hörst:

„Kommet her zu mir alle, die ihr mühselig und beladen seid; ich will euch erquicken. Nehmet auf euch mein Joch und lernet von mir . . . so werdet ihr Ruhe finden für eure Seelen."

Wenn du dieses Buch zumachst, wisse, daß auch du erwählt bist, zu leben. Zweifle nie daran! Wiederhole es immer wieder, wenn Gewitterstürme dich umgeben! Denke daran, wenn du umgeben bist von einem Wirrwarr der Angst und Sorge! Erinnere dich daran, wenn die Probleme des Lebens mit ihrer Lawine täglicher, menschlicher, kleinlicher Belastungen dich verwirren!

Du bist erwählt zu leben, zu geben und zu bezeugen, daß Jesus Christus in die Welt kam, um dieser künstlich atmenden Welt neues Leben zu geben, indem er nach Gottes Willen lebte und dich befähigt, das gleiche zu tun.

Erwählt zu leben, und unsterbliches Leben.
Erwählt zu leben, verbunden mit seiner Quelle.
Erwählt zu leben unter königlichem Befehl.
Erwählt zu leben im Dienst für andere.
Erwählt zu leben!

hänssler

Otto & Marlies Hahn

Du gingst uns voraus

Erfahrungen auf dem Weg mit einem kranken Kind

Tb., 104 S., Nr. 392.473, ISBN 3-7751-2473-X

In Tagebuchform spiegelt das Buch den Weg wider, den Marlies und Otto Hahn mit ihrem Sohn gingen, der mit einem schweren Herzfehler zur Welt gekommen war! Sechseinhalb Jahre bangten sie um sein Leben und beteten, dann versagte das Herz!

Maury Blair/Doug Brendel

Heute kann ich wieder lachen

Eine bewegende Lebensgeschichte

Tb., 160 S., Nr. 391.851, ISBN 3-7751-1851-9

Vom ungewollten und ungeliebten Kind zum Evangelisten und Jugendmissionar – die Geschichte von Maury Blair.

Bitte fragen Sie in Ihrer Buchhandlung nach diesen Büchern! Oder schreiben Sie an den Hänssler-Verlag, Postfach 1220, D-73762 Neuhausen-Stuttgart.

Margarete Kühnapfel

Auch in der Hölle bist du da

Ein Frauenschicksal auf der »Straße der Not«

Tb., 160 S., Nr. 392.442, ISBN 3-7751-2442-X

Die Leiden und die Not, die Margarete Kühnapfel in den Schrecken des Dritten Reiches und den Wirren des Zweiten Weltkrieges erlebt hat, gehen unter die Haut.
Kein Sensationsbericht, sondern ein mutmachendes Bekenntnis!

Ernst Schwab

Weiß ich den Weg auch nicht

Erfahrungen im Angesicht des Todes

Tb., 102 S., Nr. 392.425, ISBN 3-7751-2425-X

Mit 28 Jahren stirbt seine Frau an einer unheilbaren Krankheit. Eindrucksvoll berichtet der Autor, wie er und seine Kinder lernten, das Leid anzunehmen und sich mit der Wirklichkeit des Todes auseinanderzusetzen.

Bitte fragen Sie in Ihrer Buchhandlung nach diesen Büchern! Oder schreiben Sie an den Hänssler-Verlag, Postfach 1220, D-73762 Neuhausen-Stuttgart.